알기쉬운

행정학 용어사전

[行政學 用語辭典]

신영균 · 최인규 공저

도서출판 **진 영 사**

알기쉬운 행정학 용어사전
신영균 · 최인규 공저

2013년 2월 3일 초판인쇄
2013년 2월 5일 발 행
발행인 박 진 영
발행처 도서출판 진영사
인천광역시 부평구 갈산동 16-22번지
전화 : 032)505-4207
팩스 : 032)505-4206
E-mail : 0183734207@hanmail.net
등록 : 122-91-77317

978-89-6541-101-7 93350
값 15,000원

머 리 말

이 책은 행정학용어들을 올바로 이해하는 것이 행정학 공부의 출발점이라는 생각에서 만들어 졌다. 그 동안 출간된 행정학용어사전들을 보면, 행정학 전영역을 다루고 너무나 광범위하게 이루어진 백과사전의 성격으로 저술되었거나, 장황한 설명으로 그 내용을 쉽게 파악하기 어려웠다. 결국 그 활용도가 매우 낮았다고 볼 수 있다. 따라서 행정학의 전 영역을 아우르면서도, 핵심적인 의미를 알기 쉽고 간단명료하게 풀어서, 언제든지 간편하게 찾아볼수 있는 새로운 행정학용어사전이 필요했다.

이 책의 특징은 첫째, 행정학 용어를 가나다순으로 기록하여 용어습득의 체계성을 완성하는데 도움을 주도록 하였다. 둘째, 최근이론과 제도, 개념들을 일목요연하게 수록하여 정리하였다. 마지막으로 행정학의 기본적인 이해를 돕는데 기여하고 행정학을 처음 접하는 행정학도와 비전공자들에게 많은 도움을 줄 것으로 기대된다.

2013년 저자

- 목 차 -

[ㄹ]

[ㅁ]

[ㅅ]

[ㅇ]

[ㅊ]

[ㅋ]

[ㅌ]

[ㅍ]

[ㅎ]

숫자 & 영어

[ㄱ]

가격 카르텔 [price cartel, 價格cartel]

동일상품을 생산하는 기업이 서로 담합해 가격을 정하는 것을 말한다. 가격 카르텔은 기업 간에 경쟁을 피하고 이익을 확보하기 위해 협정에 의해 이루어진다. 오늘날 각국에서는 소비자보호를 위해 가격 카르텔을 공정거래법으로 금지하고 있다. 다만 시세 폭락으로 기업 경영이 심각하게 위협받을 경우에는 당국의 인가를 받아 협정을 맺을 수 있다. 이것을 불황 카르텔이라고 한다.

〈 자료출처 : 한영 행정용어사전 〉

가도시화 [pseudo-urbanization, hyper-urbaniation]

산업이 발달함에 따라 도시가 이루어지는 것이 아니고 그것과는 관련없이 특정지역에 인구의 집중으로 도시가 형성되는 것. 즉 일반적으로 도시의 형성은 각종 산업의 발달을 토대로 하여 이루어지는 것이겠으나. 아직 공업화를 이루지 못한 발전도상국 또는 저개발국에서는 절절한 기술과 공업 발달의 뒷받침 벗이 이상 비대한 도시가 형성되는데, 이러한 현상을 가도시화 도는 과잉도시화라고 부른다.

〈 자료출처 : 행정학용어표준화연구회. 행정학용어사전」1999년 p1 〉

가득률 [rate of foreign exchange earning]

가공무역에서 얻게 되는 외화 획득 비율을 말한다. 한 나라의 총 수출액 중에서 실제로 가득한 외화에 대한 백분율로 나타낸다.

〈 자료출처 : 네이버 행정학 용어 사전 〉

가산관료제 [家産官僚制, patrimonial bureaucracy]

영토 및 자원이 절대군주의 세습적 가산으로 간주했던 가산 국가적 구성체에서 생겨난 관료제. 베버(M. Weber)가 지배의 개념을 근거로 관료제의 유형을 가산관료제, 카리스마적 관료제, 근대(합법적, 합리적)관료제로 나누어 설명한 데서 비롯되었다. 가산관료제의 주요 구조는 가산제로서 지배자는 순수한 개인적인 종속관계에 있는 가산관리들을 행정요원으로 삼는다. 따라서 가산관료제에 있어서는 근대 관료제에서 볼 수 있는 객관적, 합리적인 규칙이나 법규에 입각한 명확한 권한의 체계나 합리적인 관청 조직이 없으므로, 관리의 임용도 군주의 자의(恣意)와 은총에 좌우되고 전문적인 지식, 기능보다는 사적(私的), 인격적 관계에 중점을 두기 때문에 합법적이며 공정한 임용이 될 수 없고, 고정급이나 화폐급의 뒷받침이 있는 본직(本職)으로서의 직무행위가 없는 것이 특색이다.
〈 자료출처 : 行政學用語事典(행정학용어사전);행정학용어 표준화연구회 - 1p 〉

가상조직

가상조직은 정보기술과 전자적 의사소통의 발달에 기인한다, 정보기술의 사용을 통하여 가상조직의 구성원들은 과업을 수행하기 위하여 공유된 목표를 지니고 정보와 지식을 교환한다. 전통적 조직과는 달리 물리적 조직구조는 존재하지 않는다. Travica(1997)는 가상조직이란 전자적 연계에 의존하는 지리적으로 분산된 개인, 집단, 조직단위 또는 조직의 일시적 혹은 지속적인 집합이라고 정의한다. 가상조직의 토대는 의사소통과 신뢰이며, 개방적이고 자발적인 의사소통은 신뢰와 관계를 확립하는데 필수적이다. N.Nohrita(1994)는 가상조직을 구조(사무실)없는 조직, 경계가 불분명한 조직, 서류 없는 조직, 개인의 역할이 부품으로부터 전체적인 역할로 변하는 조직으로 설명한다.
〈 자료출처 : 2010선행정학, 저자 김중규 〉

가예산 [Provisional budget, 假豫算]

회계연도 개시일까지 본예산이 국회에서 통과되지 못했을 경우, 예산이 확정될 때까지 잠정 조치로 실행되는 예산을 말한다. 최초의 1개월분으로 제한된다는 점에서 잠정예산(暫定豫算)과 차이가 있다. 준예산(準豫算)이 국회의 의결 없이 일정한 경비를 지출할 수 있는데 대해 가예산은 국회의 의결을 필요로 한다. 우리나라의 경우 제1공화국에서 사 한 경험이 있으나, 지금은 준예산 제도를 채택하고 있다.
〈 자료출처 : 네이버 행정학용어사전 〉

가외성

가외성이란 '여분, 반복, 초과분'을 의미한다. 행정의 운영에 있어서도 신뢰성 등을 높이기 위하여 행정기관·법규·메시지 등의 중첩, 기능의 중첩 등이 어느 정도 필요하다. 전통적 행정이론은 능률성을 절대시하였기 때문에, 가외성이란 비능률 또는 낭비로써 간주되었으며, 행정개혁도 비능률 또는 기능 중첩을 제거하는 데 초점이 있었다. 그러나 중첩·반복 등의 장치가 없는 최소구성단위로 이루어진 조직체는 오류발생의 가능성이 높은 허약체제라는 인식이 점차 높아지면서 가외성 또는 여벌성 장치에 대한 인식도 높아졌다. 행정학에서 가외성 문제를 제기한 계기는 1960년대 M. Landau부터이다. 가외성의 예는 말과 행동의 반복, 이중브레이크, 보조엔진, 보조낙하산 등을 들 수 있고, 통치체제의 측면에서는 삼권분립, 국회의 양원제, 삼심제 등이 가외성 장치이다. 행정체제에서 보면 품의제도, 직무대리, 예비비, 복수의 대안마련, 위원회, 분권화, 막료기관의 설치, 경쟁시스템의 마련 등이 있다.

〈 자료출처 : 박연호, 『행정학신론』, 박영사, 2003 〉

가조인 [initialing, 假調印]

조약 체결을 위한 교섭이 성립되어 조약 내용에 합의했을 경우, 체약 당사국 주권자의 비준에 앞서 합의 내용을 입증하기 위해 임시로 조인하는 일을 말한다. 내용의 수정이 필요한 경우 조약 체결을 거부하는 것과 같으므로 상대 국가와의 새로운 교섭과 동의가 필요하다.

〈 자료출처 : 네이버 행정학 용어 사전 〉

가중투표제도 [weighted voting system, 加重投票制度]

국제기구의 표결 방식의 하나로, 구성국의 국력이나 재정 공헌도 등 일정한 기준에 따라 각국의 표 수에 차이를 두는 제도를 말한다. 국제기구 각 기관의 표결에서는 구성국이 각각 1표를 행사하는 것이 일반적이다. 그러나 어떤 종류의 국제기구에서는 일정한 규준에 따라 각기 다른 표수의 투표권을 구성원에게 부여하고 있는데 이러한 제도의 취지는 채택된 결의가 실효성을 발휘하기 위해서는 표결이 다만 형식적 평등주의에 의해서는 불가능하며, 구성원의 책임이나 공헌의 정도에 따라서 발언권의 비중에 차별을 두어야 한다는 데 있다. 예를 들면 자본 출자액에 따라 표결권을 가중하는 경우(국제부흥개발은행과 국제통화기금)도 있고, 상품의 수출입액에 따라 표결권을 할당하는 경우(국제설탕기구)도 있다.
〈 자료출처 : 네이버 행정학 용어사전 〉

가집행 [假執行]

가집행선고가 있는 판결에 의한 강제집행을 말한다. 가집행의 방법으로는 가압류·가처분과 같은 집행보전에만 그치는 것이 아니라, 종국적 권리의 만족에까지 이를 수 있는 점에서 확정판결에 의한 본집행과 같다. 다만, 확정판결에 의한 본집행과 달리 가집행은 확정적인 것이 아니며, 상급심에서 가집행선고 또는 그 본안판결이 취소되지 않을 것을 해제 조건으로 집행의 효력이 발생한다. 확정적 집행이 아니므로 상급심에서는 결과를 참작함이 없이 청구의 당부를 판단해야 한다.
〈 자료출처 : Naver 행정학 용어사전 〉

가치사슬 [value chain, 價値사슬]

생산, 판매, 원료 관리, R&D, 인적 자원, 정보 시스템, 그리고 그 회사 지원시설을 포함하는 일련의 가치 창조활동을 말한다. 이러한 활동들은 고객이 기꺼이 지불하고자 하는 가치를 창출한다는 점에서 가치사슬이라고 한다. 만약 기업의 가치활동이 창출하는 가치가 가치활동에 소요되는 비용을 능가한다면 그 기업은 이윤을 남기게 된다. 특정 기업이 경쟁사들보다 경쟁 우위를 가지기 위해서는 가치활동을 경쟁사보다 더 효율적으로 수행해서 비용 절감을 이루거나, 가치활동을 수행하는 방법을 경쟁사와는 다른 방식으로 수행해 차별화를 이루어야 한다.
〈 자료출처: 네이버 행정학 용어사전 〉

간이과세제 [簡易課稅制]

사업 규모가 작은 과세 특례자나 큰 일반과세자 사이의 중간사업자들에게 세금부담을 덜어 주고 절차를 간소화해 주기 위해 1996년 7월 1일 우리나라에서 시행된 제도를 말한다. 연매출 4,800만 원 이상 1억 5,000만 원 미만인 사업자로서 광업·제조업·도매업 및 부동산매매업을 영위하지 않는다면 누구나 간이과세자로 등록할 수 있다. 간이과세자는 일반과세자와 달리 세금계산서를 발행할 수 없고 반드시 영수증이나 신용카드 매출전표, 금전등록기 계산서를 발급해야 한다.
〈 자료출처 : 네이버 행정학 용어 사전 〉

간접 강제 [間接强制]

채무자에 대해 불이익을 예고하거나 부과해 심리적 압박을 가함으로써 채무를 이행하게 하는 방법을 말한다. 채무자가 스스로 이행하지 않을 경우 법원은 채권자의 신청에 의해 기간을 정하고 그 기간 내에 이행하지 않았을 때에는 그 지연 기간에 따라 일정한 배상을 명함으로써 채무 이행을 간접적으로 강제한다.
〈 자료출처 : 네이버 용어사전 〉

간주관주의 [intersubjectivity]

간주관주의란 주관주의와 객관주의의 중간이라는 의미는 아니다. 사회과학의 과학주의(scientism)의 연구방법론에 의하면, 객관적인 사회현상을 주관적인 가치와 기준에 따라서는 현실경험사회에서 반복적으로 발생되는 자연의 현상과 같이 검증할 수 없다. 따라서 주관적이고 가치판단적인 인식작용에서 도출된 결과를 타인도 동일한 결론을 도출할 수 있고, 이와 같은 결과에 동의한다면 사회과학의 이론은 과학적으로 형성될 수 있다는 입장이다. 이때 주관적인 인식과 그의 작용에 의해서 수많은 사람들이 동일한 결론을 도출할 수 있다면, 이와 같은 방법을 간주관주의라고 할 수 있다.
〈 자료출처 : 이해영 (2004), 정책학 신론 ,경기: 학현사 〉

감가상각 [depreciation, Abschreibung, 減價償却]

시일의 경과에 의해 감가(減價)되는 고정재산의 가치를 일정한 비율의 비용 또는 제품의 제조원가로 계산해 그 금액만큼 고정재산의 취득원가를 매기(每期) 계속적으로 감가하는 회계 절차를 말한다. 이러한 감가상각 절차는 고정재산에 투하된 자본을 제품의 판매 수익을 통해 회수하는 데 의의가 있다.
〈 자료출처 : 네이버 행정학 용어 사전 〉

감독자훈련 [supervisory training, 監督者訓練]

과장 · 계장 등 중간관리층의 관리 능력 향상을 위한 훈련을 말한다. 훈련의 내용은 업무의 기획과 관리의 개선 · 리더십 · 커뮤니케이션 · 인간관계 등이며, 훈련 방법으로는 강의 · 사례연구 · 회의 · 감수성훈련 등이 사용된다.
〈 자료출처 : 네이버 행정학 용어사전 〉

감리제도 [監理制度]

건축, 토목공사 등이 이루어질 때 그 공사가 설계대로 이루어지는지를, 공사 발주자를 대신해서 공사 감독을 하는 것을 말한다. 감리자는 품질관리, 안전관리 등에 대한 기술 지도도 해야 하며 공사가 발주자의 위탁에 따라, 그리고 관계 법령에 위반되지 않게 이루어지도록 하는 책임을 지고 있다. 감리는 크게 책임감리·일반설계 감리·엔지니어링 감리로 나뉜다.
〈 자료출처 : 네이버 행정학 용어사전,2010 UCC행정학개론(고시동네)-김시동, 라수정 저 〉

감사적 평정 방법 [external evaluation, 監査的 評定方法]

외부 전문가가 평정면접과 현장관찰을 통해 개인 또는 조직 단위의 직무 수행을 평가하는 근무성적 평정 방법을 말한다. 감사적 평정 방법은 근무성적평정의 주된 방법이라기보다 보조적인 방법으로 특히 감독자가 부하에 대한 평가에서 객관성을 잃고 정실에 빠지는 것을 시정하는 데 유용하게 사용할 수 있다.
〈 자료출처 : 네이버 행정학 용어 사전 〉

강단 사회주의 [school socialism, 講壇社會主義]

1873년 창립된 독일 사회정책학회(Verein für Sozial politik)에 참가했던, 사회개량을 주장하는 사회정책학자들의 사상적 경향을 말한다. 강단사회주의에는 바그너(A. G. H. Wagner) 등 국가사회주의적 재정정책을 주장하는 그룹과, 브렌타노(L. Brentano) 등 사회개량의 기초를 노동자 단결의 자유에 두는 노동조합운동의 전문적 연구가, 그리고 전통적 중산계급의 적극 보호를 주창하는 슈몰러(G. Schmoller) 등 경제사학자 그룹의 세 분파가 있다.
〈 자료출처 : 네이버 행정학 용어사전, 2010 UCC행정학개론(고시동네)-김시동,라수정 저 〉

강시장-행정관리관제 [strong nayor - manager type]

시장이 집행기관의 최고 책임지로서 지위를 갖되 시행정은 그가 임명한 수석행정관에게 맡기고 자신은 주로 정치적 분야에 주력하는 기관분립적인 지방정부의 형태. 수석 행정과제(chief administrative officer type) 또는 시정관리관제라고도 부른다. 강시장-행정관리관제는 지방자치단체의 기관 구성을 우선의결기관과 집행기관으로 분리하고, 집행기관의 기능을 다시 정치적 기능과 행정적 기능으로 구분하여, 주민이 선출한 시장에게는 강력한 정치적 기능을, 시장에 의해 임명된 수석행정관에게는 전문적인 행정기능을 분담시키는 제도이다. 바꾸어 말하면 강시장-의회형(strong mayor coucil form)과 시 지배인형(city manager form)을 절충시킨 것으로, 이와 같이 강시장제에 시 지배인제를 가미시킨 것은 정치적 수완과 행정적 기량을 겸비한 시장을 선출하기 어렵다는 점과 시장으로 하여금 강력한 지휘와 통솔권을 행사하도록 하기 위해서는 정치적 압력을 받지 않는 행정전문가를 보좌시키는 것이 효율적이라는 점 때문이다. 강시장-행정관리관제는 현재 미국의 대도시에서 채택하고 있으며 상당히 합리적인 제도라 하겠다.

〈 자료출처 : 行政學用語事典(행정학용어사전);행정학용어 표준화연구회 - 105p 〉

강화이론 [reinforcement theory, 强化理論]

인간 행동을 선행적 자극과 행동의 외적 결과의 관계로 규정하면서, ① 행동에 선행하는 환경적 자극, ② 그러한 환경적 자극에 반응하는 행동, ③ 행동에 결부되는 결과로서의 강화 요인 등 세 변수의 연쇄적인 관계를 설명하고 바람직한 행동을 학습시킬 수 있는 강화 요인의 활용전략을 처방하는 심리학 이론을 말한다. 여기서 행동의 결과란 반응행동에 결부되어 제공되는 환경적 사건으로, 이것은 다음에 이어지는 행동의 강화 요인으로서의 역할을 수행하게 된다. 강화 요인은 적극적 강화(positive reinforcement) · 회피(avoidance) · 소거(extinction) · 처벌(punishment)의 네 가지 범주로 구분된다. 적극적 강화는 칭찬 · 보상 · 승진 등과 같이 바람직한 행동에 대해 바람직한 결과를 제공함으로써 행동의 빈도를 높이는 것을 말한다. 회피는 바람직하지 않은 결과를 회피시켜 줌으로써 바람직한 행동의 빈도를 늘리는 것으로, 부정적 강화(negative reinforcement)라고도 한다. 소거는 이전에는 보상을 받아 강화된 행동이지만 그 정도가 지나쳐 이제 바람직하지 않게 된 행동에 대해 바람직한 결과를 소거함으로써 행동의 빈도를 줄이는 것을 말한다. 처벌은 바람직하지 않은 행동에 대해 바람직하지 않은 결과를 제시함으로써 그 행동이 야기될 확률을 낮추는 강화 요인을 말한다.
〈 자료출처 : 네이버 행정학 용어사전,2010 UCC행정학개론(고시동네)-김시동, 라수정 저 〉

개발레짐

도시 레짐의 유형 가운데 적극적으로 도시재개발을 추진하고 공공시설의 공급을 추구하는 레짐을 말한다. 도시 레짐에는 그 밖에 현상유지 레짐(maintenance regime), 진보 레짐(progressive regime), 저소득층 기회확장 레짐(lower-class opportunity expansion regime) 등이 있다.
〈 자료출처 : 네이버 행정학 용어사전 〉

개발부담금 [development impact fees]

개발사업의 시행 및 토지이용계획의 변경 또는 기타 사회·경제적 요인에 의해 정상적인 지가상승분을 초과해 이익이 발생했을 경우, 사업시행자 또는 토지소유자에게 귀속되는 토지가액의 증가분에 대해 국가가 부과·징수하는 금액을 말한다. 택지개발사업·공업단지 조성사업, 골프장 건설사업 등의 개발사업으로 인해 개발이익이 발생했을 경우 사업시행자나 토지소유자는 개발이익 중 일부를 개발부담금으로 내야 한다. 단, 국가가 시행하는 개발사업과 지방자치단체가 공공목적을 위해 시행하는 대통령령이 정하는 개발사업에 대해서는 개발부담금을 부과하지 않는다. 개발부담금은 토지로부터 발생되는 개발이익을 환수해 이를 적정하게 배분함으로써 토지에 대한 투기를 방지하고 토지의 효율적인 이용을 촉진하기 위한 목적에서 부과한다. 현재 개발이익금의 25%를 개발부담금으로 징수하고 있는데, 징수된 개발부담금의 50%는 개발이익이 발생한 토지가 속하는 지방자치단체에 귀속되고, 나머지 50%는 국가에 귀속된다.
〈 자료출처 : 네이버 행정학 용어 사전 〉

개방형 인사체제 [Open Career System]

개방형 인사체제는 공직의 모든 직급에 외부로부터의 신규채용이 허용되는 인사체제이다. 특히 상위직급에의 충원에 있어서 조직 외부로부터의 신규채용이 개방형 인사체제의 주요 요소이다. 즉, 상위직급에 결원이 생길 경우, 내부승진에만 의존하지 않고 조직 외부로부터의 신규채용에 의해서도 충원이 가능하도록 운영되는 인사체제를 개방형 인사체제라고 한다. 이러한 측면에서, 개방형 인사체제는 원칙적으로 외부로부터의 충원은 조직의 최하위 직급에서만 가능하고 상위 직급에의 충원은 내부 승진에만 의존하는 폐쇄형 인사체제 및 폐쇄형 인사체제를 근간으로 하는 직업공무원제도와는 서로 대립되는 개념이다.

〈 자료출처 : 온라인행정학전자사전 〉

개산급

정부계약제도에 있어 개산급이란 물가변동, 설계변경 등에 따라 계약금액조정이 예상되는 경우로서 기성대가를 지급하고자 하는 경우 지급 후 조정된 계약금액에 따라 정산하는 조건으로 대가를 지급할 수 있는데 이를 개산급이라 한다(회계예규 공사계약일반조건 제39조의2). 국가기관이 체결한 공사계약에 있어 국가계약법시행령 제64조의 규정에 의한 물가변동으로 인한 계약금액조정 시 공사공정예정표상 물가변동 조정기준일 이후에 이행된 기성부분에 대한 대가를 개산급으로 지급받은 경우라면 물가변동으로 인한 계약금액 조정신청을 개산급으로 지급받은 이후에 하더라도 물가변동적용대가 산정 시 공제되지 않음.

〈 자료출처 : http://blog.naver.com/gp9208/110013265366 〉

개체주의

개인만이 책임 있는 유칠한 행위자로 보고 모든 사회현상은 개인의 속성에 의하여 구성될 수 있다고 보고 사회는 개인의 그늘에 불과하다는 사회명목론의 입장(부분이 전체를 결정한다는 입장)으로 행태론, 공공선택론, 전략적 선택이론, 현상학 등이 있다.

〈 자료출처 : 김중규(2007), 9급선행정학개론. 서울: 도서출판 성지각 〉

갤브레이스의 선전효과 [Galbraith's advertising effect, Galbraith의 宣傳效果]

광고와 세일즈맨십은 민간기업에서 생산되는 상품에 대한 높은 수요를 창출하나, 국민생활의 질에 크게 기여할 수 있는 공공재와 서비스에 대한 선전은 이루어지지 않음으로써 공적 욕구를 자극시키지 못한다는 갤브레이스(John Kenneth Galbraith, 1908-2006)의 주장을 말한다. 그는 대량 소비와 대량 생산의 문제를 다룬 1958년의 저서 「풍요로운 사회(The Affluent Society)」에서 이러한 주장을 펼쳤다.

〈 자료출처 : 네이버행정학용어사전 〉

거래비용 이론

관리형태의 변화에 영향을 준 또 하나의 경제이론은 거래비용이론이다. 거래비용이란 가격메커니즘을 이용하는 데 소요되는 비용, 공개시장에서 교환수단을 통해 거래를 하는 데 소요되는 비용 등으로 정의된다. 시장거래를 위해서는 정보가 필요하며 이들은 거래비용을 발생시키는 원인이 된다. 거래비용에는 탐색 및 정보비용, 교섭과 의사결정비용, 감시와 집행비용 등이 포함된다. 이들 비용은 시장메커니즘을 이탈하는 것이기 때문에 시장실패가 되고 자원배분의 효율성을 저해한다. 따라서 자원의 낭비를 없애기 위해서는 이들 비용을 내부화시켜야 한다. 거래비용은 민간부문과 같이 정부부문에도 발생하는데 정부의 거래에서 개별 주체가 필요할 때마다 계약을 하게 되면 그 비용은 크게 증가한다. 따라서 정부조직은 거래비용이 적게 드는 방향으로 재구성해 나가야 한다. 이러한 방법 가운데 하나가 민간화이다. 민간부문에는 경쟁이 성립되기 때문에 고공부문보다 거래비용이 적게 든다. 이는 계약제가 발달되어 정착되어 있기 때문이다.

〈 자료출처: 이영조 외(2010), 행정학원론(제4판), 서울: 도서출판 fides 〉

거래적 리더십

거래적 리더십 이론(transactional leadership theory)은 리더십에 관한 초기의 특성이론에서부터 상황적응 이론에 이르는 여러 연구가 교육체제 외부에서 오는 영향에 대처하기에는 부적절한 것으로 비판하는 것에서 시작한다. 왜냐하면 지도자가 폐쇄 체제적 관점에서 기존의 조직구조 안에서 일상적인 문제에 관심을 두고 기능 하는 것으로 보기 때문이다. 그리고 대부분 리더십을 지도자와 부하간의 타협이나 거래적인 활동으로 본다. 일을 잘하면 긍정적 강화나 승진 또는 금전적 보상을 더해주고 부하는 그것을 대가로 일을 하고, 양자간의 협의나 타협과정을 통해 이를 조정하는 관계에 있다고 본다. 이처럼 거래적 리더십 이론은 대체로 지도자와 부하 간에 비용-효과의 거래 관계로 수행된다.
〈 자료출처 : http://cafe.naver.com/ob6.cafe?iframe_url 〉

거버넌스 [governance]

국가의 여러 업무를 관리하기 위해 정치·경제 및 행정적 권한(authority)을 행사하는 방식 즉 국정관리 체계를 의미한다. 국정관리 체계(國政管理體系), 공치(共治), 협치(協治) 등의 용어로 번역되어 사용되기도 한다. 넓은 의미에서의 거버넌스는 일반적인 국정관리 체계를 가리키는 용어이나, 다른 한편으로는 '네트워크식 국정관리 체계'만을 지칭하는 즉 뉴 거버넌스의 의미로 사용됨으로써 혼란이 초래된다. 넓은 의미의 거버넌스 즉 국정관리 체계의 주요 양식으로는 계층제(관료제 또는 전통적 형태의 정부조직), 시장, 네트워크(network) 등이 있다. 정부에 의한 일방적 통치를 의미하는 전통적 행정(government)과 대비되는 뉴 거버넌스의 개념은 공공문제의 해결을 위한 정부와 시민사회(civil society) 그리고 여러 공사조직들과의 연결 네트워크를 강조하는 개념이다. 즉 뉴 거버넌스는 오늘날의 행정이 시장화·분권화·네트워크화·기업화·국제화를 지향함에 따라, 종래의 집권적 관료구조에 바탕을 둔 전통적 행정을 대체하는 개념(from government to governance)으로 사용된다. (뉴)거버넌스의 속성 개념으로는 민·관의 협력적 네트워크(network) 또는 자기조직화 네트워크(self-organizing network), 민·관의 파트너십(partnership), 공공 서비스의 민·관공동생산(coproduction), 신공공관리(new public management) 기법의 도입 및 기업적 거버넌스(corporate governance), 최소국가(minimal state), 사회적 인공지능 체계(socio-cybernetic system) 등을 들 수 있다.
〈 자료출처 : 네이버 행정학 용어사전 〉

거시맹 [巨視盲] 과 미시맹 [微視盲]

거시맹(macro-blind)이란 행정법학에서 나오는 용어인데 행정법학이 법치행정의 원리나 행정재량의 이론 등을 규범적·미시적으로 천착하는 데 몰두한 나머지 행정과 법의 관계에 대한 사실적·거시적 관점을 확립하는 데까지 나아가지 못하고 있다. 그런 뜻에서 행정법학을 거시맹이라고 부른다. 반면 미시맹(micro-blind)이란 오래전부터 법을 중심적 연구대상으로 재조명하려는 행정학의 유파가 발전해 왔지만, 행정법의 미시적·규범적 측면에 대한 소극적 태도 때문에 또는 법에 대한 몰이해 탓에 여전히 법을 관심의 우선순위에서 후치시키거나 배제하려는 태도가 불식되지 않고 있다. 그런 의미에서 미시맹이라고 부른다.

〈 자료출처 : 이해영.(1997). 「정책학신론 : 이론-실제 이원론의 극복」 학현사 〉

건폐율 [building coverage rate, 建蔽率]

대지 면적에 대한 1층의 건축 면적(대지에 둘 이상의 건축물이 있는 경우에는 이들 건축 면적의 합계)의 비율을 의미한다. 대지 면적에 대한 건축물의 연면적의 비율을 가리키는 용적률과 대비된다. 건폐율을 규정하고 있는 목적은 도시의 수평적 밀도 관리를 위한 것으로 용도지역별로 그 밀도를 달리 정해 쾌적한 도시환경을 유지하기 위한 것이다. 이로 인해 햇볕이 충분히 비치고 통풍이 잘 되며 화재가 번지는 것을 방지하고 재해시 피난이 쉽도록 하기 위한 규정으로 실제 적용 비율은 시행령의 범위 내에서 조례로 정하고 있다.

〈 자료출처 : 네이버 백과사전 〉

게이트 키퍼 [gate keeper]

사회적 사건이 매스미디어를 통해 대중에게 전달되기 전에 미디어 기관 내부의 각 부문에서 취사선택하고 검열하는 기능, 또는 그러한 직책의 사람을 일컫는다. 신문 제작의 경우 취재 기자-데스크-편집부 기자를 거치는 동안 각각 독특한 방법·시각으로 사건이나 그 문안에 대해 가필·정정·생략 또는 보류 등의 조작이 이루어진다.

〈 자료출처 : 네이버행정학용어사전 〉

게임이론 [game theory, game理論]

경쟁 관계에 있는 개인 상호간의 전략 선택에 따른 이해(利害) 득실을 수학적으로 분석하는 의사결정 이론을 말한다. 경제학에서 종래의 가격분석 이론은 고립적인 개인을 상정하여 극대 이윤 추구와 같은 극대 원리(maximum principle)에 의존한데 반해, 게임이론은 경쟁 주체가 상대의 전략·전술을 참작하면서 행동한다는 점에 착안해 새로운 합리성의 공준(公準)으로 최대극소화(minimax)의 원리를 제시한다. 즉 합리적인 행위자가 기대되는 최소 득점 가운데 최대치를 선택하는 극소극대의 전략을 택하고, 상대방은 빼앗긴다는 입장에서 최대 실점 가운데 최소치를 선택하는 최소극대화(maximin)의 전략을 선택할 때, 게임의 해(解)로서의 양자의 일치점 즉 안점(鞍點, saddle point)이 생긴다는 것이다. 그러나 양자의 선택이 반드시 일치하는 것은 아니다. 게임이론은 1928년 뉴만(John von Neumann)에 의해 발표되었으며, 1944년 모르겐슈테른(O. Morgenstern)과의 공저 The Theory of Games and Economic Behavior 간행 이후 경제학적 관점에서 논의되기 시작했다.

〈 자료출처 : 네이버 행정학 용어사전,2010 UCC행정학개론(고시동네)-김시동, 라수정 저 〉

견인이론 [Pull theory, 牽引理論]

골렘뷰스키(Robert Golembiewski)가 제시한 조직관리 이론 가운데 하나로, 견인이론은 조직 내에 자유스러운 분위기를 조성하고 구성원들로 하여금 일하면서 보람과 만족을 느끼도록 처방하는 이론을 말한다. 이에 반해 압력이론(push theory)은 구성원들로 하여금 다만 고통스러운 결과를 피하기 위해 일하도록 만드는 방안을 처방하는 이론을 말한다. 인간이 자율규제적이며 직무 수행을 통해 만족을 얻으려는 존재임을 전제하는 견인이론은 분화보다는 통합을, 억압보다는 행동의 자유를, 안정보다는 새로운 것을, 그리고 기능보다는 일의 흐름을 선호해야 한다는 원리를 처방한다. 즉 견인이론에 입각한 구조는 통합·행동의 자유·변동 그리고 전체적인 일의 흐름을 중요시함으로써 분권화, 사업관리, 기능의 복합적 중첩, 목표관리, 자율적인 사업담당반 등 여러 가지 적응적 장치를 구조적 특성으로 한다.

〈 자료출처 : 네이버용어사전 〉

결합재무제표 [combined financial statement, 結合財務諸表]

정부가 자산 총액 2조 원 이상인 기업집단에 대해 의무적으로 작성하도록 한 재무제표로서, 당해 기업집단 소속의 모든 국내외 계열사들의 매출액과 손익, 자본금과 자산, 부채 및 내부거래 사정을 일목요연하게 작성하도록 되어 있다. 결합재무제표는 소속 회사의 재무제표를 결합해 기업집단 전체의 대차대조표, 손익계산서, 현금흐름표 등을 작성한다. 따라서 재무, 영업, 인사상의 경영권 행사, 상호 지급보증 관계, 자금대차 관계, 담보제공 관계 등이 모두 포괄된다. 또 계열사 상호간 매출거래와 대여, 투자거래 관계는 제거되기 때문에 해당 기업집단이 외부와 거래한 것만 기록돼 매출을 과대 포장할 수 없게 된다.
〈 자료출처 : 네이버 행정학 용어 사전 〉

경상수지

실물 측면에서 본 수지의 개념을 말한다. 이와 대비되는자본수지(資本收支, capital balance)는 화폐적 측면에서 본 수지의 개념이다. 경상수지는 ① 상품의 수출과 수입의 차액을 나타내는 상품수지, ② 운임, 보험 · 용선료, 여행비, 투자 수익, 주둔군에 대한 지출, 수수료 · 특허권 사용료 등의 수입과 지출 차액을 나타내는 서비스수지, ③ 대외 이자의 수입·지출 차이를 나타내는 소득수지 등을 합친 수지 합계로 국제수지의 기조를 판단하는 기준이 된다. IMF의 표준 국제수지표 중 재화와 용역 및 이전수지 항목, 즉 무역수지 · 무역외수지 · 이전수지를 합계한 것이 경상수지다. 일반적으로 경상수지의 적자는 먼저 자본수지 흑자에 의해 보전되지만 국제수지가 불균형에 있는 것은 사실이다.
〈 자료출처 : http://terms.naver.com/item.nhn?dirId=801&docId=2472 〉

경쟁적 규제정책 [competitive regulatory policy]

정부가 희소한 자원을 이용할 수 있는 권리 및 특정 서비스나 용역을 생산·공급할 수 있는 권리 등을 특정한 개인이나 기업체에 부여하면서, 이들에게 특별한 규제를 부과하는 정책을 말한다. 여기서 관련인들은 독과점적 이익을 얻기 위해 서로 경쟁하며, 분배책임자는 그 정책의 본래 목적을 달성하기 위해 이들을 적절히 통제한다. 항공기 산업 진입, 텔레비전 주파수 사용, 이동통신 사업, 중화학 및 자동차 사업자 선정을 둘러싼 정책들이 여기에 해당된다.
〈 자료출처 : 네이버 용어사전 〉

경쟁제한적 규제 [競爭制限的規制]

카르텔, 시장진입 제한, 가격 규제 및 사업활동 제한 등의 내용을 법령 등에 제도화함으로써 공정하고 자유로운 경쟁을 가로막고 기업의 활동을 본질적으로 제한하는 각종 제도를 말한다. 과거 정부는 기업의 경쟁제한적 행위를 규율하는 법집행에 중점을 두었으나, 최근에는 경쟁법 집행뿐 아니라 시장경쟁을 촉진하기 위한 각종 규제개혁, 제도 개선 등에 대한 노력을 더욱 강조하고 있다. 경쟁제한적 정책과 규제가 존재하는 상태에서 기업의 반경쟁행위를 규율하는 것만으로는 시장경쟁을 촉진하는 데 한계가 있기 때문이다.
〈 자료출처 : http://terms.naver.com/item.nhn?dirId=801&docId=2477 〉

경제특구

외국 자본과 기술의 활발한 국내 유치를 유도하기 위해 각종 인프라 제공은 물론, 세제 및 행정적 특혜 등을 주기 위해 선정된 특정 지역을 말한다. 우리나라는 고부가가치 지식집약적 외국 기업의 유치를 통한 국가경쟁력 제고를 위해 2002년 범정부 차원에서 마련한 '동북아 비즈니스 중심국가 실현 방안'에서 경제특구제도를 도입했다. 경제특구로 지정되는 곳에 외국인 친화적인 경영 및 생활 여건을 조성하는 데 필요한 사항을 제도적으로 뒷받침하기 위해 '경제자유구역의 지정 및 운영에 관한 법률'이 2002년 11월 국회를 통과, 2003년 7월 1일부터 시행되고 있다.
〈 자료출처 : http://terms.naver.com/item.nhn?dirId=801&docId=2485 〉

경직성 경비 [uncontrollable expenditure]

정부의 예산은 행정부의 예산편성과 입법부의 예산심의 과정을 통해서 확정된다. 그러나 정부 예산 가운데는 법률에 의해서 또는 정부 정책을 통해서 이미 사업의 목적이 정해지거나 자금 규모가 어느 정도 정해져서 행정부와 입법부가 예산과정을 통해서 예산의 규모를 자유롭게 조정하기 어려운 경비가 있다. 이러한 경비를 경직성 경비라고 한다. 그러므로 경직성 경비는 한 회계연도의 예산으로 확정되면 다음 회계연도에도 예산운영에 책임을 지는 행정부나 입법부가 그것에 대해서 통제를 하기 어렵다. 그 반대로 경비의 규모나 사용목적을 통제하기가 용이하다면 이런 경비를 비경직성 경비(controllable expenditure) 또는 재량적 경비(discretionary expenditure)라고 할 수 있을 것이다. 우리 나라「예산개요」에서는 전자를 경직성 경비라고 하고 후자를 사업비라고 보는 듯하다.
〈 자료출처 : 신무섭 역 (2001).「미국예산정치론」. 서울: 대영문화사. 〉

경험적 · 실증적 접근 [empirical-positive approach, 經驗的·實證的 接近]

실증 가능한 경험적 사실만을 연구 대상으로 하는 접근 방법으로 과학적 연구방법과 같은 의미로 사용된다. 경험적 · 실증적 접근은 엄격한 과학적 방법에 의한 법칙 정립을 추구하나, 사실에 대한 기술적 묘사(description)도 포함한다.
〈 자료출처 : 네이버행정학용어사전 〉

계급투쟁 [class struggle, 階級鬪爭]

사회가 몇 개의 계급으로 분열해 서로 화해하지 못하고 적대하고 있을 때, 그 중 어느 계급이 다른 계급을 타도해 정치·경제·문화상의 특권·권리를 빼앗아 지배권을 장악하려고 벌이는 투쟁을 말한다. 공산주의의 창시자 마르크스(K. Marx)는 1848년에 발표한 '공산당선언' 첫머리에서 "오늘날까지의 모든 사회의 역사는 계급투쟁의 역사"라고 했다. 그는 근대의 자본주의 사회에서도 자본가와 노동자의 두 계급이 대립해 새로운 형식의 투쟁이 행해지고 있으며, 그와 동시에 자본주의 사회는 쓰러지고 계급 없는 공산주의 사회, 즉 지상의 낙원이 온다고 주장했다.
〈 자료출처 : 네이버 행정학 용어사전,2010 UCC행정학개론(고시동네)-김시동, 라수정 저 〉

계선조직 [line office]

조직 내에서 명령이 전달되는 수직적·계층적 구조를 말한다. 계선기관은 조직목표를 직접 달성하기 위해 대외적으로 직접 고객에게 서비스를 제공하거나 규제하는 등의 업무를 담당하며, 대내적으로 명령·지시·감독의 기능을 담당한다.
〈 자료출처 : NAVER 행정학 용어 〉

계선조직과 참모조직

계선조직은 명령복종관계가 수직적으로 연결되어있고 계층화에 따른 분업에 중점을 두고 있다. 계선조직은 조직의 목표를 달성하는데 직접적으로 기여하고 책임을 진다. 특징으로는 수직적 권한의 계열로 이루어져 있으며 결정권·집행권을 가지며 계층제, 명령통일, 통솔범위에 따른 분업화에 중점을 두고 있으며, 일반 대중과 밀접한 관계를 유지한다. 참모조직은 계선기관이 조직의 목표달성을 도와주기위해 계선 외부에 설치한 조직을 말하며 계선조직의 업무활동을 지원·촉진시켜주는 역할을 한다. 특징으로는 전문적 지식을 가지고 조직목표 달성에 간접적으로 기여하고 구체적인 집행권이 업어 명령이나 지휘권을 갖지 못한다. 또, 일반 대중과 직접접촉하거나 봉사하지 않는다. 계선과 참모는 엄격히 구별되는 개념이 아니라 상호보완·의존적 관계를 지닌 밀접한 개념으로 파악하여야 한다.
〈 자료출처 : 네이버 용어사전 〉

계속비

계속비(예산회계법 제22조)는 완성에 몇 년이 걸리는 장기적인 공사나 제조·연구개발사업의 경우에, 수 년(5년 이내)에 걸쳐 지출할 수 있도록 경비의 총액과 연부액을 정하여 미리 국회의 의결을 받아 놓은 예산이다.이는 회계연도 독립의 원칙(예산회계법 제3조, 제38조)에 대한 예외이다. 예산은 당해년도에만 효력을 미치므로, 장기적인 사업의 경우 수 년에 걸치는 전체 예산에 대하여 승인을 받아놓아야만 안정적으로 사업을 수행할 수 있을 뿐만 아니라 기투자액이 무용지물이 되는 것을 방지한다는 데 계속비의 필요성이 있다.
〈 자료출처 : 강신택. (1993). 재무행정론, 서울: 박영사, 227-228, 302-303.〉

계수조정 [adjustment of figures, 計數調整]

정부가 제출한 예산안에 대해 예산결산특별위원회에서 세부 내역을 조정하는 활동을 계수조정이라 한다. 예산안이 국회에 제출되면 예산결산특별위원회는 여러 개의 분과위원회를 설치해 예산안을 소관별로 나누어 심사하게 된다. 분과위원회별로 심사가 마무리 단계에 가면 세입세출예산안의 계수조정이 필요하다. 계수조정을 위해 예산결산특별위원회 계수조정소위원회가 구성되는데, 이 소위원회는 예산결산위원회 위원장과 여·야당 간사 및 수명의 위원으로 구성되는 것이 관례다. 이 소위원회는 수권(授權) 소위원회로서 예산결산위원회에서 수임된 사항에 한해 계수조정하는 것을 그 임무로 삼는다. 이 소위원회의 계수조정이 끝나면 예산결산위원회 전체회의에 그 조정 결과가 보고되어 승인을 받아야 한다.
〈 자료출처 : 네이버행정학용어사전 〉

계약레짐 [契約, regime. contracting regime]

공공 서비스의 생산 방식을 민간위탁하는 경우 등에서, 공무원과 계약자 간에 일단 관계가 한번 형성되면 변경하기 어려운 현상을 말한다. 이와 같은 계약레짐 현상으로 인해 공공 서비스의 생산을 민간 부문으로 이전하더라도 관리감독 소홀 등으로 인해 효율성을 저해하는 관료제의 특성이 부분적으로 지속된다.
〈 자료출처 : 네이버 행정학 용어사전 〉

계획계약

전국적인 국가 발전과 지역 발전에 동시에 기여할 수 있는 지역개발사업을 중앙정부와 지방자치단체가 공동으로 추진하기 위해 사업계획 및 투자 분담에 대해 중앙정부와 지방자치단체가 공적으로 상호 약속하는 활동을 말한다. 1982년의 지방분권화법에 따라 프랑스의 광역지방자치단체인 레종(r gions)은 독자적인 레종 계획을 수립할 수 있게 되었다. 계획계약은 지방분권화 이후 레종 계획(plan des r gions)이 전국적인 국토개발 정책의 일관성을 해치지 않도록 하기 위해, 국가의 우선사업과 지방의 우선사업 간의 균형을 기하려는 목적으로 도입된 것이다.
〈 자료출처 : 온라인 행정학 전자사전(http://www.epadic.com) 〉

계획예산제도 [PPBS:Planning Programming Budgeting System]

정부의 장기적인 계획 수립(planning)과 단기적인 예산편성(budgeting)을 유기적으로 결합시킴으로써 자원배분에 관한 의사결정을 합리적으로 행하고자 하는 예산제도를 말한다. PPBS의 구성 요소는 ① 측정 가능한 서비스의 목표, ② 목표를 달성하는 대안적인 메커니즘, ③ 대안에 대한 비용·편익분석 그리고, ④ 다년도 예산 등으로 이루어져 있다. PPBS는 미국 케네디 행정부의 맥나마라(Robert McNamara) 국방장관에 의해 1961년 국방부에 도입되었으나, 일선공무원들은 PPBS의 전반적인 프로그램 구조가 함축한 조직개편의 위협을 두려워하여 이 제도의 시행에 소극적이었으며, 여러 가지 요인에 의해 이 제도는 1970년대 초 쇠퇴하게 되었다.
〈 자료출처 : 재무행정론(다산) 박영희, 김종희 지음 〉

계획행위이론 [Theory of planned behavior]

인간의 행위(behavior)와 의도(intention)를 '태도'(attitudes), '주관적 규범'(subjective norms), '행위 통제에 대한 인식'(perceived behavioral control), 이 세 가지 요인들의 상호작용의 산물로 설명한다. 세 결정 요인들은 먼저 인간의 '의도'(intention)를 결정하고, 이어 '행위'(behavior)는 '의도'와 세 변수간의 상호작용으로 결정된다. 이 이론에서 의도는 개인이 어떤 행위를 얼마나 기꺼이 하려는가에 관한 것으로 행위에 동기를 부여하는 핵심 요인이다. 계획행위이론은 아젠이 기존의 '합리적 행동이론(theory of reasoned action)'을 확장시킨 것으로, 과거 합리적 행동이론은 인간행위를 태도와 주관적 규범, 두 가지 변수만으로 설명했다.
〈 자료출처 : 최자영·김경자 (2003). 계획적 행동이론을 적용한 소비자들의 온라인 쇼핑행동 분석. 소비자학연구 〉

고등판무관 [high commissioner]

주권국 측으로부터 피점령국, 종속국, 피보호국에 또는 후자로부터 전자에게 파견되는 상임 사절을 말한다. 조약을 맺거나 외교 교섭 등 일반적인 외교사절로서의 일을 담당하며 외교사절에 준하는 특권을 갖는 경우가 많다. 또 '유엔 난민 고등판무관'과 같이 국제기구의 한 기관에 속하기도 한다.
〈 자료출처 : 네이버 행정학 용어사전 〉

고위공무원단 [Senior Civil Service]

국가공무원법 개정으로 2006년 7월 1일부터 시행된 우리나라의 고위공무원단제도는 정부의 주요 정책 결정 및 관리에 있어서 핵심적 역할을 담당하는 실·국장급 공무원을 범정부적 차원에서 적재적소에 활용하고 개방과 경쟁을 확대하며 성과책임을 강화함으로써 역량 있는 정부를 구현하기 위한 것이다. 우리나라의 고위공무원단제도의 핵심요소를 살펴보면 다음과 같다. 첫째, '개방과 경쟁 확대'이다. 수직적 개방으로 계급에 얽매이지 않는 보직 경쟁을 가능하게 하고, 개방형직위제도와 직위공모제도로 직무중심의 인사관리, 민간부문과 공공부문의 경쟁, 정부내 부처간 수평적 경쟁과 개방을 확대한다. 둘째, '성과책임 강화'이다. 종전의 연공서열에 의한 연봉 인상이나 승진, 신분 유지를 지양하고, 직무성과계약제도, 직무성과급제도, 적격심사제도를 중심으로 고위공무원에 대한 엄격한 성과관리를 강조한다. 셋째, '고위공무원 역량 제고' 이다. 후보자 교육과정, 후보자에 대한 역량평가, 재직자 교육훈련, 역량평가제도를 통해 상시적으로 역량개발을 도모한다. 마지막으로 '범정부적 통합적 시야'이다. 부처간, 민간과 공직간의 교류의 활성화, 범정부적인 인재풀 관리로 국정 전체를 조망할 수 있는 고위공무원을 육성하고자 하며, 고위공무원들의 공직에 대한 몰입감과 정책에 대한 대국민 책임성 제고를 도모한다.

〈 자료출처 : http://www.epadic.com/index.php 온라인행정학전자사전 〉

고전적 기술자형 [classical technocrats, 古典的 技術者型]

정책결정자와 집행자 사이의 관계에서, 정책결정자가 구체적인 정책목표와 세부정책 내용까지 결정하고 하위 정책집행자들의 활동을 엄격히 통제하는 관계의 유형을 말한다. 이 경우 정책집행자들은 결정자에 의해 만들어진 정책 내용과 목표를 받아들여 이를 실천하기 위한 활동을 하며, 구체적이고 세세한 기술적 문제에서만 미약한 재량권을 부여받을 뿐이다. 나카무라(R. T. Nakamura)와 스몰우드(F. Smallwood)는 정책결정자와 집행자 사이의 관계를 이와같이 고전적 기술자형, 지시적 위임형, 협상형, 재량적 실험형, 관료적 기업가형의 다섯 가지로 구분했다.

〈 자료출처 : 네이버행정학용어사전 http://terms.naver.com/list.nhn?dirId=801 〉

골드 칼라 [Gold collar]

황금처럼 반짝반짝하는 기발한 아이디어와 창조적 사고로 새로운 질서를 주도하는 사람들을 말한다. 넓은 의미로 어디에서건 '자신만이 할 수 있는 일'을 하는 사람들이다. 즉 적성에 맞는 분야에서 반짝이는 아이디어로 무장하고 자발성과 창의성을 발휘하여 새로운 가치를 창조하는 사람들이다.

〈 자료출처 : 네이버 백과사전(http://100.naver.com/) 〉

공공경비 팽창의 법칙

국가활동은 사적 활동보다 더욱 빨리 확대되는 경향이 있으며, 이러한 국가활동의 확대는 필연적으로 공공경비를 팽창시킨다는 경험적 법칙을 말한다. 공공활동 특히 국가활동이 확대되는 경향은 '국가활동 팽창의 법칙으로 정식화되었으며, 이 법칙에서 공공경비 팽창의 법칙'이 파생되었다. 공공경비 팽창의 경향을 지적한 사람은 로셔(W. G. F. Roscher)이나, 그것을 법칙으로 인식한 사람은 바그너(A. H. G. Wagner)다.

〈 자료출처 : 네이버 용어사전(http://terms.naver.com) 〉

공공서비스

공공서비스는 서비스의 한 유형으로 공공의 성격을 가지는 또는 공동으로 생산, 소비되는 서비스를 가리키는 것으로 이해할 수 있다. 즉, 어느 한 집단의 어떤 개인을 위해 또는 어떤 사람에 의해 생산되는 즉시 그 집단의 모든 구성원에 의해 소비의 혜택이 공유될 수 있는 서비스를 공공서비스라고 일컫는다.

〈 자료출처 : http://www.epadic.com/ 온라인 행정학 전자 사전 〉

공공서비스 동기

공공서비스 동기란 민간부문과 공공부문 직원들의 차이를 설명하는 개념으로, 공무원들은 공익을 위해 봉사하려는 열망에 의해 동기 부여되면 내적보상(intrinsic rewards)을 보다 우선시하는 직업윤리를 가진 것으로 간주된다. Perry&Wise(1990)에 따르면 공공서비스 동기는 공공기관이나 조직에서 우선적이거나 고유하게 나타나는 동기에 부응하려는 개인의 성향을 말한다.

〈 자료출처 : Perry, J. L. 1996. measuring public service motivation: An assessment of contruct reliability and validity. Journal of Public Administration Research and Theory 〉

공공선택론 [public choice theory, 公共選擇論]

정부를 공공재(public goods and services)의 생산자로 그리고 시민을 소비자로 규정하고, 시민의 편익을 극대화할 수 있는 서비스의 공급과 생산은 공공 부문의 시장경제화를 통해 가능하다고 주장하는 이론 지향을 말한다. 공공선택론자들은 공공 서비스를 제공할 때에 시민 개개인의 선호와 선택을 존중하고, 경쟁을 통해 서비스를 생산하고 공급하게 함으로써 행정의 대응성을 높일 수 있다는 것이다. "비시장적 의사결정의 경제학적 연구 혹은 정치학에 경제학을 응용하는 연구"라고 정의되는 공공선택론은 경제학적인 분석도구를 국가이론, 투표규칙, 투표자 행태, 정당정치, 관료 행태, 이익집단 등의 연구에 적용하고 있다.
〈 자료출처 : 네이버 행정학 용어사전 〉

공공선택모형 [public Choice Model]

Buchanan과 Tullock 등이 주장한 것으로 공공재의 결정이 정치적 표결에 의해 이루어짐을 설명하고 있다. 정부의 권력 행심부에 의한 정책결정 못지않게 현대 사회 속에서는 수많은 관련 국민들의 투표에 의한 정책결정 못지않게 현대 사회 속에서는 수많은 관련 국민들의 투표에 의한 결정이 많이 있다. 개개인들은 나름대로 독특한 선호를 가지고 있으며 언제나 자신의 이익을 극대화하는 방향으로 결정에 참여한다고 전제한다.
〈 자료출처 : 네이버 용어사전 〉

공공선택이론 [public choice theory]

정치적인 의사결정과정을 설명하는 이론. 시장의 경제활동과 관련없는 정치적 의사결정의 체제·기구에 관한 재정학적 연구로, 이 이론을 주창한 미국의 제임스 뷰캐넌(James McGill Buchanan)은 1986년 공공선택이론과 헌법경제학이라는 새로운 영역을 개척한 공로로 노벨경제학상을 받았다. 이론의 관점은 개인주의이다. 국가는 인격이 있는 유기체가 아니라 개인의 총합일 뿐이라고 보고, 개인이 경제행위를 할 때는 이기적으로, 정치행위를 할 때는 이타적으로 행동한다는 전통적 입장과는 달리, 개인은 어떤 행위이든 이기적으로 행동한다는 것이다. 즉 정치가나 관료 역시 기업가와 마찬가지로 자기 자신의 이익을 위해 노력한다는 가정에서 출발한다. 따라서 정치가나 관료가 자신의 이익보다 공익을 우선한다고 가정하는 전통적인 정치학과는 차이가 있다. 따라서 민주정치과정의 경제적 비능률의 제거와 상호이익을 위해 경제정책 수립과정에서의 경기규칙을 헌법에 명시해야 한다고 주장한다. 그는 이 이론을 토대로 시장경제를 규율하는 법과 제도 그리고 관습·윤리·도덕 등을 모두 포함하는 것을 헌법으로 간주해 헌법경제학이라는 분야를 창시하였다. 헌법은 실정법상의 헌법보다 훨씬 광범위한 개념이다. 전통 경제학이 정부 역할을 법과 제도를 분리한 채 제도의 선택을 정부 역할이라고 보므로 지원 배분에 간여하는 것은 정부 능력 밖이라고 간주한다. 이러한 시장 외적인 경제활동이나 의사결정의 분석, 또는 정치적 문제에 대한 경제학적인 분석기법의 적용을 통한 분석과 이론 개발이 바로 공공선택론이 다루는 분야이다.
〈 자료출처 : 네이버 용어사전 〉

공공재 [public goods, 公共財]

공기관을 통해 공급되는 재화와 서비스를 말한다. 공공재는 한 개인이 소비에 참여함으로써 얻는 이익이 다른 모든 개인들이 얻는 이익을 감소시키지 않는다는 비경합적 소비(非競合的 消費, non-rival consumption)의 성격과, 특정 집단의 사람들을 재화의 소비에서 얻는 혜택으로부터 배제할 수 없다는 비배제성(非排除性, non-exclusion)의 특성을 갖는다.
〈 자료출처 : 네이버 용어사전 〉

공기업의 역설 [Paradox of Quangos]

"공기업의 역설"이라는 용어는 절약의 역설(paradox of thrift)에서 유래된 말이다. 절약의 역설이란 개인적 차원에서 절약을 많이 하면 할수록 개인의 저축은 늘어나고 개인소득도 증가하지만 사회 전체적인 측면에서의 효용과 소득은 오히려 감소한다는 현상을 말한다. 즉 "작은정부" 패러다임에 따른 행정개혁의

한 방법으로서의 정부부문의 공기업화는 효율성 추구를 위함이였지만, 과거 정부조직이었을 때 보다 사회전체의 효용에 긍정적인 영향을 주지 않고 공기업의 숫자가 늘어남에 따라 공기업이 생산하는 총 산출은 증대할지도 모르지만 사회 전체적인 맥락에서 오히려 효용의 감소를 가져올 수 있다는 것이다.
〈 자료출처 : 이상철, 권영주 「지방공기업 조직진화의 합리성에 관한 연구」 (2009) 「한국행정논집」 제21권 제1호, pp.1-20 - (Koppell, 2003) 인용〉

공동 생산 [coproduction]

정부기관과 시민이 협력해 공공 서비스를 생산하고 전달하는 것을 말한다. 전통적인 공공서비스 전달 방식에서는 정부는 공급자, 시민은 소비자라는 대칭적 관계가 유지되었으나, 공동생산에서는 정부와 시민이 서비스 공급에 같이 참여함으로써 그 권한과 책임을 공유한다는 데 특징이 있다. 화재경보기 작동, 범죄 신고, 거리에서의 쓰레기 줍기, 지역방범단 활동 등이 공동생산에 해당된다.
〈 자료출처 : 네이버 백과사전 〉

공동정부 [hollow government, hollow state, 空洞政府]

정부가 생산·공급하는 행정 서비스 업무를 민간 등 제3자에게 위임 또는 위탁함으로써 정부의 기능이 현저하게 축소된 정부 형태를 말한다. 공동정부는 지식정보화 시대에 적합한 정부 형태로 제시된다. 전통적 정부 기능 가운데 기획 · 조정 · 통제 · 감독 등의 중요한 업무만을 수행하게 되는 공동정부는 공동기업(hollow corporation)에 그 유래를 두고 있다. 공동화(hollowing out)는 국가의 기능과 조직이 국제기구, 지방정부 및 민간기구 등으로 이전 · 방출되는 것을 의미한다.
〈 자료출처 : 네이버 행정학 용어사전 〉

공동체 생태학이론 [Beard & Dess, community ecology or collective strategy]

공동체 생태학이론은 조직을 생태학적 공동체 속에서 상화의존적인 개체군들의 한 구성원으로서 파악하고 이에 따라 조직의 행동과 환경적응과정을 설명하려는 새로운 관점으로서 등장하게 되었다. 공동체 생태학이론은 환경을 조직들 간의 공동적인 관계에 의해 새롭게 형성되고 통제 가능한 것으로 보고 이에 따라 조직들의 공동적인 노력에 의한 환경에의 능동적인 적응을 중요시한다는 점에서 기본적인 차이가 있다. 이와 같은 조직 간에 공동적이며 호혜적인 관계망을 형성하는 이유로서 Oliver는 안정성, 정당성, 호혜성, 효율성, 불균형, 필요성 등 여섯 가지 요인을 들고 있다. 하지만 공동전략이 모든 조직에게 언제나 강점으로서만 작용하는 것은 아니다. 그러한 역기능으로서는 개별조직의 전략적 유연성을 감소시키고 외부적 제약의 영향을 증대시킬 가능성이나 조직의 자체적인 적응능력을 떨어뜨리고 새로운 진입조직이 등장할 가능성을 들 수 있다는 한계점이 있다.
〈 자료출처 : 네이버 행정학 용어사전,2010 UCC행정학개론(고시동네)-김시동, 라수정 저 〉

공론장 [public sphere ; 공공영역, 공공권역]

공론장이란 사회구성원간의 합리적 토론을 통해서 사회구성원들의 보편적 이익에 관한 사회적 합의(social consensus)를 도출하는 담론적 공간을 의미한다. 공론장 개념은 하버마스에 의해 구체화된 것으로서 하버마스의 의사소통이론 및 인간의 이성에 대한 신뢰를 바탕으로 한 사회의 합리적 기획과 밀접한 관련을 갖는다. 공론장은 이성에 입각한 토론을 통해 사회전체에 보편적으로 통용되는 규범과 가치에 대한 합의를 창출하며 국가 권력에 대한 합리적 정당화를 제공하는 공간이다. 이러한 공론장의 형성을 통해서 사회구성원 개개인은 중세의 절대적 국가권력 앞에 무기력한 피동적 객체(object)로서의 지위를 극복하고, 근대 시민사회의 적극적 구성주체이자 스스로 국가권력의 정당성 여부를 결정지을 수 있는 주체(subject)로서의 지위를 획득하게 된다.
〈 자료출처 : 장춘익 외(1996), 하버마스의 사상 - 주요 주제와 쟁점들, 서울 : 나남출판.정호근 외(1997), 하버마스 : 이성적 사회의 기획, 그 논리와 윤리, 서울 : 나남출판사 〉

공리주의 [Utilitarianism, Utilitarismus, 功利主義]

인간 행위에 대한 선악 판단의 기준은 고통과 쾌락이라는 관점에서, 이기적인 개인의 결합체인 사회의 기본 원리를 '최대 다수의 최대 행복(the greatest happiness of the greatest number)'에서 구한 사회사상을 말한다. 18세기 말부터 19세기 중엽까지 영국을 지배했던 이 사상은 모든 인간 행위의 동기는 쾌락을 추구하고 고통을 피하는 데 있으며, 이러한 쾌락과 고통이 선악 판단의 기준이 된다고 주장한다. 그들은 또한 이 원리는 개인뿐만 아니라 사회에도 적용될 수 있다고 주장한다.

〈 자료출처 : 네이버 용어사전 〉

공무원제도개혁법 [Civil Service Reform Act of 1978, 公務員制度改革法]

1978년 10월 공포된 미국의 개정 연방공무원법으로 인사행정기관의 개편 및 각종 인사제도의 개혁을 주된 내용으로 하고 있다. 이 개혁법은 대통령의 연방공무원 인사관리를 보좌하기 위한 인사관리처(OPM: Office of Personnel Management)를 창설하고, 실적제를 보호하고 공무원의 인사권 남용 및 부당한 행사 억제 등의 기능을 담당하는 실적제보호위원회(MSPB: Merit System Protection Board)를 설치하며, 고위공무원단(Senior Executive Service)을 창설할 것 등을 주요 내용으로 담고 있다. 그 밖에 관리자로 하여금 공무원의 채용과 해직을 좀더 효과적으로 할 수 있도록 복잡한 소청 과정을 개선하도록 하는 내용 등을 규정하고 있다. 이 공무원제도개혁법 및 동법 시행을 위한 편제기준이 된 대통령의 조직개편안 제2호(President's Reorganization Plan No.2 of 1978)에 의해, 종전의 연방인사위원회가 대통령 직속의 인사관리처와 실적제보호위원회로 개편되었으며, 그 밖에 종전의 연방노사관계위원회를 대치하는 연방노사관계청(Federal Labor Relations Authority)이 창설되었다.

〈 자료출처 : 네이버행정학용어사전 〉

공법인 [public corporation, 公法人]

특정한 공공 목적을 위해 특별한 법적 근거에 의해 설립된 법인을 말한다. 넓은 의미로는 국가와 공공단체를 모두 포함하는 의미로 사용되고, 좁은 의미로는 공공단체를 의미하며, 가장 좁게는 공공단체 가운데 지방자치단체 이외의 것을 가리킨다. 공법인에는 그 목적에 부합되는 한도 내에서 행정권을 부여할 수 있다. 공공조합(公共組合)·공사단(公社團) 등이 여기에 속한다.

〈 자료출처 : 네이버행정학용어사전 http://terms.naver.com/list.nhn?dirId=801 〉

공변성 [Convariance]

공변성이란 두 변수가 동시에 변한다는 것을 보여주는 것으로 인과관계검증에 필요한 일차적인 조건을 말한다. 한 변수가 변화할 때 다른 변수도 같이 변화하는 것을 보여주고 A가 변하면 B도 변해야 한다. 예컨대 정책수단과 정책효과 사이에서 상호 관련되어있지 않다면 정책수단이 정책효과의 원인이라 할 수 없다. 정책수단의 실현이 있으나 없으나 정책효과의 차이가 없다면 정책수단이 정책효과의 원인이라 할 수 없다.

〈 자료출처 : 이희근.(2005). 「이것이 이희근 행정학이다」. 서울: 고시연구원.〉

공부합 [coalignment]

조직론의 초기 연구과제는 조직에 보편적으로 통용되는 원리의 설정이나 규범적 이론의 추구에 있었다. 반면 최근의 상황적응적 접근방법에서는 주어진 조직맥락을 고려하여, 특정한 관계들이 어떻게 형성되는지에 관심을 갖는다. 공부합 모형에 의한 조직분석은 이러한 상황적응적 접근방법의 하나이다. 공부합(共符合)이라는 개념은 적합성(fit) 개념과 밀접한 관계가 있다. 공부합(coalignment)이라는 용어는 톰슨(J. D. Thompson)이 그의 저서 『행동하는 조직』에서 처음 제시한 것이다. 그는 관련 변수들간의 공부합을 달성하는 것이 관리의 요체라고 주장한다. 코터(J. P. Kotter)는 톰슨의 견해를 좀더 일반화하고 있는데, 그에 의하면 성공적인 관리란 실현가능하고 안정성 있는 어떤 특정 과정의 조합에 대한 행태 유형(behavior pattern)을 말하며, 이러한 과정의 조합은 주요 변수들 간의 동시적 부합인 공부합의 형태로 나타난다고 주장한다. 이런 관점에서 본다면 주로 두 개의 변수를 다룰 때 쓰이는 개념이 적합성이고, 한 번에 여러 변수를 동시적으로 다룰 때 쓰이는 개념이 공부합이라 할 수 있다. 공부합 모형은 단순한 인과관계를 분석하는 것이 아니다. 따라서 변수를 종속변수와 독립변수로 구분하지 않는다. 그렇기 때문에 조직의 관리행태과정을 설명하고 평가하기 위해서는 주요한 맥락변수의 식별이 무엇보다도 중요하다. 또한 공부합 개념은 총체주의적(holistic) 개념이므로 조직을 하나의 전체로 간주하게 된다.

〈 자료출처 : 온라인행정학전자사전 〉

공용물 [public property, 公用物]

청사(廳舍) · 교사(校舍) · 병사(兵舍) · 교도소(矯導所) 등과 같이 행정 주체 자신의 사용에 제공되는 공물을 말한다. 일반공중의 사용에 제공되는 항만·교량·공원 등의 공공용물(公共用物)에 대비되는 개념이다.

〈 자료출처 : 네이버 행정학 용어 사전 〉

공용침해 [Eminent Domain Power]

공용침해는 공공필요에 의하여 헌법 제23조 제1항 제1문에 보장된 개인의 재산권 전부 또는 일부에 대하여 고권적이며 의도된 침해행위를 말한다. 우리 헌법 제23조 제3항은 "재산권의 수용 · 사용 또는 제한"이라는 표현을 사용하고 있는데 이러한 수용, 제한, 사용을 모두 포괄하여 공용침해라고 한다. 공용침해는 의도적인 공권력행사를 통해 행해져야 한다. 따라서 행정작용의 부수적 결과로서 우연히 재산권침해의 결과를 가져오는 행위는 공용침해에 해당하지 않는다.

〈 자료출처 : 네이버 행정학 용어사전 〉

공유의 비극 [Tragedy of commons]

공유의 비극은 목초지, 어장과 같은 공동소유 자산의 활용을 둘러싸고 구성원들이 상호 협조와 타협이 없이 각자 개인 이익의 극대화만 추구할 경우, 공익이 훼손되는 것은 물론 궁극적으로는 공유자원이 고갈되어 개인이 이용할 수 없게 되는 공멸현상을 초래하는 것을 가리키는 개념이다. 이는 미국의 생물학자 하딘(Garrett Hardin)이 환경문제의 심각성을 강조하기 위해 1968년에 내놓은 논문의 제목이기도 함. 그 요지는 개방된 초원에서 가축을 방목하는 사람은 사료비가 들지 않아 이익되므로 최대한 많은 가축을 방목하려 한다. 다른 목축가들도 같은 생각으로 모두가 방목할 경우, 초목은 고갈되고 초지는 황폐해져 끝내는 한 마리의 가축도 방목할 수 없는 비극이 초래된다는 것. 이러한 논리는 비단 초원의 초목에 국한되는 것이 아니라 지하자원, 호수 등에 서식하는 물고기과 같이 공공자원에 모두 적용된다.

〈 자료출처 : 행정학용어사전-행정학용어 표준화연구회. 새정보 미디어 2010/ p.201~202 〉

공익 [public interest]

공공의 이익, 즉 사회구성원 전체의 이익을 말한다. 공익의 개념은 관점에 따라 그 의미가 다양하게 규정된다. 과정설(過程說)을 취하는 학자들은 공익이란 사익(私益)의 총합이거나 사익 간의 타협 또는 집단 상호작용의 산물이라고 본다. 현실주의적이고 개인주의적인 공익 개념을 주장하는 과정설은 공익이 실질적으로 과정적 · 제도적 · 절차적 국면을 통해서 형성되며, 여러 사회집단이 대립·투쟁·협상·타협을 벌이는 과정에서 결과적으로 다수 이익에 일치되도록 도출된다고 인식한다. 한편 실체설(實體說)을 취하는 학자들은 공익을, 사익(私益)을 초월한 실체적 · 규범적 · 도덕적 개념으로 파악하며, 공익과 사익과의 갈등이란 있을 수 없다고 본다. 실체설에서 인식하는 공익 개념의 구체적인 내용은 논자에 따라 자연법 · 정의 · 형평 · 복지 · 인간 존중 · 공동사회의 기본적 가치 등 다양하다. 그런데 그 공통적 특징은 공익이 사익의 단순한 총화가 아니고 사익과는 구별되는 실체적 적극적 개념이라고 보고 공익의 존재성을 인정하고 있다는 점이다. 공공서비스 [public service] 대중의 복리 증진을 위한 공공 기관의 서비스. 교통 · 의료 · 통신 등을 가리킴.

〈 자료출처 : 네이버 백과사전 〉

공적부조 [Public Assistance]

한 사회의 빈곤선이하 저소득계층에게 국가가 기본적인 생계유지를 위하여 생계보호, 의료보호, 교육보호, 주택보호등의 급여를 지급하는 사회보장제도의 하나이다. 공적부조는 개인의 근로소득이나 사회보험제도에 의해 소득보장이 충족되지 못하는 국민에 대한 가장 기초적인 사회적 보호장치라 할 수 있다. 공공부조, 사회부조 (social assistance), 혹은 국민부조 (national assistance)라고도 불리운다. 우리나라의 경우 국민기초생활보장제도가 이에 해당한다.

〈 자료출처 : 온라인행정학전자사전 〉

공정성이론 [equity theory]

애덤스는 개인은 자기가 조직에 투입한 것과 조직으로부터 받는 보상을 지각을 통해 인식하고 비교하며, 이때 지각을 통한다는 것은 개인의 주관적인 판단을 의미하는 것으로써 개인은 자신의 보상/투입의 비율과 타인의 보상/투입의 비율을 비교하여 두 비율이 같으면 공정성이 지각되고 비율이 서로 다르면 불공정성을 지각하게 된다. 따라서 개인은 자신의 노력과 그 결과로 얻어지는 보상과의 관계를 다른 사람과 비교하여 자신이 느끼는 공정성에 따라서 행동동기가 영향을 받는다. 즉, 공정성 이론은 개인의 행동에 있어서 동기를 자극하는 욕구나 유인 등의 중요한 요인들이 단순히 절대적인 가치에 의하여 그 강도가 작용하는 것이 아니라 산출과 투입의 상대적 비율, 그리고 다른 사람과의 상대적인 관계에서 동기요인들이 작용한다는 것을 강조하고 있다.
〈 자료출처 : http://100.naver.com/100.nhn?docid=751383 〉

공중의제 [public agenda, 公衆議題]

아이스턴(Robert Eyestone)이 개념화한 의제의 한 종류로, 사회문제가 확대되어 많은 사람의 관심이 집중되고 정부가 문제 해결을 위해 노력하는 것이 정당한 것으로 인정되는 사회문제를 말한다. 이와같이 정부에 의해 공식적으로 채택되지 않았으나 진지한 관심의 대상이 되는 정책의제를 콥(Roger W. Cobb)과 엘더(Charles D. Elder)는 체제의제(systemic agenda)라 하고, 앤더슨(James E. Anderson)은 토의의제(discussion agenda)라 불렀다. 〈 자료출처 : 네이버 행정학용어사전 〉

공직적격성평가 [PSAT, Public Service Aptitude Test]

PSAT(Public Service Aptitude Test)란 관리자로서 공직 수행에 필요한 기본적 지식, 소양, 자질 등을 포함한 공직자로서의 적격성을 종합적으로 평가하는 시스템이다. 즉 PSAT는 과목별(헌법, 한국사, 영어 등) 지식평가 방식인 현행 1차 시험을 영역별(언어논리영역, 자료해석영역, 상황판단영역) 평가방식으로 대체하여 신임관리자로서 지녀야 할 기본적 소양과 자질 등 공직적격성을 종합적으로 평가하는 방식이다.
〈 자료출처 : 온라인행정학사전(http://www.epadic.com) 〉

과두제의 철칙 [iron law of oligarchy, 寡頭制-鐵則]

정치조직 특히 이데올로기를 강조하는 조직에서 상위층의 몇몇 지도자들이 그 조직을 계속 지배하려는 권력욕으로 인해 원래의 조직 목표를 망각하고서 목표를 실현하기 위한 수단을 더욱 중요시하는 목표대치 현상을 말한다. 여기서 과두제란 소수의 지도자들에 의한 지배체제를 말하고, 철칙이란 조직을 지배하고 있는 현 지위를 유지하기 위해서는 수단 방법을 가리지 않는다는 뜻이다. 과두제의 철칙이란 개념은 독일의 정치사회학자 미헬스(Rovert michels)가 그의 저서 「현대 민주주의 정당 사회학」(1911)에서 밝힌 것이다. 그에 의하면 1차 세계대전 이전 유럽 몇 나라의 사회주의 저당과 노동조합들은 급진적 사회주의 혁명을 실현하기 위해 창설되었던 것이나 실제 활동하는 과정에서 이들 정치 단체의 지도자들은 사회변혁을 추구하기 보다는 자기들의 지위 유지를 위하여 권력 기반의 구축에만 급급하여 사회주의 혁명이라는 원래 목표는 수단으로 내세우고 목표 달성의 수단인 지위 유지에 최대의 노력을 기우렸다는 것이다. 이러한 목표대치의 현상을 지적하여 미헬스는 과두제의 철칙이라 하였다.

〈 자료출처 : 행정학용어 표준화연구회(2010), 『행정학용어사전』, 새문화미디어, p108 〉

과목해소 [科目解疏]

과목해소란 세입·세출예산의 과목에 대한 설명이다. 한국에 있어서 국가예산의 과목구조는 장(章), 관(款), 항(項), 세항(細項) 및 목(目)으로 구분하여 이에 대하여 설명을 붙이고 있으나, 해소는 주로 세입·세출예산 모두 목에 대한 설명에 치중하고 있다. 예산의 과목구조는 매년 조금씩 달라질 수 있기때 문에 중앙예산기관은 과목해소를 매년 만들어야 한다. 기획예산처는 매년「예산편성지침 및 기준」에 편성년도의 과목해소를 첨부하여 각 중앙관서에 시달하며, 또한 국회에서 예산이 의결되면 인쇄 · 배부되는 「세입 · 세출예산서」의 말미에 과목해소를 첨부한다. 다음은 2001년도 예산편성지침에 실려있는 세입·세출예산의 과목해소를 일부 소개한 것이다.

〈 자료출처 : 기획예산처, 2001년도 예산편성지침 및 기준 . 〉

과업지향형 리더 [taskoriented leader, 課業指向型 leader]

과업지향형 리더는 생산에 대한 관심은 높고 구성원에 대한 관심은 낮은 리더의 유형을 말한다. 즉 인간관계적인 요소를 최대한으로 줄이고 업무 능률의 향상만을 위해 조직을 관리하는 리더의 유형을 말한다. 블레이크(Robert Blake)와 모튼(Jane Mouton)은 '업무에 대한 관심(concern for task)'과 '인간에 대한 관심(concern for people)'을 기준으로 리더의 유형을 권위형 리더(authoritarian leader), 사교형 리더(country club leader), 팀형 리더(team leader), 무기력형 리더(impoverished leader)의 네 가지로 구분했다.

〈 자료출처 : 네이버행정학용어사전 〉

과잉침해금지의 원칙 [過剩侵害禁止의 原則]

과잉침해금지(bermaßverbot)의 원칙은 헌법적으로 보호되고 있는 두개의 법익이 서로 충돌하는 경우에 한 법익이 다른 법익을 위해 완전히 무시되어서는 아니 되고, 두 법익이 최적의 효과에 도달할 수 있도록 조정되어야 하고 그럼으로써 실제적 조화를 이루어야 한다는 원칙을 말한다. 이 원칙은 법치국가원리의 구체화로서 국민의 자유와 권리의 보호의 현실화와 실효성에 매우 중요하며, 또한 그를 위하여 탁월한 역할을 거두고 있음은 일반적으로 승인되고 있으며, 이제는 단순히 조리 상의 원칙에 그치는 것이 아니라 헌법에 기초를 둔 헌법적 차원의 법원칙으로서 행정작용은 물론 입법·사법작용을 포함한 「모든 국가행위를 포괄하는 주요준칙」으로 인정되고 있다.

〈 자료출처 : 김배원 (1991). 알 권리의 한계로서의 국가비밀. 법학연구, 32(1): 185-208. 〉

과학적 관리론 [scientific management theory]

19세기말부터 20세기 초엽 미국에서 산업자본주의가 전개됨에 따라 일어난 일련의 기업경영 및 생산과정 과학화 운동과 고전적 조직이론이 접목되면서 구축된 관리이론을 말한다. 과학적 관리학파인 테일러(F. W. Taylor)는 '절약과 능률'을 행정의 가장 중요한 가치 기준으로 삼고, 관리에 대해 과학적 조사, 연구, 실험을 통해 업무의 능률성을 극대화 시킬 수 있다고 믿었으며 정치· 행정 분리론을 토대로 하여 행정 고유영역의 활동을 규율하는 과학적 원리와 합리적인 관리기법을 탐구했다. 자료를 객관적으로 분석해 보면 일 또는 작업을 조직화할 수 있는 최선의 방법을 찾을 수 있다고 생각했다.
〈 자료출처 : 과학적 관리론(scientific management theory) : 네이버 백과사전

관료정치모형 [bureaucratic politics model]

정책은 결정 과정에 참여하는 관료들의 흥정·타협·연합·대결에 의해 이루어진다고 보는 정책결정 모형을 말한다. 이 모형을 제시한 앨리슨(G. T. Allison)은 정부를 잘 조정된 유기체로 보고 엄밀한 통계적 분석에 치중하는 결정방식을 합리적 행위자 모형(rational actor model)이라 하고, 느슨하게 연결된 준독립적인 하위 조직체들의 결정을 조직과정 모형(organizational process model)으로 분류한 뒤, 정부를 상호 독립적인 정치행위자들의 집합체로 가정하는 관료정치 모형을 제3의 모형으로 제시하고 있다.
〈 자료출처 : http://terms.naver.com/item.nhn?dirId=801&docId=1046 〉

관료제 [bureaucracy, 官僚制]

많은 양의 업무를 법규에 따라 비정의적으로 처리하는 특정한 형태의 대규모 분업체제를 말한다. 기능적 측면에서 볼 때 관료제는 합리적 측면과 병리적 측면, 그리고 권력적 측면을 함께 지니고 있다. 합리적 측면으로는 전문화 · 계층제 · 분업화 · 비정의성 · 표준화된 규칙 등의 내용이 포함되며, 병리적 측면은 형식주의 · 무사안일 · 비밀주의 등 관료주의적인 것을 가리킨다. 베버는 18세기 이후 서구 사회의 근대화 과정에서 생성된 대규모 공공조직들의 공통된 특징을 통찰하고, 작업 능률을 극대화할 수 있는 합리적이고 이상적인 조직 형태로서 관료제의 이념형을 제시했다. 근대적 관료제의 주요 특징은 다음과 같다. ① 관료의 권한과 직무 범위는 법규에 의해 규정된다. ② 직무조직은 계층제적 구조를 형성한다. ③ 직무의 수행은 문서에 의거해서 이루어지며, 그 결과는 문서로 기록·보존된다. ④ 관료는 직무 수행 과정에서 애정이나 증오 등의 개인적 감정에 끌리지 않는, 즉 비정의적 자세를 견지해야 하며, 업무는 법규에 따라 공정하게 처리된다. ⑤ 모든 직무는 전문지식과 기술을 지닌 관료가 담당하며, 이들

은 시험 또는 자격증 등에 의해 공개적으로 채용된다. 또한 관료들은 지속적인 교육훈련을 통해 전문적 능력을 기르고 관료직을 '생애의 직업'으로 여기고 전념한다. ⑥ 관료는 직무 수행의 대가로서 급료를 규칙적으로 지급받고, 승진 및 퇴직금 등의 직업적 보상을 받는다. ⑦ 관료제에서 고용 관계는 전통적인 신분 관계가 아닌 평등한 관계에서 고용의 자유계약이 허용된다.
〈 자료출처 : Naver 행정학 용어사전 〉

관료제의 병리현상

관료제 조직에서 나타나는 역기능적·병리적 행태와 현상을 말한다. 관료제의 병리 현상으로 비능률성·형식주의·무사안일주의 등을 들수 있다.
〈 자료출처 : 네이버행정학용어사전 〉

관리과학 [management science]

관리과학이란 수학의 이론을 원용해 조직이 당면하는 문제의 해결책을 찾으려 하는, 선형계획(linear programming), 게임이론(game theory), 대기행렬이론(queuing theory), 통계적 의사결정이론, 체제분석, OR, 시뮬레이션(simulation), 몬테카를로 기법(Monte Carlo techniques) 등을 말한다. 관리과학은 과학적 방법을 강조하고, 문제 해결을 체계적으로 접근하며, 수학적 및 계량적 모형 구성을 강조한다. 그리고 사회·심리적 측면보다는 경제적·기술적 측면을 강조하고, 컴퓨터를 이용해 해답을 찾으려고 하며, 체제적 접근 방법(systems approach)을 강조하고, 최적해(最適解)를 추구하며, 기술적 모형(descriptive models)보다는 규범적 모형(normative models)을 지향하는 등의 특징을 지닌다.
〈 자료출처 : 네이버사전 〉

관리예산처 [OMB, Office of Management and Budget]

1971년 미국의 대통령부에 설치된 중앙예산기관을 말한다. 관리예산처의 전신은 1921년의 예산회계법에 의해 재무부에 설치된 예산국(BOB: Bureau of the Budget)이다. 예산국은 1939년 재무부에서 대통령부로 이관되어 대통령의 막료기관이 되었으며, 이후 닉슨행정부에서 관리예산처로 승격되면서 내부조직도 확대 · 개편되었다. 미국의 관리예산처는 다른 나라의 중앙예산기관과는 달리 재정 정책, 경제정책 등 예산관리 기능 외에 정책분석, 사업평가, 조직관리 등의 행정관리 기능과 법제 기능까지 함께 갖고 있는 막강한 기관이다.
〈 자료출처 : 네이버 용어사전 〉

관방학 [官房學, Cameralism]

16세기 중엽부터 18세기 말까지 약 200여년에 걸친 절대주의 국가 시대에 독일 및 오스트리아에서 생겨난 행정 사상. 관방 관리에게 국가 통치에 필요한 행정적 기술 및 지식을 보급한다는 목적을 지닌 학문이었다. 당시 프로이센은 이웃 영국과 프랑스에 비해 절대군주국가로서의 발전이 지체되어 있었고, 중상주의 정책 집행을 위해 필요했던 경제적, 사회적 기반이 부족한 실정이었다. 따라서 국가적 차원에서 국내 자원을 개발하여 군주의 권력을 강화, 대외적 경쟁력을 확보할 필요성을 느끼게 되었고 그 결과물로 관방학이 발전하게 된다. 관방학은 행복촉진주의적 복지국가 사상, 즉 "국민들의 모든 행복과 복지는 국가로부터 나온다."에 그 기초를 두고 있었다. 여기서 국가는 모든 사회경제적 향상을 위한 최고관리자요, 국민경제를 형성하는 존재라는 전제가 형성되었다. 국가경제 및 국가수지는 국민경제 번영을 목표로 관리되어야 하며, 군주의 관방재정을 늘리기 위해 모든 통치수단과 정책을 사용할 것을 주장하였다. 이를 위해 관방학은 정부의 공식 기구 및 기능을 명시하는 접근 방법을 사용하였고, 특히 정부 관료가 수행할 업무 및 그들이 지닐 행동 윤리에 중점을 두었다.
〈 자료출처 : 위키피디아 백과사전(ko.wikipedia.org) 〉

관청형성론

P.Dunleavy(1991)는 기존의 공공선택이론(Downs의 정당 간 선거경쟁론, M.Olson의 이익집단론, Niskanen의 관료이익극대화가설 등)이 공공선택이론의 기본가정과 방법을 적절히 사용하지 못했다고 비판하였다. 특히 주 공격대상은 Niskanen의 관료이익극대화가설인데 관청형성모형은 관료들이 사적이익을 극대화한다는 가정은 받아들이지만 합리적인 고위관료들은 예산극대화 동기를 별로 갖지 않는다고 비판한다. 그 이유로는 관료제 내에는 개인행동이 아닌 집합행동의 문제가 존재하며, 예산증가와 관련된 관료의 효용 정도가 예산의 구성과

기관의 유형에 따라 다르고, 고위직 관료들은 금전적인 효용보다는 업무와 관련된 효용을 더 추구한다는 점 등을 들고 있다.
〈 자료출처 : 2010선행정학, 저자 김중규 〉

관치행정 [官治行政]

국가 또는 공공단체의 기관에 의해 하향적으로 처리되는 행정을 말한다. 국민이 그들 자신에 의해 또는 그들이 선출한 기관에 의해, 상향적으로 행정을 처리하는 영국식 자치행정에 대응하는 개념이다.
〈 자료출처 : 네이버행정학용어사전 〉

광역제 [Regionalism]

광역제에서 'Region'이라는 용어는 사회적 또는 문화적으로 일체성·동질성을 지닌 지방사회의 구역을 뜻하며, 'Regionalism'은 광역제로 번역된다. 원래 광역제에 대해서는 일정한 정의를 내리기가 어려우나, 일반적으로 정치적·행정적 관점에서 보다도 오히려 사회적·경제적 관점에서 지방자치단체에 있어서의 구역광역화를 말하는 것이다. 광역제의 주장은 일찍이 프랑스혁명 후의 극단적인 중앙집권에 반대해서 일어났던 것이며, 미국에서는 이것이 전통적 주(州) 제도의 불합리성에 대한 반성으로서 나타나 국토종합개발(예 : TVA) 등 주(州)의 구역을 넘어 광역적으로 행할 필요가 있는 행정업무에 대하여 초주적(超州的)인 region의 구역을 설정하려는 움직임으로써 대두되었다.
〈 자료출처 : 오무근, 신두범, 「최신 행정학개론」, 박영사, 2010, p.181 〉

광역행정

하나의 지방자치단체 또는 지방행정기관의 구역을 초월하는 광역을 단위로 하여, 행정사무 또는 사업을 일체적 · 종합적으로 처리하는 것을 말한다. 이러한 광역행정은 지방주민의 생활 영역 또는 이해관계의 영역이 교통통신의 발달에 따라 광역화함에 따라 그 필요성이 증대하고 있다. 광역행정의 방식으로는 처리수단에 따라 공동처리 방식과 연합 그리고 합병 등의 방식이 있다. 공동처리 방식에는 지방자치단체 사무의 일부를 공동처리하기 위해 둘 이상의 자치단체가 합의에 의해 조합을 설치하는 방식과 협의회 및 기관의 공동 설치 방식 등이 있다. 연합의 방식은 둘 이상의 지방자치단체가 각자의 자치권은 그대로 유지하면서 그 전역에 걸친 자치단체를 새로 창설해 광역적 사무를 처리하게 하는 방식이다. 그 밖에 몇 개의 자치단체를 통폐합하여 하나의 법인격을 가진 새로운 자치단체를 설치하는 합병의 방식과, 구역 변경의 방법 등이 있다.
〈 자료출처 : 네이버 용어사전 〉

교류형 인사체제

공무원의 기관 간 이동이 자유스러운 인사 체제를 말한다. 교류에는 중앙부처 간의 이동뿐만 아니라 중앙정부와 지방 정부 간의 이동도 포함되며, 또한 정부기관과 민간기업 간의 인사교류도 포함된다. 교류형은 공무원의 경력 발전을 위해, 자신의 적성에 맞는 근무처를 선택해 근무하게 함으로써 공무원의 사기는 물론 행정의 효율성도 제고하는 장점을 지닌다. 또한 교류형은 공무원을 하나의 기관적 단위에 머물게 하는 인력 활용의 고립주의를 탈피하고 인력을 융통성 있게 활용할 수 있을 뿐만 아니라 공무원의 시야를 넓히고 기관간의 배타성과 파벌성을 극복함으로써 기관 간의 협조와 조정을 용이하게 한다.
〈 자료출처 : 네이버 용어 사전 〉

교부공채

공채(公債)는 그 발행방법에 따라 공모공채(公募公債), 중앙은행인수공채(中央銀行引受公債), 첨가공채와 교부공채로 나누어진다. 공모공채는 공채의 발행조건을 일반에게 공시한 후에 자발적인 응모에 의하는 가장 보편적인 발행방법이며, 중앙은행인수공채는 긴급한 필요가 있는 경우에 정부가 발행한 공채를 중앙은행에 인수시켜서 자금을 조달하는 발행방법이고, 첨가공채는 공채발행으로써 재원을 조달하고자 하는 시설로부터 편익을 받는 경제행위에 첨가하여 그 시설비용을 충당하기 위한 공채의 발행방법인 것에 대하여, 교부공채는 일정한 자격과 조건을 갖추고 있는 대상에 대하여 현금의 지급 대신 공채를 교부하는 발행방법이다.
〈 자료출처 : Robert K. Merton, Social Theory and Social Structure, 1968 enlarged edition. New York: Free Press. 1968. 〉

교차영향분석

델파이기법과 밀접히 연관된 기법으로 전통적 델파이기법을 보완하기 위하여 고안된 것인데, 이는 연관된 다른 사건이 일어났느냐 않았느냐에 기초하여 미래의 어떤 사건이 일어날 확률에 대하여 식견있는 판단을 이끌어내는 직관적인 기법으로 이 과정에서는 주로 교차영향행렬이 사용된다.
〈 자료출처 : 김중규(2007), 9급선행정학개론. 서울: 도서출판 성지각 〉

교환모형 [exchange model, 交換模型]

조직은 구성원 개인의 목표 성취에 도움이 되는 유인을 제공하고, 구성원은 그 대가로 시간과 노력을 조직 목표 달성에 제공한다고 보는 관점을 말한다. 폐쇄-합리적 조직론과 인간관계론에 기반하는 교환모형은 인간의 피동성·동기부여의 외재성·욕구 체계의 획일성을 강조한다.
〈 자료출처 : 네이버 백과사전 〉

구성적 타당성 [construct validity 構成妥當性]

시험에 의하여 구성된 능력요소들은 흔히 경험적·구체적으로 포착하기 어려운 추상적이고 일반적인 능력들을 심리학이론 등에 입각하여 가정한 것이다. '안출적 또는 해석적 타당성'이라고도 불리우는 구성적 타당도란 시험이 직무수행의 성공에 관련되어 있다고 이론적(추상적)으로 구성(추정)된 능력요소(traits)를 얼마나 정확하게 측정하고 있느냐의 정도를 말한다(ex: '창의력'을 측정하고자 추상적으로 구성된 '민감성, 이해성, 도전성' 등을 제대로 측정해 주었는지의 정도)
〈 자료출처 : 행정학 용어 사전 〉

구성정책 [Constituent policy, 構成政策]

행정부처 및 법원의 관할구역 설정, 예산기관·인사정책 기관의 설치 등과 같이 권력에 대한 규칙(rules about powers)을 설정하는 정책을 말한다. 로위(Theodore J. Lowi)는 정책을 국가 의사의 표현 또는 국가의 실제 행동으로 규정하고, 규제정책·재분배정책·분배정책·구성정책으로 분류했다. 입헌정책이라고도 한다.
〈 자료출처 : 네이버 용어사전 〉

구조기능주의 [structural functionalism]

구조를 기술하고 기능을 분석하는 것으로 외형적인 구조와 실제기능 간 차이의 분석에 역점을 둔다. 외국제도의 무분별한 도입으로 법제와 실제 간에 차이가 심한 나라에서 구조와 기능간의 괴리를 규명하기 위하여 실제 기능을 중심으로 분석해 보는 것이다. T. Parsons 등이 개발한 사회학적 이론에서 출발한 것으로 사회체제는 스스로 일탈을 막고 균형과 안정을 추구하며 구조와 기능간의 괴리를 없애고자 노력한다고 전제한다. 전통적인 구조중심의 접근에 비하여 기능주의에 기초한 사실중심의 실증적 연구이므로 과학성과 보편성에 기초하며 비교행정 등에 적용되어 행정연구의 과학화와 객관화에 기여한다.

〈 자료출처 : 김중규 (2010),「선행정학개론」〉

구획정리 [land readjustment, 區劃整理]

도시계획구역 내의 토지에 대해 도로나 공원, 광장 등의 공공시설을 정비·개선함과 동시에 택지의 고도 이용 증진을 도모하기 위해 환지를 정해 토지의 구획을 변경하고 공공시설의 신설이나 변경을 하는 행위를 말한다.

〈 자료출처 : 네이버행정학용어사전 〉

국가조합주의 [corporatism, 國家組合主義]

정책결정 과정에서 사회적 합의를 유도하기 위해 정부가 이익집단 등 민간 부문에 대해 강력한 주도권을 행사, 정부와 이익집단 간에 합의 형성이 이루어지도록 하는 국가 체제를 말한다. 국가조합주의는 다원주의적 이익대표 체제에 대한 대안적 체제로 제기되었다. 조합주의 체제 아래서 정부는 자체 이익을 가지고 이익집단의 활동을 규정·포섭·억압하는 독립적 실체로 간주되며, 이익집단들은 강제적·비경쟁적·위계적으로 조직화되고 경쟁적이기보다는 협력적인 것으로 이해된다. 사회적 책임, 협의, 사회적 조화 등의 가치가 중시되는 조합주의 아래서 이익집단은 준정부기구 또는 확장된 정부의 일부분으로 기능하게 된다.

〈 자료출처 : 네이버 행정학 용어사전 〉

국고보조금 [Grants-in-aid]

국가가 특정한 행정 업무를 지방정부로 하여금 처리하게 하기 위해서 지방자치단체에 지원하는 보조금(grants-in-aid) 및 국가가 산업정책적 차원에서 기업설비 근대화, 시험연구 촉진, 기술개발 및 향상, 재해복구 등의 목적을 위해 민간기업에 무상으로 교부하는 보조금(government subsidy)을 말한다. 중앙정부가 지방자치단체에 제공하는 국고보조금은 국가위임사무의 처리, 지방행정의 광역적 처리, 지방행정 수준의 향상, 국가의 종합적인 계획 및 업무의 처리, 지방적인 특수 시설이나 행정 수행의 장려 등을 목적으로 교부된다. 지방재정을 개선하고 균형을 이루기 위한 하나의 수단인 국고보조금은 용도와 요건이 정해져 있다는 점에서 용도에 제약이 없는 보통지방교부세와 구별되며, 국가로부터 지방자치단체에 교부되는 의존재원이라는 점에서 양자는 공통점을 지닌다. 국고보조금은 자본적 지출에 충당하는 경우와 수익적 지출에 충당하는 경우가 있다. 국고보조금은 과세 표준에서 제외되는데, 정부가 재화나 용역을 직접 공급받지 않으면서 특정한 사업을 진흥 또는 촉진시키기 위해 정책적으로 보조금을 지급하는 경우 당해 보조금은 재화 및 용역과 직접적인 대가 관계가 없기 때문이다.
〈 자료출처 : 네이버 용어사전 〉

국민계정 [National Accounts, 國民計定]

일정 기간 국민경제의 모든 구성원이 이룩한 경제활동의 성과와 국민경제 전체의 자산과 부채 상황을 정리해 보여 준 것을 말한다. 기업의 재무제표에 비견되는 국가의 재무제표라 할 수 있다. 국민계정은 국민소득통계, 산업연관표, 자금순환표, 국제수지표, 국민대차대조표 등 5대 국민경제 통계로 구성된다.
〈 자료출처 : 네이버 행정학 용어사전 〉

국민기초생활보장제도

이 제도는 가족이나 스스로의 힘으로 생계를 유지할 능력이 없는 절대빈곤층 국민에게 생계, 교육, 의료, 주거, 자활 등 기본적으로 국가가 보장해주는 제도이다. 그러나 최저 생계비 전체를 지급받는 것이 아니라 최저생계비에서 가족소득을 제외한 금액을 보충적으로 지급 받는다. 이 때 가구의 소득에는 경로연금,

장애수당 등은 제외되고 장애인직업재활시설에 참여로 얻은 소득 등에 대해서는 10-15% 공제하여 포함된다.
〈 자료출처: http://www.epadic.com/ 온라인 행정학 전자 사전 〉

국민총생산 [gross national product ; GNP]

한 나라의 거주자가 일정 기간 동안에 생산한 모든 재화와 용역을 시장 가격으로 평가한 것으로 생산과정에서 마손된 고정자산의 소모분(고정자본소모충당금)을 포함한 개념이며 시장가격으로 평가되었다는 점에서 '시장가격에 의한 국민총생산'이라고 한다. 여기에서 거주자의 생산이라 함은 한 나라의 거주자가 국내는 물론 국외에 제공한 생산요소에 기인하는 생산을 뜻하는 것으로 비거주자의 생산요소 공급에 의한 생산은 포함하지 않는다. 또한 생산의 의미는 총산출액에서 각 산업에 투입된 중간 생산물을 공제한 최종 생산물의 총액을 뜻한다.
〈 자료출처 : 네이버 경제사전 〉

국제비정부기구 [Non-Governmental Organization]

NGO 또는 비정부기구라고도 한다. 개인이나 민간단체가 연합하여 국제적 기관을 조직한 INGO(International Non-Governmental Organization:비정부간국제기구)와 같은 뜻으로 사용되는 경우가 많다. 국제연합헌장에 따라 국제연합경제사회이사회의 자문기관으로 인정받고 있다. 국제연합은 두 가지 차원에서 운영된다. 하나는 정부 차원의 활동으로 각 나라가 국제연합에 가입하여 국제연합총회와 국제연합안전보장이사회, 국제연합경제사회이사회, 국제연합신탁통치이사회 등을 통해 세계 문제를 해결한다. 다른 하나는 민간단체 차원의 활동으로 세계 여러 종교단체를 비롯한 민간단체들이 결속한 비정부기구가 국제연합 총회에서 결의된 사항들을 실천할 수 있도록 다양한 프로그램을 마련하여 UN을 보조한다.
〈 자료출처 : 네이버 용어사전 〉

굴뚝산업 [smokestack industry]

철강, 자동차, 고무 업종 등 큰 굴뚝을 가진 공장을 운영하는 중공업을 말한다.
〈 자료출처 : 네이버 행정학 용어 사전 〉

권고사직

임용권자의 권고에 의해 공무원이 그 직을 떠나게 되는 것을 말한다. 권고사직은 의원면직의 형식을 취하나 인사권자의 자의에 의해 이루어지는 사실상의 강제퇴직이다. 권고사직은 직권면직과 달리 국가공무원법상의 제도는 아니다. 권고사직은 흔히 징계 대상 공무원에 대해 가혹한 징계를 모면하게 하는 수단으로 이용되거나 대량숙정 작업 시 비공식적 징계의 수단으로 이용된다. 권고사직은 공무원 본인의 의사 표시의 하자(瑕疵)에 대한 입증이 어렵다는 점에서 법적인 구제가 어렵다.
〈 자료출처 : 네이버 행정학 용어 사전 〉

권력분립 [separation of powers, Gewaltenteilung, 權力分立]

국가작용을 입법·행정·사법으로 나누어 각각의 권력을 각기 다른 구성을 가진 독립기관에 담당시키는 정치 원리를 말한다. 이러한 권력분립은 국가기관 상호간에 억제 · 균형의 관계를 설정하고 상호 견제하게 함으로써, 권력의 집중과 전횡을 방지하고 국가 권력의 남용으로부터 국민의 자유를 보장하려는 데 근본 목적이 있다.
〈 자료출처 : 네이버 용어사전 〉

권력의존모형 [Power Dependence Theory]

전통적인 '중앙-지방정부간 관계'나 '정부간관계' 개념으로써는 중앙-지방관계의 본질에 이르지 못한다는 것이 Rhodes의 문제의식이다. 중앙정부 차원에 있어서도 지역부나 지방정부연합회 등 '지방정부'이외의 지방측 행위자들이 존재하고, 분석시각도 단순한 '정부간관계' 시각으로써는 중앙-지방관계의 총체적이고 다양한 측면을 설명할 수 없다는 것이다. Rhodes는 중앙-지방정부간 관계나 IGR 대신 SCG(sub-central government) 개념을 사용할 것을 제안한다. 중앙정부 내에도 '지방'의 측면으로 분류될 수 있는 다수의 행위자들이 존재하고 '정부'라는 개념으로 통칭하기 어려운 공기업과 QUANGOS가 중앙-지방관계에 커다란 역할을 하고있기 때문이다. SCG 개념 안에서 중앙-지방관계를 설명하는 데 권력의존모형이 제시되고 있다. 한마디로 권력의존모형은 중앙-지방관계를 전략적인 행위자 관점에서 '교환'과 '게임'의 관계로 파악하고 있다는 것이 가장 큰 특징이다. 신다원주의 입장에서 경제적, 사회적, 정치적 분화현상을 전제로 하고, 정책공동체(policy community)이론과 네트워크이론, 조합주의이론, 행위자이론을 결합하여 이론적인 삼각화를 도모한 결과물이라 하겠다.
〈 자료출처 : 온라인행정학전자사전 〉

권한의 대리 [權限의 代理]

관청의 권한의 전부 또는 일부를 그 보조기관이나 다른 관청이 대리하는 것을 말한다. 이 때 피대리관청(被代理官廳)의 대리인으로 행한 행위는 피대리관청의 행위로서 효력을 발생하게 된다. 관청의 권한 그 자체를 다른 기관에 위양(委讓)하는 권한의 위임 및 관청의 보조기관이 그 관청의 이름으로 단지 사실상 그 관청의 권한을 대리 행사하는 위임전결(委任專決)과 각각 구별된다. 관청의 대리는 발생 원인에 따라 법정대리(法定代理)와 임의대리(任意代理)로 구분되며, 전자는 다시 보충대리(補充代理)와 지정대리(指定代理)로 나뉜다.
〈 자료출처 : 네이버 용어사전 〉

귀납적 방법 [inductive method, induktive Methode]

개별 사례에 관한 관찰을 총괄해 그 공통된 성질을 일반 명제로 확립하는 추리, 즉 특수 사실로부터 일반적 주장을 끌어내는 추리를 말한다. 보편적 법칙 또는 일반적 주장에서부터 특수적 법칙 또는 주장을 끌어내는 연역적 방법(deductive method)과 대비된다.
〈 자료출처 : 네이버 용어사전 〉

귀인이론 [Attribution theory]

귀인 이론은 프리츠 하이더, 해롤드 켈리, 에드워드 E. 존스, 리 로스에 의해 만들어진 사회심리학 이론이다. 이 이론은 사람들이 자신 또는 타인의 행동의 원인을 설명하는 방식에 대한 이론이다. 귀인 이론은 사람들이 사건들의 원인을 따지는 방법을 두가지로 나누었다. "외적 요인" 또는 "환경적 요인"으로 원인을 돌리는 것 (날씨 등) "내적 요인" 또는 "기질적 요인"으로 원인을 돌리는 것 (지능 수준, 발생한 사건에 대한 책임 등)
〈 자료출처 : 위키백과 한국어판 〉

규범성 [Poly-Normatism, 多規範性]

프리즘 사회 즉 과도사회에서 새로운 규범과 전통적 규범이 충돌하고 혼재되어 있는 상황을 가리키는 개념이다. 리그스(F. W. Riggs)는 프리즘 사회의 관료제를 살라모형(Sala model)으로 규정하고, 살라모형의 특징으로 이질혼합성(異質混合性)·기능 중복·연고우선주의·형식주의·다분파성·다규범성·가격의 불확정성 등을 들었다.

〈 자료출처 : 네이버 행정학 용어 사전 〉

규제의 포획이론 [capture theory]

정부의 보호를 필요로 하는 개인이나 기업이 이익집단(special interest group)을 형성해 정부에 대해 로비를 함으로써 자신들이 필요로 하는 각종 규제, 즉 관세 장벽이나 비관세 장벽 등 규제장치를 확보하게 된다는 이론을 말한다. 보호무역은 정부 규제의 일종이기 때문에 보호무역을 필요로 하는 이해당사자가 정부가 가진 자원 배분의 강제력을 포획해 나온 결과로 볼 수 있다.

〈 자료출처 : Naver 행정학 용어 사전 / 에드민, 김종규, 2010 선행정학개론 〉

규제정치

규제정치(regulatory politics)는 조직의 구성원이 특정상황에서 일정한 행위를 하도록 명하는 규제정책을 둘러싸고 벌어지는 상호작용 등을 조명하는 것으로서, Wilson(1980)의 규제정치이론이 대표적이라고 할 수 있다. Wilson의 규제정치이론은 규제정책을 둘러싸고 벌어지는 상호작용 등을 유형화하여 의사전달을 명확히 하고 있다는 점에서 의의를 찾을 수 있으나, 유형의 기준을 감지된 편익과 비용으로만 한정했다는 점에서, 규제정치를 일반화하는 데는 한계가 있다.

〈 출처 : http://www.epadic.com/ 온라인 행정학 전자 사전 〉

규제행정

국민생활에서 정치 경제적 목적과 사회안정을 도모하는 질서를 위해 일반적으로 시행되는 재화와 용역 자원분배의 적정화, 특정자본과 서비스의 안정적인 공급, 특정산업의 보호, 환경보호와 안전성 확보를 위해서 정부가 관여를 하는 행정 행태이다.

〈 자료출처 : http://www.epadic.com/ 온라인 행정학 전자 사전 〉

균형(통합)성과관리 [BSC]

BSC(Balanced Scorecard)란 균형성과표 또는 통합성과관리라고도 하며 미국 하버드대 Kaplan & Norton 교수가 만든 경영성과 관리시스템으로 기존의 재무분석의 문제점을 해소하기 위하여 나오게 되었다. 최근에는 성과관리를 중시하는 공공부문에서도 이의 도입이 활발히 이루어지고 있다. 미국 클린턴행정부가 시도한 정부성과관리법(GPRA : Gov't Performance & Result Act)이 공공부문의 대표적 성과관리시스템이다. 싱가포르의 공공부문에도 이미 70%가 이 성과관리시스템이 도입되었고, 호주 등 대부분의 OECD 국가들이 앞 다투어 도입하고 있는 전략적 성과관리체제이다. 우리나라도 참여정부 들어 행정자치부 중심으로 본격적으로 추진되고 있는 국정과제인데 '공공부문의 통합(균형)성과관리'라는 이름으로 추진되고 있다.

〈 자료출처 : 김중규 행정학 사이트 http://www.kaspa.co.kr 〉

균형이론 [均衡理論, equilibrium theory]

어떤 가격에 따라 상품의 공급이 수요를 초과하면 가격이 떨어지고, 가격이 떨어지면 공급이 줄어들어 수요가 늘어난다. 그러다가 수요와 공급이 일치하면, 더 이상 변동할 요인이 없어져서 균형이 잡힌 상태가 실현된다. 이것이 곧 균형상태이며, 이때의 가격이 균형가격, 이때의 수급량(需給量)이 균형수급량이다. 따라서 수요공급의 법칙은 하나의 균형이론이라 할 수 있다. 이러한 수요공급의 법칙처럼, 한 재화(財貨)의 수급이라는 사회경제현상의 일부분에만 국한된 이론을 부분균형이론이라 하고, 이를 많은 재화의 관계에까지 확대한 M.E.L.발라의 이론 같은 것은 일반균형이론이라고 한다. 경제이론은 대체로 균형이론이며, 마르크스의 확대재생산(擴大再生産)의 이론이나 케인스의 소득결정(所得決定)의 이론도 균형이론의 하나이다.

〈 자료출처 : 네이버 백과사전 〉

그레샴의 법칙 [Gresham's law]

그레샴의 법칙은 16세기 영국의 재정가 그레샴이 주장한 것으로 1558년 영국의 엘리자베스 여왕에게 보낸 편지에 표현되어 있다. 소재의 가치가 서로 다른 화폐가 동일한 명목가치를 가진 화폐로 통용되면, 소재가치가 높은 화폐(Good

Money)는 유통시장에서 사라지고 소재가치가 낮은 화폐(Bad Money)만 유통되는 현상을 말한다. 그레샴은 이 현상을 "악화(惡貨)가 양화(良貨)를 구축한다.(Bad money drives out good.)"라고 표현하였는데 즉, 한 나라 안에서 실질가치가 다른 두 가지 이상의 화폐가 같은 명목가치로 유통될 경우, 실질가치가 우량한 화폐는 녹여서 지금(地金)으로 하거나 저장, 유통, 국외유출로 말미암아 시장에서 자취를 감추고 실질가치가 나쁜 악화(惡貨)만이 유통된다는 법칙이다. 이는 비단 화폐유통시장만 아니라 여러 경제현상에서 관찰 되고 있다.
〈 자료출처 : 위키백과사전 〉

그로슈 [Grosh] 의 법칙

컴퓨터에 나타나는 규모의 경제를 말하는 것으로 대형컴퓨터 하나를 공동으로 이용하는 것이 여러 대의 소형컴퓨터를 개별적으로 이용하는 것보다 경제적이라는 법칙이다. 크기가 클수록 성능과 가격면에 유리하다는 법칙으로 지금은 인정되지 않는 법칙이다.
〈 자료출처 : 이종수 외, 새행정학 개론 〉

그룹웨어 [groupware]

그룹웨어를 가장 쉽게 정의하자면 집단이 사용할 수 있는 소프트웨어라 할 수 있다. 즉 개인용 소프트웨어와 비교될 수 있는 개념이다. 그룹웨어란 조직이나 집단의 구성원들이 정보통신망으로 연결된 상황에서 공동으로 사용하는 소프트웨어이다. 그룹웨어의 기원은 1986년 미국에서 컴퓨터의 지원에 의한 공동 작업이라는 개념으로부터 비롯되었다. 이 소프트웨어를 통해 구성원간 정보공유 및 의사소통이 촉진되어 공동 작업에서의 생산성이 크게 향상될 수 있다. 조직 내의 사용자들은 LAN 등의 정보통신망으로 연결된 개인의 컴퓨터를 통해 문서를 작성하거나, 열람, 검색, 전달 및 교류를 포함하여 전자적 방식으로 결재를 받을 수 있다. 그리하여 그룹웨어의 세부 기능으로는 전자우편, 전자게시판, 전자결재, 데이터 공유, 전자회의 등이 해당된다. 뿐만 아니라 각 부서나 업무별로 분산되어 있던 정보를 통합, 공동활용을 할 수 있으며 업무절차의 표준화 및 혁신도 도모할 수 있다.
〈 자료출처 : 「http://www.epadic.com/index.php」〉

그리드 훈련 [Gride Seminar]

조직발전의 기법중 하나인 그리드 훈련은 R. Blake와 J. Mounton이 Managerial Grid를 바탕으로 개발한 기법이다. Grid훈련은 사전실험단계(변화담당자 육성, 시험훈련)를 거쳐 Grid세미나 및 자아인식 향상, 집단행동(팀워크)개발, 집단 간 행동개발, 전체 시스템적 행동(이상적 조직모델) 개발, 목적달성 행동개발(전략실행), 개선된 행동의 정착(체계적 비판 및 평가) 등 6단계로 진행 된다. 이 훈련은 상당히 구조화, 정형화 되어있고, 관리자의 리더십에서 조직전체의 적응능력에 이르기까지 순차적으로 개발해나가는 것이므로 3~5년의 오랜기간이 필요하다. Grid훈련의 장점은 조직전체를 대상으로 하여 체계적, 구체적으로 진행하고 알기 쉽게 설계 되어있다는 점이다. 단점은 장기간(3~5년)에 걸친 프로세스여서 구성원의 의욕이 오래 지속되기 어려울 수도 있고 형식에 치우칠 위험성도 있다는 점이다.

〈 자료출처 : 김기식, 2010. KS행정학, 열린교육 〉

그린 GDP [green GDP]

경제활동이 천연자원의 소비나 환경 파괴를 수반할 경우 그 가치만큼 빼고 산출한 국내총생산(GDP)을 말한다. 석유, 석탄, 가스 등 재생 불가능한 자원을 소비한 경우 그 손실을 계산에 집어넣고 산림, 수자원, 신선한 공기 등의 경제적 가치를 분석해서 그 피해액을 '그린 GDP'의 산출에 반영시킨다. 1994년 4월 22일 지구의 날을 맞아 미국이 처음으로 그린 GDP를 발표했다.

〈 자료출처 : 네이버 용어사전 〉

그림자 내각 [shadow cabinet, 그림자內閣]

야당이 정권을 잡았을 때를 대비한 예비 내각을 말한다. 양당제가 잘 발달되어 있는 영국에서는 야당이 정권 획득에 대비해 총리 이하 각 각료로 예정된 멤버를 정해 두고 정권을 잡으면 그 멤버가 그대로 내각의 장관이 되는 경우가 많으므로 섀도 캐비닛이라 하며 당 운영의 중추가 된다. 1907년 보수당의 체임벌린(Arthur Neville Chamberlain, 1869-1940)이 최초로 사용했다.

〈 자료출처 : 네이버 행정학 용어사전 〉

근무성적평정 [performance evaluation or appraisal]

근무성적평정이란 개인이 근무하고 있는 조직체에서 능력, 가치를 체계적, 정기적으로 감독자가 평가하는 것을 의미한다. 이를 통하여 승급, 승진, 상여, 교육훈련, 적재적소배치, 파면, 징계 등에 관한 객관적 근거를 제시하여 공무원 개인의 능률 또는 근무 성적을 향상시키고 공무원이 속하는 조직체 전체의 능률을 올리기 위한 인사행정의 합리적 수단이다. 또한 근무성적평정제도는 평정의 대상인 공무원의 능력발전 이나 직무 수행의 능률 향상뿐만 아니라 인사 기술의 타당도와 인사 처리의 공정화에도 기여하며 인사행정의 한 기준으로서 승진, 상벌, 전직 등에 이용되는 통제적 목적도 가지고 있다. 이러한 근무성적평정의 구체적인 목적 내지 용도는 아주 다양하지만, 다음과 같이 세 가지로 대별될 수 있다. (1) 공정한 인사행정의 기초 확보 및 통제적 목적 (2) 인사행정기술의 평가기준 제시 (3) 공무원의 능력발전과 능률향상. 근무성적평정의 과정에서 피평정자의 능력상 차이점이나 장단점은 제3자를 통하여 객관적으로 평가되는 기회가 부여되므로 평정 대상인 공무원이나 감독자가 개선할 점이 무엇인가를 알 수 있게 되고, 따라서 그들의 능력발전을 조장하고 약점을 극복하는데 도움이 될 수 있는 것이다. 또한 근무성적평정에서 얻어지는 자료는 피평정자의 발전뿐 아니라 근무 수행의 효율성을 저해하는 조직운영 상의 문제 해결과 조직계획의 개선에 쓰일 수도 있다.

〈 자료출처 : 국가기록원 나라기록 포털 사이트 〉

근접효과 [recency effect]

근접효과는 평정대상기간 중에서 평정시점에 가까운 실적이나 사건일수록 평정에 더 크게 반영되는 경향이다. 평정대상기간 중의 모든 실적과 능력이 종합적으로 같은 비중으로 평가되어야 하지만 시간이 지난 것일수록 평정자의 기억에 남아 있지 않거나 중요하지 않은 것으로 인식하는 데서 오는 오류이다. 과정을 평가하지 않고 오직 결과로 나타난 실적을 기준으로 평가하는 MBO 평정법을 활용하거나 아니면 중요사건 기록법을 통해 평정일지를 계속 기록함으로써 근접효과를 예방할 수 있다.

〈 자료출처 : 유민봉 외 1인 공저, 「인사행정론」(박영사) 〉

글로벌 소싱 [global sourcing]

기업의 구매활동 범위를 범세계적으로 확대해, 외부조달 비용의 절감을 시도하는 구매전략을 말한다. 해외 건설공사를 수주한 업체가 공사의 모든 공정을 혼자 도맡아 하지 않고, 각각의 공정별로 다른 업체에 하도급을 주어 공사를 추진하는 방식이 대표적인 예에 속한다.

〈 자료출처 : http://dic.naver.com/ , 행정학 오석홍 박영사 p.129 〉

금치산자 [禁治産者]

심신 상실의 상태에 있기 때문에 일정한 사람의 청구에 의해 가정법원으로부터 금치산 선고를 받은 법률상의 무능력자를 말한다. 자기 행위의 결과를 합리적으로 판단할 능력과 의사 능력이 없는 경우 가정법원은 본인·배우자·사촌 이내의 친족·호주·후견인·검사의 청구에 의해 금치산 선고를 내린다. 정도가 약한 정신병자라고 해도 한번 선고를 받았다면 치료가 되더라도 선고를 취소받을 때까지는 금치산자다. 금치산자의 일체의 거래 행위는 취소할 수 있다.

〈 자료출처 : 네이버 행정학 용어 사전 〉

기대성 오차 [expectancy error]

사람이나 사실 또는 사건의 발생에 관해 미리 어떤 기대를 갖고 지각(知覺)하는데서 오는 오차를 말한다. 즉 기대하는 대로 지각되는 과정을 통해 나타나는 오차를 말한다.

〈 자료출처 : 네이버 행정학 용어 사전 〉

기대 이론 [expectancy theory]

기대 이론(expectancy theory)은 인간은 일과 관련하여 다양한 측면에 대해 인지하게 되는데, 자기가 일을 함으로써 결과를 가져올 가능성과 그 결과가 자신에게 가져다 줄 이익에 대한 기대가 동기에 영향을 미친다는 것이다. 즉 인간은 어떤 결과를 가져올 행위를 할 수 있는 노력과 능력을 자신이 구비하고 있는가, 자신의 행위가 그 결과를 가져 올 가능성은 어느 정도인가, 즉 자신의 행동이 그 결과를 가져 오는 데 있어 수단적일 것인가, 그 결과가 자신에게 긍정적인 이익을 가져 올 수 있는가에 대한 종합적 인식이 동기를 불러일으킨다는 것이다. 기대이론은 기대·수단성·가치부여라는 세 가지 인지요소의 결합에 의해 인간의 동기가 생성된다고 본다.
〈 자료출처 : 이목훈, 「현대행정학의 이해」, 대왕사, 2007, p.221 〉

기술관료제 [Technocratic view of bureaucracy]

정책결정의 영향력이 행정 전문가나 경제 전문가들에게 주어진 정치체제. 엘리트주의적 모형과 흡사. 여기서 엘리트라 함은 단순히 권력을 가진 정치적 엘리트가 아닌 전문적 지식·기술을 가진 엘리트를 의미. 기술관료적 학파는 이러한 전문적 엘리트를 공공기관 같은 대규모 조직에 대거 진출, 정책수립에 직접 참여함으로써 기존의 정치적 엘리트들을 밀어내고 대신 그 지위를 지지하며 권력을 형성해 간다고 주장. 그리고 그 권력은 기술적 전문성에서 비롯된 것이며, 앞으로의 관료란 단순한 권력자가 아니라 미래 사회의 지배자임을 강조. 정치지도자들은 정책의 방향을 제시 및 행정에 대하여 명령과 통제를 가하지만, 관료들은 정책결정에 참여할 뿐만 아니라 그 집행에 있어서 세부지침을 수립·환류(feed back)작용에까지 관여함으로써 정책과정에 큰 영향력을 행사. 이와 같은 관료제의 개념을 기술관료제라 일컬음.
〈 자료출처 : 행정학용어사전- 행정학용어표준화연구회. 새정보미디어2010/ p.183~184 〉

기술혁신정책 [Technology innovation policy]

기술혁신의 개념은 새로운 제품과 생산공정의 출현에 수반되는 포괄적인 개념이다. 최근에는 기술혁신에 경제, 사회적 지향성을 가미하여 개념 정의를 하는 경향이 있다. 이러한 관점에서 기술혁신의 개념은 크게 광의의 개념과 협의의 개념 두 가지 방향에서 정의될 수 있다. 광의의 개념으로는 슘페터(J. A Schumpeter)는 기술혁신을 "새로운 도구나 기술의 집행" 으로 정의함으로써, "초기의 사건으로 새로운 도구나 기술의 발견인 발명과는 구분"하여 설명한다. 프리만(C. Freeman)은 기술혁신을 "신제품 공정 시스템 또는 장치들의 최초의 상업적 이용과 관련된 일련의 과정"으로 정의하고 있다. 협의의 정의로는 맨스필드(E. Mansfield)는 기술혁신을 발명의 첫 번째 적용으로 보고 있으며, 살(D. Sahal)은 발명은 첫 번째 적용 또는 상업적 작용으로 정의하고 있다.
〈 자료출처 : http://www.epadic.com/ 온라인 행정학 전자 사전 〉

기업가적 정치 [entrepreneurial politics, 企業家的 政治]

정부 규제의 편익은 대다수에 넓게 확산되어 있으나, 그 비용은 소수의 동질적 집단에 집중되어 있으며 그 비용 부담 집단이 잘 조직되어 정치적으로 막강한 영향력을 갖는 규제정치적 상황을 말한다. 이 유형에 속하는 정부 규제로는 환경오염 규제, 자동차 안전 규제, 산업안전 규제, 위해성 물품 등에 대한 위생 규제 등을 들 수 있다. 윌슨(James Q. Wilson)은 규제에 따른 비용과 편익의 집중 및 분산을 기준으로 하여 규제의 네 가지 정치적 상황을 이와 같은 기업가적 정치, 고객정치(client politics), 대중적 정치(majoritarian politics), 이익집단 정치(interest- group politics)로 분류했다.

〈 자료출처 : 네이버 용어사전 〉

기업가형정부

정부의 역할을 노젓기(row)보다는 방향잡기(steer)로 설정하고, 행정 기제보다는 시장 기제에 의존하며, 투입과 절차보다는 성과를 지향하고, 공공 서비스의 독점보다는 경쟁적 공급을 지향하는 정부를 말한다. 오스본(David Osborne)과 개블러(Ted Gaebler)는 정부재창조론에서 기업가적 정부 운영의 10대 원리를 다음과 같이 제시하고 있다. ① 촉진적 정부, ② 지역사회가 주도하는 정부, ③ 경쟁적 정부, ④ 사명 지향적 정부, ⑤ 성과 지향적 정부, ⑥ 고객 지향적 정부, ⑦ 기업가적 정부, ⑧ 미래에 대비하는 정부, ⑨ 분권적 정부, ⑩ 시장지향적 정부.

〈 자료출처 : 네이버 용어사전 〉

기업예산회계법 [企業豫算會計法]

기업예산회계법은 정부기업(또는 행정기업이라고도 함)인 철도사업, 통신사업, 양곡관리사업 및 조달사업의 합리적 경영을 위하여 그의 예산과 회계를 통일적으로 규제하기 위하여 제정된 법으로서, 1961년 12월 31일 법률 제928호로 제정 공포되었다. 이 법의 특징은 기업회계원칙에 의거 경영실적을 분석할 수 있도록 원가계산을 하고 재무제표를 작성할 것과 예산집행에 있어서 신축성을 기할 수 있도록 한 것이다. 일반행정기관에서는 원가계산을 하거나 재무제표를 작성할 필요가 없기 때문에 일반행정기관의 예산을 규제하는 예산회계법에서는 이러한 규정을 둘 필요가 없다.
〈 자료출처 : 온라인 행정학 전자사전 (http://www.epadic.com/index.php) 〉

기판력 [effect of excluding further litigation, 旣判力]

확정 판결에 부여되는 통용성, 내지는 구속력을 말한다. 확정된 종국 판결에서 청구에 대한 판결 내용은 당사자와 법원을 규율하는 새로운 규준으로서의 구속력을 가지게 되고 후에 동일한 사안이 문제되면 당사자는 그에 반해 되풀이해 다투는 소송이 인정되지 아니하며, 어느 법원도 다시 재심사해 그와 모순, 저촉되는 판단을 해서는 아니 된다는 통용성을 지닌다.
〈 자료출처 : 네이버 행정학 용어 사전 〉

길항 작용 [antagonism]

어떤 현상에 두 요인이 동시에 작용할 때 서로 그 효과를 소멸시키는 현상을 가리킨다. 이 때 두 요인 사이에는 길항작용이 있다고 하며, 두 요인은 서로 길항인이라 한다. 생물체에서의 길항 요인으로는 체내에서 생성되는 물질, 밖에서 투여되는 물질·약제, 기관의 작용, 신경의 작용 등이 있다.
〈 자료출처 : http://dic.naver.com, 행정학 오석홍 박영사 p.129 〉

꽃송이조직

생산팀, 판매팀 등 기능별로 나뉘던 전통적 조직이 이제는 여러 가지 기능을 갖춘 개별 구성원들이 여러 팀을 넘나들며 다양한 업무에 참여할 수 있어야 한다. 이를 위해 여러 기능팀들이 서로 겹치도록 짜여져야 하며 이러한 조직의 구조를 교차 다기능 조직이라고 할 수 있다. 그 모양이 꽃송이 형태를 띄고 있다고 하여 붙여진 이름이다. 물론 꽃봉오리의 가운데 기능은 그 조직의 가장 핵심이 되는 중앙부서가 맡든지 모든 연결망을 전두 지휘하는 팀이 맡게 된다. 물론 각각의 꽃잎들은 필요에 따라서 다른 곳에 붙기도 하고 아주 떨어져 나가기도 한다. 예를 들어 요즘은 은행에서 예금, 대출, 외환, 신용 기능하는 사람을 모두 갖추어 놓은 이 은행의 꽃송이팀이 한 고객을 위해 one stop service를 제공하는 것이다. 그러므로 이러한 조직은 팀워크가 중요하며 한 사람이 여러 기능을 처리할 수 있는 다기능 소유자가 되어 있어야 한다.
〈 자료출처 : 김중규 행정학 아카데미 홈페이지 행정학 질문게시판 〉

끈끈이 효과 [flypaper effect]

끈끈이 효과란 중앙정부가 지방정부에 제공하는 정액교부금이 지방정부의 지출에 미치는 효과가 중앙정부 지방정부 주민들에 대한 조세감면에 따른 지방정부 주민의 소득증가가 지방정부지출에 미치는 화과보다 크다는 것을 말한다.끈끈이 효과는 그램리치의 논문에 거론된 이론으로 정액교부금이 지방정부의 지출에 미치는 화광에 관한 대부분의 경험적 연구들을 검토하고 정액교부금이 지역소득보다 지방정부의 지출을 더 증가시킨다는 것을 발견했다. 인먼과 피셔에 의하면 한계효과를 다룬 연구들의 경우 정액교부금의 지출효과는 이론적 기대치보다 큰 것으로 나타났으며 탄력성을 다룬 연구들의 경우에는 기대치보다 더 크게 나타났다.
〈 자료출처 : 행정학 용어사전 〉

[ㄴ]

나라장터 [국가종합전자조달시스템]

나라장터란 조달청이 전 자정부 구현을 위한 핵심 사업으로 추진해 온 '국가종합전자조달시스템 (government e-Procurement system)' 으로서 모든 국가조달행정절차 (입찰공고→입찰신청→심사→낙찰 등)를 온라인으로 단일화 하여, 공공기관 및 조달업체에게 '나라장처'라는 단일조달창구를 통한 One-Stop 조달서비스를 제공하는 전자조달서비스 체제이다. 기업이 정부를 대상으로 하는 전자상거래제도, 즉 B2G (Business to government)를 말한다. 서류 및 수작업 중심으로 처리되어 오던 종래 조달행정을 전자조달체제로 전환, 조달행정의 투명성과 효율성을 제고시키기 위하여 2002년 10월 '나라장터'를 개통하였다. 이로 인하여 효적이며 신속한 조달업무를 수행할 뿐만 아니라 기관방문 및 대면거래비용 등 연간 약 3조원의 거래비용 절감이 기대된다. 또한 종래의 대면거래에 따른 부정부패 가능성이 사전에 봉쇄되고, 실시간 정보 제공과 정보 공개 확대로 유리알 같은 투명한 조달 행정 구현이 기대되고 있다.

〈 자료출처 : 김중규 (2009 : 1121),「선행정학개론」〉

나비효과

나비의 날갯짓처럼 작은 변화가 다른 지역에서 폭풍우와 같은 커다란 변화를 유발9시키는 현상을 말한다. 나비효과는 1963년 미국의 기상학자인 로렌츠(Edward Lorentz)가 컴퓨터로 기상을 모의 실험하던 중 초기 조건의 값의 미세한 차이가 엄청나게 증폭되어 판이한 결과가 나타난 것을 발견하면서 알려졌다. 카오스 이론을 대신해서 부르기도 한다.

〈 자료출처 : 네이버 행정학 용어 사전 〉

낙비양관법 [optimistic-pessimistic method, 樂悲兩觀法]

불확실성 하의 투자 전망에서 전망을 낙관적으로 또 비관적으로 계수화해서 이들 양자의 중간 예측을 가지고 투자에 대한 의사를 결정하는 방법을 가리킨다.

〈 자료출처 : Naver 행정학 용어사전 〉

날씨현상

정책학에서 나온 용어이다. 구체적으로는 정책철학에서 나오는데, 정책철학은 정책학의 중심적인 이론이고 연구과제이지만, 이를 정확하게 이해하고 정리하여 구체적인 정책학의 이론으로 정립되지 못한 상태에 있기도 하다. 그래서 정책철학, 보다 구체적으로는 정책의 가치나 윤리 또는 사상에 관한 연구는 중요하며 또한 필수적인 정책이론이라는 사실을 잘 알고 있으면서도, 현실적으로 정책철학에 관한 이론과 방법론 등은 아직까지 암중모색이나 허공 속에서 뜬구름을 잡는 정도의 수준에 머무르고 있는 실정이다. 비유하면, 항상 날씨와 일기를 일상의 이야기 소재로 삼으면서도 실제로는 날씨현상을 과학적이고 체계적으로 연구하고 설명하는 것을 소홀히 했다는 점과 같다고 할 수 있다.

〈 자료출처 : 이해영.(1997). 「정책학신론 : 이론-실제 이원론의 극복」학현사 〉

남녀평등예산 [성인지예산]

남녀평등예산(GRP : Gender Responsive Budget)은 세입·세출예산이 남성과 여성에게 미치는 영향은 서로 다르다고 전제하고, 남녀평등을 구현하려는 정책의지를 예산과정에 명시적으로 도입한 차별철폐지향적 예산이다. 이것은 남녀평등구현을 중요한 원칙으로 삼는 예산이다.

〈 자료출처 : 2009선행정학(김중규)p.1042 제5장 재무행정론 2절예산의 종류 〉

내부고객 [內部顧客]

행정기관의 내부고객은 정부 내부에서 하나의 정부기관이 다른 정부기관을 위해 서비스를 제공할 때 서비스를 제공받는 기관을 말한다. 이와 대비되는 외부고객은 행정조직 외부에서 행정 서비스를 소비하는 주체를 말한다. 내부고객으로는 조달청이 집중 구매한 물품을 제공받는 다른 정부기관들을 예로 들 수 있다.

〈 자료출처 : 네이버 행정학 용어사전 〉

내부통제 [internal control, 內部統制]

행정부 내의 상급 행정기관 및 상급자 등에 의해 이루어지는 행정통제를 말한다. 이러한 내부통제에는 청와대와 국무총리실 등 상급기관에 의한 통제와, 감사원 등 사정기관에 의한 통제, 그리고 중앙 행정부처에 의한 통제 등이 있다. 각종 사정활동과 인사평가 제도, 재무행정 과정 그리고 감사 제도 등이 중요한 통제 수단이 된다. 전자 정보 처리 시스템(EDPS) 부서에서, 기계실 조작원에 의한 사고나 지능적인 범죄 등을 예방하기 위해 미리 엄중한 감사 방법을 설정해 두는 것. 조작원이 직접 입력 데이터를 작성해 넣지 않도록 하는 것 등이 있다.
〈 자료출처 : 네이버 행정학 용어사전 〉

내생적 선호 [Endogenous Preference]

서비스를 선택함에 있어 자신의 선호의 형성·표출이 제한되는 것으로 시장에서처럼 개인의 선호에 따라 서비스를 자유롭게 선택할 수 없다. 선호의 표출과 반영이 제약되는 내생적 선호로 인하여 소비자선호이론이 적용될 수 없다.
〈 자료출처 : 김중규.(2010). 「선행정학 개론」. 서울: 에드민 〉

내셔널 미니멈 [National minimum]

사회적으로 인정되는 최소한도의 국민생활 수준을 말한다. '국민생활 환경기준' 또는 '국민 최저한', '국민생활 최저기준' 등으로 번역되고 있다. 내셔널 미니멈은 한 나라 전체 국민의 생활복지상 없어서는 안 될 최저 수준을 나타내는 지표이다. 즉, 한 나라의 경제 규모, 1인당 국민소득에 비추어 국민의 식량·주거·생활환경 등이 어느 정도가 '최저' 또는 '표준'으로 하는 것이 적절한가를 수치로 나타내는 것을 말한다. 이 표준적 수준을 보장하는 것이 국민에 대한 국가의 책임이라 하여 최저임금제나 사회보장 제도의 기본적 이념이 된다. 내셔널 미니멈은 최근에 등장한 개념으로서 그 목적은 현재 국민생활 수준이 어느 정도이고, 그것이 국민의 기대수준과 얼마만큼이나 격차가 있는지, 그리고 그 격차를 좁히기 위해서는 어떠한 정책을 수립하여야 할 것인가를 파악하려는 데 있다.
〈 자료출처 : 행정학용어 표준화연구회(2010), 『행정학용어사전』, 새문화미디어, p210 〉

내시균형 [Nash equilibrium, Nash 均衡]

게임이론에서 개인 간 상호작용을 둘러싼 다른 조건이 변하지 않는 한 일단 한

번 도달한 균형은 지속하게 되는 현상을 말한다. 합리적 선택이론에서는 어떤 사람이 다른 사람의 행동 방향을 예측해서 어떤 선택을 하게 되면, 다른 사람은 다시 이 사람의 선택에 기반해서 자신의 선택과 행동을 수정하게 된다고 본다. 이러한 선택과 재선택이 꼬리를 물고 일어나다가 어느 순간 더 이상 선택을 변경해 봐야 더 나아질 수 없는 상황이 발생하게 된다. 이를 합리적 선택이론에서는 균형이라고 부른다. 이와같이 일단 한번 균형에 도달하게 되면 모든 사람들은 더 이상 자신의 선택을 변경시킬 이유가 없기 때문에 균형은 지속되게 된다.
〈 자료출처 : 네이버 행정학 용어사전

네오 포디즘 [neo-Fordism]

작업의 분절화, 숙련노동과 미숙련노동 간의 양극화를 특징으로 하는 포디즘적 생산 방식의 폐해를 시정하기 위해 업무확충 등을 강조하는 새로운 생산 방식을 말한다. 미국 포드자동차의 작업 방식에서 유래한 포디즘의 단순 미숙련작업은 지성·창의성이 일체 배제되어 불만족과 퍼스낼리티 타락의 원천이 된다. 포디즘의 대가는 높은 결근율과 이직률, 대량의 폐품과 태업 등으로 나타난다. 이러한 부작용의 해소 방안으로 등장한 네오포디즘 방식은 '업무 확충'이라 이름붙일 수 있는데, 기존의 세분화된 작업 동작들을 다시 통합하되 각 작업 위치에 이전보다 훨씬 다양한 작업 동작을 결합해 작업 단위의 지속 시간을(30초에서 15분 이상으로) 늘리고, 노동자 스스로 자체 감독 허용을 포함한다.
〈 자료출처 : 네이버 용어 사전 〉

네트워크 관료제 [Network bureaucracy]

공무원, 핵심적 이익집단, 그리고 정책 대상 집단 간의 협력적 네트워크에 의해 정책이 결정되는 관료제의 유형을 말한다. 콘시딘(Mark Considine)과 루이스(Jenny M. Lewis)는 합리성의 근원, 통제의 형태, 지향하는 가치, 서비스 전달의 초점 등을 기준으로 하여 관료제 모형을 절차적 관료제(procedural bureaucracy), 기업적 관료제(corporate bureaucracy), 시장적 관료제(market bureaucracy), 네트워크 관료제(network bureaucracy) 등으로 분류했다.
〈 자료출처 : 네이버 백과사전 >

네트워크 조직 [network organization, network 組織]

조직활동을 상대적 비교 우위가 있는 한정된 부문에만 국한시키고, 나머지 활동 분야는 아웃소싱(outsourcing)하거나 전략적 제휴 등을 통해 외부 전문가에게 맡기는 조직을 말한다. 네트워크 조직은 계층이 거의 없고, 조직 간의 벽도 없으며, 부문 간 교류가 활발하게 이루어지는 특징을 지닌다.

〈 자료출처 : 네이버 행정학 용어사전 〉

네포티즘 [nepotism]

우리말로 하면 쉽게 알 수 있는 말이다. 우리말로는 정실주의, 족벌주의다. 친족이나 연고자를 주요 관직에 등용하거나 또는 그에게 특전을 부여하는 말로 조카(nephew)와 편견(favoritism)의 합성어이다. 중세 로마교황들이 자기 사생아를 '조카(nephew)'라고 부르면서 등용시키거나 은전을 베푼 데서 유래한 것이다. 이는 10~11세기부터 교황이 자신의 지위를 강화하고 보전하기 위하여 행하여져 르네상스기에 절정에 달했다. 그 유래에서 알 수 있듯 네포티즘은 권력부패의 온상이자 정실인사의 대명사로 인식되고 있다.

〈 자료출처 : http://cafe.daum.net/fangxia 〉

넥스트 스텝스 개혁 [Next-Steps]

영국 대처(Thatcher) 정부가 단행하였던 행정개혁. '넥스트 스텝스 개혁'이라는 말은 1988년 영국에 제출된 (Improving Management in Government:The Next Steps)라는 보고서에 따라 대처 수상이 행정개혁을 단행하였기 때문에 붙여진 명칭이다. 특징으로 가용자원의 한도 내에서 보다 효율적인 정부 서비스를 제공하기 위하여 행정부의 정책기능과 집행기능을 분리하고, 보다 책임있는 행정을 수행할 수 있도록 재량권과 신축성을 부여한 넥스트 스텝스 기관이 보다 그 기관장은 공개경쟁을 통해 계약직으로 임용하고 매년 목표달성의 성과 여부에 대하여 평가를 받도록 되어 있다.

〈 자료출처 : 행정학용어표준화연구회. 「행정학용어사전」1999년 p212 〉

노동복지 [Workfare, 勞動福祉]

일(work)과 복지(welfare)의 합성어로 '일하는 사람을 위한 복지'를 의미한다. 이 개념은 영국이 1970년대 말 이후 국제통화기금(IMF)의 구제금융을 받으면서 경제적 위기를 타개해 나가기 위해 도입한 개념이다. 미국에서도 이 개념은 일하는 것을 조건으로 공적인 부조를 베푸는 것을 말한다. 당시 사회안전망 등 다양한 복지 제도가 노동 의욕을 떨어뜨려 생산성을 저해한다는 비판에 직면한 영국 정부는 이 제도의 도입을 통해 경제활성화의 길을 모색했다. 이 제도에 의거 실업자가 실업수당을 수령하기 위해서는 직업센터를 찾아가 자신이 일자리를 찾고 있으며 일자리가 생기면 즉시 일할 수 있다는 의지를 보여 주어야 한다.

〈 자료출처 : 네이버 행정학용어사전〉

노동유발계수 [Labor inducement coefficient, 勞動誘發係數]

생산의 파급 과정에서 직·간접으로 발생하는 노동량을 계량적으로 표시한 것을 말한다. 즉 어느 산업 부문의 생산물 한 단위 생산에 직접 필요한 노동량뿐 아니라 생산 파급 과정에서 간접적으로 필요한 고용량도 포함하는 개념이다. 노동유발계수는 노동계수에 최종 수요 한 단위당 직·간접 생산 유발 효과를 나타내는 생산유발계수를 곱해 구하며 어느 한 부문의 열 합계는 한 산업의 최종 수요가 1단위 증가하는 경우 각 산업에서 유발되는 노동증가율을 나타내며, 노동계수와는 간접 노동유발량만큼 차이가 난다.

〈 자료출처 : 네이버용어사전 〉

노비즘 [nobyism]

이웃이나 사회에 피해가 되더라도 자신에게 바로 손해가 오지 않는 일에는 무관심한 행동 양식을 말한다. 즉 공공장소나 도로 등에 쓰레기를 버리든 말든 상관하지 않지만 내 집 뜰에 버리는 것만은 못 봐 주겠다는 것으로 철저한 개인주의에 바탕을 둔 행태를 말한다.

〈 자료출처 : 네이버 행정학 용어사전 〉

노에시스 [Noesis]

E.후설의 현상학에서 의식의 기능적 ·작용적 측면으로 노에시스적 계기라고도 한다. 그리스어 누스(정신 ·이성) 및 그와 동계인 노에인(사유한다 ·지각한다 직관한다)으로부터 파생된 noēsis에 유래한다. 노에시스는 의식을 구성하는 심적(心的)인 실재적 요소이며 그 구조에서 두 가지 요소로 구별된다. 첫째 요소는 일정한 정립성격(定立性格)을 가지고 대상을 지향하여 대상의 노에마적 의미에 대응하는 것이며, 여기에는 또 두 가지 방향으로 생각할 수 있다. 즉, 한편으로 표상(表象) ·판단 ·감정 ·의욕과 같은 작용성격을 정립하는 것, 다른 한편으로는 확신 ·의혹 ·물음 ·개연(蓋然) ·부정(否定)과 같은 신빙성격(信憑性格)을 정립하는 것이다. 둘째 요소는 그러한 정립성격을 가진 노에시스적 요소가 단순한 지향작용으로서가 아닌 의미부여(意味附與)의 작용을 할 때 당연히 그 기초로서 갖지 않으면 안 되는 어떤 질료적(質料的)인 것, 충실한 노에시스적 또는 실유적(實有的) 기저(基底)라고 부를 수 있는 것이다. 노에마적 의미는 이 기저 위에 각기의 성격화를 가지고 나타난다. 노에시스에서의 이 두 요소의 통일은 실재적 결합을 가진다.

〈 자료출처 : 개정판 행정이론, 대영문화사, 2010, 김태룡 / 네이버 백과사전 〉

논리실증주의

슐릭을 중심으로 결성되어 공식적으로 철학운동(철학마저도 과학화하겠다는 자연과학적 철학 내지는 과학철학)으로 발전한 비엔나학파의 학문적 경향을 말하는 것으로 Simon에 의하여 행정이론으로 체계화되었다. 개념과 명제의 의미를 논리적으로 분석하는 경험주의적 연구를 말하는 것으로 형이상학적인 전통적 철학에 대한 반발로 가치를 배제하였다. G.A.Lundberg는 신실증주의라고도 하였으며 조작주의, 양화주의, 계량주의와도 관련된다. 가설 정립 및 객관적인 자료 수집->경험적인 증명, 입증->집단간의 동태적인 상호작용상의 인간행태에 대한 규칙성과 유형성, 체계성, 인과관계 등을 발견->이를 기준으로 종합적인 인간관리를 도모하는 귀납적인 연구이다.

〈 자료출처 : 김중규 선행정학 〉

높은 시간할인율 [Time Discount Rate] 추구

시간할인율이란 미래에 얻게 될 비용, 편익을 현재의 비용, 편익으로 환산하기 위하여 적용하는 수치이다. 정치인들은 선거에 당선되지 않으면, 아무리 좋은 정치적 이상을 가졌다 해도 그 이상을 실현하기 힘든 것이 현실이다. 그래서 정치인들은 장시간 이후에 얻게 될 미래의 이익보다 일단 우선적으로 당선되고 난 후에 즉시 획득 가능한 이익에 몰두하는 성향을 보이게 되는데, 이를 정치인들의 높은 시간할인율추구 라고 한다. 사회적 또는 정치적 안정성이 낮을수록 시간할인율은 높게 나타난다. 시간할인율이 높을수록 현재에 대한 관심이 미래에 장래에 대한 관심을 지배하게 되어 장기적인 시야에서 결정을 내리는 것이 어렵게 된다.

〈 자료출처 : 김기식, 2010. KS행정학, 열린교육 〉

뉴거버넌스 [new governance]

일방적·계층제적 통치를 의미하는 '정부(government)'와 대비되는 개념으로, 네트워크식 국정관리 체계를 말한다. 거버넌스 즉 국정관리 체계의 주요 양식으로는 계층제(관료제 또는 전통적 형태의 정부조직), 시장, 네트워크(network) 등이 있는 바, 뉴 거버넌스는 이 가운데 네트워크식 국정관리 체계를 의미한다. 뉴 거버넌스는 공공문제의 해결을 위한 정부와 시민사회(civil society) 그리고 여러 공사조직들과의 연결 네트워크를 강조하는 개념이다. 즉 뉴 거버넌스는 오늘날의 행정이 시장화·분권화·네트워크화·기업화·국제화를 지향함에 따라, 종래의 집권적 관료구조에 바탕을 둔 전통적 행정을 대체하는 개념(from government to governance)으로 사용되고 있다.

〈 자료출처 : 네이버 행정학 용어사전 〉

뉴딜정책

1930년대의 대공황을 극복하기 위해 미국 루스벨트(F. D. Roosevelt) 대통령에 의해 추진된 일련의 수정자본주의 정책을 말한다. 루스벨트 대통령은 1933년 3월에서 6월 말까지 100일간 미국 의회를 통과시킨 18개의 법률을 기초로 하여 1939년 제2차 세계대전이 발발하기까지 7년간 미국 자본주의를 대공황에서 구출하기 위한 여러 경제정책을 추진하게 되었는데 이를 총칭해 뉴딜정책이라 한다.??루스벨트 대통령은 경제 과정에 대한 국가의 간섭이라는 수단을 활용해, 국내시장의 확대를 꾀하고 공업·농업·상업·금융·노동 등 각 산업의 생산·유통·분배의 각 분야에 걸쳐 광범한 일련의 경제정책을 수립했다. 이러한 뉴딜정책은 국가독점자본주의적 색채를 띠게 됨으로써 자본주의 경제 체제 자체의 변질 과정을 나타낸다는 점에서 의미를 갖는다. 뉴딜정책의 기본적인 특징으로는 국내제일주의, 정부의 경제에 대한 적극적 간섭, 독점의 용인 등을 들 수 있다.
〈 자료출처 : 네이버 용어사전 〉

능률성 [efficiency]

일반적으로 투입(input)에 대한 산출(output)의 비율을 말한다. 능률성의 개념은 기계적 능률성(mechanical efficiency)과 사회적 능률성(social efficiency)으로 나누어 볼 수 있다. 기계적 능률성은 행정과 경영의 유사성이 강조된 정치 · 행정이원론 시대에 중요시된 능률관으로, 능률성을 기계적 · 물리적 · 금전적 측면에서 파악한 개념이다. 한편 1930년대 중반 이후의 인간관계론의 등장과 더불어 강조된 사회적 능률성은 행정의 사회 목적 실현, 다원적인 이익들 간의 통합 조정 및 행정조직 내부에서의 구성원의 인간적 가치의 실현 등을 내용으로 하는 능률관을 말한다. 사회적 능률은 또한 민주성의 개념으로 이해되기도 한다.
〈 자료출처 : 네이버 용어사전 〉

니스카넨의 예산극대화가설 [Hypothesis of budget maximization]

관료들은 권력의 극대화를 위해 소속 부서의 예산 규모를 극대화한다는 니스카넨(W. Niskanen)의 이론모형을 말한다. 그는 관료들의 예산극대화 행태를 예산 산출 함수 및 정치적 수요곡선과 총비용함수 그리고 목적함수를 도입한 수리적 모형을 사용해 설명하고 있다. 즉 그는 관료들의 행태에 자기 이익 극대화 가정을 도입해, 관료들은 승진·역득(役得)·명성 등의 자기 이익을 극대화하기 위해 예산을 극대화한다는 것이다. 정부산출물은 그 결과 적정 생산 수준보다 2배의 과잉 생산이 이루어진다고 그는 주장한다. 공공 부문의 팽창 요인에 관한 주장은 '니스카넨의 예산극대화 가설' 외에 '피콕(Alan T. Peacock)과 와이즈만

(Jack Wiseman)의 전위효과 가설','보몰(J. W. Baumol)의 병리', '바그너 법칙', '뷰캐넌(J. M. Buchanan)의 리바이어던 가설(Leviathan hypothesis)' 등이 있다.
〈 자료출처 : 네이버 행정학 용어사전 〉

님비현상

Not in My Backyard 라는 영어 구절의 각 단어 머리글자를 따서 만든 신조어로, '내 뒷마당에는 아니 된다'는 혐오시설 기피 현상을 일컫는 말이다. 즉 산업폐기물, 핵폐기물을 수용 또는 처리하는 방사능 오염물질 처리장 같은 시설의 필요성을 인정하면서도 이들이 남의 뒷마당에서 이루어지기를 원하는 자기 중심적 공공성 결핍 증상을 말한다. 임피(IMFY: in my front yard), 핌피(PIMFY: please in my front yard), 핌비(PIMBY, play in my back yard)는 님비 현상과 반대되는 용어다.
〈 자료출처 : 네이버 용어사전 〉

님트 현상 [NIMT syndrom]

오늘날의 공무원의 복지부동, 무사안일의 풍조를 영어로 표현한 신조어. 여기서 NIMT는 Not in my term.(내 임기 동안은 책임질 일을 하지 않는다)라는 말의 약자. 국가적 차원에서 아무리 유익한 사업계획 일지라도 자기를 선출한 성거구의 주민들이 싫어하는 일은 하지 않으려는 지방자치단체장들의 이기적 태도의 풍조를 비꼬아 표현한 말이다. 자기중심적 공공성 결핍증상을 표현한 Not in my backyard에서 backyard라는 단어 대신에 term(임기)을 대체한 말이다. 20년간이나 유치 지역을 선정하지 못해 난항을 겪고 있던 원전센터 설치문제는 주민들의 '님비 현상'을 넘어 급기야 지방자치단체장들의 지역이기주의적 행태 '님트 현상'까지 겹쳐 한 때 문제가 심각했었다.
〈 자료출처 : 행정학용어사전-행정학용어 표준화연구회. 새정보 미디어 2010/p.222 〉

[ㄷ]

다규범성 [poly-normatism]

프리즘 사회 즉 과도사회에서 새로운 규범과 전통적 규범이 충돌하고 혼재되어 있는 상황을 가리키는 개념이다. 리그스는 프리즘 사회의 관료제를 살라모형으로 규정하고, 살라모형의 특징으로 이질혼합성 · 기능 중복 · 연고우선주의 · 형식주의 · 다분파성 · 다규범성 · 가격의 불확정성 등을 들었다.

〈 자료출처 : 네이버 용어사전 〉

다년도 예산계획 [multiyear budget projection, 多年度 豫算計劃]

장기적인 관점에서 정책을 설계해 예산을 신축성 있게 운영하기 위해, 예산을 단일 연도가 아닌 다년도로 짜는 것을 말한다. 지출 및 수입에 관한 다년도 예산계획은 통상 5년 정도를 대상 기간으로 한다. 이 제도는 장기적인 안목으로 예산을 운영하면 정책결정자들이 자원 제약을 인식해 정부 지출의 팽창을 억제할 수 있다는 취지에서 도입되고 있다. 미국에서는 다년도 예산계획을 1961년부터 도입했는데 1974년 의회 예산 및 지출유보 통제법에서는 다년도 예산계획을 제도화하고 있다. 우리나라에서는 재정 동원과 재정 배분을 기획하고 예산과 계획을 일치시키려는 목적에서 1982년부터 중기재정계획을 시행하고 있다.

〈 자료출처 : 네이버 용어사전 〉

다면평가제도 [360 degree appraisal, multi-source assesment]

다면평가제도는 어느 개인을 평가하는 경우 직속 상사만이 평가하는 것이 아니고, 상사·동료·부하·고객으로 구성된 다수의 평가자가 다양한 방향에서 평가하는 방식을 말한다. 360도 평가라고도 하며, 상사뿐만 아니라 다수의 관련자들이 평가를 함으로써 공정성 · 객관성 · 신뢰성을 확보할 수 있는 제도로 평가되고 있다. 평가 주체가 다양해 인사과에 대한 공정성과 객관성을 높일 수 있고, 평가 결과에 대한 반발도 줄일 수 있는 점이 장점으로 꼽히는 반면, 평가 결과를 급여·진급 등 처우나 구조조정과 연계시키기 때문에 주체 사이의 평가가 일치하는 경우가 거의 없는 것으로 나타났다. 이런 문제를 해결하기 위해서는 급여나 진급보다는 당사자 자신이 본인의 문제를 깨닫게 하는 보완 자료로만 한정해 활용해야 한다는 지적도 제기되고 있다.
〈 자료출처 : 이목원, 「현대행정학의 이해」, 대영사, 2007, p.265 〉

다보스 포럼 [Dabos Forum]

전 세계 기업인과 정치인을 대상으로 하여 매년 스위스 다보스에서 개최되는 경영 심포지엄을 말한다. 1971년 미국 하버드대 경영대학원의 슈바브(Klaus Schwab) 교수가 정치·경제 정보 교환을 목적으로 처음 조직했다. 이 모임에 참석하려면 기업인의 경우 연간 매출이 최소한 7억 달러 이상이어야 하고 매년 1만 3,000달러의 회비와 2만 달러의 참가비를 내야 하며, 정치인은 철저하게 현직에 국한되고 주로 국제적 영향력이 큰 국가원수급이 참가한다.
〈 자료출처 : Naver 행정학 용어사전 〉

다분파성 [poly-communalism, 多分派性]

구성원 상호간의 차별행위로 부분사회의 분파성이 조장되는 과도사회의 특성을 말한다. 리그스(F. W. Riggs)는 그의 사랑방 모형(Sala model)에서, 분화된 사회의 관청은 법을 시민들에게 공평하게 적용하는 데 반해, 과도사회의 관리들은 그가 속한 지역사회의 구성원에게만 유리하게 차별적으로 적용함으로써 여러 갈래의 분파성을 조장하게 된다고 주장했다.
〈 자료출처 : 네이버 행정학 용어사전 〉

다운사이징 [downsizing]

일반적으로 기업이 환경 변화에 능동적으로 대처하기 위해 비대해진 조직을 감축하는 것 등을 말한다. 컴퓨터 운용에서는 중앙컴퓨터에 집중되어 있는 정보처리 능력을 사용자에게 분배해서 정보처리 효율을 높이는 것을 말한다. 이 시스템을 도입하면 정보를 중앙으로 집중시켜 처리하는 대형 컴퓨터가 필요 없고 대신 각 지역 또는 업무 영역별로 독립적인 중형 컴퓨터를 여러 대 설치하고 이들을 서로 병렬로 연결해 업무를 처리하게 됨으로써 비용 절감과 함께 정보처리 권한이 하부로 이양됨에 따라 조직 자체의 권한 분산도 가능해진다.
〈 자료출처 : 네이버 용어사전 〉

다운스 [Downs] 의 합리적 무지

합리적 개인은 사적 이익을 추구하며, 정보수집에 따른 비용과 이에 따른 편익을 고려하여 정보수집 여부를 판단하게 된다. 이러한 가정을 볼 때 합리적인 의사결정자는 공공재에 대해서는 적극적으로 정보를 수집하려고 하지 않을 것이라는 논리를 도출할 수 있다. 이는 개인적인 편익에 비해 비용이 너무 많이 들기 때문이다. 따라서 투표자는 합리적 무지의 상태에 있고, 이들은 공공서비스의 공급에 대해 정확하게 평가하지 못하고, 이의 확대에 대해 저항하게 된다.
〈 자료출처 : 남정집 외 1인 공저, 「참행정학개론」(화학사) 〉

다원주의 [pluralism, 多元主義]

일반적으로 둘 이상의 근본적인 실재(實在) 또는 원리를 세워 그로부터 현상을 설명하려고 하는 입장을 말한다. 정책이론에서의 다원주의는 정책 과정에 영향을 미치는 힘은 각종 이익집단과 잠재집단 등 다양한 경쟁적 사회 세력에 널리 분산되어 있다고 주장한다. 다원주의 사회에서 엘리트는 대중의 선호에 민감하게 반응하기 때문에 정책 과정이 지배 엘리트의 이익에만 부합되도록 전개되기보다는 다양한 대중의 선호가 반영되는 정책 과정이 전개된다고 다원주의자들은 주장한다. 다원주의론은 소수의 지배집단인 엘리트가 정부의 모든 정책 영역에서 지배적인 영향력을 행사한다고 주장하는 엘리트이론과 대비된다. 다원주의적 관점에 의하면, 정책결정 과정에서의 정부의 역할은 매우 소극적이며, 정책은 이익집단들 간의 합의와 조정을 중시하는 가운데 결정된다는 것이다.
〈 자료출처 : Naver 행정학 용어사전 〉

다자간원조 [multilateral aid, 多者間 援助]

공적 개발 원조(ODA)의 한 방식으로 개발도상국을 원조할 때 그 나라에 직접 자금을 제공하지 않고 세계은행, 아시아개발은행(ADB) 등 국제적인 대부기관에의 출자 형식으로 간접적으로 원조하는 방식을 말한다. 1970년대부터 채택된 다자간 원조 방식은 개도국의 민족주의 고양에 대응하면서 자본의 국적을 은폐할 수 있다는 이점이 있다. 국제기구를 통한 원조는 양자간 원조에 비해 국제기구에 있는 고도의 전문지식과 경험을 이용할 수 있으며, 정부 주도로 원조가 불가능하거나 곤란한 국가에 대해 원조가 가능하다는 이점이 있다.
〈 자료출처 : 네이버행정학용어사전 〉

단순성의 원칙

Ira Sharkansky는 정책결정자는 최선의 방책이나 최적의 정책노선을 탐색하고 결정 하는 것이 아니라 쉽고도 간단하면서 지름길이 될 수 있는 정책을 결정한다고 보았다. 정책결정에 필요한 이론은 만족스럽거나 완벽하지 못하기 때문에 실제로 정책현장에서의 경험에 의해 정책결정자는 되도록 단순하고 간단하게 정치적으로 문제가 없는 선에서 결정하는 것이 실천적이라고 하였다. 단순성의 원칙에 필요한 구체적인 규칙으로 유권자의 뜻을 존중, 가능한 적고 작게 (do as little as possible), 이의가 제기되는 것은 궂은일은 그만두고 지연전략 택하기, 도덕선언하기, 지지를 획득하기 위해 많은 것 제시하기, 정치적으로 올바르게 행동하기, 의견을 표시할 때 내용보다는 상징에 더욱 주의하기 등을 제시하였다.
〈 자료출처 : 단순성의 원칙 이해영, 2010, 「정책학신론」학현사 〉

단위사업분석표 [Decision Package ; 의사결정 패키지]

ZBB의 기본요소 및 절차 중 하나로 예산운영단위의 관리자가 업무를 수행하는데 필요한 비용을 분석한 서류를 의미한다. 이 서류에는 목표, 활동을 수행하지 않았을 때의 결과, 성과측정 방법, 행동대안, 비용과 편익, 등의 정보가 기술된다. 단위사업분석표의 가장중요한 부분은 대안들이다. 대안은 기본 혹은 최저수준, 현행수준, 증가된 수준 등으로 나눠진다. *최저 혹은 기본수준 패키지 : 현행보다 낮은 가장 기초적인 서비스 수준만을 충족시키는 수준이다.*현행주순 패키지 : 현재 제공되는 사업수준에서 서비스 전달을 보장하는 수준이다. *증가된 수준 패키지 : 현행수준보다 개선되고 증가된 수준이다.
〈 자료출처 : 김기식, 2010. KS행정학, 열린교육 〉

단일호봉제 [單一號俸制]

공무원의 봉급액을 호봉별로만 차등을 두는 제도를 말한다. 단일호봉제는 계급

개념이 없는 교원 등 비계급제 공무원에게 적용된다. 한편 계급별 호봉제(階級別 號俸制)는 공무원의 봉급액이 계급별 · 호봉별로 상이한 제도를 말하며, 적용 대상자는 계급이 있는 일반직 · 기능직 등 계급제 공무원들이다. 그리고 고정급제(固定給制)는 각 직위별로 단일 봉급액이 지정되어 호봉의 개념이 없는 봉급체계로, 적용 대상은 대통령 · 국무총리 · 장관 · 차관 등의 정무직 공무원이다.
〈 자료출처 : 네이버 행정학용어사전 〉

단체위임사무 [團體委任事務]

지방자치단체가 법령의 특별한 규정에 의하여 국가 또는 다른 지방자치단체로부터 위임을 받아 처리하는 사무를 말한다. 여기에는 권력적인 것과 비권력적인 것이 있다. 단체위임사무는 일단 지방자치단체에 위임되면 당해 지방자치단체의 사무가 되므로 그 처리에 대하여는 지방의회가 의결,동의,감사,조사 등의 방법으로 관여할 수 있다. 단 법령상 중앙통제가 가해지는 범위가 자치사무에 비하여 넓고, 그 처리비용의 일부를 국가가 부담하는 점에 차이가 있다. 단체위임사무에 대한 국가의 통제,감독은 합법성감독과 사후적감독에 그치며 사전승인권은 허용되지 않는다. 단체위임사무는 전국적 이해관계가 있을 뿐 아니라 지방적 이해관계도 있으므로 이를 처리하는데 소요되는 비용을 국가와 지방자치단체가 분담할 필요가 있다. 단체위임사무의 예로는 보건소의 운영, 각종 예방접종사무, 시,군의 재해구호사무, 국민기초생활보장사무 등을 들 수 있다. 단체위임사무 중에서 법령에 의하여 특별시,광역시,도가 처리해야 할 것과 자치구,시,군이 처리해야 할 것은 지방자치법시행령 별표 1에 규정되어 있는데 이 중에는 단체위임사무에 해당하는 것이 많다.
〈 자료출처 : 온라인 행정학 전자사전 (http://www.epadic.com/index.php) 〉

단체자치와 주민자치 [körperliche Selbstverwaltung, 團體自治와 citizen autonomy, 住民自治]

단체자치는 일정한 지역을 기초로 하는 독립된 단체가 설립되어 중앙정부의 지배에서 벗어나 단체의 사무를 단체의 독자적인 기관에 의해 자주적으로 그 책임 하에 처리하는 것을 의미한다. 이는 프랑스 및 독일 등을 중심으로 발전한 유럽 대륙 국가의 지방자치제도에서 발달된 관념으로서 중앙정부와 지방자치단체 간의 관계에 초점을 맞춘 지방자치의 원리라고 할 수 있다. 이렇게 단체자치에서는 중앙정부로부터 독립적이고 자율적인 지방자치단체의 지위와 권한의 보장을 전제로 하기 때문에 무엇보다 지방분권이 강조된다. 한편 주민자치는 지역적 사무가 지역 주민의 참여를 통하여 그들의 의사에 기초하여 자주적으로 처리되는 것을 의미한다. 이는 영국의 오랜 지방자치의 역사적 경험에서 발전된 것으로서 주민과 지방자치단체 간의 관계에 중점을 둔 지방자치의 원리라고 할 수 있다. 이렇게 주민자치는 지역 주민이 주체가 되는 공공사무 처리 방식을 중시하므로 지방자치단체의 공공사무 처리와 관련된 의사결정과정에 대한 주민참여를 강조하게 된다.

〈 자료출처 : 네이버행정학용어사전 http://terms.naver.com/list.nhn?dirId=801 〉

담론이론 [discourse theory, 談論理論]

정책과정의 참여를 통한 진정한 담론(authen- tic discourse)에 의해서만 국정관리가 개선 될 수 있다는 폭스(Charles J. Fox)와 밀러(Hugh T.Miller)에 의해 제시된 포스트모더니티 행정이론의 하나를 말한다. 담론이론은 대표성과 민주성을 상실한 대의민주주의의 결함을 시정하기 위해서는 정책과정의 참여를 통한 진정한 담론이 이루어 져야 한다고 주장한다. 폭스와 밀러는 정책문제 해결을 위한 진정한 담론의 조건으로 ①성실성(sincerity), ②상황을 고려하는 의도성(situation-regarding intentionality), ③능동적주의(willing attention), ④실질적 공헌(substantive contribution) 등을 제시한다.

〈 자료출처 : 네이버 행정학 용어사전 〉

대공황 [the great depression, 大恐慌]

1929년 10월에 일어난 뉴욕 증권시장의 주가대폭락을 계기로 하여 1930년대에 불어닥친 세계적 불황을 말한다. 1931년 5월에 오스트리아의 크레디트 안슈탈트 은행이 파산에 빠진 것을 계기로 구미의 은행에 환불 소동, 폐쇄 소동이 일어났고 뒤를 이어 세계적인 금융공황이 초래됐다. 프랑스, 영국, 독일, 미국 등 당시 주요 공업국의 생산 수준은 1908~1909년 수준까지 하락해 불황의 심각도는 그 이전의 어떠한 경기후퇴기보다도 컸다. 또 공업국뿐만 아니라 농업국도 생산 부문 전체, 상업, 무역, 금융 등 경제활동의 전 분야에 경기후퇴 현상이 발생한 것이 그 특색이다.
〈 자료출처 : 네이버 용어사전 〉

대기행렬이론 [Queuing Theory, Waiting Theory:QT, WT]

하나의 서비스 체계에서 고객이 도래하는 수가 시간마다 일정치 않을 때 대기행렬의 길이와 서비스를 받고자 하는 단위들의 대기시간과 대기행렬을 통제(최소화)하기 위하여 적정한 시설규모, 서비스 절차와 통로의 수 및 대기규칙 등을 발견하기 위한 이론으로 '줄서기분석'이라고도 한다. 서비스를 받기 위한 고객의 대기시간과 대기행렬은 사회적 비용이라는 전제하에 이를 최소화시키기 위한 분석이다. 구성요소로는 도착(A) → 대기(W) → 서비스(S)를 원활하게 하기 위한 최적의 서비스시설규모를 결정하기 위한 이론으로 A.K.Erlang에 의하여 이론화 된 것이다.
〈 자료출처 : 김중규, 『선행정학개론(上)』, 도서출판 에드민 〉

대등형모형 [coordinate-authority model]

정부간 관계에서, 연방정부와 주정부 간에 명백하고도 확실한 경계가 설정되고 상호 독립적 관계를 유지하는 유형을 말한다. 이원연방제와 흡사한 이 관계 유형에서 연방정부와 주정부는 각각 상호 권한의 영역 내에서만 통치할 뿐 양자의 관계는 긴밀하지 않다. 연방정부와 주정부 간에 충돌이 일어날 경우 그 중재자는 대법원이 된다. 그러나 이 유형에서 시·군 등의 지방정부는 주정부 내에 포함되거나 주정부에 의존하는 것으로 상정된다. 즉 이 모형에서 주정부와 지방정부 간의 관계는 딜런의 규칙에 따르는 바, 이에 의하면 지방정부는 주정부의 피조물로서 명백히 부여된 자치권만을 행사하게 되며, 주정부는 지방정부를 폐지시킬 수 있다.라이트는 미국의 연방-주-지방정부 간의 관계를 분석하기 위한 분석틀로 중첩권위형, 포괄권위형, 대등형의 세 가지 모형을 제시하고 있다.
〈 자료출처 : 네이버 용어사전 〉

대리 정부 [government by proxy]

중앙정부의 정책을 대리해서 집행하는 하위정부나 비영리단체 등 제3자정부(third sector government)를 지칭한다. 즉 중앙정부의 재정적 지원을 토대로 하여 정책집행을 민관 협력(public-private partnership), 계약(contracting out) 등의 방식을 통해 외부기관에게 재량권과 함께 위임하는 방식을 말한다. 제3자정부는 전통적으로 정부 고유의 기능으로 간주되어 온 각종 사회 및 복지 서비스 생산에서 정부는 정책을 결정하고 자원을 공급하며 제3섹터 기관들이 공공재의 생산 및 서비스를 조직화하는 형태를 가리킨다.
〈 자료출처 : 네이버 백과사전 〉

대리인이론[agent theory]

어느 사회, 어떤 조직이든지 한 사람이 모든 일에 책임을 지고 일을 수행하는 경우는 많지 않다. 예를 들어 국가 구조에 있어서 국민은 궁극적으로 주인이고 위임자이며 국회와 대통령은 대리인이라고 볼 수 있으며, 관료제 계층구조에 있어서 상급자는 하급자의 위임자이며 하급자는 상급자의 대리인이라고 할 수 있겠다. 따라서 이러한 복잡한 주인-대리인 관계를 정의함에 있어서도 주인-대리인, 위임자-대리인, 주인-머슴, 감독자-대리인 등으로 다양하게 나타나고 있다. 그러나 이러한 관계에 대한 개념을 행정학분야로 한정하여 정리한다면, 「주인-대리인」, 「본인-대리인」관계로 정의하고 있는 것이 보편적 경향이라고 하겠다. 대리인 이론의 가장 중심이 되는 가정은 네 가지로 요약될 수 있다. 첫째, 본인과 대리인의 이해관계는 서로 상충하는 경우가 많다는 것이고, 둘째, 본인과 대리인은 모두 자신들의 이익, 즉 효용을 극대화하는 존재라는 것이며, 셋째, 본인은 대리인이 알고 있는 정보를 알고 있지 못하거나 대리인의 행동을 관찰할 수 없다는 것이며, 넷째, 본인과 대리인은 불확실한 환경 하에서 서로 업무에 대한 계약을 체결한다는 사실이다. 이와 같은 기본가정 하에서 주인은 어떻게 하면 대리인으로 하여금 최대한 본인의 이익을 위하여 업무를 수행할 수 있도록 할 것인가(이른바 인센티브의 조화성 문제, incentive comparability)하는 것이 대리인 이론이 갖는 근본 물음 중의 하나이다. 지금까지 제기되고 있는 대리인 문제의 유형은 바로 이러한 물음에서 출발하는데, 대부분의 학자들이 정보의 비대칭성

(asymmetric information)을 중심으로 역선택(adverse selection), 도덕적해이(moral hazard), 사적목표(internality) 등을 들고 있다.
〈 자료출처 : 이상철 (2000).「공기업의 이해」. 서울: 대영문화사 〉

대면회의

대면회의기법은 백하르드에 의해 개발된 것으로서 조직의 여러 계층에서 나온 사람들로 구성된 집단이 조직의 건강도를 신속히 파악하여 빠른 시간 내에 이를 개선할 방법을 마련하는 기법이다.대면회의기법은 비교적 최고경영층이 응집력은 있으나 최고관리층과 다른 조직 성원간에 간격이 있을 때 가장 적합한 조직발전기법이다. 대면회의는 주로 경영자오 krm 참모들로 구성되고 있으나 경우에 따라서는 일선감독자까지도 참가하게 된다. 또 아주 단기간 내에 조직변화를 추구하기 위한 계획과 결정에 전체조직 중 조직 내의 전 관리집단이 동원되도록 계획되는 것이 특징이다.
〈 자료출처 : 행동조직론, 이상진, p395 〉

대안적 예산제도

상한선이 없는 종전이 예산을 '열린 예산'이라고 비판하고 예산의 상한선을 제시한 것으로 종전의 예산은 증감된 부분만을 고려하지만 대안적 예산은 모든 예산의 상대적 가치, 증분분석, 상대적 효과성을 측정하는 것이다. 종전의 예산은 통제를 위하여 지출항목별로 예산을 승인하지만 대안적 예산에서는 부하들이 제시하는 복수의 대안과 판단을 바탕으로 부처 전체의 입장에서 의사결정을 한다.
〈 자료출처 : 김중규(2007), 9급선행정학개론. 서울: 도서출판 성지각 〉

대외비

대외비(Restricted)는 비밀로 보호할 정도의 중요성은 없으나 그렇다고 일반에 공개되어서도 안 되는 정보로 분류된 것이다. 국가안전 비밀만큼의 엄격한 법적, 행정적 보호 대상은 아니지만 외부 공개는 금지된다. 대외비는 비밀과 평문 사이 정도의 보호 가치를 가진 정보로 정보공개법상 공개 대상의 예외 정보이며, 공개 금지 분류가 해제될 때까지 비밀에 준하여 관리된다. 국가에 따라 비밀의 한 등급인 경우도 적지 않다. 한국의 비밀관리체계는 1,2,3급만을 규정하고 있어, 대외비는 비밀이 아니다. 다만 보안업무규정시행규칙 제7조가 1-3급 비밀 외에 직무상 특별히 보호를 요하는 사항을 대외비로, 비밀에 준한 보관을 규정한다. 미국은 2차대전까지 3급 비밀(Confidential) 아래 대외비 등급을 두었으나, 이후 폐지했다.
〈 자료출처 : 이동훈 (2000). 국가비밀과 알권리. 공법연구 〉

대표적 관료제 [representative bureaucracy]

1. 개념 : 대표적 관료제는 여러 가지로 정의 할 수 있겠으나 Van Riper는 대표적 관료제를 직업적 · 계급적 · 지역적 배경으로 보아 모든 계층, 모든 집단을 비교적 균형 있게 대표하는 사람들로 구성 될 뿐만 아니라 대체적으로 그 사회의 에토스(ethos)와 태도를 반영하는 관료제라고 정의하고 있다. 대표적 관료제의 중요성을 강조하는 사람들은 다음과 같은 세 가지 가정을 내세운다. 첫째로 관료제가 정책을 집행할 뿐만 아니라 정책을 결정한다. 둘째로 관료제에 대한 외부적 통제방안, 특히 입법부에 의한 통제가 별로 실효를 거두지 못하고 있다. 셋째로 따라서 행정책임 확보를 위한 실효성 있는 방안으로서 대표적 관료제를 들 수 있다는 것이다. 2. 비판 1) 인사행정론에서 대표적 관료제에 대하여 제기하는 비판은 대표적 관료제가 어떻게 실적주의 공무원제와 양립 할 수 있느냐는 것이다. 이에 대하여 대표적 관료제의 지지자들은 전통적인 필기시험을 위시한 각종의 공무원 선발제도가 과연 객관적이며 업무수행능력을 정확히 측정하느냐 하는 문제를 제기하고 있다. 2) 대표적 관료제의 '대표성'과 '책임성'을 어떻게 측정하느냐는 방법론상의 문제도 제기 되고 있다. 최근의 대표적 관료제에 관한 많은 연구가 이 문제에 많은 관심을 표명하고 있다. 다시 말해서 '대표성'의 제고가 '책임성'의 증대를 가져왔다는 것을 어떻게 입증하는 가에 많은 자원을 할애하고 있다. 3) 대표적 관료제 이론의 가장 핵심적인 결함이 사회적 대표성과 정치적 대표성을 혼동 하는데 있다는 비판도 있다. 다시 말해서 Mosher의 수동적 대표성이 자동적으로 능동적 대표성을 가져온다고 가정하는 데에 대표적인 관료제 이론의 문제점이 있다고 보는 것이다.
〈 자료출처 : http://www.epadic.com/index.php 온라인 행정학 전자사전 〉

더브릭, 서블리그 [therblig]

서블리그는 과학적 관리법의 창시자 F.W.테일러의 제자 F.B.길브레스가 연구한 동작분석 방법이다. 하나의 작업은 작업자 개개인에 따라 그 소요시간이 바뀌기도 하고 품질이 달라지기도 한다. 이를 일정 수준으로 만들기 위하여 길브레스는 벽돌공을 관찰하였고 작업방법에 따르는 인간의 동작을 18가지로 분류하였다. 그리고 그 분류에 따라서 작업내용을 기호로 나타내고, 동작의 체계를 판단할 수 있도록 하였다. 길브레스는 그는 동작연구의 개척자로서 ①불필요한 동작 배제 ②단순설비장치 도입 ③두 손 동시 이용 등을 기초로 동작의 간편화에 성공했다. 서블리그에 의한 분석결과는 작업의 개선과 표준화, 작업원의 교육·훈련의 기초가 된다. 서블리그라는 명칭은 길브레스(Gilbreth)를 거꾸로 철자하여 명명한 것이다.

〈 자료출처 : 네이버행정학용어사전 〉

데이터마이닝 [data mining]

많은 데이터 가운데 숨겨져 있는 유용한 상관관계를 발견하여, 미래에 실행 가능한 정보를 추출해 내고 의사 결정에 이용하는 과정을 말한다. 데이터베이스로부터 과거에는 알지 못했지만 데이터 속에서 유도된 새로운 데이터 모델을 발견하여 미래에 실행 가능한 정보를 추출해 내고 의사 결정에 이용하는 과정을 말한다. 즉 데이터에 숨겨진 패턴과 관계를 찾아내어 광맥을 찾아내듯이 정보를 발견해 내는 것이다. 여기에서 정보 발견이란 데이터에 고급 통계 분석과 모델링 기법을 적용하여 유용한 패턴과 관계를 찾아내는 과정이다. 데이터베이스 마케팅의 핵심 기술이라고 할 수 있다.예를 들어, 한 백화점에서 판매 데이터베이스의 데이터를 분석하여 금요일 오전에는 어떤 상품들이 잘 팔리는가, 그리고 팔리는 상품들간에는 어떤 상관관계가 있는가 등을 발견하고 이를 마케팅에 반영하는 것이다. 따라서 데이터마이닝의 필수 요소는 신뢰도가 높은 충분한 자료이다. 이것은 신뢰도 높은 충분한 자료가 정확한 예견을 가능하게 하기 때문이다. 그러나 너무 많은 자료는 오히려 데이터마이닝의 예견 능력을 떨어뜨릴 수 있으므로 최적의 결과를 산출할 수 있는 의미있는 자료의 확보가 필요하다. 한국에서 데이터마이닝은 아직은 초기 단계에 머물러 있지만 기업의 요구 사항이 주로 고객관리에 중점을 두는 데이터베이스 마케팅 쪽으로 가고 있기 때문에 그 발달 속도는 급속히 이뤄질 것이다. 한편 기술적인 면에서 데이터마이닝을 잘 구현할 수 있는 소프트웨어가 나오면 데이터웨어하우스는 축소될 것이라는 의견도 있다.
〈 자료출처 : 행정학 용어사전 〉

델파이 기법 [Delphi method]

전문가들의 의견수립, 중재, 타협의 방식으로 반복적인 피드백을 통한 하향식 의견 도출 방법으로 문제를 해결하는 기법으로 1948년 미국의 RAND연구소에서 개발되어 IT분야, 연구개발분야, 교육분야, 군사분야등에서 활용되고 있다. 델파이기법은 어떠한 문제에 관하여 전문가들의 견해를 유도하고 종합하여 집단적 판단으로 정리하는 일련의 절차라고 정의할 수 있다.이것은 추정하려는 문제에 관한 정확한 정보가 없을 때에 "두 사람의 의견이 한 사람의 의견보다 정확하다"는 계량적 객관의 원리와 "다수의 판단이 소수의 판단보다 정확하다"는 민주적 의사결정 원리에 논리적 근거를 두고 있다. 또한 전문가들이 직접모이지 않고 주로 우편이나 e-mail을 통한 통신수단으로 의견을 수렴하여 돌출된 의견을 내놓는다는것이 주된 특징이라 할수있다.
〈 자료출처 : 위키피디아 백과사전(ko.wikipedia.org) 〉

도덕적 해이 [Moral Hazard]

윤리적으로나 법적으로 최선을 다하지 않고 일부러 게을리하는 것을 가리키는 말로, 도덕적 해이(Moral Hazard)는 원래 미국에서 보험가입자들의 비양심 적인 행위를 지칭한다. 화재보험 가입자가 보험을 믿고 화재예방 노력을 소홀히 함으로써 발생하 는 보험사의 손해나, 중고자동차에 대한 정보가 완전하지 않아 입게 되는 소비자의 손해 등이 도덕적 해이의 전형이다. 더 일반적인 의미로는, 정보가 완전하지 않은 거래 및 계약에 있어서 각 주체가 자기의 역할에 최선을 다하지 않으려는 마음가짐 또는 행동을 말한다. 정보가 불투명하고 비대칭적이어서 상대방의 향후 행동을 예측할 수 없거 나, 본인이 최선을 다한다 해도 자신에게 돌아오는 인센티브가 별로 없을 때 도덕적 해이가 발생한다. 또 금융시대에 부도가 잘 나지 않는 점을 이용해 마구잡이 대출을 하는 은행의 행태가 여기에 속한다.
〈 자료출처 : http;//opentory.joins.com 〉

도의적 책임 [Responsibility]

수임자 및 공복으로서의 공무원이 국민의 요구나 희망 등의 민의를 충족시켜야 한다는 점에서 대응성을 포함한 책임이다. 공식적 지위, 역할과 권한에 따르는 책임보다는 공직자로서의 윤리 도덕과 같은 내면세계와 자각을 중요시하기 때문에 주관적, 자율적 성격의 책임이다. 이것은 법적책임(제도적 책임)과 달리 행정통제의 제1차적 대상은 아니라 하더라도 공무원이 전문가로서의 직업윤리와 책임감에 기초하여 적극적이고 자발적인 재량을 발휘하여 확보되는 자율적 행정책임이다. 즉 공무원의 내면적 가치와 기준에 따라 자발적으로 적극적인 재량을 발휘하여 합리적인 대안을 선택하고, 국민들의 요구와 기대를 정확하게 인식하여 이에 능동적으로 대응하는 것을 말한다.
〈 자료출처 : 김기식, 2010. KS행정학, 열린교육 〉

돈세탁 [money laundering]

돈세탁이란 "불법활동으로 얻은 수익을 합법적인 자금으로 전환하는 일련의 과정" 또는 "수입의 존재, 불법적인 출처 또는 위법한 사용을 은닉하고 그 수입을 합법적인 것으로 가장하는 일련의 과정"을 의미한다. 행정부패 중 공직자의 부패에는 항상 검은 돈이 중심이 된다는 점에서 소위 말하는 '돈세탁'의 방지는 매우 중요한 의미를 지니고 있다. 최근 각종 부정부패 사례들을 보면 여지없이 검은 돈의 세탁행위가 자리잡고 있음을 알 수 있다. 돈세탁은 부정한 자금을 깨끗한 것처럼 위장함으로써 부정한 행위를 은폐하려는 주요한 수단이 되고 있다. 갈수록 지능화되고 있는 돈세탁을 적발하기는 어려우므로 돈세탁행위 자체를 범죄화함으로써 직·간접적으로 부정부패를 억제할 수 있을 것이다. 세계 각국은 최근의 각종 국제협약 등에 자극을 받거나 또는 독자적으로 돈세탁에 대처하기 위한 입법을 만들었다. 미국에서는 은행비밀법, RICO법, 규제약물법 등에서 일정한 재산이나 수익을 몰수하는 법률을 제정하였고 영국도 약물거래범죄법, 스위스도 돈세탁죄를 형법에 규정하였다.
〈 자료출처 : 강인재·이달곤 외.(1998). 「한국행정론」 대영문화사 〉

동기부여의 내용이론

동기부여의 내용이론이란 동기를 유발하는 요인의 내용을 설명하는 이론을 말한다. 즉 무엇이 개인의 행동을 유지 혹은 활성화시키는가, 혹은 환경 속의 무슨 요인이 사람의 행동을 움직이게 하는가에 관한 이론을 말한다.

〈 자료출처 : 네이버행정학용어사전 〉

동인 이론 [drive theory, 動因理論]

인간의 행동을 동인(drive)과 관습(habit)의 복합적 함수로 보는 이론적 관점을 말한다. 즉 인간의 행동은 개인의 욕구 결핍 정도를 나타내는 동인의 강도와 학습을 통해 얻은 과거의 경험을 바탕으로 하여 자신에게 만족스러운 결과를 가져오기 위해 취해지는 것으로 보는 동기이론을 말한다. 동인이론은, 인간은 과거에 만족스러운 결과를 가져온 행동을 계속적으로 되풀이하는 경향이 높다는, 손다이크(E. Thorndike)의 효과의 법칙에 이론적 근거를 두고 있다. 동인이론은 당초 생리적 동기와 관련된 내적 균형을 유지하려는 행동 동기의 연구에서 시작되었으나, 점차 효과의 법칙에 기반을 둔 관습적 행동이 결합되어 총괄적 동인이론으로 발전하게 되었다.

〈 자료출처 : 네이버 행정학 용어사전 〉

동일화의 권위 [Authority of identification]

조직 내의 개인이 그 조직에 대하여 귀속감을 느끼거나 또는 상급자(지도자)가 부하로 하여금 동일화되게 함으로써 성립되는 권위, 이는 사이먼(H. A. Simon)에 의하여 분류된 권위 유형의 하나이다. 동일화의 권위가 강화될수록 조직의 목표에 부합되는 상관(상급자)의 의사결정은 광범하게 그리고 아무런 비판 없이 수용된다.

〈 자료출처 : 행정학용어사전-행정학용어 표준화연구회.새정보 미디어 2010/p.251 〉

동조과잉 [Overcomformity ,同調過剩]

관료제에서는 자의적(恣意的)인 행정을 배제하면서 일반규칙에 의거한 보편성을 발견하여 조직의 목표를 합리적 합법적으로 달성하려고 한다. 그러나 규칙준수의 강조가 결과적으로는 규칙을 절대적인 것으로 믿는 동조과잉현상을 초래함으로써 목표와 수단의 전도(顚倒), 법규만능사상, 구태의연(舊態依然), 선례답습주의, 책임회피, 창의력의 결여 등이 조장되어 새로운 일, 옳은 일을 적극적으로 처리하려 하지 않고, 상관의 지시나 선례가 옳든 그르든 이에 순종하여 소극적으로 처리하려는 풍조가 조성되어 보수주의를 초래한다.
〈 자료출처 : 네이버용어사전 〉

등종국성 [equifinality]

등종국성 또는 등종성은 일반체제이론을 창시한 Bertalanffy(1968: 132-134)가 처음으로 제시한 개념으로, 시스템의 종국 상태에의 도달이 시스템의 초기 조건에 의해 결정되지 않는다는 것을 의미한다. 이 특성은 열린체제 또는 열린시스템의 특성의 하나이다. 일부 생물학자들에게 있어서 등종국성은 물체가 살아 있느냐의 여부를 가늠하는 기준이 되기도 한다. 예를 들어, 비활성 시스템에서는 시스템의 종국 상태가 초기 조건에 의해 결정되며, 초기 조건이 바뀌면 종국 상태도 바뀌게 된다. 그러나 활성 시스템이나 생 시스템에서는 동일한 종국 상태가 상이한 초기 조건에 의해서 도달될 수 있다는 것이다. 즉, 초기 조건이 다르다고 하더라도 또는 종국 상태에 도달하는 방법이 다르다고 하더라도 종국 상태의 결과는 같을 수 있다는 것이다. 예를 들어, 섬게의 배의 성장에 있어서 초기 단계에 몇 개의 세포를 이식하면 배가 변형된다. 그러나 세포를 이식하지 않은 경우나 이식한 경우나 섬게가 되는 데에 있어서는 차이가 없다. 즉, 초기에 세포 이식을 하여 배가 변형된 섬게나 변형되지 않은 섬게나 모두 섬게가 되는 데에 있어서는 차이가 없다는 것이다. 사회 시스템의 경우도 유사한 경우를 발견할 수 있다. 예를 들어, 초기 자본의 상태가 다르더라도 기업의 바람직한 자본구조의 형성은 일정한 비용에 대해 수입을 증가하거나 또는 일정한 수입을 가지고 비용을 절감하여 도달될 수 있는 것이다. 따라서 등종국성과 연관하여서는 두 가지를 생각해 볼 필요가 있다. 첫째는 열린 시스템이 정상상태에 도달하고 등종국성을 보인다면, 종국 상태는 초기 조건과 독립적이라는 것이다. 둘째는 등종국성의 개념은 닫힌 시스템에는 적용이 되지 않는다는 것이다. 왜냐하면 닫힌 시스템은 환경과 상호작용을 하지 않기 때문이다. 앞서 말한 바와 같이 닫힌 시스템의 종국 상태는 초기 조건에 의해서만 결정이 된다.
〈 자료출처 : 「http://www.epadic.com/index.php」 〉

디스토피아 [distopia]

현대 사회의 부정적인 측면들이 극단화돼 초래될지 모르는 암울한 미래상을 말한다. 핵 위협 아래 놓인 지구촌, 인류의 양식(良識)과 이성을 의심케 하는 무분별한 군비 경쟁과 '별들의 전쟁', 지구 생태계를 파괴할 공해문제, 아프리카의 가뭄 사태를 야기한 제3세계의 위기와 오랜 제국주의 침략 후유증 등은 인류의 미래를 부정적인 눈으로 바라보게 한다.

〈 자료출처 : 네이버 용어사전, http://terms.naver.com/ 〉

디제라티 [Digerati]

디제라티는 디지털(Digital)과 지식계급(Literati)의 합성어로서 정보사회에서의 새롭게 사회의 지도계층으로 부각되고 있는 사이버 엘리트들을 묘사하기 위해 존 브록만이 새롭게 고안해 낸 단어이다. 정보통신기술의 발달로 인해 초래되고 있는 사회전반의 총체적 변동을 이해하기 위해서는 다각적인 접근이 필요함을 지적하고, 무엇보다도 누가 어떠한 방식으로 어떠한 비전과 의도를 가지고 이러한 디지털 혁명을 주도하고 있는가를 이해하는 것이 중요하다고 믿는다. 이러한 의도 하에 그는 정치·경제·사회·문화·과학·예술계 등 사회전반에서 디지털 혁명을 이끌고 있는 디지털 혁명의 전도사들과의 개별적인 인터뷰 및 이들 상호간의 상대방에 대한 평가를 통해서 디지털 시대의 새로운 엘리트군 즉 디제라티들이 등장하여 정보사회의 신흥 파워 엘리트로의 성장하고 있음을 보여주고 있다.

〈 자료출처 : 온라인행정학사전(http://www.epadic.com) 〉

딜런의 원칙

미국의 주정부와 지방정부의 관계에서 시·군 등의 지방정부는 주정부의 피조물로서 명백히 부여된 자치권만을 행사하게 되며, 주정부는 지방정부를 폐지할 수 있다는 원칙을 말한다. 이 원칙은 지방정부가 주정부에 포함되거나 주정부에 의존하는 것을 상정하고 있다.

〈 자료출처 : 네이버 용어사전 〉

딜레마 이론

정책결정이란 다양한 대안이나 가치들 간의 우선 순위를 고려하거나 그 중 하나를 선택하는 행동이다. 정책 결정자는 단일의 가치를 연속선상에 나열한 후 가장 바람직한 상태를 택할 수도 있고 상이한 가치들 간의 우선 순위를 결정하여 그 중 제일 나은 가치를 수용할 수도 있다. 그러나 선택의 후보로 등장한 대안이나 가치들이 서로 충돌하여 우선 순위를 정할 수 없는 경우 행위자는 선택상의 어려움에 직면하게 된다. 특히 두 개의 대안이나 가치가 팽팽히 맞서고 있다면 선택의 어려움은 증폭된다. 이처럼 두 가지 대안 가운데 무엇을 선택할지 몰라 망설이는 상황을 일반적으로 딜레마라고 한다. 딜레마란 두 개의 가치(혹은 대안)가 선택상황에 나타날 때 어느 한 가치(대안)의 선택으로 인해 나타나는 기회손실이 크기 때문에 선택이 곤란한 상황이라 정의할 수 있다. 다시 말해 두 개의 가치(대안)가 서로 상충하고 있는 상태를 의미한다.
〈 자료출처 : 네이버용어사전 〉

[ㄹ]

래퍼곡선 [Laffer curve, Laffer曲線]

미국의 경제학자 래퍼(A. Laffer)에 의해 제시된 세율과 세수에 관한 곡선을 말한다. 세율이 영(0)이면 세수 또한 영임은 자명한 일이고, 세율이 100%라면 누구도 소득을 얻기 위한 활동을 거부할 것인즉 세수는 영이 된다. 래퍼곡선은 그 중간에 세수가 극대로 될 수 있는 점의 존재를 주장하는 것이다. 또한 일정한 세율(최적 세부담률)을 지나면 세수는 다시 감소된다. 래퍼곡선은 레이건(Ronald W. Reagan) 정권의 등장으로 각광을 받았던 공급 측면의 경제학을 지탱하는 지주가 되었다. 레이건은 미국의 세율이 최적 수준을 넘었다 하여 대폭적인 감세를 실시했었다. 그러나 래퍼곡선은 실증적 연구에서 도출된 것이 아니고 단지 가능한 하나의 경제적 관점을 제시한 데 불과하므로, 이의 타당성 여부는 앞으로의 연구를 기다려 보아야 할 것이다.
〈 자료출처 : 네이버 행정학용어사전 〉

러커계획 [Rucker Plan, Rucker計劃]

총인건비에서 차지하는 부가가치의 비율을 기준으로 보너스를 지급하는 것을 말한다. 여기서 부가가치는 순판매고와 생산비용의 차이를 말한다. 부가가치에 대한 노동비용의 비율이 평균 비율보다 낮아지면 그로 인한 비용 절감 부분의 일부는 사내유보(기업이 당기 말 처분이익금을 모두 주식배당이나 임원상여금으로 사외에 유출하지 않고 그 일정부분을 각종 적립금, 준비금으로 사내에 유보시키는 것)로 하고 나머지를 고용주와 노동자가 분배하는 방식을 말한다. 이 방식은 기업의 부가가치 중의 일정률을 임금에 충당하는 것으로 부가가치가 늘면 임금도 따라서 늘기 때문에 생산성을 높일 수 있다는 장점이 있다.
〈 자료출처 : 강성철 외(2007).「새 인사행정론」(제5판). 〉

레짐이론 [도시통치론 : Regime Theory]

레짐은 "통치결정을 수행하는 데 있어 지속적인 역할을 유지하려는 제도적 자원에 대한 접근 가능성(access to institutional resources)을 지닌 비공식적이지만 상대적으로 안정적인 집단"을 의미한다(Stone, 1989). 즉, 레짐은 비공식적인 실체를 가진 통치연합(governing coalition)으로서, 자발적 결사체인 이익집단이 사안에 따른 이합집산을 통하여 정책결정을 하는 것이 아니라 도시정부라는 제도적 기제를 매개체로 하여 비공식적이지만 일정한 세력집단으로서 그 중추적 역할을 담당한다는 것이다. 레짐 개념은 엘리트론적 접근의 주요 요소를 포함하는 이론적 탄력성과 성장기구적 요소가 다분히 함축되어있으며, 기존의 이론들이 무시하기 쉬운 제도적 측면과 비제도적 측면의 도시정치적 연결망이 중요한 분석대상으로 설정되어 있다. 도시레짐과 성장연합 개념간 유사성이 도출되지만, 레짐개념은 '성장연합'개념보다는 광범위한 개념적 수단으로 볼 수 있다. 즉, '개인'이나 '구조'가 아닌 '제도'에 초점을 두며, 기업의 중심적 역할을 강조하면서도 지역주민집단과 같은 행위자들의 영향력을 간과하지 않는다. 또한 레짐은 협력을 위한 비공식적인 기반으로 형성되며, 이것은 포괄적인 통제구조 없이도 가능하다.
〈 자료출처 : 온라인 행정학 전자사전〉

로그롤링 [log-rolling]

로그롤링이란 개척자가 벌채한 통나무를 운반하면서 서로 협력해 굴리기를 한 데서 유래된 말로 이권이 결부된 몇 개의 법안을 관련 의원들이 서로 협력해서 통과시키는 행태를 가리키는 미국의 의회 용어이다. 특정사업을 통과시키기 위한 '투표의 거래' 또는 '투표의 담합' 이라고도 하며 담합에 의하여 자신의 선호와는 무관한 대안에 투표하는 행동을 보이는 집단적 의사결정 행태(밀어주기)를 말한다.
〈 자료출처 : 김중규 (2009 : 296),「선행정학개론」 〉

로드 쉐딩 [load shedding]

로드쉐딩이란 '쓰레기 수거'와 같이 정부가 직접 제공해 오던 공공 서비스의 공급을 정부가 포기하는 것을 말한다. 이 경우 해당 공공 서비스는 자동적으로 민간시장으로 이전되며, 정부는 서비스 제공과 관련된 규칙을 제정하게 되나, 정부가 민간기업들에게 책임을 부과할 수 있는 능력은 감소하게 된다.
〈 자료출처 : 네이버 백과사전 〉

로렌츠곡선 [Lorenz curve]

로렌츠곡선은 소득분포의 불평등 도를 측정하는 방법으로 가로축에 소득액 순으로 소득인원수의 누적 백분비를 나타내고, 세로축에 소득금액의 누적 백분비를 나타냄으로써 얻어지는 곡선을 말한다. 소득의 분포가 완전히 균등하면 곡선은 대각선과 일치한다. 곡선과 대각선 사이의 면적의 크기가 불평등도의 지표가 된다. 로렌츠곡선은 단순하고 직관적이며, 소득의 계층별 분포 혹은 지역소득의 차별적 분포특성을 설명하는 데에 유용한 분석기법이다. 하지만, 특정지역에 대한 특성만을 중요시한다는 한계점이 있다. 또한 불평등정도를 서수적으로만 나타내 줄 뿐 어느 정도 불평한지를 기수적으로는 알려주지 못하며, 둘 이상의 로렌츠곡선이 교차하는 경우, 비교할 수 없다는 단점이 있다.
〈 자료출처 : 김중규 (2009 : 481),「선행정학개론」〉

롤스의 정의론 [Rawls's theory of justice]

사회의 기본적 가치, 즉 자유와 기회, 소득과 부, 인간적 존엄성 등은 평등하게 배분되어야 하며, 이러한 가치의 불평등한 배분은 그것이 사회의 최소 수혜자에게 유리한 경우에만 정당하다는 롤스(John Rawls)의 가치론을 말한다. 롤스는 이러한 사회 정의의 기본 원리로 '기본적 자유 평등의 원리(정의의 제1원리)'와 '차등 조정의 원리(정의의 제2원리)' 두 가지를 제시한다. 롤스는 또한 특정한 정책의 선택이 자신에게 유리할지 불리할지를 모르는 무지의 베일(veil of ignorance)에 가려져 있는 상태, 즉 원초상태(original position)에서 합의되는 일련의 법칙이 곧 사회 정의의 원칙으로 사회협동체를 규제해야 한다고 주장한다.
〈 자료출처 : 네이버 행정학 용어사전 〉

루틴, 비루틴 [routine, nonroutine]

'루틴'이란 판에 박은 듯이 같은 일이 되풀이 되는 비교적 단순한 업무나 그 절차를 말한다. 다시 말해서 이미 확립된 기술이나 선례(先例)가 있어서 그것을 적용하기만 하면 업무의 수행이 보장될 수 있고 비교적 같은 일이 되풀이 되는 단순한 업무의 경우를 의미한다. 한편 비루틴이란 아직 확립된 기술이나 선례가 없어 어떠한 방법을 사용하더라도 그 결과가 불확실할 뿐만 아니라 해야할 업무가 또한 다양한 것을 의미한다. 페로(Charles Perrow)는 개개인이 다루는 업무의 성질이 루틴이냐 비루틴 이냐를 기초로 하여 조직과 기술의 유형을 분류하고 있다. 즉, 그는 업무의 성질은 수행하는 방법이 확실한 것, 수행하는 방법이 불확실한 것, 해야 할 업무가 다양한 것, 해야 할 업무가 다양하지 않는 것 이렇게 4가지로 나누고 기술의 유형을 기능(craft), 일상적 기술, 비일상적 기술, 공학적 기술로 분류하여 일상적 기술을 루틴, 비일상적 기술을 비루틴이라 말하였다.
〈 자료출처 : 行政學用語事典(행정학용어사전);행정학용어 표준화연구회 - 262p 〉

리더십 대체물 이론 [substitutes for leadership theory]

Kerr와 Jermier(1978)에 의해서 제안된 리더십 대체물 이론(substitutes for leadership theory)은 리더십의 중요성을 감소시키는 조직적, 업무적, 구성원들의 특성 등과 같은 상황적 요인들을 대체물(substitutes)과 중화물(neutralizers)로 구분하여 설명한다. 대체물이란 리더의 행동을 대체하거나 필요 없게 하는 부하의 특성, 과업 및 조직의 특성과 같은 상황적 또는 개인적 요소들이다. 즉, 어떤 상황요인이 존재하는 경우 부하는 리더의 지시 없이도 자신의 직무를 성공적으로 수행할 수 있다. 중화물이란 리더의 행동을 무의미하게 만들거나 효과를 약화 내지 중화시키는 상황들과 요소들이다.

〈 자료출처 : 온라인행정학전자사전 〉

리디노미네이션 [re-denomination]

화폐 단위를 하향 조정하는 것을 말한다. 화폐의 가치 변동 없이 모든 은행권 및 지폐의 액면을 동일한 비율의 낮은 숫자로 조정하거나, 이와 함께 새로운 통화 단위로 화폐의 호칭을 변경하는 것으로 화폐 단위를 1,000 대 1, 100 대 1 등으로 바꾸는 식이다. 리디노미네이션은 인플레이션의 진전에 따라 경제량을 화폐적으로 표현하는 숫자가 증가해 초래되는 계산, 회계 기장 또는 지급상의 불편을 해소할 목적으로 실시된다. 그러나 일부 선진국에서는 자국 통화의 대외적 위상을 제고할 목적으로, 과거 중남미 국가에서는 국민들의 인플레이션 기대심리를 억제할 목적으로 이용되기도 했다.

〈 자료출처 : 네이버 백과사전 〉

리바이어던가설 [Leviathan hypothesis]

브레난(H. G. Brennan)과 뷰캐넌(J. M. Buchanan)에 의해 제시된 리바이어던가설은 공공 부문의 총체적 규모는 중앙정부의 조세 및 지출 권한의 분권화와 반비례해 변화된다는 것(the overall size of the public sector should inversely vary with the extent of simultaneous decentralization of the national government's taxing and spending power)을 말한다. 정부를, 규모와 조세의 극대화를 추구하는 괴물로 보는 그들은 즉 정부 규모의 팽창을 억제

하기 위해서는 조세와 정부 지출 권한을 분권화해야 한다고 주장하는 것이다. 이는 공공지출에 대한 통제 권한이 집중화될 경우, 정치인·관료·특수이익 로비스트들의 선호가 재정정책에 반영됨으로써, 정부의 재정 지출이 늘어나고 규모가 과도하게 팽창하게 된다는 것을 의미한다. 공공 부문의 팽창 요인에 관한 주장은 '뷰캐넌의 리바이어던 가설'외에 '바그너 법칙', '니스카넨의 예산극대화 가설', '피콕(Alan T. Peacock)과 와이즈만(Alan T. Peacock)의 전위효과 가설', '보몰(J. W. Baumol)의 병리'등이 있다.
〈 자료출처 : 네이버 행정학 용어사전 〉

리비드 [LIBID, London Inter-Bank Bid Rate]

런던 금융시장에서 은행 간 단기자금을 차입할 때 자금 수요 측이 제시하는 예금금리(bid rate)를 가리킨다. 이에 비해 리보(LIBOR)는 자금 제공 측이 제시하는 금리다. 자금 수요 측이 제시하는 것이므로 리보 금리보다 낮은 것이 일반적이다. 이는 런던의 우량은행이 다른 은행으로부터 예금을 받을 때 적용되는 금리로, 우량은행뿐 아니라 현지 은행 간 거래, 현지 은행과 외국 은행 간 거래와 은행과 우량 고객 거래에도 적용된다.
〈 자료출처 : 네이버 용어사전 〉

리엔지니어링 [reengineering]

기업의 업무 재구축을 뜻하는 말로 각종 권한이양, 인원감축, 노동자 재교육, 조직개편 등의 의미를 함축하고 있다.비용·품질·서비스와 같은 핵심 경영요소를 향상시킬 수 있도록 경영과정과 지원시스템을 근본적으로 재설계하는 기법이다. 한마디로 기업의 근본적인 체질 개선을 위해 기업 공정을 획기적으로 다시 디자인하는 것을 말한다.마이클 해머 박사가 1990년 [하버드 비지니스 리뷰]지에 이 개념을 처음으로 소개해 전세계 기업의 경영혁신운동에 새 장을 열었다. 초창기의 리엔지니어링은 주로 기능 위주로 분담되어 있는 기존의 업무방식을 프로세스별로 재편하는 것을 골자로 하였으나 최근의 리엔지니어링은 조직, 정보기술, 조직문화, 측정시스템 등을 포함하는 '제 2단계 리엔지니어링'의 단계로 넘어서 있다. 다운사이징이 기본적으로 일의 공정을 현재대로 유지하면서 근로자를 감축하는 것을 말하지만 리엔지니어링은 작업공정을 세밀하게 검토해 필요없는부분을 폐지하는 것으로 직원의 감원이 필수적인 것은 아니다.미국이나 유럽 기업들 사이에서 80년대 초부터 리엔지니어링 개념이 도입되었으며, 90년 이후 급속히 확산되고 있다.
〈 자료출처 : 네이버 용어사전 〉

리커트의 관리체제 [Management Systems of Likert, Likert의 管理體制]

리커트(Rensis Likert)는 조직 내의 여러 변수, 즉 지도 과정 · 동기 부여 · 의사전달 과정 · 교호작용 및 영향 관계 · 의사결정 · 목표 설정 · 통제 과정 등을 기준으로 하여 관리 체제를 체제1(system 1), 체제2(system 2), 체제3(system 3), 체제4(system 4)로 분류했다. 체제1은 착취형(exploitative system)이다. 체제1에서 관리자는 부하 직원을 신뢰하지 않고 관리층과 부하 간의 접촉이 단절되어 있다. 이 체제에서 관리자는 두려움·위협·처벌 등의 관리 수단을 사용하고 생리적 욕구와 안전 욕구 등을 충족시켜 주고 이에 따른 경제적 보상을 제공해준다. 체제1은 하향적 의사 전달이 보편적이고, 목표 설정과 의사결정 과정에서 부하들의 참여가 배제되며, 통제 과정이 고도로 집권화되어 있고, 비공식조직이 조직의 목표에 저항한다는 등의 특징을 지닌다. 체제2는 온정적 권위형(benevolent authoritative system)이다. 이 체제에서 관리자는 다소 온정적인 신뢰를 부하 직원에게 베풀고 관리층과 부하 간의 접촉이 제한되어 있다. 이 체제에서는 또한 관리 수단으로 보상과 처벌 및 처벌의 위협이 사용되고 생리적·안전 욕구뿐만 아니라 자아 실현의 욕구도 충족시켜 준다. 이 체제는 상향적 의사전달이 보편적이고, 목표는 상급 관리층에서 설정하고 하급계층에서는 상급 관리층에서 정해준 범위 내에서만 의사결정을 할 수 있으며, 통제 과정은 집권화되어 있으나 약간의 위임이 행해지고, 비공식집단은 조직의 목표에 부분적으로 저항한다는 등의 특징을 지닌다. 체제3은 협의형(consultative system)이다. 이 체제에서 관리자는 부하 직원을 상당히 신뢰하지만 완전히 신뢰하는 것은 아니며 관리층과 부하 간의 접촉이 비교적 원활하다. 이 체제에서는 관리 수단으로 경제적 보상, 약간의 참여, 간헐적인 처방이 사용되고, 경제적 욕구, 자아 실현 욕구, 새로운 경험을 얻으려는 욕구 등을 충족시켜 준다. 이 체제는 의사 전달 과정이 쌍방적이고, 목표 및 주요 정책은 최고관리층에서 주로 결정하되 구체적인 결정은 하급 계층에서 이루어지며, 통제 과정이 상당 부분 하급 계층에 위임되고, 비공식조직은 조직의 공식적 목표를 지지하거나 약간의 저항을 할 수 있다는 등의 특징을 지닌다. 체제4는 참여집단형(participative group system)이다. 이 체제에서 관리자는 부하를 완전히 신뢰하고 관리층과 부하 사이에 심리적 거리감이 없이 접촉이 원활하고 빈번하다. 이 체제에서는 관리 수단으로 경제적 보상의 결정, 조직 목표의 설정, 업무의 개선, 업적 평가에 대한 구성원의 참여가 조장되고, 경제적 욕구, 자아 실현의 욕구 등을 충족시켜 준다. 이 체제는 또한 쌍방적 의사 전달과 수평적 의사 전달이 원활하고, 최고관리층과 부하들이 서로의 목표를 통합시켜 설정하고 의사결정권이 각 계층에 분산되어 있으나 전체적으로 통합되며, 통제 과정에 대한 책임이 널리 확산되어 있고, 비공식조직은 조직의 공식적 목표를 지원한다는 등의 특징을 지닌다. 리커트는 체제1과 체제2를 권위형 체제(authoritative system)라 부르고, 체제3과 체제4를 참여형 체제(participative system)로 규정했다.
〈 자료출처 : 네이버 행정학 용어사전 〉

린달균형 [Lindahl equilibrium]

공공재는 모든 사회구성원들이 공공재의 수준과 그 가격에 동의할 때 균형에 도달한다는, 스웨덴의 경제학자 린달(Erik Lindahl, 1891-1960)의 이론을 말한다. 사적 재화의 시장수요곡선이 개별 수요곡선의 수평합으로 도출됨에 반해 공공재의 시장수요곡선은 개별 수요곡선의 수직합으로 도출된다. 그 이유는 사적 재화의 경우에는 판매가격과 소비자별 가격이 동일하고 소비량이 각각 다름에 반해 공공재의 경우에는 가격이 서로 다르고 그 소비량은 동일하기 때문이다.
〈 자료출처 : 「http://terms.naver.com/」〉

[ㅁ]

마그나 카르타 [Magna Carta, Great Charter]

근대적 영국 헌법과 입헌정치의 원칙을 확립하는 데 중요한 역할을 한 대헌장(大憲章)을 말한다. 발포(發布) 당초(1215년)의 마그나 카르타는 존(John) 왕(1161- 1216)의 실정(失政)을 계기로 제기된 귀족의 요구를 반영한 봉건적 문서였으나, 시대와 더불어 계속 재확인됨으로써 자의적 왕권에 대한 법의 지배 원칙을 비롯해 입헌정치의 원칙을 확립하는 데 중요한 역할을 했다. 여러 차례의 재발포(再發布) 과정을 통해, 적법한 재판과 국법에 의하지 않고는 자유민을 체포·구금할 수 없다는 인신 보호 조항은 영국 헌법 형성에 중대한 영향을 미쳤으며, 봉건적 부담의 제한 조항은 의회의 동의 없이는 과세할 수 없다는 원칙으로 확인되었다.

〈 자료출처 : 네이버용어사전 〉

마셜 플랜 [Marshall Plan]

제2차 세계대전 이후 피폐해진 유럽의 경제 부흥을 위해 1948~51년까지 미국이 서유럽에 대해 실시한 유럽부흥계획(ERP: European Recovery Program)을 말한다. 처음 구상을 발표한 미국무장관 마셜(G. C. Marshall)의 이름을 따서 마셜 플랜으로 통칭되고 있다.

〈 자료출처 : 네이버 행정학 용어사전 〉

마스트리히트 조약 [Mastricht Treaty, Mastricht]

유럽공동체가 시장 통합을 넘어 정치·경제적 통합체로 결합하기 위한 터전이 된 1992년의 조약을 말한다. 네덜란드의 마스트리히트에 EC 정상들이 모여 가조인한 데서 이름을 따왔다. 마스트리히트 조약은 1992년 2월 EC 외무장관회의에서 정식 조인되었으며 각국의 비준을 거쳐 1993년 10월 독일 의회의 비준을 마지막으로 11월부터 발효되었다. 이에 따라 EC는 유럽연합(EU)으로 명칭을 바꾸었다. 마스트리히트 조약은 유럽중앙은행 창설과 단일 통화 사용의 경제통화동맹(EMU), 노동 조건 통일의 사회 부문, 공동 방위정책, 유럽시민권 규정 등 네

가지의 핵심 내용을 담고 있다.
〈 자료출처 : http://terms.naver.com/item.nhn?dirId=805&docId=2896〉

마지날 맨 [marginal man, 주변인]

주변인(marginal man)이란 용어는 파크(Robert Park)에 의해서 처음으로 공식화되고 휴즈(Everett C. Hughes)에 의해서 발전되었다. 주변인은 한계인, 경계인(boundary man)이라고도 하며 여러 인종·민족 또는 이질적인 계급·계층 등이 공존하는 복수의 문화적 상황에서는 문화사이의 대립·모순이 있어 어느 한 문화에 의해 완전히 동화할 수 없는 집단을 의미한다. 주변인은 두 개의 집단에 동시에 소속되어 있는 사람들의 심리적 갈등과 정체위기(identity crisis)를 설명하기 위한 개념으로 사회심리학적으로 준거집단(reference group), 렌스키(Gerhard Lenski)의 지위불균형이론(Status Inconsistency Theory)과 관련시킬 수 있다.
〈 자료출처 : 온라인 행정학 전자사전(http://www.epadic.com/) 〉

마찰비용 최소화 이론

마찰비용 최소화이론은 도시공간구조는 경제주체들 간의 공간적 마찰 비용(costs of friction)을 최소화하려는 노력의 결과로 형성된 물리적인 현상으로 보는 입장이다. 도시의 마찰비용 가운데서 우선 들 수 있는 것이 교통비용과 임대료(rent)이다. 교통망이 효율적일수록 교통비용이 절감되고, 임대료는 공간적 접근성을 반영하여 접근 비를 절감하게 된다.
〈 자료출처 : 김시영·김렬·김순양 외3명 (2005), 행정학의 이해, 경산:영남대학교출판부 〉

마키아벨리즘 [machiavellism]

마키아벨리즘은 일반적으로 국 가의 유지 발전을 위해서는 어떠한 수단이나 방법도 허용된다는 국가 지상주의적인 정치 이념을 뜻한다. 옥스퍼드 영어사전에서는 "국가의 운영이나 일반적인 행위에서 속임수와 표리부동한 방법을 동원하는 것"이라 설명하고 있다. 윤리의 규범으로부터 현실정치의 해방을 지향하는 사고방식으로, 이 사상은 근대적인 국가관이나 정치학의 출발점이 된다. 절대왕정시대에 군주나 정치가가 목적달성을 위해서 수단을 가리지 않고 권모술수를 다하는 것을 마키아벨리즘이라고 부르게 되어서 그와 같은 정치이념·체계·방법 일반을 가리키게 되었다. 권력을 쟁취해서 다른 사람의 행동을 통제하고자 하는 행동으로 마키아벨리즘이 강한 사람은 감정적이지 않고 개인 목적 달성을 위해 거짓말을 기꺼이 하며, 충성과 우정에 비중을 두지 않고 ,다른 사람의 행동을 조작하는 것을 즐긴다.

〈 자료출처 : 김중규 (2009 : 520),「선행정학개론」〉

마태효과 [Matthew effect]

대의제 민주주의에서 유권자들은 대리인을 선출하여 그들에게 정치적 의사결정권을 위임한다. 이를 선거라 한다. 선거에는 여러 가지 방식이 있다. 그런데 선거 방식은 유권자들의 선택 결과에 영향을 미칠 수 있다. 마태효과란 선거 방식에 따라 유권자들의 선택 결과가 영향을 받는 한 경우를 지칭하는 용어이다. 단일 후보를 다수 득표에 의해 선출하는 소선거구 단순다수득표제(single member district, plurality vote system)는 각 지역구에서 다수 투표를 축적하는 정당은 지지율보다 더 많은 지역구 의석을 확보하고, 상대적으로 낮은 비율의 지지를 확보하는 정당은 지지율보다도 낮은 지역구 의석을 차지할 수밖에 없는 경향을 초래한다. 성경의 마태복음 13장 12절에는 "가진 자에게는 더 주어서 풍성하게 하고 갖지 못한 자에게서는 그가 가진 것조차 빼앗을 것이다"라는 구절이 있다. 이 구절은, 본래의 의미와 무관하게, 이 경향을 적합하게 묘사하고 있으므로 이를 마태효과라 한다.

〈 자료출처 :「http://terms.naver.com/」〉

막료 [staff, 幕僚]

조직의 목적 달성에 간접적으로 기여하며, 대내적으로 관리적 기능과 정책조언 기능을 수행하는 참모조직을 말한다. 즉 막료는 조직 목표를 직접적으로 달성하는 계선조직이 원활하게 기능을 수행할 수 있도록 지원 · 조성 · 촉진하는 기관으로, 자문 · 권고 · 협의 · 조정 · 정보의 수집과 판단 · 기획 · 통제 · 인사 · 회계 · 법무 · 공보 · 조달 · 조사 · 연구 등의 기능을 수행한다. 행정보좌기관이 여기에 속한다.
〈 자료출처 : Naver 행정학 용어사전 〉

막바지 효과 [recency effect, 막바지效果]

근무성적평정에서 전체 기간의 근무성적을 평가하기보다는 최근의 실적이나 능력을 중심으로 평가함으로써 빚어질 수 있는 오류를 말한다. 근무성적평정 초기의 업적에 영향을 크게 받는 첫머리 효과(primacy effect)와 함께 시간적 오류라고 할 수 있을 것이다.
〈 자료출처 : 네이버 행정학 용어사전 〉

만족모형 [Satisfying Model]

만족모형은 march 와 simon 의 행태론의 의사결정론에 의해서 주장되었으며, 의사결정자는 인지능력상 한계로 말미암아 완전한 합리성에 이르지 못한다고 가정한다. 불완전한 합리성의 영향을 받은 것으로 최적대안보다는 현실적으로 만족할 만한 만족대안, 완전한 합리성 보다는 제한된 합리서의 기분을 중시하는 현실적, 실증적, 귀납적 접근법이다. 합리모형에서 가정하는 경제인이 아닌 행정인의 가정에 기초하여 복잡한 상황을 단순화 시키는 제한된 합리성을 추구한다. 수단 목적 분석을 통해 의식적으로 합리성을 추구하지만 절대적 합리성을 추구하지는 않으므로 합리서의 정도에 있어 점증모형과 합리모형의 중간수준(불완전한 분석)을 한다. 습득 가능한 몇 개의 중요한 대단과 탐색 가능한 몇 가지의 중요한 결과만을 순차적 관심에 의하여 단계적으로 검토하여 현실적으로 만족하다고 생각하는 선에서 대안을 채택한다. 대안탐색에 지치면 만족수준(목표나 기대치)를 낮추는 경우도 있다.
〈 자료출처 : 김중규 선행정학 〉

매관제도 [sale of office]

매관제도 혹은 매관매직이란 돈이나 재물을 주고 관직을 파는 것으로서, 이는 동·서양을 막론하고 널리 퍼져 있었다. 가령 고(古) 이집트의 경우에도 이러한 매관제도가 자리잡았고, 로마제국에 있어서도 매관제도는 세습제와 더불어서 관리충원의 한 가지 방식이었다. 또한 프랑스의 경우 절대왕정이 성립되는 과정에서 왕실의 재정을 튼튼히 하는 수단의 하나로서 광범위하게 활용되었다. 또한 조선왕조의 후기 이른바 세도정치의 출현 이후, 권력을 장악한 세도가들은 권력을 이용하여 매관매직으로 부를 축적하였다.
〈 자료출처 : 한국역사학회/편(1989). 한국사 강의 : 서울 : 한울아카데미. 〉

매디슨 주의 [Madisonianism]

미국의 규범적 관료제 모형 가운데, 이익집단의 요구에 대한 조정을 위해 견제와 균형을 중시하는 모형을 말한다. 제4대 대통령 매디슨(James Madison)의 이름에서 유래한다. 이에 비해 제퍼슨주의는 개인적인 자유를 극대화하기 위해 행정책임을 강조하는 가운데 소박하고 단순한 정부와 분권적 참여 과정을 중시하며, 해밀턴주의는 정부의 적극적인 역할을 통해 행정의 유효성을 지향한다.
〈 자료출처 : 네이버 용어사전 〉

매몰비용 [sunken cost]

매몰비용(sunken cost)이란 이미 지출되었기 때문에 회수가 불가능한 비용을 말한다. 물건이 깊은 물 속에 가라앉아 버리면 다시 건질 수 없듯이 과거 속으로 가라앉아 버려 현재 다시 쓸 수 없는 비용이라는 뜻이다. 경제학에 있어 매몰비용은 이미 지출되었기 때문에 합리적인 선택을 할 때 고려되어서는 안 되는 비용이다. 예를 들어, 영화 관람료를 이미 지불한 상태에서 아직 영화를 보지 않았다면 영화 관람료는 매몰비용에 해당한다. 따라서 그 상황에서 영화를 볼 것인가 혹은 다른 일을 할 것인가를 놓고 선택할 때, 이미 지출한 영화 관람료는 고려사항이 되어서는 안된다. 매몰비용은 다시 돌려받을 수 없으므로, 연연하지 말고 잊어버리고 새로운 미래를 위해 가능성을 찾는 것이 현명한 것이다.
〈 자료출처 : 위키백과 〉

매칭펀드 [Matching funds]

기관에 대한 주정부의 지원금에 상응하는 연방정부 지원금
〈 자료출처 : 사회복지 행정론 -원석조 P 281 〉

매트릭스 조직 [matrix organization]

태스크 포스 또는 프로젝트 조직은 시간상으로 임시적이고 그래서 임무가 완수되면 해체된다는 특성이 있는 반면 매트릭스 조직은 시간적으로 더 영속적 이라고 할 수 있다. 전자가 환경적인 불확실성이 높은 반면, 후자는 불확실하지만 그래도 지속성이 요구되는 그러한 환경에 어울리는 조직 구조 형태이다. 매트릭스 조직환경이 다양하고 복잡해지면서, 조직활동을 기능부문으로서 전문화시키고 동시에 전문화된 부문들을 프로젝트로 통합시킬 필요가 증대되기 때문에 만들어지는 조직형태를 말한다.
〈 자료출처 : 현대행정학 / 박해룡, 안경렬, 이정훈, 이형호, 임재강. 정우열. 허원구 / 삼우사 2006 〉

메갈로폴리스 [megalopolis]

인접해 있는 몇 개의 도시가 서로 접촉, 연결되어 이루어진 큰 도시권을 말한다. 즉 인구 100만 명 이상의 거대도시들이 결합되어 다핵적 구조를 갖게 된 거대한 도시 지역을 말한다. 미국의 고트만(Jean Gottman)이 최초로 미국 동북부 대서양 연안의 뉴햄프셔 주 남부에서 버지니아 주 북부에 이르는 연속된 거대 도시화 지대를 메갈로폴리스라고 불렀다. 이곳에는 기능상 다양한 도시적 활동이 집중되어 있고 경제적 요충지로서 세계 경제에 대한 영향력이 매우 크다. 이 지역 외에 메갈로폴리스라 불릴 수 있는 지역은 샌프란시스코~로스앤젤레스 지역, 밀워키~시카고~피츠버그에 이르는 오대호 주변 지역이 있고, 유럽에는 암스테르담, 브뤼셀, 쾰른을 잇는 삼각지역, 런던~버밍엄~맨체스터 지역, 아시아에서는 일본의 도쿄(東京)~오사카(大阪) 지역, 한국의 서울~인천, 서울~수원 지역 등을 대표적인 예로 들 수 있다.
〈 자료출처 : 네이버 용어사전, http://terms.naver.com/ 〉

메니 페스토

선거와 관련하여 유권자에 대한 계약으로써의 공약, 곧 목표와 이행 가능성, 예산 확보의 근거 등을 구체적으로 제시한 공약을 말한다. 어원은 '증거' 또는 '증거물'이라는 의미의 라틴어 마니페스투(manifestus)이다. 이 말이 이탈리아어로 들어가 마니페스또(manifesto)가 되어 '과거 행적을 설명하고, 미래 행동의 동기를 밝히는 공적인 선언'이라는 의미로 사용되었다. 같은 의미로 1644년 영어권 국가에 소개되어 오늘에 이른다. 평가 기준으로는 공약의 구체성(specific), 검증 가능성(measurable), 달성 가능성(achievable), 타당성(relevant), 기한 명시(timed)의 5가지가 있다. 이 5가지의 영어 첫글자를 따서 '스마트(SMART) 지수'로써 공약을 분석 및 평가한다. 또 공약의 지속성(sustainability), 자치력 강화(empowerment), 지역성(locality), 후속조치(following)의 첫글자를 딴 셀프(SELF)지수도 평가의 기준으로 삼는다. 이를 통하여 선거에 승리한 정당이나 후보자에게 이행에 대한 책임을 물음으로써 이행 정도에 따라 다음 선거에도 영향을 끼친다. 그러나 이러한 지표는 유권자와 밀접한 선거인 지방선거에서 더 의의가 있다.
〈 자료출처 : 네이버지식백과 〉

메타이론

과학의 기본적 가정과 선행 조건 등에 관한 이론을 지칭한다. 다시 말해서 메타이론은 서로 다른 존재론(ontologies)이나 인식론(epistemologies)을 둘러싼 이론적 언어로 구성된 고도의 추상성을 띠는 이론이 이에 속한다. 예컨대 비판적 현실주의(critical realism), 현상학(phenomenology), 해석학(hermeneutics), 실증주의(positivism) 등이 이 유형에 속한다.
〈 자료출처 : 개정판 행정이론, 대영문화사, 2010, 김태룡 〉

메트칼프의 원칙

네트워크의 규모가 커짐에 따라 그 비용의 증가 규모는 점차 줄어들지만 네트워크의 가치는 기하급수적으로 증가한다는 법칙을 말한다. 네트워크의 규모가 n이면 접속 가능한 경우의 수는 h(n-1)인 데서 기인한다. 미국의 3Com 사를 설립한 메트칼프(Bob Metcalfe)의 이름에서 유래했다. 메트칼프의 법칙은 "컴퓨터 칩의 성능은 18개월마다 2배로 향상된다"는 무어의 법칙(Moore's law)과 함께 인터넷 비즈니스의 특징을 설명하는 중요한 키워드로 회자되고 있다.
〈자료출처 : 네이버 용어사전〉

명시이월 [明示移越]

세출예산 중 해당 연도 내에 지출을 집행하지 못할 것이 예측되는 항목에 대해 미리 국회의 승인을 얻어 다음 연도에 이월해 사용하는 것을 말한다. 회계연도 독립의 원칙에 반하는 것이지만 예산집행의 신축성을 유지하기 위한 방안으로 인정되고 있다. 이월의 범위는 의결된 바에 한정되어야 하며 이월된 명시이월비에 대해서는 재차 사고이월이 가능하다. 이와 대비되는 사고이월이란 연도 내에 지출원인행위를 했으나 재해 또는 관급자재의 지급 부진 등의 사고로 공사 등이 연도 내에 완성되지 못해 지출할 수 없는 경우 등 불가피한 사유로 인해 연도 내에 지출을 하지 못한 경비를 다음 연도에 이월해 사용할 수 있는 제도를 말한다. 명시이월은 사고이월과는 다른 개념이나 둘 다 회계연도 독립 원칙의 예외라는 점에서는 동일하다.
〈 자료출처 : 네이버 행정학 용어 사전 〉

모라토리엄 [Moratorium]

지급 유예(支給猶豫) 혹은 지불 유예(支拂猶豫), 지급 연기(支給延期), 한 국민경제가 외국경제 주체에 대해 채무를 지고 있을 때, 채무 상환 기간이 도래했지만 채무 상환 기간을 일시적으로 연기시키는 것을 대외적으로 선언하는 경우를 지칭한다. 개별 채무에 대해 빚을 갚을 능력이 없어 갚지 못하는 채무불이행(default)과는 다르다. 원래 프랑스에서 비롯된 제도인데 세계 각국에서 채용하게 되었다. 한국은 1997년 12월 극심한 경제위기와 그에 따른 수많은 기업의 도산으로 경제상황이 악화되자 3개월간의 지불유예 기간을 정하였다. 2010년 07월 12일 한국 역사상 최초로 지방자치단체인 경기도 성남시에서 지불유예 선언을 하였다.
〈 자료출처 : 위키백과, 네이버 백과사전 〉

모의경영게임 [Business Games]

기업의 사장, 자금부장, 영업부장 등 가상으로 역할을 부여하고 인력, 자금, 상품, 가격 등에 대한 기업차원의 결정을 내리도록 한다. 경쟁관계에 있는 가상의 게임파트너가 이 때 내린 결정에 대응하는 결정을 내리게 된다. 컴퓨터 바둑처럼, 컴퓨터에 한쪽에서의 결정에 대응하는 게임파트너의 전략이 프로그램화되어 있다. 최종결정을 내렸을 때 그것이 기업에 가져오는 효과를 확인하면서 경영자의 능력을 키워 나가는 방식이다. 경쟁과 시장원리를 적용하기 힘든 행정에서는 적용에 많은 한계가 있다.
〈 자료출처 : 유민봉 외 1인 공저, 「인사행정론」(박영사) 〉

목적 계획법 [goal programming, 目的計劃法]

복잡한 다목적 체계에서 여러 목적을 달성할 수 있는 해(解)를 찾는 관리과학의 한 기법을 말한다. 즉 목적계획법은 상호 이해가 상충되는 여러 개의 목적을 만족하는 정책대안을 선택하기 위해 계량화할 수 있는 목적들을 중요도에 따라 우선순위로 구분해 가중치를 부여하는 방법을 통해 최적해를 얻는 방법을 말한다. 목적계획법은 선형계획법을 발전·개발한 것이다.
〈 자료출처 : 네이버 행정학 용어사전 〉

목적론적 가치관 [teleology values]과 의무론적 가치관 [deontology values]

목적론적 가치관은 보편적인 가치판단기준은 존재하지 않으며 행위의 결과를 기준으로 옳고 그름을 판단해야 한다는 것으로 최선의 결과를 가져오는 행위는 옳고, 그러지 못한 행위는 그르다는 입장이다. 소수가 손해를 보더라도 더 많은 사람의 이익이 증진되면 된다는 결과중심의 공리주의가 대표적이다. 의무론적 가치관은 결과에 관계없이 옳고 그름을 판단하는 보편적 원칙이나 기준이 선험적으로 존재한다고 믿는 입장으로 행위의 동기를 기준으로 도덕적 의무나 법칙에 일치하는 행위는 옳고 어긋난 행위는 그르다는 입장이다. 사회적 정의나 형평성이 대표적인 가치이다.
〈 자료출처 : 김중규 (2010),「선행정학개론」〉

목표관리 [MBO : management by objective]

드러커(P. Drucker)와 맥그리거(D. McGregor)에 의해 처음 체계화된 목표이론은 상하조직구성원의 참여과정을 통해 조직단위와 구성원들의 단기적 목표를 명확하게 설정하고 재량권을 가지고 목표활동을 하도록 하며, 업무수행결과를 목표에 비추어 평가, 환류하여 조직의 효율성을 제고시키려는 관리방식이다. 이 방식은 명확한 목표설정과 책임한계의 규정, 참여와 상하협조, 피드백의 개선을 통한 관리계획의 개선, 조직참여자의 동기유발 등의 특징을 지니고 있다. 이는 목표설정, 목표수행, 달성도측정, 평가의 단계로 이뤄진다. MBO는 기본적으로 Y이론적 인간관과 자기실현적 인간관에 근거하여, 분권화와 참여를 바탕으로 한 관리를 선호한다. 또한 MBO는 총체적 조직관리나 참여를 중시하는 예산기법으로 활용되기도 한다.
〈 자료출처 : 다음 백과(http://enc.daum.net)-시사 상식사전 〉

무결점운동

개별 종업원에게 계획기능을 부여하는 자주관리운동의 하나로 전개된 것으로 종업원들의 주의와 연구를 통해 작업상 발생하는 모든 결함을 없애는 것이다. ZD운동의 기원은 1962년 미국의 마틴사가 미사일을 제조하는 과정에서 납기단축에도 불구하고 종업원의 창의적 노력에 의해 결함없이 미사일을 완성하는 데서 비롯되었다. 이 운동의 목적은 고객의 만족을 높이기 위해 종업원에게 계속적으로 동기를 부여하려는 것으로 인간의 사회적 욕구에 착안해 자발적인 행동을 유도하려는 점이 특징이다. 또한 품질관리 기법을 제조면에만 한정하지 않고 일반관리 사무에까지 학대 적용하여 전사적으로 결점이 없는 일을 하자는 것이다.
〈 자료출처 : Moravcsik, Andrew(1993), Introduction: "Intergrating International and Theory of International Bargaining", Double-Edged Diplomacy: International Bargaining and Domestic Politics, Evans, Peter B., Harold K. Jacobson, and Robert D. Putnam, Berkley, CA: University of California Press. 〉

무관심권 [zone of indifference, 無關心圈]

바너드(C. I. Barnard)가 제시한 무관심권은 상급자의 명령 혹은 의사결정이 아무런 이의 없이 하급자에게 수용(受容)되는 범위를 말한다. 명령이 수용될 가능성은 분명히 수용될 수 없는 경우와 중립적인 경우, 그리고 이의 없이 수용될 수 있는 경우로 나누어 볼 수 있는데, 이 가운데에서 이의 없이 수용될 수 있는 경우를 무관심권이라고 한다. 바너드는 권위가 수용될 수 있기 위해서는 하급자가 의사 전달 및 명령을 이해하고, 의사전달 및 명령이 조직 목표에 부합한다고 믿으며, 상급자의 의사 전달 및 명령이 개인적 이익과 부합되며, 정신적으로나 육체적으로 의사 전달 및 명령에 순응할 수 있는 상태여야 한다고 하면서 명령 및 의사 전달은 수용권(受容圈)에 들어감으로써 준수될 수 있다고 주장한다.
〈 자료출처 : 네이버 행정학 용어사전 〉

무규범 상태

가치관이 붕괴되고 목적 의식이나 이상이 상실됨에 따라 사회나 개인에게 나타나는 불안정 상태를 말한다. 신의(神意)와 법의 부재를 뜻하는 그리스어 아노미아(anomia)에서 유래한 말이다. 한 사회 체제가 아노미 상태에 있을 때는 공통의 가치관과 의미가 더 이상 이해되거나 받아들여지지 않으며, 더구나 새로운 가치관이나 의미도 나타나지 않는 상태에서 대다수 사회구성원들은 무기력, 목적의식의 결여, 감정의 공허함과 절망 등을 경험하게 된다.
〈 자료출처 : 김두식 외(2006).「행정학원론」. 대영문화사 〉

무어의 법칙 [Moore's Law]

마이크로칩 기술의 발전속도에 관한 것으로 마이크로칩에 저장할 수 있는 데이터의 양이 18개월마다 2배씩 증가한다는 법칙이다. '인터넷은 적은 노력으로도 커다란 결과를 얻을 수 있다'는 메트칼프의 법칙, '조직은 계속적으로 거래 비용이 적게 드는 쪽으로 변화한다'는 가치사슬을 지배하는 법칙과 함께 인터넷 경제3원칙으로 불린다. 또한 컴퓨터의 성능은 거의 5년마다 10배, 10년마다 100배씩 개선된다는 내용도 포함된다.1965년 페어차일드(Fairchild)의 연구원으로 있던 고든 무어(Gordon Moore)가 마이크로칩의 용량이 매년 2배가 될 것으로 예측하며 만든 법칙으로, 1975년 24개월로 수정되었고, 그 이후 18개월로 정의되었다. 이 법칙은 컴퓨터의 처리속도와 메모리의 양이 2배로 증가하고, 비용은 상대적으로 떨어지는 효과를 가져왔다.
〈 자료출처 :Buckley, Walter (1967). Sociology and Modern Systems Theory. Englewood Cliffs, N.J.: Prentice-Hall. Inc. 〉

무의사결정 [Non-decision making]

어떤 특정 문제에 대해서는 이를 정책으로 내놓지 못하겠다는 의사결정. 정책과정에서 의사결정은 그 범위를 기득권에 아무런 해가 없는 것으로 한정시키고 어떤 피해예상문제에 대해서는 정책의제(policy agenda)로 채택되지 못하게 하거나 그것이 실패할 경우 집행단계에서 그 문제의 해결력을 무력화시키는 현상을 뜻함. 이는 단순히 아무런 의제도 내놓지 않거나 의사 결정 자체를 유보하는 것이 아니고, 어떤 논의 대상의 문제나 의제를 의사결정 과정에 의도적으로 진입하지 못하게 하는 행위인 것. 그러므로 문제 해결을 위한 정책을 마련하는 의사결정과 구별하기 위하여 이러한 부작위를 '무의사 결정'이라 부름. 행해지는 원인으로는 여러 가지가 있겠으나 기득권 개인 또는 지배집단이 그 사회의 지배적인 가치, 이해에 대해 도전을 받게 될 우려가 있거나 어떤 이슈의 작용으로 인해 불이익한 사태가 발생할 것을 방지하기 위하여 행해지는 것이 보통. 무의사결정의 수단으로는 폭력을 쓰기도 하고 권력으로 억압하기도 하고 편견을 동원하기도 함. 폭력은 오히려 권력을 상실할 수도 있는 위험이 뒤따름. 권력의 행사로는 가치를 박탈하겠다고 위협하기도 하고 의사결정에 참여한 사람을 자기편으로 포섭하는 수법을 씀.

〈 자료출처 : 행정학용어사전-행정학용어 표준화연구회. 새정보 미디어 2010/p.294 〉

무지의 베일 [veil of ignorance]

무지의 베일은 원초적 입장(original position)의 조건 중에서 계약에 참여하는 사람들이 지니고 있어야 할 지식에 관련된 조건으로서 원초적 입장의 당사자들이 자신과 소속된 사회의 특수한 사정에 무지하여야 한다는 조건이다. 공정으로서의 정의관에서는 이론의 기초로서 순수 절차적 정의(pure procedural justice)라는 개념을 채용하고 있는데, 이는 합의된 원칙이 정의로운 것이라는 점을 보장하기 위해서 그러한 합의에 이르게 되기까지의 공정한 절차를 확립하기 위한 관점으로서 이를 원초적 입장이라 한다. 어떤 합의된 원칙이 정의로운 원칙이 되게 하기 위해서는 그 합의에 참여하는 사람들이 각자가 타고난 특정한 사회적·자연적 제 여건 등의 우연적 요인들을 알게 됨으로써 자기에게 유리한 합의를 이끌어 내려는 유혹이 없게 하여야 한다. 다시 말하면 모든 합의의 과정은 이러한 우연성에 대한 무지의 베일 속에서 이루어진다고 가정하여야 한다는 것이다. 이로 인해서 당사자들은 제시된 대안들이 자신의 특정한 이해 관계에 미칠 결과에 의해서 자기에게 유리한 흥정이나 결탁을 할 수 없으며 일반적인 고려 사항에 바탕을 두고서 평가하게 된다.

〈 자료출처 : 온라인 행정학 전자사전(http://www.epadic.com/) 〉

문지방효과 [threshold effect]

특정한 물질이나 생물체에 일정한 한도를 넘는 자극이 가해질 경우 새로운 현상이 나타나는 것을 말한다. 역치효과(閾値效果) 또는 문턱효과라고도 한다. 여기서 역치란 특정 물질이나 생물체에 반응을 유도하는 최소한의 자극치를 말한다. 즉 유전학에서 역치효과는 한 유기체가 어떠한 역치를 극복하기 위해 필요로 하는 특정한 화학물질을 충분한 양만큼 생산해 내기 위해 특정한 양의 다원형질 유전자를 획득해야만 하는 상황을 의미한다. 돌연변이나 암세포의 발생, 운동 효과의 발생 등이 역치효과로 설명되기도 한다.

〈 자료출처 : 네이버 행정학 용어사전 〉

문화마케팅 [Culture Marketing]

문화요소 또는 자원의 상품화와 판촉 활동이라고 정의할 수 있다. 21세기에 들어와 지방정부들이 특히 문화마케팅에 대한 높은 관심을 보이고 있다. 이때 문화마케팅이란 지방정부가 지역 역사유적, 문학, 대중, 공연예술, 공예, 토산품, 향토음식이나 생태환경, 스포츠 시설 등의 문화자원을 상품화하고 이들에 대한 고객의 수용성을 촉진하는 활동이다. 문화마케팅은 연극, 영화, 오페라 등 문화산업 분야가고객의 선택 촉진을 위한 마케팅, 일반기업이 자사 제품에 대한 소비자들의 주의, 호의적 태도를 이끌어 내고자 문화, 예술을 소재로 이용하는 마케팅 등이 있다. 전자가 문화산업 분야의 기업, 예를 들어 영화제작사, 공연기획사, 음반회사 등의 영화, 공연물, 음반, 애니메이션, 캐릭터 등 문화상품의 마케팅이라면, 후자는 일반기업이 자사 상품 판촉을 위해 문화를 소재로 고객과의 커뮤니케이션을 시도하는 것으로, 공연기획사의 테크노 퍼포먼스, 영상쇼,

패션쇼, 무용, 전자음악, 예술 서커스 등이다. 후자는 문화상품 자체의 마케팅은 아니고 다른 상품판매의 촉진을 위한 문화요소의 이용이다.
〈 자료출처 :온라인행정학사전(http://www.epadic.com) 〉

물상화 [(物象化) reification〈영〉, Versachlichug〈독〉]

인간에 의해 만들어진 물(物)이 인간이 만든 것이 아닌 마치 다른 어떤 존재로 이해되고, 이로써 인간자체나 인간의 활동·능력 등이 주체의식과 의지가 없는 물(物)처럼되어 가는 현상. 여기서 '물(物)' 이란 철학용어로서 인간의 감각으로 느껴 알 수 있는 사물이나, 느낄 수는 없어도 그 존재를 사유할 수 있는 일체의 것을 말한다. 현상학적 접근법에서는 관료제 조직의 물상화 과정에 관심을 갖고 탈물상화(脫物象化)를 강조하고 있다. 이러한 태도는 오늘날 조직이 그 규모가 커지고 전문화, 복잡화 됨에 따라 물상화되어 버려 인간의 주관적인 의지와 가치, 목적성 등은 어느덧 사라지고 객관화 됨으로써 인간상실을 유도하고 있기 때문이다,
〈 자료출처 : 행정학용어표준화연구회. 「행정학용어사전」1999년 p294 〉

물적기획 [(物的企劃) physical planning]

자연을 개발하여 효용성을 높이거나 공중(公衆)의 편익을 증진하기 위해 계획을 수립하는 일. 일명 자연자원기획, 공간기획, 시설기획이라고도 부른다. 물적기획은 도록, 공원, 공공시설, 거주환경 등의 개발을 위한 계획에서부터 국토의 균형개발, 지하자원과 수자원의 개발, 나아가 에너지자원 개발 등을 위한 계획 수립이 모두 포함된다.
〈 자료출처 : 행정학용어표준화연구회. 「행정학용어사전」1999년 p295 〉

미국 고위공무원단 [SES] 제도

미국 고위공무원단(SES) 제도는 1978년의 공무원제도개혁법(CSRA)에 의해 확립되어 1979년 7월에 실시되었다. 공무원제도개혁법은 견실한 행정 전문성, 공직자로서의 가치관, 그리고 광범위한 통치 시야를 갖춘 고위공무원단을 배출하고자 했다. 더불어 공직자들은 자신들의 SES는 (Executive Schedule Ⅳ, Ⅴ나

이에 상응하는 직위를 포함하여) GS-16이상 수준의 관리, 감독, 정책 결정 직위를 포함하되 상원의 동의를 받아 대통령이 임명하는 직위는 해당되지 않는다. 또한 독립적인 공사나 정보기관 등의 특정 정부 기관들은 법에 의해 SES에서 제외된다. 외교관이나 행정법 판사들도 법에 의해 제외된다. 리더십이 아니라 기술적 전문성이 절대적으로 중요한 비행정직을 관리하는 비 SES 체계들도 있다. 고위공무원단에는 일반직위와 경력전임직위의 두 가지 직위가 있다. 일반직위에는 경력직, 비경력직, 혹은 제한직 공무원이 임명될 수 있다. 동일한 일반직위에 경력직 공무원이 임명되어야 한다. (SES에는 '경력직, 혹은 비경력직 직위'가 없다.) 정부 전체에 걸쳐 경력전임직위의 숫자는 최소 3,571개가 되어야 한다고 법에 명시되어 있다. 고위공무원의 자격이야말로 SES의 으뜸가는 선발 기준이다. 특정 업무와 관련된 기술적 자질도 중요하지만 SES 본질은 리더십 능력이다. OPM은 모든 고위공무원들이 현재 그리고 미래에 성공하기 위해 필요한 주요 리더십 기술을 대변하는 고위공무원의 핵심자격 기준(ECQS)을 마련했다. 현재의 ECQS는 변화유도 능력, 통솔력, 결과지향능력, 경영의 재능, 협력 및 의사소통 능력이다. 이러한 ECQS는 수동적인 관리로부터 능동적인 리더십으로의 변화를 반영한다. 오늘날 강조되는 것은 어떤 과정을 단순히 관리하기보다 결과물을 얻을 수 있도록 상황을 촉발, 발전시키는 것이다.
〈 자료출처 : 유민봉 외 1인 공저, 「인사행정론」(박영사) 〉

미들업다운관리 [middle-up-down management]

미들업다운관리란 Nonaka의 '지식창조기업'에서 사용된 말로 전통적인 top-down도, bottom-up도 아닌 중간관리자가 최고 경영층의 비전과 부하사원의 창의성을 통합하고, 계층 상호간의 역동성을 이끌어내는 학습조직에 적합한 새로운 경영 이론이나 전략을 말하는 것이다. 지식정부조직모형에서는 미들업다운관리방식에 의하여 중간관리자가 지식 창출의 핵심리더로서 최고 관리층과 실무 작업층을 연결시키고 지식순환을 주도하는 가교역할을 한다.
〈 자료출처 : 김중규 (2009 : 637), 「선행정학개론」〉

미성숙 · 성숙이론 [mmaturity–maturity theory]

조직구성원이 스스로의 욕구를 충족시킴으로써 성장과 성숙의 기회를 얻을 수 있도록 하는 새로운 관리전략을 마련해야 한다는 아지리스(Chris Argyris)의 이론을 말한다. 그는 공식조직이 구성원의 행태에 미치는 영향을 분석하면서, 직무의 전문화·명령 체계의 확립·명령의 통일·통솔 범위의 적정화 등의 원리에 입각해 기계적으로 설계된 공식조직은 인간을 미성숙 상태에 머물도록 구속함으로써, 조직의 경직성과 구성원의 불만을 초래하여 궁긍적으로 생산력 저하로 이어진다고 주장한다. 따라서 그는 직무 확대·참여적 리더십 등 인간의 성숙을 촉진할 수 있는 새로운 관리 전략을 추구할 것을 처방했다.

〈 자료출처 : 네이버 행정학 용어사전, 2010 김중규 선행정학개론 〉

민간위탁 [contracting–out]

정부가 생산 · 공급하는 공공 서비스를 정부 대신 민간기관이 위탁받아 생산·공급하는 것을 말한다. 서비스 공급의 세 가지 요소를 서비스의 공급 결정, 서비스 생산, 서비스의 대가 지불(재정 부담)이라고 한다면, 서비스의 공급 결정과 대가 지불의 역할은 정부가 담당하고 서비스의 생산만을 민간 부문이 담당하는 방법이라고 할 수 있다. 공공 서비스의 생산을 민간에 위탁해도 서비스 공급의 책임은 정부에 귀속되어 있는 만큼 공익의 관점에서 일정한 개입이 필요하다. 민간위탁 방식으로는 계약 방식, 면허 방식, 보조금 방식, 구입증서 방식(vouchers), 자원봉사자 방식, 자조활동 방식(self–help), 조세 유인 방식 등이 있다.

〈 자료출처 : 네이버 백과사전 〉

민간투자 사회간접자본 [SOC]

'사회간접자본(SOC: Social Overhead Capital)'이란 도로, 항만, 철도 등 생산활동에 직접적으로 사용되지는 않지만 경제활동을 원활하게 하기 위헤서 꼭 필요한 사회기반시설을 말한다. SOC투자는 그 규모가 매우 크고 효과가 사회 전반에 미치므로 개인이나 사기업에 의해서 이루어지지 않고, 일반적으로 정부나 공공기관의 주도로 이루어진다. 그러나 사회간접자본시설(SOC) 확충에 있어서 민간자본을 활용하여 부족한 정부재원을 보충하고, 민간의 효율성을 공공부문에 도입하기 위해 민간자본 유치제도가 운영되고 있다. 이 제도는 주로 민간 기업체가 SOC시설을 위한 건설비등 사업비를 투입한 후 일정 기간 운영하여 사업비와 이윤을 회수하는 방식으로 운영된다. 정부는 사업의 수익성 보장과 원활한 추진을 위해 각종 지원 부대사업을 허용하며, 조세 부담금 감면, 재정금융지원 등을 실시한다. 우리나라는 지난 1968년부터 도로법, 항만법 등 개별법령에 의해 인프라시설에 대한 민간자본 참여를 도모했으며, 1994년 '사회간접자본시설에 대한 민간자본유치촉진법'을 제정하고, 1999년 이를 '사회간접자본시설에 대한 민간투자법'으로 대체하였다. 민간투자사업제도 및 법령총괄부서는 기획예산처이며, 기획예산처 예산관리국은 SOC사업의 민간자본유치를 위한 연간계획을 수립하고, 관련부처의 차관 및 민간 전문가들로 구성되는 '민간투자사업위원회'는 제출된 민간투자사업계획을 심의한다. 한편 민간투자 사회간접자본(SOC)의 사업추진방식에는 BTO, BOT, BOO, BLT, ROT, ROO 등이 있다.
〈 자료출처 : 네이버 백과사전 〉

민간화

공공 서비스의 제공이나 이를 위한 재산의 소유에서 정부의 영역을 줄여 민간에 맡기는 것을 말한다. 즉 민간화란 정부가 그 기능을 잘 수행할 수 없는 영역을 민간에 맡김으로써 정부의 기능을 축소하는 것을 말한다. 민간화의 개념 속에는 민영화의 개념이 포괄된다.
〈 자료출처 : 네이버 백과사전 〉

민영화 [privatization]

국가 및 공공단체가 특정 기업에 대해 갖는 법적 소유권을 주식 매각 등의 방법을 통해 민간 부문으로 이전하는 것을 말한다. 넓은 의미에서는 외부계약, 민간의 사회간접자본시설 공급, 공공 서비스사업에 대한 민간 참여 허용 등을 모두 포함하나, 좁은 의미에서는 공기업에 대한 정부 소유 주식의 50% 이상을 민간 소유로 전환시키는 것을 의미한다. 민영화의 의미는 국가와 지역에 따라 다른 의미로 사용되기도 한다. 국가 경제에서 정부 부문의 비중이 낮은 미국에서는 민영화를, 정부가 직접 공급하던 공공 서비스를 민간으로 하여금 공급하도록 하는 민간위탁으로 이해한다. 반면에 미국 이외의 국가들은 민영화를 정부가 보유하고 있는 자산 등을 민간에 매각하는 등 국가 경제에서 정부가 차지하는 비중을 줄이는 개념으로 이해하고 민간위탁을 민영화의 한 유형으로 본다.
〈 자료출처 : 네이버 백과사전 〉

[ㅂ]

바그너법칙 [Wagner's law]

산업경제(industrial economy)가 발전함에 따라 국민총생산에서 차지하는 공공지출의 몫도 증대하게 된다는 공공 부문 팽창의 법칙을 말한다. 즉 산업경제가 발전하게 되면 교통통신 서비스, 에너지 및 쓰레기 처리와 같은 보완적 수요가 동시에 증대하게 된다는 것이다. 정부 성장 요인을 밝힌 이 법칙은 독일의 경제학자 바그너(Adolph H. G. Wagner, 1835-1917)에 의해 제시되었다. 한편 머스그레이브(Richard Musgrave)는 바그너 법칙을 다음과 같이 해석한다. 즉 선진국이 산업화되면서 국민경제에서 차지하는 공공 부문의 몫도 점진적으로 증대하게 되는 바, 바그너는 이와 같은 정부지출 증대의 주된 원인으로 ① 국가의 사회적 활동(social activities)의 증대, ② 행정적·보호적 활동(administrative and protective actions)의 증대, ③ 복지 기능의 증대를 들었다. 공공 부문의 팽창 요인에 관한 주장은 '바그너 법칙' 외에 '니스카넨의 예산극대화 가설', '피콕(Alan T. Peacock)과 와이즈만(Jack Wiseman)의 전위효과 가설', '보몰(J. W, Baumol)의 병리', '뷰캐넌(J. M. Buchanan)의 리바이어던 가설(Leviathan hypothesis)'등이 있다.
〈 자료출처 : 네이버용어사전 〉

바나나현상

각종 환경오염 시설들을 자기가 사는 지역권 내에는 절대 설치하지 못한다는 지역 이기주의의 한 현상이며 공공정신의 약화 현상. 'Build Absolutely Nothing Anywhere Near Anybody.'라는 영어의 각 단어 머리글자를 따서 만든 신조어이다. '어디에든 아무것도 짓지마라'는 이기주의적 의미로 통용되기 시작했으며 쓰레기 매립지나 핵폐기물 처리장 같은 각종 환경오염 시설물 등을 자기가 사는 지역권 내에 절대 설치해서는 안 된다는 식의 맹목적인 지역이기주의를 가리킨다.
〈자료출처 : 네이버 용어사전〉

바우처제도 [Voucher System]

마케팅 또는 사회보장제도에서 사용되는 상품권 제도. 바우처(voucher)의 사전적 의미는 증서 또는 상품권 등의 뜻이다. 원래는 마케팅에서 특정상품의 판매를 촉진하고 고객의 충성도를 확보하기 위해 사용되는 기법 중의 하나였으나, 현재는 사회보장제도에서도 널리 사용되고 있다. 마케팅 측면에서 바우처는 구입할 수 있는 상품에 제한이 있는 일종의 상품권이라고 할 수 있는데, 예를 들어 도서상품권, 문화상품권 등이 해당된다. 백화점 등에서 물건을 구입하면 사은권 등을 주는 경우가 있는데, 이 또한 바우처 제도의 한 예로 고객의 충성도를 확보하기 위해 사용되는 방법이다.

〈 자료출처 : 네이버행정학용어사전 〉

바자-캔틴 [bazaar-canteen]

프리즘 사회, 즉 과도사회의 가격 메커니즘이 전통적인 융합사회의 특성과 분화된 근대사회의 시장 요소를 동시에 지니고 있는 현상을 가리키는 개념이다. 프리즘 사회에서는 이 두 요소가 다 같이 가격 결정에 작용하므로 가격 불확정성(price indeterminacy)의 특징을 지니게 된다. 여기서 바자(bazaar)는 상품 거래에서 정찰가격이 없고 거래시마다 개별적인 가격이 부여되는 특징을 나타내며, 캔틴(canteen)은 이러한 불확정가격의 집단적 거래 형태를 말한다. 리그스(F. W. Riggs)가 제시한 개념이다.

〈 자료출처 : 네이버 행정학 용어 사전 〉

반 부패라운드 [anticorruption round, 反腐敗 round]

부패로 인한 왜곡된 무역 관행을 바로잡기 위한 국제 협상을 말한다. 해외에서 공사를 따내거나 물건을 납품하기 위해 그 나라의 관리들에게 뇌물을 줄 경우 국내법에 따라 처벌하도록 하는 '해외뇌물방지법'(한국은 2000년 1월 제정)이 발효됨에 따라 우리나라에서도 관심이 높아지고 있다. 해외뇌물방지법은 범세계적 차원에서 추진되고 있는 반 부패 라운드의 첫 번째 구체적인 조치로 해외에서의 상거래 관행이 상대적으로 투명하지 못한 우리 기업들에게 큰 부담이 될 것으로 보인다. 해외뇌물방지법은 특히 뇌물을 주고 공사를 따거나 물건을 팔아 얻은 이익금의 2배까지 벌금을 물리도록 하고 있어 사실상 해외에서의 모든 주요 거래가 반 부패 라운드의 국제감시 아래에 놓이게 되었다. 새 부패 라운드(new round of corruption)에서와 같이 '라운드'라는 용어가 부가될 경우에는 '반 부패 라운드'보다는 '부패 라운드'라는 용어가 일반적으로 통용된다.
〈 자료출처 : 한영 행정용어사전 〉

반사적 이익 [反射的 利益]

법이 공익의 보호·증진을 위해 일정한 규율을 행하는 데 따르는 반사적 효과로서 특정 또는 불특정의 사인(私人)에게 생기는 일정한 이익을 말한다. 이러한 반사적 이익은 법적으로 주장될 수 없으며, 재판상의 보호를 받을 수 없는 것으로 일반적으로 해석되고 있다. 그러나 구체적으로는 무엇이 법적으로 주장될 수 없는 반사적 이익이고, 무엇이 자신의 이익을 위해 법률적으로 일정한 이익을 주장할 수 있는 개인적 공권(個人的 公權)에 해당되는지를 구별하기가 쉽지 않다.
〈 자료출처 : 지방 행정용어사전 〉

반실증주의 [反實證主義, anti-positivism]

오귀스트 콩트는 사회학적 · 역사학적 문제에 관련하여 모든 추상적 사변(思辨)을 배제하고, 과학적 · 수학적 방법에 의하여 설명하려고 하였다. 그에 따르면 철학자와 과학자들은 사물의 형이상학적 기원을 향한 일체의 탐구를 포기하고 경험적 관찰과 과학적 조직화가 가능한 사실에만 관여해야 한다. 즉 감각적 경험에 의하여 확증할 수 있는 여러 사실과 이것들의 관계에만 전념한다는, 과학적이며 실증적인 상대주의(相對主義)의 입장을 표명하였다. 이러한 실증주의에 대한 비판은 경험주의에 대한 비판을 기초로 하고 있다. 관찰 가능한 사실이 가지는 객관성은 관찰자가 완전히 사심없음(disinterestedness)의 단계에 도달할 수 있다는 전제에 달려 있는데, 실제로 이러한 전제는 논란의 여지가 아주 많다는 사실을 부인할 수 없다. 실증주의는 물리적이거나 반복 가능하거나 증명이 가능한 기준에 의하여 쉽게 계측할 수 있는 것만을 대상으로 하기 때문에 그렇지 못한 다수의 경험과 현상은 배제될 수밖에 없다는 비난을 면치 못한다.
〈 자료출처 : 네이버 행정학용어 백과사전 〉

발로 하는 투표 [vote by feet, voting with feet]

지방정부가 공급하는 공공재에 대한 선호도에 따라 지역주민이 이동하는 현상을 말한다. 티부(C. M. Tiebout)는 주민들이 자유롭게 이동할 수 있다면 각 지방정부에서 공급하는 각종 서비스와 주거환경, 산업 여건, 세금 제도 등을 비교 분석해 자신의 욕구가 극대화될 수 있는 곳으로 이동해 감으로써 선호를 나타낸다고 주장한다. 이와 같이 주민들이 거주할 곳과 사업을 할 곳을 스스로 결정할 수 있게 되면 지방정부들은 공공 서비스의 제공을 둘러싸고 상호 경쟁 상태에 놓이게 된다. 이와 같은 현상을 '발로하는투표'라고 할 수 있다.
〈 자료출처 : 한영 행정용어사전 〉

발생주의 [accrual basis]

수익과 비용을 인식하여 측정함에 있어서 현금을 수수한 시점과는 관계없이 재무상태를 변동시킨 거래나 사건이 발생한 시점에서 인식하는 방식이다. 즉 수익은 수익을 획득한 시점에, 비용은 비용이 발생된 시점에 수익과 비용으로 인식한다. 이에 따라 거래는 발생하였으나 현금의 유입과 유출이 이루어지기 이전 시점에 지급되는 미수금, 미수수익, 미지급비용, 선수수익, 선급비용 등의 발생주의 거래항목이 사용되게 된다. 발생주의는 정확한 수익과 비용의 측정이 가능하여 성과에 대한 정보를 제공할 수 있다는 장점이 있다. 반면에 발생사실을 측정하는 과정에서 예측이나 추정과 같은 불확실성을 포함하여 회계정보가 객관성이 결여될 수 있고 정보생산에 많은 비용이 들 수 있다는 단점이 있다.
〈 자료출처 : 한국행정학회 - 용어사전 〉

발생주의 회계제도 [accrual base accounting, 發生主義 會計制度]

현금의 수지(收支)를 기준으로 삼지 않고 거래 발생을 기준으로 수입·비용을 인식하는 회계 제도를 말한다. 이에 반해 현금주의 회계 제도는 회계의 기준을 현금의 수지에 두어 현금의 수입(收入)이 있을 때 비로소 수익(收益)의 실현을 확인하고, 현금이 지출되었을 때 비로소 손비(損費)가 발생한 것으로 처리하는 회계 제도를 말한다. 회계 제도는 단순·소박한 현금주의에서 발생주의로 발달해 왔다. 발생주의 회계 방식은 원가 개념을 제고하고 성과측정 능력을 향상시키며, 미래의 잠재적인 위험을 현재에 반영할 수 있는 등의 장점이 있다. 또한 공공 부문에 도입될 경우, 재정의 투명성을 높이고 회계의 자기 검증 기능을 통해 예산집행의 오류 및 비리와 부정을 없앨 수 있는 장점이 있다.
〈 자료출처 : 네이버행정학용어사전 〉

발안제도 [發案制度, initiative]

국민이나 지방자치단체의 주민이 법의 제정, 개정 또는 폐지에 관한 제안을 할 수 있는 제도, 국민발안, 주민발안 또는 이니셔티브라고도 일컫는다. 발안은 일반적으로 일정수의 유권자(선거권자)의 연서(連署)로써 행하여지며, 그 가부는 주민투표(또는 국민투표)에 의하여 결정되나, 의회의 의결로 결정하는 형태도 있다. 발안제도는 스위스의 지방자치단체(Canton)에서 주민참여를 위해 처음 시작된 것으로, 19세기 말경에는 미국에 전래되어 현재 23개 주의 헌법이 채택하고 있고, 일본에서도 지방자치법(제12조, 제 13조)에 이 제도를 명문화하고 있다. 후니 나라에서는 1962년 제 5차 개헌에서 이 제도를 채택하였으나 유명무실한 제도에 그쳐 1972년 제 7차 개헌에서 폐지하였다.
〈 자료출처 : 行政學用語事典(행정학용어사전);행정학용어 표준화연구회 - 305p 〉

발전행정론 [Development Administration]

발전행정론은 제3세계의 국가발전사업과 그 수단인 행정체제의 발전지향성 및 능력향상기법을 증진시키기 위해, 1960년대에 만들어진 선진국의 제3세계 수출용 학문이다. 대두 당시의 발전행정 개념을 좀더 구체적으로 정의해 보면, 먼저 와이드너(E. Weidner)는 발전행정을 "국가의 정치 · 경제 · 사회적 목표달성을 위해 정부조직을 이끌어가는 과정"으로, 또 간트(G. Gant)는 "사회 · 경제적 발전을 촉진 · 활성화하기 위해 국가발전계획을 편성하고 공공기관을 조직·관리하는 것"으로 정의하고 있다. 그러나 발전행정에 대한 가장 보편적 개념은 리그스(F. Riggs)의 것이다. 그에 따르면 발전행정은 국가발전사업의 책정,추진 및 관리(administration of development)와 이를 주도해 갈 행정의 발전(development of administration)을 의미한다. 여기서 전자는 발전목표의 수행에, 후자는 그 수단인 행정체제의 능력향상에 각각 논의의 초점을 두고 있다. 한국 발전행정

연구의 창시자인 이한빈도 이와 유사한 맥락에서 발전사업정책(교육 및 농지개혁, 인프라건설, 산업증진, 가족계획, 지역사회개발)의 형성·관리와, 행정개혁(조직개편, 예산, 인사 개혁, 행정기술 개발, 절차개선) 및 이를 주도할 기관형성의 관점에서 발전행정을 규정한 바 있다.
〈 자료출처 : 온라인행정학전자사전 〉

방법론적 개인주의 [methodological individualism]

행정학에서 방법론적 개인주의가 강조하는 것은 합리적으로 자신의 이익을 극대화 할 수 있는 의사를 결정하는 개인이다. 이들의 선호와 선택을 존중하는 것이 공공선택론의 기본입장이다. 개인은 자신의 이익을 중심으로 합리적 결정과 판단을 하면서 이와 같은 결정에서 발생될 효용과 이윤을 극대화 하려는 전략을 취한다. 이외에도 행정학의 접근법 분류에서 보면 방법론적 개인주의는 공공선택론 뿐만 아니라 전략적 선택이론, 현상학, 행태론에 영향을 미쳤다.
〈 자료출처 : http://blog.naver.com/yiys921?Redirect=Log&logNo=80065115631 〉

방어적 지각의 오차 [perceptual defense]

지각자(知覺者)가 사물을 보는 습성 또는 그의 고정 관념에 어긋나는 정보를 회피하거나 그것을 자기의 고정 관념에 부합되도록 왜곡시키기 때문에 범하는 지각상의 오류를 말한다. 이 경우 지각자는 자신의 고정 관념을 방어하기 위해 지각상의 오류를 범하는 것이다.
〈 자료출처 : 네이버 행정학 용어사전 〉

배드 뱅크 [bad bank]

은행의 부실 채권이나 부실 자산만을 별도로 관리해 시장에 매각하는 구조조정 전문회사를 말한다. 배드 뱅크의 핵심은 상품화해 놓은 부실 채권을 누구에게 파느냐는 것이다. 배드 뱅크가 특정 은행으로부터 부실 채권을 모두 넘겨받으면 그 특정 은행은 우량자산만 운용하는 굿 뱅크(good bank)가 된다.
〈 자료출처 : 지방 행정용어사전 〉

배임 [breach of trust]

타인의 사무를 처리하는 자가 그 의무에 위반하는 행위로써 재산상의 이익을 취득하거나 제3자로 하여금 이를 취득하게 하여 본인에게 손해를 가하는 행위를 말한다. 타인의 사무를 처리하는 자라 함은 그 사무를 처리하려는 원인이 법령에 의했건 계약에 의했건 또는 사무관리에 의했건 상관치 않으며 또 독립 고유의 권한에 의해 타인의 사무를 처리하는 자만에 한정되지 않는다. 타인의 보조자로서 사무의 처리를 취급한 경우도 포함된다. 그리고 처리하는 사무 역시 공적이냐 사적이냐를 묻지 않고, 재산상의 사무에 한정하지도 않으며 법률행위일 필요도 없다. 본죄는 재산상의 이익을 취득하거나 제3자로 하여금 이를 취득하게 하여 본인에게 손해를 가한 때 성립하기 때문에 본인에게 이익이 될 것으로 생각하고 행한 행위는 설사 본인에게 손실을 입혔어도 배임죄는 구성되지 않는다. 본죄에서 말하는 이익 또는 손해는 재산상의 것에 한정하는 것이 아니라 간혹 그 밖의 신분상의 이익이나 손실도 포함한다.
〈 자료출처 : 네이버 용어사전 〉

배치전환

배치전환(配置轉換, transfer)이란 동일등급이나 계급 내에서의 담당직위의 수평적 인사이동을 의미한다. 배치전환의 대표적인 유형으로는 전보,전직,파견근무 등이 있는데, 이는 조직구성원이 여러 가지 직무을 맡아 볼 수 있도록 보직을 바꾸는 것을 말한다. 또한 중앙정부의 부처간, 중앙정부와 지방자치단체, 그리고 지방자치단체간에 이루어지는 수평적 인사교류도 배치전환의 한 유형이다.
〈 자료출처 : 오석홍 (2005). 인사행정론. 서울: 박영사. 〉

백색부패 [white corruption, 白色腐敗]

Heidenheimer는 부패의 용인 가능성의 정도에 따라 부패를 흑색부패, 회색부패, 백색부패로 구분하였다. 백색부패란 이론상 부패행위로 규정될 수 있으나 사회구성원의 다수가 어느 정도 용인하는 관례화된 부패를 말한다. 이러한 백색부패는 사회 체제에 심각한 해가 없거나 사익을 추구하려는 기도가 없는 선의의 부패이다. 미풍양속형 부패, '외환위기는 없다'는 식의 선의의 부패 등이 이에 해당한다. 이에 비해 회색부패는 사회 체제에 파괴적인 영향을 미칠 수 있는 잠재성을 지닌 부패로서 사회구성원 가운데 일부 집단은 처벌을 원하지만 다른 일부 집단은 처벌을 원하지 않는 경우의 부패를 말한다. 윤리강령에는 규정 될 수 있지만 법률로 규정하는 것은 논란이 되는 부패가 이에 해당한다. 그리고 흑색부패는 사회 체제에 명백하고 심각한 해를 끼치는 부패로 구성원 모두가 인정하고, 처벌을 원하는 부패를 말한다.
〈 자료출처 : 네이버행정학용어사전 〉

백지신탁 [blind trust, 白紙信託]

공직자가 재임 기간 중 재산을 대리인에게 맡겨 처리하거나 관리하게 하는 제도를 말한다. 이 제도는 공직자가 수행하는 직무가 공직자의 재산상 이해와 관련되어 공정한 직무 수행이 어려운 상황이 야기되지 아니하도록 '이해 충돌'을 방지하기 위해 도입된다. 우리나라 공직자윤리법은 재산공개 대상자인 1급 이상의 공무원, 재정경제부 및 금융감독위원회 소속 공무원 중 대통령령이 정하는 자 본인 및 그 이해관계자는'직무 관련성'이 있는 일정액 이상의 주식을 보유하고 있을 경우 이 주식을 백지신탁하도록 규정하고 있다. 주식의 직무관련성 여부는'주식백지신탁심사위원회'에서 심사·결정한다.
〈 자료출처 : 네이버 행정학 용어사전 〉

번문욕례 [Red-tape]

17C 영국에서 사용된 규정집을 묶는 붉은 노끈에서 유래된 레드테이프는 번거로운 관청 절차를 가리키는 말로 그 뒤 규정과 무관하게 불신받고 있는 정부를 총칭하는 것으로 사용되기도 한다. 그러나 많은 학자들은 대체적으로 지나친 제약과 경직성을 초래하는 절차와 규칙에 관련지어 관료제의 병리현상의 하나로 정의하고 있다. 즉, 실직적인 내용보다는 번거로운 문서나 형식·절차를 중시하는 의식주의 문화로 이는 행정비용증대 시간 지연, 부패 등의 역기능을 초래하는 원인이 된다.
〈 자료출처 : 김중규.(2010).「선행정학 개론」. 서울: 에드민 〉

법률선점론 [法律先占論]

법률선점론이란 1960년대에 일본에서 제기된 이론으로서, "국가가 법률로서 규정하는 사항은 국가가 그 이상도 그 이하도 아닌, 이른바 필요하고 충분한 규제라고 하는 것이며 다시 조례를 제정하거나 또는 법률의 규제와 다른 내용의 규제를 정하는 것은 조례가 법률의 선점영역을 침해하는 것이 되므로 법률로 이를 인정하는 특단의 규정이 없는 이상 허용되지 않는다"고 해석하는 것이다. 따라서 법률과 동일한 사항에 대해 동일한 목적을 지닌 규제를 하기 위하여 거듭 조례를 제정하는 것은 위법하고 불필요한 이중규제이며, 법률로 일단 규제한 것은 당해사항은 법률이 명시 또는 묵시로 선점한 영역에 속하며, 조례로서 규제할 수 없다고 생각한다. 그러나 이러한 법률선점론에 대해서는 지방자치의 헌법적 보장이 이루어진 시대에 있어서 조례제정권의 법률적 전래설을 탈피하지 못하고 있는 것으로서 법률의 규정내용은 다양하므로 그 전부가 당연히 조례에 의한 다른 규제를 허용하지 않는다는 것은 고려할 수 없으며, 국가의 법령과 동일목적으로 동일사항에 관하여 조례로서 규제하는 경우에서도 양자가 공존할 수 있는 여지가 있으며, 법률자체 사실은 지방자치의 본지를 존중한 것이어야 하는 것은 헌법원칙인 점 등을 지적하면서 이를 비판하는 견해가 많다.
〈 자료출처 : 네이버행정학용어 사전 〉

법실증주의[legal positivism,Rechtspositivismus,法實證主義]

법학의 대상을 오직 경험적으로 주어진 법, 즉 실증법 이외의 규범을 법적 고찰의 대상에서 배제하는 입장을 말한다. 근대법 체계가 형성·정비되던 19세기에 확립된 이러한 법실증주의는 자연법론을 부인하려는 동시에 도덕규범·종교규범을 법으로 고려하지 않고 법의 사회학적인 고찰을 배제하고 있다. 대표적 법이론으로는 개념법학, 켈젠(Hans Kelsen, 1881-1973)의 순수법학 등을 들 수 있다.
〈 자료출처 : 네이버 용어사전 〉

법의 지배 [rule of law]

법치주의 하에서의 행정은 법에 적합하게 행사되어야 한다. 그런데 행정권의 작용을 기속하는 법이 어떤 형태의 법인가에 따라 대륙법계 국가와 영·미법계 국가 간에 차이가 있다. 즉 대륙법계 국가에서의 법치행정의 원리를 '법률에 의한 행정'으로 표현하는 한편, 영·미법계 국가에서의 법치행정의 원리를 '법의 지배(rule of law)'로 표현한다. 전자, 즉 대륙법계 국가에서의 법률에 의한 행정의 원리에서의 '법률'은 국회에서 제정되는 법률을 의미하는 데 반해, 영·미법계 국가에서의 '법의 지배' 원리에서의 법은 판례에 의해 형성된 '판례법'이 주를 이룬다.
〈 자료출처 : 한국행정학회 - 용어사전 〉

베버리지 보고서

영국의 경제학자이며 사회보장제도·완전고용 제도의 주창자인 William Henry Beveridge(1879-1963)가 정부의 위촉을 받아 사회보장에 관한 문제를 조사·연구한 보고서. 사회보장이나 사회사업이 당면하는 궁핍·질병·불결·무지·태만의 5대 사회악을 지적하고 사회보장은 이 가운데 궁핍 해소를 지향하는 것이라고 했다.
〈 자료출처 : 김두식 외(2006).「행정학원론」. 대영문화사 〉

변용형과 무정형

변용형과 무정형은 최근 새로이 등장하고 있거나 앞으로 등장 할 것이 예상되는 조직모형. 변용형 (Metamorphous System)은 종래의 계층적 조직에서 벗어나 수평성과 개방성 및 고도의 신축성 속에서 주어진 과제를 전문적으로 처리하는 조직 모형이다. 특별과제 작업만(Project team), 행렬조직(matrix) 등이 이에 해당한다. 무정형 (Amorphous System)은 조직의 경계도 유동적이고, 명령 계통도 확실치 않으며, 담당기능도 거의 없는 조직모형으로서, 전통적인 조직개념에서 보면 무조직 상태라 하여 마땅할 조직모형을 말한다. 이러한 조직이 아직까지는 이해안되는 상태이지만, 정보기술이 고도로 발달한 미래사회에서는 오히려 지배적일 수도 있을 조직모형이다. cyber school, cyber business 등이 그 예이며, 훗날에 cyber public office도 가능할 수 있을 것이다.
〈 자료출처 : 새행정학개론 / 최창호, 하미승 / 삼영사 2007 〉

별정직 공무원

전문위원·상임위원·비서 등 공무원법상 특수경력직의 별정직으로 규정돼 있거나 다른 법령 · 조례에서 별정직으로 지정하는 공무원을 말한다. 국가공무원법 2조에 규정된 것은 국회 전문위원, 감사원 사무차장 및 서울특별시 · 부산시 · 도 선거관리위원회 상임위원, 국가정보원 기획조정실장, 원자력위원회 상임위원, 과학기술심의실장, 각급 노동위원회 상임위원, 해난심판원의 원장 및 심판관, 비서관·비서 기타 다른 법령이 지정하는 공무원이다. 별정직 공무원은 한번 임용되면 일반 공무원들과는 다르게 승진, 휴직, 정년, 명예퇴직, 전직, 파견, 전보, 강임 등과 같은 것들이 없다. 다만 보수는 일반 공무원과 같다.
〈 자료출처 : 네이버 행정학 용어사전 〉

보몰의 병리 [Baumol's disease, Baumol의 病理]

조직구성원의 보수가 노동생산성의 향상보다 더 많이 인상되는 현상을 가리킨다. 1960년대에 보몰(William J. Baumol)과 보웬(William G. Bowen)에 의해 주장된 것으로 보몰 효과(Baumol effect)로도 불린다. 보몰은 제조업 부문의 생산성은 자동화(automation) 등의 혁신에 의해 급격하게 증대하고 있으나, 인간의 직접적 노동에 의존하는 서비스 분야의 생산성 향상은 불균형적으로 더디다고 하면서, 제조업 부문의 자동화 및 인력 감축으로 얻게 되는 이윤은 늘어나는 바, 따라서 감축되지 않고 살아남은 인력의 보수는 늘어나게 된다는 것이다. 이러한 논리를 연장할 경우, 공공 부문의 업무는 특히 노동집약적 성격을 띠므로 생산성 증가에 비해 보수가 더 빨리 늘어나게 되고 비용 절감이 힘들며, 따라서 정부 지출 규모는 점차 커질 수밖에 없다고 할 수 있다. 공공 부문의 팽창 요인에 관한 주장은'보몰의 병리' 이외에, '니스카넨(W. Niskanen)의 예산극대화 가설', '바그너 법칙(Wagner's law)', '뷰캐넌(J. M. Buchanan)의 리바이어던 가설(Leviathan hypothesis)', '피콕(Alan T. Peacock)과 와이즈만(Jack Wiseman)의 전위효과 가설' 등이 있다.
〈 자료출처 : 네이버용어사전 〉

보보스 [BOBOS]

보보스(Bobos)는 정보사회에서의 새로운 지배계층으로 등장한 그룹 즉 디지털 시대의 신흥 엘리트 계층의 특성을 상징적으로 묘사하기 위해 미국의 언론인 데이비드 브룩스(David brooks)에 의해 새롭게 고안된 단어이다. 데이비드 브룩스는 1990년대 이후로 미국사회의 새로운 기득권 층으로 자리잡고 있는 새로운 엘리트 계층의 등장 및 이들의 사회적 특성이 미국 사회의 주류 사회계층이었던 부르주아(Bourgeoise) 계층과 이들에 대한 저항세력으로서의 반문화 운동을 전개해왔던 보헤미안(Bohemian) 계층의 정체성 및 문화적 특성에서 기인하는 것으로 파악하고 있다. 데이비드 브룩스는 1950년대 이후 미국사회의 변화를 주도해왔던 주류 지배계층으로서 부르주아 계층의 문화적 특성과 이에 대한 대항세력으로서 반문화 운동을 주도해왔던 보헤미안 계층의 반문화적 가치 및 특성들을 조화시키면서 등장한 신흥 엘리트 집단을 정보사회에서의 새로운 사회적 계층의 등장과 연계시키면서 이들의 특성을 상징적으로 묘사하기 위해 부르주아 보헤미안(Bourgeoise Bohemian : Bobos)이라는 신조어를 고안해 냈다.
〈 자료출처 : 「http://www.epadic.com/index.php」〉

보상적 정의 [報償的 正義]

이것은 사회정의(social justice)를 "더불어서 살맛이 나는 사회"라고 개념정의하는 경우, 누가 무엇을 기준으로 얼마만큼 차지(소유, 점유)할 수 있어야 하는 것이냐에 관한 논의인 것이다. 이때 보상의 기준으로 능력과 노력을 상정할 수 있고 한 사회공동체에서 "더불어서 살맛이 나는 사회"임을 공유할 수 있기 위해서는 노력과 능력에 따른 보상이 이루어져야 한다는 것이다(按努力與能力給與報酬之体係). 능력에 따른 보상이 자유자본주의사회의 바탕인 것은 사실이고 또한 보상의 기준으로 능력이 주축이 되어야 한다고 생각되는 것은 당연한 것 같지만 능력이 떨어지는 대상은 살맛이 날 수 없기 때문에 이들을 그대로 방치하고 능력 있는 자들만의 사회공동체는 규범적(規範的)인 차원에서나 이불리(利不利)의 차원에서나 효율적일 수도 없고 공동삶의 올바른 체계라고도 볼 수 없다는 주장이다. 능력이 뒤지는 자들에게도 포기하지 않고 노력을 경주시켜줄 수 있는 인센티브를 주고 또한 이들의 이탈과 적개심을 무마할 수 있게 해주는 장치로 노력에 따른 보상도 어느 정도 고려할 필요가 있다는 것이다. 이것은 자유자본주의 이념과 사회주의 이념을 어느 정도 혼합한 방식일 수도 있다. 다만 이때 능력과 노력의 비율을 어떻게 따질 것이냐 하는 문제가 있을 수 있는데 그 대안으로 8:2, 7:3, 6:4의 대안을 중심으로 그 사회의 여건을 감안하여 조정할 수 있을 것이다. 그러나 능력이 노력의 기준보다는 언제나 우선할 수 있어야 한다.
〈 자료출처 : 윤정길, 한국의 정치 · 경제 · 사회발전의 선행요인, 행정연구 제12집, 건국대 행정문제연구소, 1998 〉

보수주의 [conservatism]

급격한 변화를 피하고 현 체제를 유지하려는 사상이나 태도를 말한다. 진보주의에 대립되는 개념이다. 역사적 보수주의와 심리적 보수주의가 있다. 전자는 프랑스혁명 당시 혁명에 반대해 구질서를 지키고자 했던 영국의 점진주의, 독일 낭만파의 귀족정치로의 복고운동과 연관이 있는 근대 정치사상의 특정한 조류를 일컫는다. 오늘날의 역사적 보수주의는 대체로 사회주의를 지향하는 급진적 사고방식에 대해 현재의 자본주의 질서를 유지하고 그 속에서 발전을 꾀하는 것을 말한다. 후자는 어느 시대, 어떤 사회에서나 노인이 청년보다 보수적임을 나타내는 말이다. 일반적으로 보수주의는 전자, 즉 이데올로기적 의미를 지닌 정치사상의 한 조류를 일컫는다.

〈 자료출처 : 네이버 용어사전 〉

보웬의 자발적 교환이론 [theory of voluntary exchange]

빅셀과 린달은 공공 부문과 민간 부문은 모두 주권을 갖는 소비자의 욕망에 의해 이끌리고, 공공 부문의 집합적 결정(collective decisionmaking)에 의해 채택된 사회적 선택은 개인적 선호를 근거로 이루어져야 한다고 생각했다. 보웬의 모형은 부분균형분석을 바탕으로 각 개인이 자발적으로 자신의 선호를 표시한다는 가정 위에서, 개별적이고 자발적인 교섭에 의해 공공재의 균형가격(조세)과 균형공급량을 해결할 수 있고, 따라서 적정 공공경비 규모를 결정할 수 있음을 보여 주고 있다. 이러한 이유로 보웬의 이론을 자발적 교환이론이라고 부른다.

〈 자료출처 : 네이버 행정학 용어사전, 2010 김중규 선행정학개론 〉

보통지방자치단체와 특별지방자치단체 [普通地方自治團體와 特別地方自治團體]

보통지방자치단체는 존립의 목적 · 조직 · 권능 등이 일반적인 성격을 가진 지방자치단체를 말한다. 우리나라의 경우 보통지방자치단체는 서울특별시·도·시·군 등을 말한다. 이에 비해 특별지방자치단체는 특수한 행정사무를 처리하거나 행정사무의 공동 처리를 위해 설치되는 지방자치단체조합 등을 말한다. 특별지방자치단체는 자치행정상 특수한 행정사무를 처리하거나 행정사무의 공동 처리를 위해 설치되는 자치단체를 말한다. 이러한 특별지방자치단체에는 특수사업 · 광역사무 · 기업사무 등을 처리하기 위해 설치되는 다양한 종류가 있으며, 우리나라의 지방자치단체조합이 이에 해당된다. 이에 비해 일반지방자치단체는 그 존립의 목적·조직·권능 등이 일반적인 성격을 가진 자치단체로, 우리나라의 경우 서울특별시·도·시·군 등을 말한다.
〈 자료출처 : 네이버행정학용어사전 〉

복식부기 [複式簿記, double entry book-keeping]

단식부기에 대응되는 개념으로 일관된 원리, 원칙에 의하여 조직적으로 기록하며 자산과 부채의 변동 뿐 아니라 자본의 변동과 비용, 수익의 발생원인에 관한 과목도 기록 계산한다. 자산, 부채, 자본, 비용, 수익은 모두 계정에 분류되어 기록 계산되므로 복식부기를 계정의 학문이라고한다. 이것은 영리기업, 대규모 기업에서 사용되고 있다. 자산, 부채, 자본, 비용, 수익은 모두 계정에 분류되어 기록 계산되므로 복식부기를 계정의 학문이라 한다.
〈 자료출처 : 경제용어사전 〉

봉합정부

흩어져 있는 모든 조직들을 한데 묶어 전체적인 방법으로 조직화하는 방법을 학습하는 조직이다. 정부의 프로그램을 여러 가지 기능적 전문분야로 분할하는 것이 아니라 봉합정부는 국민들에게 일회방문으로 단순하고 신축적인 서비스를 제공한다. 예컨대, 환자가 의사를 한없이 기다리는 것이 아니라 통합적인 복수기술의 진료팀이 환자에게 필요한 모든 의료 및 행정서비스를 제공하는 것과 같은 것이다. 봉합정부는 할거적 관료제와는 달리 유연하고 투명하며 시민의 시간과 노력을 낭비하지 않는 서비스를 제공할 수 있는 미래의 조직행태이다.
〈 자료출처 : 행동조직론, 이상진, p441 〉

부분선점제 [partial preemption]

주정부가 연방정부에 의해 설정된 기준과 동일하거나 혹은 더 강화된 기준을 채택하면 권한을 이양해 주고 반대로 그렇지 못할 경우에는 연방정부가 주정부를 대신해 정책에 관한 결정과 집행을 내리게 되는 제도를 말한다. 부분선점제의 목적은 외형상 국가적 이슈에 대한 효율적인 대응에 있었으나 본질적으로는 연방정부의 권한 강화와 주 및 지방정부의 성과 제고에 있다고 할 수 있다. 이

제도는 주 및 지방정부로 하여금 언제든지 규제 책임을 연방정부로 이전할 수 있도록 하고, 반대로 연방정부에서도 정책집행의 효율성이 확보되지 않을 경우 주 및 지방정부로부터 권한을 회수할 수 있도록 하여 규제정책의 성과를 높이는 데 목적을 두고 있다. 미국의 부분선점제는 기능 이양에 따른 추가 재원을 하위정부에서 부담하도록 하고 있는데, 우리나라의 경우 지방정부의 취약한 재정 수준을 더욱 악화시킬 수 있다.
〈 자료출처 : 네이버 행정학 용어 사전 〉

부정적 엔트로피 [Negative Entropy]

클라우지우스에 의해 창안된 엔트로피는 무질서, 혼란 궁극적으로는 해체, 소멸 현상을 말하는 것으로 질서는 감소하고 무질서는 점점 증가 한다는 내용을 담고 있는 이 법칙은 쉽게 표현 하면 쓸 수 있는 유용한 에너지가 쓸모없는 것으로 변해 간다는 것을 의미 한다. 행정학에서의 부정적 엔트로피는 하나의 체계가 해체·소멸로 움직여가는 엔트로피 현상을 제거하여 체계의 유지존속을 위한 기능을 하여 Negative Entropy, 즉 Negentrpy(네겐트로피)를 추구한다는 것이다.
〈 자료출처 : 이희근.(2005). 「이것이 이희근 행정학이다」. 서울: 고시연구원. 백정현.(2005). 「행정학 요론」. 서울: 학문사 〉

부패 인식 지수 [CPI, corruption perception index]

국가사회 및 특정 기관의 부패 정도에 대한 관련자들의 인식을 지수화한 수치를 말한다. 부패인식지수는 주로 공공 부문의 부패에 초점을 맞추고 있다. 국제투명성기구(TI: Transparency International)에서는 매년 각 국가별로 공무원과 정치인의 부패 정도에 대한 기업인 및 애널리스트들의 인식 정도를 지수화하여 발표하고 있다.
〈 자료출처 : 김두식 외(2006).「행정학원론」. 대영문화사 〉

분권화 [decentralization, 分權化]

의사결정권과 책임이 조직의 하층부·지방정부·하급기관·주민집단 등으로 분산되는 것을 말한다. 행정구조의 분권화는 지방분권화, 지리적 분권화(geographical

decentralization), 행정 권한의 집중 배제(deconcentration)를 의미하는 수직적 분권화와, 독립규제위원회·공사(公社) 및 행정재판소 등의 설치와 같은 수평적 분권화로 나누어 볼 수 있다. 특히 권력이나 권한이 행정기관으로부터 주민집단이나 시민단체로 이동하는 것을 정치적 분권화라 하기도 하는데, 이와 유사한 개념으로 협력적 분권(collaborative decentralization)이란 개념이 사용되기도 한다. 협력적 분권은 정부의 기능과 권한을 공공단체가 아닌 사적 단체나 법인에게 위임해 행사하는 경우를 말한다.
〈 자료출처 : 네이버 행정학 용어사전 〉

분산분석 [analysis of variance]

표본평균의 분산을 분석해 현상 변동의 원인을 규명하고자 하는 통계분석 방법을 말한다. 즉 변동을 평방화로 표시한 전분산을 급내변동, 급간변동, 잔차로 구분하는 방식을 통해 분산을 요인별로 분리해 생각함으로써 어떠한 요인의 영향에 의해 변동이 야기되었는가를 검증하고자 하는 통계 방법을 말한다. 이와 같은 분산의 분해는 대수적 조작에 불과하나, 각 관측치 xij를 확률변수 Xij의 하나의 실현치로 봄으로써 단순한 대수적 조작으로서가 아니라 확률론적 의미를 도입해 그에 의거해 검정 또는 추정 문제를 해결하려는 것이 분산분석의 목표다.
〈 자료출처 : 네이버 용어사전 〉

분임연구 [syndicate, 分任硏究]

피훈련자들을 10명 내외의 분반으로 나누어 분반별로 동일한 문제를 토의해 문제 해결 방안을 작성한 후, 다시 전원이 한 장소에 모여 분반별로 작성한 안을 발표하고 토론을 벌여 최종안을 작성하는 훈련 방법을 말한다. 영국의 관리자대학(Administrative Staff College)에서 관리자훈련을 위해 개발한 훈련 방법인 분임연구는 여러 참여자의 중지(衆智)를 모아 문제 해결을 위한 정책대안을 모색하는 데 유용하며, 고급관리자들에 대한 교육훈련에 많이 이용된다.
〈 자료출처 : 네이버 백과사전 〉

불일치 이론 [discrepancy theory]

인사행정에서 직무만족의 결정요인에 관한 대표적인 이론 중 하나이다. 불일치 이론은 수요와 공급측면을 모두 고려한 이론으로 이해할 수 있다. 개인이 기대하는 것(수요)과 실제로 실현된 것(공급)과의 비교를 통해서 직무만족이 결정된다고 주장한다. 즉 바람직한 상태 내지는 어떠해야 한다는 규범적 상태(what ought to be)와 현재의 상태(what is)에 대한 인식 사이에 불일치의 정도가 작을수록 만족도가 높고 불일치가 클수록 만족도가 낮다는 이론이다. 불일치이론에 근거하여 만족을 조작화하는 경우 적어도 두 측면의 설문이 요구된다. 실제로 얻은 것의 현 상태가 그 하나이다. 다른 하나는 '바라는 것', '선호하는 것', '중요한 것'. '기대하는 것', '추구하는 것', '매력적인 것' 등에 관한 조사이다.

〈 자료출처 : 남정집 외 1인 공저, 「참행정학개론」(화학사) 〉

브라운로위원회 [Brownlow Commission,Brownlow委員會]

1937년 미국에서 조직된 '행정관리에 관한 대통령위원회(President's Committee on Administrative Management)'를 말한다. 브라운로(Louis Brownlow)가 위원장으로 활동한 이 위원회는 대통령의 참모기관인 예산국(BOB: Bureau of the Budget), 국가자원기획청(NRPB: National Resources Planning Board), 인사국(CSA: Civil Service Agency) 등을 대통령 직속 하에 설치함으로써 대통령의 행정관리 권한을 강화해야 한다는 보고서를 제출했다. 이에 따라 1939년 정부조직개혁법(Reorganization Act)이 제정되는 등 많은 개혁이 이루어졌다.

〈 자료출처 : 네이버 백과사전 〉

브레인스토밍 [Brainstorming]

브레인스토밍은 특정 문제해결을 위한 집단적 시도에서 참여자들의 두뇌를 사용하여 창의성을 집합함으로써 새로운 아이디어를 개발한다는 의미로, 집단의 창의적인 사고력을 계발하고 문제해결력을 증진시키는 공식적인 기법이다. 이는 주관적이고 직관적으로 정책대안을 탐색·개발하는 방법으로서, 창의력을 가진 사람들을 정책대안 개발과정에 참여시키는 방법의 하나이다. 가능한대로 많은 정책대안을 얻기 위하여 등장한 방법이기 때문에 여러 사람을 모아서 집단적

토의를 하게 하고, 여러 사람의 머리에 떠오르는 대로 아이디어를 제시하게 한다. 기존의 집단 의견 수렴방법을 통해서는 구성원간의 개인적 관계에 영향받기 쉽고, 집단적인 분위기에 휩쓸려 각 개인의 의견이나 판단과는 엉뚱한 결론에 도달하기 쉽고, 자기 체면이나 남에게 주는 인상 등을 고려하여 진정한 의견을 감추거나 일단 표현된 의견은 고집하는 경향이 있어 한계가 있기 때문이다.
〈 자료출처 : 온라인행정학전자사전 〉

브룸의 기대이론

개인의 동기는 그 자신의 노력이 어떤 성과를 가져오리라는 기대와, 그러한 성과가 보상을 가져다 주리라는 수단성에 대한 기대감의 복합적 함수에 의해 결정된다는 브룸(Victor H. Vroom)의 동기이론을 말한다. 이 이론을 VIE이론이라 부르기도 하는데 이는 곧 사람의 동기를 유발하는 데 미치는 요인이, 행위의 결과로 얻게 되는 보상에 부여하는 가치(V: valence)와, 행위의 1차적 결과가 2차적 결과로서의 보상을 초래할 가능성, 즉 수단성(I: instrumentality)과, 자신의 행동을 통해 1차적 결과물을 가져올 수 있으리라는 자신감 즉 기대(E: expectation 또는 expectancy), 이 세 가지라는 것이다. 다시 말해서 사람이 조직 내에서 어떠한 행위 또는 일을 수행할 것인가의 여부를 결정하는 데는 그 일이 가져다 줄 가치와 그 일을 함으로써 기대하는 가치가 달성될 가능성, 그리고 자신의 일처리 능력에 대한 평가가 복합적으로 작용한다는 것이다. 이를 M=f(V,I,E)와 같이 간략한 식으로 표시할 수 있을 것이다. 여기서 M은 일을 하고자 하는 심리적 힘, 즉 동기의 강도를 뜻한다. 이러한 동기부여의 기대이론은 레빈(Kurt Lewin)과 톨먼(Edward Tolman)의 인지 개념(cognitive concepts) 및 고전적 경제이론의 선택행동과 효용 개념에 이론적 근거를 두고 있다.
〈 자료출처 : 네이버 용어사전 〉

블랙박스 [black box] 와 화이트박스 [white box]

블랙박스는 전체적 · 통합적으로 접근하기 때문에 미세한 부분이 보이지 않는다는 전체주의 관점인 반면, 화이트박스는 체제를 구성하는 하위체제로 환원시켜

부분의 작용을 구체적으로 본다는 개체주의 관점이다.
〈 자료출처 : 방성은 (2010). 『2011년 비타민 행정학』.박문각 〉

블루라운드 [Blue Round]

국가 간의 통상 문제에 노동자(blue collar) 문제를 포함시키고자 하는 선진국 주도의 무역정책을 말한다. 실업자·재정적자·경기 부진 등 구조적인 문제에 직면한 선진국들이 그 타개책으로 무역제한 철폐(UR)·환경규제의 강화(GR)와 함께 국제노동기구(ILO) 협약이나 자국 수준의 강화된 노동 기준을 개도국에 강요, 무역경쟁력을 회복하겠다는 의도로 추진되고 있다. 즉, 각국의 근로조건을 국제적으로 표준화함으로써 이 기준에 미치지 못하는 개발도상국들의 상품에 대해서는 무역제재 조치를 취하기 위한 것이다.
〈 자료출처 : 네이버 행정학 용어사전, 2010 김중규 선행정학개론 〉

비공식 조직 [Informal Organization]

조직 구성원 간의 상호작용을 통해 자연적으로 발생하는 조직이다. 비공식 조직 또는 집단(informal groups)이라고도 하며, 호손실험(Hawthorne experiments) 연구자들에 의해 처음 그 존재가 확인되었다. 비공식 조직은 사람 간의 만남과 교제로 이루어진 사회적 집단으로, 비공식 조직은 조직 내에서 취미를 공유하거나, 혈연관계, 출신지역이나 학교, 국적, 거주지의 지리적 근접성 등의 요인에 의해 생각을 공유하는 구성원 간에 비공식적 네트워크를 발전시키면서 자연 발생한다. Argyris는 특수 또는 전문직업적 능력, 기술, 출신학교, 지지 정당, 국적, 종교 등을 비공식 조직 발생 요인으로 들었다. 비공식 조직은 조직의 하부 사회적 단위로 생성되고 기능하지만, 조직의 공식구조 속에서 어떤 명시적 역할을 맡지는 않고, 다만 서로 간의 부단한 접촉을 통해 공통 관심사에 대한 태도나 의견을 발전시키고 공유하면서 영향력을 행사한다. 비공식 조직 또는 집단에 속하는 근로자들은 오히려 공식조직의 관리나 통제, 인센티브보다 이것에 보다 민감하게 반응한다. 또 환경의 변화에 따라 유기적, 자연발생적으로 진화, 발전한다. 비공식 조직의 영향력을 결정하는 것은 규모나 결속력이다. 결속력은 구성원들이 만나는 빈도나 접촉을 위한 지리적 거리 등에 의해 결정된다. 구성원들이 물리적으로 멀리 떨어져 있을 때, 사회적 결속력도 급속히 떨어지는 것으로 알려져 있다.
〈 자료출처 : 한국행정학회 온라인행정학전자사전 〉

비교행정

좁은 의미의 비교행정은 여러 나라의 공공행정을 상호 비교하는 것을 의미하나, 넓은 의미로는 각국 행정의 비교는 물론 공공행정과 사경영(私經營) · 병원행정 · 교육행정 등의 상호 비교를 포괄하는 개념으로 사용된다. 비교행정의 연구가 시작된 것은 1940년대부터이며, 1950년대의 전후 냉전 상황에서 서방 진영의 후진국에 대한 기술 원조 문제가 대두되면서 더욱 활기를 띠게 되었다. 리그스(F. W. Riggs)는 비교행정 연구 방법의 경향이 규범적 방법에서 경험적 방법으로, 개별례적 접근방법(idiographic approach)에서 일반법칙적 접근방법(nomothetic approach)으로, 비생태론적 접근방법(non-ecological approach)에서 생태론적 접근방법(ecological approach)으로 전환되고 있다고 지적하며, 비교행정의 연구는 경험적·일반법칙적 연구에 국한되어야 한다고 주장했다.
〈 자료출처 : 네이버 행정학 용어사전 〉

비영리민간단체 [Non-Profit Organization / NPO]

특정인의 이해와 영리를 목적으로 설립되어 운영되고 있는 영리조직과 대비되는 개념으로 일반사회의 공익 등을 목적으로 설립되어 비영리사업을 영위하는 모든 조직을 말한다. 기본적으로 이들 조직이나 기관이 소유주들의 이익을 창출하기 위해 존재하지 않는다는 사실을 강조하는 개념으로 사용되며, 학교, 종교기관, 사회복지기관, 연구기관 등이 해당된다. 우리나라에서는 NGO(비정부단체)와 거의 같은 용어로 사용되고 있다. 한국의 경우 1999년 말 국회를 통과해 2000년 4월부터 시행중인 '비영리민간단체지원법'의 재정을 계기로 '비영리민간단체'라는 용어가 공식적으로 쓰이고 있다.
〈 자료출처 : 네이버 용어사전 〉

비용-편익분석 [Cost-benefit analysis]

여러 정책대안 가운 데 목표 달성에 가장 효과적인 대안을 찾기 위해 각 대안이 초래할 비용과 편익을 비교·분석하는 기법을 말한다. 즉 어떤 프로젝트와 관련된 편익과 비용들을 모두 금전적 가치로 환산한 다음 이 결과를 토대로 프로젝트의 소망성을 평가하는 방법을 말한다. 각 대안의 비교에는 비용편익비(費用便益比, B/C ratio), 순현재가치(純現在價値, net present value), 내부수익률(內部收益率, IRR) 등의 기준이 사용된다.

〈 자료출처 : 네이버 용어 사전 〉

비전 구동형조직

정보혁명으로 인해 기업을 둘러싼 환경변화속도가 빨라지고, 기술과 시장 수요의 세분화가 진행되고 있는 현대사회에서 피라미드형 조직으로는 그 변화를 감당할 수 없다고 미국의 디지털 아큅먼트사의 컨설턴트 찰스 사베지가 제창하였고, 이를 쓰보타 도모미가 이론을 발전시켰다. 21세기의 기업조직은 지금까지 해 온 것처럼 상급자의 지시에 따라 하급자가 기계의 부품처럼 움직이는 명령구동형으로는 살아남을 수 없다. 비전 구동형 조직의 핵심은 상급자의 명령에 의한 조직운영이 아니라 상, 하급자간의 조화와 균형이다. 즉 상급자의 일률적 명령에 의한 하급자의 획일적 행동보다는 상호간의 대화와 질문을 통한 업무의 계획 및 조정으로 미래의 비전을 지향하는 것을 그 목적으로 하고 있다. 비전 구동형 조직은 이미지에 있어서는 다수의 사람들이 공통의 목표를 갖고 역할분담을 통해 이를 실현하려 한다. 조직의 주역은 구성원 전원이며, 업무를 집행하는데 있어서의 도구는 사용자나 근로자 모두 컴퓨터를 사용하게 된다. 정보전달의 목적은 의사전달로써 협조가 목적이며, 정보전달형식은 쌍방향 즉 대화형이다. 조직에 대한 지식은 구성원 전원이 공유하게 되며, 조직구성원의 본래의 특성과 개성을 존중하게 된다.

〈 자료출처 : 행동조직론, 이상진, p442 〉

비정부기구 [NGO, non-governmental organization]

지역 · 국가 · 국제적으로 조직된 자발적인 비영리단체를 말한다. 공동의 이해를 가진 사람들이 특정 목적을 위해 조직한 비정부기구는 정부정책을 감시하고, 정보 제공을 통해 시민의 정치 참여를 장려하기도 하며, 인권·환경·보건·성차별 철폐 등 특정 이슈를 추구하기도 한다. 이러한 비정부기구를 정부, 기업에 이어 '제3섹터(the 3rd sector)'라 부르기도 하며, 입법·행정·사법·언론 다음의 '제5부'라 부르기도 한다. 시민운동으로서의 비정부기구의 첫걸음은 1863년 스위스의 국제적십자운동에서 비롯되었으나, 비정부기구를 공식 영역에 끌어들인 것은 유엔이다. 1948년 유엔은 후진국 경제 개발을 지원하면서 민간기구에 감시를 맡겼고, 이후 비정부기구는 유엔이 인정하는 민간기구뿐만 아니라, 국제 협력 사업에 참여하는 민간단체를 총칭하게 되었다. 비정부기구의 활동 영역은 다양하다. 1961년 양심수 석방을 위해 창립된 '국제사면위원회'와, 1994년 르완다 내전에서 활약한 '국경 없는 의사회', 국제적인 환경단체인 '그린 피스(Green Peace)' 등이 대표적인 비정부기구다. 1996년 현재 국제적으로 활동하는 비정부기구는 3만 8천 여 개이나, 각국의 비공식 기구를 합치면 100만개가 넘을 것으로 추산된다. 참여민주주의를 지향하는 이러한 비정부기구의 영향력이 커지면서 우려의 목소리도 없지 않다. 비판자들은 비정부기구가 기본적으로 이념의 포로가 되기 쉽고, 이상주의에 치우친 나머지 결과에 무책임하다는 점을 지적한다. 최근에는 비정부기구를 감시하는 비정부기구가 생겨나기도 한다.
〈 자료출처 : http://terms.naver.com/list.nhn?dirId=801 (2010-11-15) 〉

비축행정 [Stockpile administration]

비축행정이란 '비축'과 '행정'의 합성어라 할 수 있다. 동시에 이는 비축과 관련된 행정이라 할 수 있으므로 비축이란 개념을 중심으로 설명한다. 비축(stockpile)이란 다의적으로 설명할 수 있다. 즉 형이하학적인 물질적 측면에서 만약의 경우를 대비하여 미리 갖추어 모아 두거나 저축하는 것, 단순히 물자의 보관, 불확실한 장래를 대비케 하고 생존을 유지하는 적극적인 대비책 등의 의미로도 설명할 수 있다. 그러나 일반적으로 비축이란 부족할 때 사용하기 위하여 일정한 지역에 필수품 즉 원자재, 식량, 상품 등을 예비용으로 저장하는 것을 의미한다. 따라서 비축행정이란 비축을 정부기관에서 하는 행위를 비축행정이라 할 수 있다.
〈 자료출처 : 황윤원 외 (1999). 「정부 비축제도 발전 방안에 관한 연구」. 서울: 한국정책학회, 황재국 (2000).「세계 각국의 비축제도」, 서울: 도서출판 청구 〉

[ㅅ]

사각적 의사전달 [diagonal communication]

횡적인 의사전달의 한 종류로, 사각적 의사전달은 계층제상의 직위가 다르고 직속 상관이나 부하의 관계에 있지 않는 조직구성원 사이의 의사전달을 말한다. 이에 비해 수평적 의사전달은 계층제상의 지위가 같은 구성원 간의 횡적인 의사전달을 말한다.

〈 자료출처 : 네이버 행정학 용어 사전 〉

사고의 이월

연도 내에 지출원인행위를 했으나 재해 또는 관급자재의 지급 부진 등의 사고로 공사 등이 연도 내에 완성되지 못해 지출할 수 없는 경우 등 불가피한 사유로 인해 연도 내에 지출을 하지 못한 경비를 다음 연도에 이월해 사용할 수 있는 제도를 말한다. 사고이월이 되기 위해서는 구체적으로 지출의 원인이 되는 계약 또는 기타의 행위가 존재하고 있어야 한다. 또한, 사고이월의 경우 그 경비와 관련해 당연히 필요하게 된 부대경비는 지출원인행위가 행해지지 않았더라도 이월해 사용할 수 있으며, 지출원인행위를 위해 입찰 공고를 한 경비 중 입찰 공고 후 지출원인행위까지 장기간이 소요되는 경우에는 대통령령이 정하는 경비도 이월해 사용할 수 있다. 이와 대비되는 명시이월이란 세출예산의 경비 중 그 성질 또는 예산 성립 후에 발생한 사유로 인해 연도 내에 지출을 끝내지 못할 것이 예견되는 것에 대해 다음 연도에 이월해 사용할 수 있다는 취지를 명백히 하여 미리 국회의 의결을 거쳐 다음 연도에 이월하는 제도를 말한다. 그 이월의 범위는 의결된 바에 한정되어야 하며 일단 명시이월된 경비는 다음 연도에 지출원인행위가 가능하며 이월된 명시이월비에 대해서는 재차 사고이월이 가능하다.

〈 자료출처 : 선 행정학 , 윤광재 교수님 재무행정 강의록 〉

사랑방 모형 [Sala model]

리그스(F. W. Riggs)는 사회적 가치가 분화되는 과정에 있는 신생국의 사회를 프리즘적 사회라 부르고 이러한 신생국의 행정 체제를 사랑방(Sala) 모형이라 불렀다. 스페인어로 사랑방을 의미하는 Sala는 미분화된 사회의 관청인 빈청(chamber)과 발전된 사회의 관청(office)과의 중간 단계의 관청을 가리킨다. 헤디(F. Heady)는 사랑방 모형은 서비스의 불공평한 배분, 제도화된 부패, 법규 적용의 비능률성, 정실주의, 자기방어 동기에 의해 지배되는 관료들의 영토, 공식적 기대와 실제 행동 간의 두드러진 차이 등의 특징을 지닌 것으로 주장한다.
〈 자료출처 : 네이버 행정학 용어사전, 2010 김중규 선행정학개론 〉

사무 자동화 [OA; office automation, 事務自動化]

정보처리 기술·정보통신 기술·사무기기 관련 기술을 한데 묶어 사무실에서의 업무 처리를 종합적으로 수행케 함으로써 업무 생산성 향상과 효과적 정보관리가 가능하도록 하는 것을 말한다. 특히, 컴퓨터의 등장과 다양한 오피스용 소프트웨어의 개발은 업무의 전산화, 종이 없는 사무실(paperless office) 구현 등의 효과를 내고 있다.
〈 자료출처 : 네이버 행정학용어사전 〉

사보타주 [sabotage]

태업(怠業)을 뜻하는 것으로서, 직장을 이탈하지 않는 대신 불완전노동으로 사용자를 괴롭히는 노동쟁의 방식을 말한다. 즉 불완전 제품을 만든다든지, 원료·재료를 필요 이상으로 소비한다든지, 노동 시간을 충분히 사용하지 않고 헛되이 보낸다든지 하여 사용자에게 손해를 주어 자기들의 요구를 관철시키려는 쟁의 수단이다.
〈 자료출처 : 네이버 행정학 용어사전 〉

사소함의 원칙 [Law of Triviality]

정보처리에서 인간능력의 한계에는 단기적 기억의 한계와 숫자인식에서의 차이 인식에서의 한계 및 정보처리상의 한계 등이 있는데, 단기적 기억의 한계는 George A. Miller가 인간의 정보처리능력 연구에서 '마술의 수 7±2'를 제시하면서 인간의 단기적 기억장치는 순간적으로 정확하게 기억할 수 있는 기회의 길이가 5~9사이라는 것이다. 숫자 인식에서 인간이 갖는 한계점에 대해 C. Northcote, Parkinson은 사소함의 원칙을 제시하였다. 그는 "위원회에서 다룬 의제에 소비한 시간을 보면 각 의안이 포함하고 있는 예산총액의 역수에 비례한다."는 주장을 하였다. 즉 금액이 적은 사소한 의안에 대해서는 많은 시간을 소비하면서도 금액이 큰 의안에 대해서는 시간을 별로 부여하지 않는 현상을 말한다. 이 현상은 인간이 처리해야하는 숫자정보에 있어서 자신이 다루는 금액에 익숙해져 있다는 것을 의미한다.
〈 자료출처 : 안문석, 1992.정보체계론, 현학사 〉

사실기록법 [事實記錄法]

공무원의 근무성적을 객관적인 사실에 기초를 두고 평가하는 방법을 말한다. 이때 공무원이 달성한 작업량이 평가 대상이 되며, 이 방법은 객관적이기는 하나, 작업량을 측정하기 어려운 업무에 대해서는 적용할 수 없다는 결점이 있다. 사실기록법에는 공무원이 달성한 작업량을 측정하는 산출기록법(produc- tion records)과, 평정 기간 중 일정 시간에 한정해 작업량을 조사하고 그것으로 전기간의 성적을 추정해 평정하는 정기적 시험법, 공무원의 지각 빈도 수·결근 일수 등의 기록을 주요 요소로 하여 평정하는 근태기록법(勤怠記錄法), 피평정자의 직무 사항에 나타난 긍정적인 요소와 부정적인 요소를 점수로 환산해 가점 또는 감점을 주는 가감점수법(加減點數法) 등이 있다.
〈 자료출처 : 네이버 행정학 용어사전 〉

사업예산제도

정책과 예산의 연계 및 재정성과 제고를 위해 기존의 품목 중심이 아니라 성과관리가 용이하도록 정책사업을 중심으로 설정한 예산체계를 의미한다. 여기서 정책사업이란 정부기능을 수행하기 위한 세부목표로서 동일한 정책목표를 달성하기 위한 단위사업의 묶음을 말한다. 따라서 사업예산제도는 예산계획·편성·집행에 이르는 예산체계를 사업단위로 구조화하고, 이를 사업목표와 연결함으로써 성과를 관리하고자 하는 예산기법이다. 이 때문에 제도 운영에 있어서 예산의 성과목표를 가능한 정량적으로 표시하고 목표달성을 위하여 유연하고 효율적으로 예산을 집행하고, 그 결과 성과목표를 어느 정도 달성하였는가를 측정하고 그 성과측정 결과를 다음 연도 계획과 예산에 반영하는데 초점이 있다.
〈 자료출처 : 한국행정학회 - 용어사전 〉

사외이사제도 [outside director system]

기업 권력의 집중과 남용을 방지하고 기업의 사회적 책임을 성실히 수행하게 하기 위해 대학교수·변호사 등 일정 자격 요건을 갖추고 대주주의 영향력을 받지 않는 전문가들을 일부 이사로 선임하는 제도를 말한다. 사외이사제도의 도입은 이전까지 기업의 주요 사항에 대한 내부 의사를 결정하는 기관이었던 이사회가 새로운 형태의 외부 감시기구로 기능하게 되는 결과를 가져오게 된다. 이 제도는 미국과 영국에서 채택하고 있으며 일본도 외부감사제를 도입했다. 미국의 경우 상장기업 이사 수의 62.2%가 그 기업과 관련이 없는 외부이사로 구성되어 사외이사제가 활성화되어 있는 편이다. 우리나라에서는 '증권거래법'의 개정을 통해 상장법인 및 협회등록법인의 경우 이사 중에서 1/4 이상(최소 1인 이상)을 사외이사로 선임하도록 의무화했고, 자산 총계 2조 원 이상의 대규모 상장법인 및 협회등록법인의 경우 3인 이상, 전체 이사의 1/2 이상을 사외이사로 선임하도록 규정하고 있다.
〈 자료출처 : 네이버용어사전 〉

사이버네틱스 모형 [cybernetics]

합리모형과 가장 대비되는 모형으로 사이버네틱스의 원리를 적용한 의사결정 모형이다. 이것은 분석적 합리성이 완전히 존재하지 않는 상태에서의 의사결정을 설명한 것으로 불확실한 상황 하에서 정보를 제어하고 이를 지속적으로 환류 시켜 나가는 일종의 습관적 의사결정 행태를 말한다. 스타인부르너(Steinbrunner)는 복잡한 의사결정문제에 있어서는 사이버네틱스 모형이 합리모형에 비해 더 적합하다고 주장한다.합리모형은 가치극대화의 관점인 반면 사이버네틱스 모형은 적응의 관점에 그 기초를 두고 있다. 사이버네틱스 모형은 복잡한 상황하의 정채결정은 시행착오를 통한 일련의 점진적인 적응과정이라고 가정한다. 복잡한 상황하의 정책결정문제에서 고려해야 할 변수들을 매우 한정된 범위의 변수에만 관심을 집중함으로써 문제를 단순화하며, 또한 변수와 관련하여 최대값이 아니라 이들 주요 변수들을 일정한 범위 내에서 조절함으로써 문제를 해결하려고 한다. 즉, 문제의 해결과정은 목적의 극대화 과정이 아니라 일련의 점진적인 적응과정이 된다.
〈 자료출처 : 행정학의 이해[김시영,김렬,김순양,성도경,이환범,최준호] 〉

사인의 공법행위

사인(私人)이 공법 관계에서 행하는 행위를 말한다. 여기에는 국가 또는 지방공공단체의 기관으로서의 지위에서 행하는 행위와, 행정권의 상대방으로서 국가 또는 지방공공단체에 대해 행하는 행위가 있다. 전자의 예로는 선거에서의 투표가 있고, 후자의 예로는 이의의 신청, 행정심판, 소송의 제기, 재결의 신청, 각종 신고, 동의 등이 있다. 사인의 공법행위에 관해서는 일반적인 규정이 없으므로 특별규정이 있는 경우를 제외하고는 원칙적으로 민법의 규정 또는 원칙이 유추·적용된다고 해석된다.
〈 자료출처 : 네이버 행정학 용어 사전 〉

사회후생함수 [社會厚生函數]

사회의 경제적 후생의 증감을 판단하기 위해 기준이 되는 것으로 사회의 경제적 후생과 이에 영향을 미치는 제 요인과의 사이에 존재하는 함수관계를 말한다. 경제학에선 일찍이 집단적 의사결정을 가능하게 하는 이론적 도구로서 개인들의 선호(preference)를 사회전체의 선호로 연결시키는 이른바 사회 후생함수(social welfare function)를 도입했다. 다시말해 사람의 효용수준이 U_1, U_2로 주어졌을 때 다음과 같은 관계를 통해 사회후생의 수준(SW)을 그 함수 값으로 나타내 주는 것을 사회후생함수라고 부른다. $SW = f(U_1, U_2)$ 1, 2 두사람으로 구성된 어떤 한 사회에 대해 위와 같이 정의되는 사회후생함수가 존재한다면, 두 사람의 효용수준이 어떤 조합으로 주어진다 해도 그것과 관련된 사회후생의 수준을 알아낼 수 있다. 따라서 이 함수만 알고 있으면 어떤 변화가 개선인지의 여부도 즉각 판단해 낼 수 있다. 이 사회후생함수는 1과 2의 효용수준이 주어져 있을 때 이를 종합해 하나의 사회후생수준으로 바꿔주는 역할을 한다. 따라서 이 함수의 성격은 두 사람의 효용수준을 어떤 가치판단 하에서 평가하느냐에 따라 달라진다.

〈 자료출처 : 1) 위키디피아 백과사전 2) 구성열, 「한국의 적정인구: 경제학적 관점」, 한국인구학회, 한국인구학, 제28권 제2호 2005.12, pp. 1~32(34pages)〉

사회계약설 [theory of social contract, Vertragstheorie)]

사회 또는 국가 성립의 역사적·논리적 근거를 평등하고 이성적인 사회구성원의 계약에서 구하려는, 17~18세기 영국과 프랑스를 중심으로 전개된 정치사상을 말한다. 즉 자연 상태에서의 자유롭고 평등한 개인으로부터 출발해 정치사회의 역사적·논리적 기원을 개인 상호간의 계약에서 구하고, 이에 의거하는 권력적 구속을 변증(辨證)하는 17~18세기 시민혁명기의 사회이론을 말한다. 국가 권력의 기원을 인민의 동의에서 구하고, 권력 설정의 목적을 개인의 권리와 자유 및 재산 수호에 두는 이 이론은 본래 자유·평등한 여러 개인이 자연권을 더 잘 수호하기 위해 이성(理性)의 법인 자연법에 따라 주체적으로 국가 및 정치사회를 조직·구성한다고 본다.

〈 자료출처 : 네이버 백과사전 〉

사회양심론 [Social conscience theory]

사회양심론(social conscience theory)은 베이커(J. Baker) 등이 주장했는데, 이는 사회복지의 발전이 사회적 양심의 증대 때문이라고 보는 이론이다. 즉, 복지사각지대 등에 양질의 사회복지정책을 투입하여 증대되는 사회복지의 발전은 사회적 의무감, 타인에 대한 사랑 등 동정주의적 관점에 입각한 사회적 양심의 증대로 인해 가능해졌다는 것이다. 베이커가 주장하는 사회양심론은 사회복지정책은 인간이 가지고 있는 서로를 위한 사랑을 국가를 통해 표현된 것이며, 사회복지의 혜택은 전체 공동체를 위해 제공된다. 또한 사회적 의무감의 확대·심화와 사회적 욕구에 대한 과학적 지식의 증대로 변화되며 대체로 관대하고 보다 넓은 범위로 발전한다.

〈 자료출처 : 양승일(2008),「사회복지행정론」, 창지사 〉

사회자본 [Social capital, 社會資本]

퍼트남(Robert David Putnam)은 사회자본을 사회구성원 상호간의 이익을 위해 조정 및 협동을 촉진하는 규범, 신뢰, 네트워크로 정의한다. 사회자본은 생산을 가능케 하는 물리적 자본, 인적 자본과 달리 인간관계 내에 존재하는 것을 말한다. 사회자본은 또한 물리적 자본, 인적 자본과 같이 생산활동을 증가시키는 역할을 한다는 점에서 공통점이 있다. 사회자본은, ① 정보 공유의 역할을 하여 공식·비공식 제도가 정확한 정보를 제공하도록 하고, ② 개인의 상호작용으로 인해 구성원들 간의 신뢰를 회복하게 하는 조정 역할을 하며, ③ 집단적 의사결정을 통해 외부효과를 창출하는 역할을 한다.

〈 자료출처 : 네이버 용어사전 〉

사회적 능률성 [社會的能率性, social effiency]

대외적으로는 사회목적을 실현하고 대내적으로는 인간적 가치 내지 구성원의 만족도 실현 등을 중시하는 능률성으로서, 사실상 민주성과 동의어로도 사용된다. 사회적 능률성은 기계적 능률성에 대한 반성에서 대두하였다. 여기에서 기계적 능률성이란 경제적 가치 중심의 능률성을 의미하며, 성과를 계량화하여 평가한 객관적 능률, 금전적 가치로 평가된 능률, 과정적,수단적인 능률성을 의미한다.

〈 자료출처 : http://www.epadic.com/epadic_view.php?num=651&page=1&term_cate= 행정이론&term_word=&term_key=&term_auth= 〉

사회적 딜레마 [social dilemmas, 社會的 dilemmas]

개인적 합리성에 기초한 개인의 행동이 사회적 합리성을 가져오지 못하는 상황을 말한다. 즉 사회 전체적으로 볼 때 공유재의 효과적 사용을 위해서는 개인들이 적정 수준 이상의 공유재 사용을 자제해야 하나, 사익을 극대화하려는 개인들의 합리적 결정이 공유재의 과다 사용을 초래함으로써 결국 사회 전체적인 면에서 최적성(social optimality)을 달성하지 못하게 되는 '사회적 함정' 등의 상황을 말한다.

〈 자료출처 : 네이버 용어사전 〉

사회적 비용 [social costs, 社會的 費用]

기업의 생산활동이 일반 시민이나 사회 전체에 부담시키는 비용의 크기를 말한다. 일반적으로 기업이 부담하는 비용은 원가계산상의 원가로서 회계 처리되며 사적(私的) 비용이라고 한다. 사회적 비용은 이러한 사적 비용(private costs)과 외부적 비용(external costs)을 합친 개념을 말한다. 외부적 비용은 이러한 매연·악취·소음 등 공공 해악을 제거하는 데 소요되는 비용으로 생산자들에게는 내재화되지 않으나, 사회적 관점에서는 매우 중요하고 실질적인 개념을 말한다. 시장기구는 재화의 개인적 비용만을 계산하므로 그 재화의 생산비용은 사회적인 관점에서의 실질 비용보다 낮게 책정되어 공급 과잉을 초래하게 된다.
〈 자료출처 : 김중규,2009, 선행정학개론 에드민 〉

사회적 신제도주의

사회학적 신제도주의는 제도의 범위를 가장 넓게 정의한다. 제도를 공식적 규칙이나 절차, 규범 뿐 아니라 문화라는 차원으로 이해한다. 즉, 인간의 행위를 유도하는 비공식적인 상징체계, 인지적 기초, 도덕적 틀, 사회문화까지를 제도에 포함시키며, 제도가 인간행위의 인지적 기초를 제공함으로서 인간의 전략적 계산이나 행태에 영향을 미친다는 점을 강조한다. 조직과 환경과의 관계를 중시하는 조직이론을 토대로 하며, 방법론적 분석수준은 형이상학적 신비주의나 현상학, 민속학, 인지심리학 등에 기초를 두고 있다. 사회문화와 같은 거시적인 변수에 의해 개인의 이익이 제약된다고 보고 인간이 사회적 정당성을 인정받은 제도를 자신의 개인적 목적에 따라 창조하거나 변화시킬 수 없다고 본다. 따라서 사회적 정당성을 얻기 위하여 조직 간에 동형화가 나타난다고 본다.
〈 자료출처 : 2010선행정학, 저자 김중규 〉

사회적 욕구

인간의 기본 욕구 가운데 집단에 귀속하고 싶은 소속욕구 및 사람과 사귀고자 하는 친교욕구를 말한다. 머슬로(A. H. Maslow)는 인간의 기본 욕구를 생리적 욕구·안전욕구·소속욕구(사회적 욕구)·존경욕구·자아실현 욕구의 다섯 가지로 나누고, 이들 욕구는 충족 여부에 따라 아래위로 움직이는 계층을 이루고 있다고 가정한다.
〈 자료출처 : 네이버 행정학 용어 사전 〉

사회적 자본

종전의 인적,물적 자본에 대응되는 개념으로 '사회구성원들이 공동의 문제를 해결하는 데 적극적으로 참여하는 사회의 조건 또는 특성'을 지칭한다. 이것은 사회구성원들이 힘을 합쳐 공동목표를 효율적으로 추구할 수 있게 하는 사회생활의 특성으로서 공동이익을 위한 상호 조정과 협력을 촉진하는 사회적 조직의 특성이라고도 정의할 수도 있다. 여기서 사회생활 또는 사회적 조직의 특성이란 상호 신뢰, 친사회적 규범 그리고 협력적 네트워크이다. 이러한 특성들이 사회적 자본의 핵심적 구성요소이다. 사회적 자본의 정의는 매우 다양하다.
〈 자료출처 : 윤영진(2010). 「새 재무행정학」. 대영문화사 〉

사회적 형평성

1970년대 초반 이후 사회적 형평은 행정윤리로서 많은 논의의 대상이 되었으며, 신행정학론자들은 사회적 형평을 주된 원칙으로 삼고 있다. 그러나 사회적 형평이 무엇을 의미하는가에 대해서는 분명치 않다. 실제로 사회적 형평은 행정관료들이 시민을 불평등하고 편파적으로 대하는 것을 막고 재량권을 자의적으로 행사하는 것을 억제하는 윤리로서 의미를 갖는가에 대해서는 의문이 제기된다. 신행정학을 지지하는 사람들은 '행정의 목적은 불이익을 받는 정치적·경제적 약자들의 권력을 증진시키는 데 두어야 한다'고 하고 있으며, '관료는 혜택을 적게 받는 소외계층을 위해 노력을 해야 할 책무가 있다'는 Hart의 주장 등에서 윤리로서의 의미가 나타난다. 이들 주장은 행정가는 사회 내의 부와 권력을 균등하게 분배하는 데 그들의 재량을 사용해야 한다는 것을 의미한다.
〈 자료출처: 이영조 외(2010), 행정학원론(제4판), 서울: 도서출판 fides 〉

사회주의 시장경제 [socialist market economy]

정치 체제에서는 사회주의의 골간을 유지하면서 국가경제 운용면에서는 자본주의 기법을 과감히 도입한다는, 중국이 표방하고 나선 새로운 체제 지향을 말한다. 이는 사회주의 계획경제의 폐해로 지적되어 온 비생산성과 비능률성을 퇴치하기 위한 시도로 역사적으로 상충되어 온 두 가지 요소가 병존할 수 있는지에 대한 중대한 시험이라 할 수 있다. 1992년 1월 덩샤오핑(鄧小平)의 남순강화(南巡講話)에서 "사회주의에 시장이 있으며, 자본주의에도 계획이 있다"고 지적한 데 이어, 동년 6월 장쩌민(江澤民)이 공식 제창했다.

〈 자료출처 : 네이버용어사전(http://terms.naver.com/item.nhn?dirId=807&docId=3048 〉

산업클러스터 [industrial cluster]

특정 산업과 관련된 기업 및 기관들이 일정 지역에 모여 네트워크 구축과 상호작용을 통해 사업 전개, 부품 조달, 인력 및 정보 교류 등에 관한 지식과 정보를 공유해 시너지 효과를 발휘하는 것을 말한다. 기업과 대학, 연구소가 밀집해 형성된 대규모 타운으로 대기업과 중소기업의 분업 그리고 산학 협동이 유기적으로 이루어지도록 조성된 첨단 과학단지라고 할 수 있다. 산업집적(産業集積)이라고도 한다.

〈 자료출처 : Naver 행정학 용어 사전 / 에드민, 김종규, 2010 선행정학개론 〉

살라 모형 [(sala 模型) sala model]

미국의 행정학자 리그스가 제시한 발전도상국 행정체제에 있어서의 관청의 이론 모형. '사랑방 모형'이라고도 부름. 리그스는 관청이라는 용어를 행정기관이 업무를 수행하는 보다 포괄적인 자아소라는 의미로 사용하면서, 특히 전통사회의 관청을 빈소(殯所), 근대사회의 관청을 사무소(事務所)라는 명칭으로 구분하고, 과도사회인 프리즘 사회의 관청을 '살라(sala)'라고 하였다. sala라는 말은 스페인어로서 사랑방이라는 의미를 지니고 있어 살라모델을 우리말로 '사랑방 모형'이라고 표현하기도 한다. 살라모형의 특징으로 관료적 권력의 비대성과 행정의 비능률성을 지적하고 있다. 즉 그는 프리즘적 체제에 있어서의 관료적 권력의 비중은 전통사회나 근대사회의 행정체제에서 볼 수 있는 관료적 권력의 비중보다 상대적으로 크다는 점에서 관시을 갖고 그원인을 분석한 결과 '관료제의 행정 능률은 그이 권력비중에 반비례한다' 는 사실을 알게 되었다.

〈 자료출처 : 네이버 행정학 용어사전 〉

삼각측량법 [triangulation]

삼각측량법은 전통적으로 지리측량이나 지도제작, 항해 또는 우주항공 분야에서 사용하는 방법으로서 여러 각도에서 다양한 측량방법을 사용하여 고정된 물체나 지점의 정확한 위치와 상태를 파악하는 방법이다. 삼각측량법은 고정되어 있는 실체를 확인하거나 확실하게 구체화된 문제를 해결하기 위해서 다양한 방법을 이용하는 것이 그 특징이다. 따라서 여러 가지 방법에 의해서 동일한 해결책이나 결과를 기대할 수 있기 때문에 삼각측량법은 구성타당성(construct-validity)을 확보할 수 있는 방법이라고 할 수 있다. 전통적으로 삼각측량법이 사회과학에서는 인간관계의 갈등현상이나 가족관계 또는 심리적인 갈등현상을 종합적으로 해결할 수 있는 방법론으로 많이 이용되어 왔다. 삼각측량법은 해결하고자 하는 문제가 구체적으로 확인되고 정의된 것을 여러 가지 분석방법이나 해결방법을 이용하여 동일한 결과를 도출할 수 있는 경우에 가장 잘 적용될 수 있다.

〈 자료출처 : 이해영.(1997). 「정책학신론 : 이론-실제 이원론의 극복」학현사 〉

삼연 [三緣] 문화

혈연, 지연, 학연 등 우리 사회의 부정적인 인간관계의 문화를 의미한다. 즉 우리는 조금이라도 연(緣)이 되는 사람이면 무조건 친인척의 범주로 간주하는 경향이 있다. 예를 들어서 모르는 사람이라도 무조건 '아주머니' 혹은 '아저씨'와 같은 가까운 친인척에게나 사용할 수 있는 호칭을 사용한다. 이러한 현상은 우리에게 무의식중에도 연을 따지는 관습이 내재되어 있어 일상생활에서도 자연스럽게 나타나는 것이라고 할 수 있다. 이와같은 사익지향적 행동양식으로 인해 공익에 무감각할 수밖에 없는데, 이는 공익의 실현을 기본으로 하는 각종 법률에 대한 준수를 박약하게 한다. 특히 무엇이 공익이고 도덕인가에 대한 사회적 합의가 상당히 부족하다. 이같은 사회적 합의의 부재는 곧 국민형성(nation building)이 제대로 이루어지지 못하고 있음을 의미하며, 이는 아직도 우리 나라의 정치 발전 수준이 상당히 낮다는 것을 간접적으로 의미하기도 한다. 정권교체에도 불구하고 여전히 존재하고 있는 영호남 지역간 갈등도 아직까지 국민형성이 제대로 이루어지지 못하고 분열되어 있음을 나타내는 것이다. 이러한 심리는 곧 지역 중심적, 혈연 중심적, 가족 중심적 관계와 가치체계를 형성하게 되는 것이다.
〈 자료출처 : 강인재·이달곤 외.(1998). 「한국행정론」 대영문화사 〉

삼엽 조직 [shamrock organization]

전문직 근로자, 계약직 근로자, 신축적인 근로자의 세 집단으로 구성된, 지식정보화에 의해 나타나는 새로운 미래 조직의 형태 가운데 하나를 말한다. 지식정보화에 의해 나타나는 새로운 조직 형태의 예로는 삼엽조직 외에 후기기업가조직, 혼돈정부, 공동정부 등을 들 수 있다. 삼엽조직의 조직구조와 고용 체계는 직원의 수를 소규모로 유지하는 반면에 산출의 극대화를 가능하도록 설계된다. 따라서 조직구조는 계층 수가 적은 날씬한 조직이 되며, 고품질의 상품과 서비스를 동시에 공급할 수 있는 장점을 지닌다.
〈 자료출처 : 네이버 행정학 용어사전 〉

삼차원적 리더십이론 [tri-dimensional leadership theory]

조직에 요구되는 리더의 행동유형은 3가지 차원에서 모색하되 그대그때 변동된 상황에 따라 그것에 적절히 대처할 수 있는 리더십이라야 한다는 이론. 즉 적절하고 바람직한 리더의 행동유형이란 어떠한 상황에 따라 그것에 적합한 행동이어야 한다는 이론이다. 3차원적 리더십이론은 원래 레딘이 피들러의 리더십 상화모형과 블레이크와 모우턴의 관리망에 영향을 받아 개발한 것이며, 허시와 블랑찬도 그들의 라이프 사이클 이론을 보완하여 3차원적 리더십이론을 완성하였다. 리더십유형을 인간관계 지향적 유형과 과업지향적 유형으로 크게 둘로 구분하고 이를 단일선상이 아니라 차원을 달리한 불별개의 축으로 나타낸 다음, 거기에 효과성(effeciveness)이라는 차원을 추가하여 리더십유형으로 3차원모형을 전개하였다. 그리고서 인간관계의 높고 낮음, 과업의 높고 낮음을 효과성의 축에 따라 조합하여 나열하였던 것이다. 그 결과 어떠한 상황에서도 적절하고 이상적인 리더의 행동유형이 고정되어 있는 것이 아니라는 것을 알게 되었다.
〈 자료출처 : 행정학용어표준화연구회. 「행정학용어사전」 1999년 p376 〉

상관관계분석 [correlational methods]

변수 간의 관계의 밀접한 정도, 즉 상관관계를 분석하는 통계적 분석 방법을 말한다. 즉 회귀분석(regression analysis)에서 변수 사이의 관계식이 어느 정도 신빙성이 있는가를 살펴보는 것이라 할 수 있다. 회귀분석에는 상관관계분석이 필수적으로 수반되어야 한다. 따라서 회귀상관분석(regression and correlation analysis)이라 하여 같이 붙여 사용하기도 하며, 회귀분석이라는 용어만으로도 상관관계를 포함하는 의미로 사용하기도 한다. 단지 상관분석에서는 두 변수 중 어느 것도 먼저 결정된 것으로 보지 않는데 비해, 회귀분석에서는 X는 주어지고 Y만이 확률변수(random variable)이며, Y수치들은 정규분포를 이룬다는 가정을 하고 있다.

〈 자료출처 : 네이버 용어사전〉

상동적 태도

선택적 지각의 결과로 흔히 나타나는 오류로서 상동적 태도를 들 수 있다. 상동적 태도는 개인의 지각과정에서 개인이 환경상황에 대하여 일관적인 인식을 유지하려는 경향에서 나타나는 현상이다. 즉, 개인은 지각과정에서 흔히 지각대상으로부터 자신의 제한된 인지구조의 범위내에서 중요한 특성만을 지각하여 이를 토대로 지각대상을 분류하고 평가, 판단하는 경향이 있다. 기업체의 경우 경리, 영업, 기술 등 여러 기능분야에서 종사하는 구성원들의 중요한 특성을 중심으로 그들에 대한 편견이 형성되고, 이것이 개인행동에 영향을 주는 경우를 많이 볼 수 있다. 그 이외에 여러 다른 지역출신 사람들에 대한 편견도 상동적 태도의 좋은 예가 된다. 상동적 태도는 인간관계에 있어서 개인으로 하여금 그의 태도와 행동상의 오류를 범하게 함으로써 효율적인 상호관계에 장애요소가 될 수 있다. 그러나 그 반면에 상동적 태도는 인지체계가 비슷한 사람들 사이에 공통된 지각을 갖게 함으로써 개인의 평가과정에 도움을 줄 수 있고, 나아가서는 개인의 인지과정에도 균형과 안정을 유지해 주는 기능적 역할을 할 수도 있다.

〈 자료출처 : 조직행동론, 이학종, p127 〉

상황적응이론 [contingency approach]

특정 현상이나 조직 행태 등을 설명할 때, 환경적 상황을 주요 변수로 하여 설명하고자 하는 접근방법을 말한다. 조직 속의 인간 행태를 설명할 때 개인 및 집단의 심리적 결정 요인에 초점을 두고 설명할 수도 있고, 조직구조상의 특성을 중심으로 설명하기도 하며, 조직 체제의 환경적 결정 요인을 주요 변수로 하여 접근할 수도 있는 바, 상황론은 환경적 요인을 중시하는 접근방법이다. 리더십이론에서 상황론 또는 상황적응적 접근은 리더의 개인적 속성이 아니라 상황이 지도자를 만든다는 사고방식에서 출발한다. 즉 어떤 사람이 지도자가 되는 까닭은 그가 지닌 생래적 속성 때문이 아니라 그가 처한 상황에 따라 적합한 행태를 보이기 때문이라는 것이다. 리더십이론은 초기의 자질론에서 상황론으로 발전해 왔다. 일반적으로는 상황변수 속에 리더의 속성과 추종자들의 욕구 및 상황적 변수를 포괄해 설명하고 있다. 피들러(Fred E. Fiedler)는 그의 상 황적응적 리더십 모형에서 리더십의 효과성을 결정짓는 상황변수로 지도자와 추종자의 관계, 업무구조, 지위 권력의 세 가지를 들었다.

〈 자료출처 : Naver 행정학 용어 사전 / 에드민, 김종규, 2010 선행정학개론 〉

상황적응적 모형 [Contingency Decision-Making Model]

의사결정연구인들은 의사결정모형들의 상황적응적 효용을 강조하면서 이에 대한 통합적 이해를 돕기 위하여 상황적응적 의사결정모형의 개발을 시도하고 있는데 그 중 하나인 Daft의 상황적응적 의사결정모형이 대표적이다. Daft는 문제에 관한 합의, 문제해결에 관한 기술적 지식을 기준으로 두 기준의 수준의 높낮이를 경우의 수로 하여 의사결정상황을 네 가지로 유형화하고 각 유형마다 거기에 적합한 의사결정의 접근방법을 규정하였다. 문제에 관한 합의와 기술적 지식에 관한 합의가 모두 높은 상황1의 경우에는 인과관계에 대한 지식도 확실하여 관리과학적 방법이 적합하며, 합의의 수준은 낮고 합의수준은 높은 상황2의 경우에는 카네기모형이 적합하다. 반대로 합의수준은 높고 기술적지식에 관한 합의수준은 낮은 상황3일 경우에는 해결대안을 논리적인 방법으로 확인하고 계산할 수 없기 때문에 과거의 경험과 직감에 의지하여 해결할 수 밖에 없으므로 점증적 모형이 가장 적합하다. 마지막으로 두 수준 모두 낮은 경우 관리자는 문제의 확인과 해결책의 선택을 위해 타협전략, 판단전략, 영감적 전략, 모방전략 등을 이용하여 조직차원의 문제해결에 동원할 수 있는 의사결정모형은 카네기모형, 점증적 모형, 쓰레기통모형이다.
〈 자료출처 : 오석홍 (2003 : 543).「조직이론」〉

새 1원론 [new indivisibility]

정치와 행정은 불가분의 관계에 있을 뿐 아니라 행정이 정치를 이끌어나가야 한다는 주장 내지 그러한 견해. 1940년대 초에 지배적이던 '정치행정1원론'과 구별하기 위하여 일컫게 된 용어이다. 새 일원론이 대두된 것은 1960년대에 발전행정론이 등장하면서 부터이다. 발전행정론자들은 후진국의 발전문제를 행정과 결부시켜 연구하기 시작한 데서 비롯된다. 그 대표적인 학자로는 와이드너(E. Weidner), 에스만(M.Eman) 등을 들 수 있다. 그들에 의하면 발전도상국은 아직 민주정치가 발전하지 못하였으므로 국가적 사업을 효율적으로 추진하기 위해서는 거대한 관료조직인 행정부가 주도적 역할을 해야한다는 것이다. 즉 행정우위론에 입각한 정치 행정 일원론을 주장한 것이다.
〈 자료출처 : 네이버 행정학 용어사전 〉

생계형 부패

부패의 유형 중 생계형 부패는 생계비의 부족을 충당하기 위하여 부패라는 수단을 이용하는 경우에서 비롯된다. 부패의 유발원인을 다양하게 논의 할 수 있으나 생계형 부패의 경우는 열악한 보수구조에서 비롯된다. 다시 말하면 부패관련자가 이 열악한 보수구조로서는 생계를 유지하기가 어려워 외부의 유인에 의하거나 제도적 통제가 미비하거나 혹은 윤리의식이 결핍되어 그 지위관련의 뇌물을 수령하는 경우를 가정 할 수 있다. 이 부패는 어떤 의미에서는 개인의 윤리의식의 저하보다는 제도적인 문제에 그 부패의 변수를 찾아 볼 수도 있다. 그러나 이러한 것을 일반화 하는 것은 설득력이 없는 논리이다. 왜냐하면 아무리 열악한 처우 조건이라 하더라고 왜 어떤 공직자는 부패의 유인을 극복 할 수 있는가를 생각하면 그 문제는 쉽게 풀린다. 다른 말로 말하면 부패의 변수중 개인의 수준 높은 윤리의식의 변수가 부패를 방지하는 요인으로서 중요하다는 것을 말해준다.
〈 자료출처 : 네이버행정학용어 사전 〉

생산적 복지

「국민의 정부」가 1999년 4월에서 8월에 걸쳐 하나의 국정이념으로서 제시한 복지정책모형이다. 정부는 이를 두고 “경제위기를 극복하고 밝은 미래사회를 건설하기 위해 민주주의와 시장경제의 초석을 다져 나가는 토대 위에서 모든 국민의 질 높은 삶이 보장되는 것을 지향하는 것”이라고 한다(대통령비서실 삶의 질 향상기획단, 2000). 생산적 복지는 모든 국민이 인간적 존엄성과 자긍심을 유지할 수 있도록 기초적인 생활을 보장함과 동시에 자립적이고 주체적으로 경제·사회활동에 참여할 수 있는 기회를 확대하고 분배의 형평성을 제고함으로써 삶의 질을 향상시키고 사회발전을 추구하려고 한다. 다시 말해서 국민의 삶의 질을 보장하기 위하여 빈곤, 질병, 실업, 주거문제 등에서 필요한 최소한의 요건이 갖추어질 수 있도록 자발적·주체적 인간개발 노력과 근로를 통한 자활·자립을 유도하려는 것으로서 사회복지의 자활기능을 강조한 개념이라고 볼 수 있다.
〈 자료출처 : 온라인 행정학 전자사전 (http://www.epadic.com/index.php) 〉

생태론적 접근 [ecological approach, 生態論的 接近]

특정 현상을 설명할 때 환경적 결정 요인, 즉 생태의 역할을 중시하는 이론적 관점을 말한다. 행정학에서는 행정의 환경을 구성하는 정치 · 경제 · 사회적, 인구학적, 자연적 요인이 특정 국가의 행정의 성격에 중요한 영향을 미친다고 보는 관점을 생태론적 접근이라 한다.
〈 자료출처 : 네이버 행정학 용어사전 〉

서비스형 전자정부와 민주형 전자정부

서비스형 전자정부는 추진 목적이 효율성 제고에 한정하는 것이 아니라 정부부문의 향상된 정보 능력을 민간과 공유하는 가운데 행정정보가 국민의 복지와 생활의 질(서비스의 질) 향상에 얼마나 기여할 수 있는가를 목적으로 하는 고객지향형 전자정부, 매체의 대국민 접근가능성 제고, 정보의 고유통합성 및 전문성 추구를 중시한다. 민주형 전자정부는 국민의 정부에 대한 높은 신뢰에 의해 발전가능하며 이러한 신뢰 구축을 위해 정책결정과정에 국민이 직접 참여하도록 행정부문의 정부공간을 공개, 확대하는 전자민주주의를 전제로하는 유형이다. 정보의 자유 정착과 프라이버시의 확고한 보호가 중시되는 데 수단으로는 정보의 전자적 공개, 보편적 서비스, 인터넷, 전자 거버넌스 등이 있다.
〈 자료출처 : 2010선행정학, 저자 김중규 〉

서열법 [ranking method, 序列法]

대상을 비교할 때 절대 점수를 산출해 상호 비교하는 것이 아니라, 단순한 서열만을 기준으로 비교·평가하는 것을 말한다. 근무성적평정에서 서열법은 피 평정자의 근무성적을 서로 비교해서 그들 간의 서열을 정해 평정하는 방법을 말한다. 이 방법에는 피 평정자의 전체적인 근무 상황을 포괄적으로 비교하는 종합순위법과 평정 요소를 선정하고 각 요소별로 피 평정자를 비교해 통합하는 분석적 순위법이 있다. 그리고 쌍쌍비교법과, 대인비교법 등이 있다.
〈 자료출처 : http://terms.naver.com/item.nhn?dirId=807&docId=2125 〉

선전효과

광고와 세일즈맨십은 민간기업에서 생산되는 상품에 대한 높은 수요를 창출하나, 국민생활의 질에 크게 기여할 수 있는 공공재와 서비스에 대한 선전은 이루어지지 않음으로써 공적 욕구를 자극시키지 못한다는 갤브레이스(John Kenneth Galbraith, 1908-2006)의 주장을 말한다. 그는 대량 소비와 대량 생산의 문제를 다룬 1958년에 문제를 제기했다.
〈 자료출처 : 네이버 용어사전(http://terms.naver.com) 〉

선택적 복지제도

정부가 선택 가능한 여러 가지 복지혜택을 미리 준비해 놓고 그 가운데서 공무원들이 자신의 기호와 여건, 삶의 양식에 따라 각자 필요한 것을 선택할 수 있게 하는 카페테리아식 맞춤형 복지제도를 의미한다. 수요자중심의 복지사업을 운영함으로써 공무원의 만족과 조직의 효육성을 증진하려는 것이다. 종업원의 근로조건을 높이고 생산성 향상에 기여하기 위해 의료, 건강 관련 및 주거, 교육, 자기계발, 여가활용 등 다양한 복지를 종업원이 선택해 받도록 하는 것이다. 2005년부터 선택적 복지제도를 운영하는 행정자치부와 서울특별시 공무원들은 근무연한과 직급에 따라 30~90만원의 복지예산을 배당 받아 입원비 보상, 건강진단, 보험가입 등 17개 항목들 가운데 필요한 것을 선택할 수 있다.
〈 자료출처 : http://100.naver.com/100.nhn?docid=794792 〉

성과급 [performance awards]

조직구성원이 달성한 성과에 따라 보상을 차등적으로 제공하는 보수 제도를 말한다. 즉 개인이나 집단이 수행한 작업 성과나 능률을 평가해 그 결과에 따라 지급하는 보수로, 업적급·능률급이라 부르기도 한다. 성과급은 생산성을 높이려는 데 주된 목적이 있다. 성과급은 크게 개인 성과급과 집단 성과급으로 나눌 수 있다. 성과급은 개개인의 작업량이나 성과에 관계 없이 업무에 종사한 시간을 단위로 하여 정액으로 지급하는 고정급과 대비된다. 독일과 호주 등에서는 성과평가에 따른 성과급을 연봉 수준의 약 20%에 해당하는 범위 내에서 차등지급하고 보수의 약 20%에 해당하는 부분을 성과급으로 사용한다. 성과급 제도가 성공하기 위해서는 성과의 객관적 측정이 가능해야 한다.
〈 자료출처 : 네이버 용어사전 〉

성과주의 예산제도 [成果主義 豫算制度,PBS:performance budgeting]

성과주의 예산제도는 정부가 무슨 일을 하느냐에 중점을 두며 예산투입을 정부의 산출에 연결시키는 제도이다. 이 모형은 정부가 하려는 사업이 무엇이며 그에 소요되는 비용은 얼마나 드는지를 밝혀준다. 기능별 예산제도(functional budgeting) 또는 활동별 예산제도(activity budgeting)라고 부르기도 하는 성과주의 예산제도는 예산과목을 사업별·활동별로 분류하여 편성한다. 대단위사업을 하위사업으로 나누고 이를 다시 세부사업으로 나눈 후 세부사업별로 업무량과 단위원가를 곱하여 예산액을 산출한다. 이처럼 성과주의 예산제도에서는 각 사업별 업무단위를 측정하여 업무를 양적으로 표시하고 그 원가를 기준으로 예산을 편성한다. 그리고 정부사업의 산출을 평가할 수 있도록 미리 산출기준을 결정해 두고 그에 따라 산출분석과 내부통제를 할 수 있게 한다. 분석의 초점은 예산지출의 상대적 능률성 비교에 있다.
〈 자료출처 : 오석홍, 「행정학」, 박영사, 2007, p.701 〉

성심사 [loyalty test]

공직에 취임하려는 사람들이나 현직 공무원들의 이념 및 국가관 등에 관한 자료를 조사·평가하는 것을 말한다. 충성심사 결과 문제가 있는 것으로 판정받은 신규채용후보자는 공직에의 임용이 거부되며, 현직 공무원이 불충성 판단을 받을 경우에는 공직에서 배제된다. 우리나라의 경우에는 신규임용 대상자에 대한 신원조회 제도가 충성심사의 기능을 수행하고 있다. 미국은 모든 공무원을 대상으로 하여 충성심사를 하며, 영국은 안보와 관계가 깊은 직위만을 대상으로 한다.
〈 자료출처 : 네이버 행정학 용어 사전 〉

성주류화 [Gender mainstreaming, 性主流化]

여성이 사회 모든 주류 영역에 참여해 목소리를 내고 의사결정권을 갖는 형태로 사회 시스템 운영 전반이 전환되는 것을 말한다. 정치·경제·사회적 정책을 통합적 차원에서 기획·실행·감시 및 평가함으로써 여성과 남성이 동등한 혜택을 누리고 불평등이 발생하지 않도록 하는 전략으로, 그 궁극적 목적은 양성평등(gender equality)을 이루는 데 있다. 성주류화의 과정은 여성이 사회의 모든 분야에 동등하게 참여하고 의사결정권을 갖는 것을 의미하는 여성의 주류화(mainstreaming of women), 젠더 관점의 주류화(mainstreaming of gender), 주류의 전환(transforming the mainstreaming)을 포함한다.
〈 자료출처 : 네이버 백과사전 〉

세방화

globalization (세계화)과 localization(현지화)을 합성한 신조어로 세계화를 추구하면서 동시에 현지국가의 기업 풍토를 존중하는 경영 방식을 뜻하는 말이다. 예로서, 어느 기업이 독립채산제에 의해 운영되는 별도의 현지법인을 타국에 설립했을 경우 현지법인의 경영책임을 타국(현지인) 경영자에게 위임하는 것을 들 수 있으며, 또한 현지 정서에 맞는 노무관리를 적용하는 방법으로 현지 고용자들과의 사이에서 발생할 수도 있는 마찰을 완화하는 것 등을 들 수 있다.
〈 자료출처 : http://terms.naver.com/item.nhn?dirId=807&docId=3099 〉

셀프리더십 [self-leadership]

셀프리더십은 리더가 리더십에 필요한 자질(소질)이나 자격, 기술, 인성 등을 스스로 개발하고 관리하면서 통제하여 리더십의 효능을 향상시키려는 자기 자신의 지각에 의한 노력의 리더십이다. 따라서 전통적인 리더십은 환경과 조건 그리고 그에 반응하는 리더의 행태 등에 초점을 두는 외적 리더십인 반면에, 셀프리더십은 리더의 내부적인 요인을 설명하는 접근방법이어서 이것을 내적 리더십(internal leadership)이라고 할 수 있다. 자정모형도 셀프리더십이 제기하는 전통적인 리더십이론에 새로운 돌파구가 마련되어야 하며, 그 방법으로 리더가 우선 자신을 먼저 알고 통제하는 일에서부터 시작해야 한다는 주장을 중요한 것으로 받아들이고 있다. 그러나 자정모형이라고 이름을 붙인 것이 셀프리더십에 근거를 둔 것은 아니다. 실제로 한국사회의 정책지도자의 리더십 병리현상 중에서 가장 심각한 현상인 리더의 비인간적인 자질과 인성, 비사회적인 행위와 태도, 비인도적인 가치관 및 심성, 비도덕적이고 비윤리적인 가치판단 등을 치유할 수 있는 방법으로, 우선적으로 리더의 자기정화의 노력과 가치관의 변화가 중요하다는 사실을 강조하기 위해서 개발한 것이다.
〈 자료출처 : 이해영.(1997). 「정책학신론 : 이론-실제 이원론의 극복」학현사 〉

소극적 자유 [negative freedom]와 적극적 자유[positive freedom]

소극적 자유는 정치권력과 맞서는 개인의 자유를 강조하는 정부로부터의 자유로서 개인에 대한 정치권력의 부당과 억압과 강제를 배제하기 위한 법적 · 제도적 장치를 마련하는 것이다. 이는 보수주의 자들이 강조하는 자유이다. 적극적 자유는 정부의 간섭주의를 지향하는 정부에 의한 자유 내지는 정부에로의 자유로서 아무리 소극적 의미의 자유가 주어지더라도 실제로 그러한 자유를 행사할 수 있는 여건이 보장되도록 정부의 적극적 활동 내지 간섭이 요구된다고 주장한다. 이는 진보주의자들이 강조하는 자유이다.
〈 자료출처 : 김중규 (2010), 「선행정학개론」〉

소모적 갈등과 생산적 갈등

갈등은 그것이 조직에 어떤 영향을 미치느냐에 따라 소모적 갈등과 생산적 갈등으로 나눌 수 있다. 양자는 갈등 자체의 속성에 따른 것이 아니라 갈등을 어떻게 해결하고 관리하는가에 의해 구분된다. 갈등은 관리되지 않으면 당사자 간의 질시와 반목 등 부정적인 감정을 확산, 유발시켜 소모적 갈등으로 변질될 수 있다. 다만, 소모적 갈등이 개인적 욕구와 집단의 이익을 위한 것이라면, 생산적 갈등은 조직에 대한 애착과 기대에서 비롯된 것으로 개인의 욕구보다 조직 전체의 이익을 위해 의견이 대립되는 경우라 할 수 있다. 생산적 갈등은 갈등 이전보다 문제의 핵심을 더 잘 파악하게 되고, 인간관계나 팀워크, 단결을 강화하며, 자신과 상대방의 능력 및 잠재력에 대한 확신을 가지게 되기도 하고, 개인적 차원에서 심리적, 인격적으로도 한층 성숙할 수 있는 계기가 될 수 있어서, 조직 전체적으로 생산성 향상에 기여하게 되는 기능이 있다.
〈 자료출처 : 2010선행정학, 저자 김중규 〉

소시오그램

인간관계나 집단의 구조 및 동태(動態)를 경험적으로 기술(記述)·측정하는 이론과 방법의 총칭. 좁은 의미로는, 특히 J.모레노와 그 학파가 체계화한 방법을 가리킨다. 모레노에 의하면, 집단 성원(成員) 사이에 끊임없이 변화하는 견인(牽引:attraction)과 반발(repulsion)의 역학적 긴장 체계이며, 이는 개인의 자발성의 성질과 문화적 역할에 대한 학습 정도에 따라 상대적으로 안정된 구조를 만들어낸다는 것이다. 이 관점에 입각하여, 자발성이나 역할연기(役割演技)의 진단과 훈련으로 안정된 인간관계를 창조하려고 집단요법이 연출되었으며, 또 정서적·문화적 역할에 규정된 견인과 반발의 강도·성질을 분석·측정하기 위한 기술이 발전하였다. 이같은 인간관계나 집단의 분석을 위한 주요 방법으로서 모레노는 ① 면식(面識)테스트(acquaintance test), ② 소시오메트릭테스트(sociomatric test), ③ 자발성테스트(spontaneity test), ④ 상황테스트(situational test), ⑤ 역할연기 테스트(role-playing test) 등의 5가지를 제안하였다. 이 5가지 중에서 소시오메트릭테스트가 인간관계와 집단구조의 분석법으로서 많이 사용되고 있다. 이것은 특정한 상호작용 사태에 관해서, 개인의 다른 성원에 대한 선택(choice)과 거부(rejection)의 행동(정서관계에서는 좋아함과 싫어함)을 테스트에 의해 타진하는 방법이며, 데이터는 일정한 약속(선택관계는 實線, 거부관계는 破線)에 따라 공간적으로 도표화된다. 이를 소시오그램(sociogram)이라고 하며, 개인의 행동특성과 집단의 구조특성이 시각적으로 명시된다.
〈 자료출처: 네이버 백과사전 http://100.naver.com 〉

소용돌이의 장 [turbulent field]

조직환경이 매우 복잡하고 격변하는 동태적인 환경을 말한다. 이러한 조직환경은 환경 내의 특정한 구성 체제들이 벌이는 상호작용에 의해서뿐만 아니라 환경이라는 장(場) 자체로부터 동태적인 과정이 야기되는 환경 유형이다. 상호작용의 복잡성과 급속한 변화로 예측이 곤란한 이러한 환경 속에서는 장기계획이란 의미가 없으며, 조직은 변화하는 환경에 적응할 수 있도록 신축적인 내부구조를 갖는 것이 유리하다. 에머리(F. E. Emery)와 트리스트(E. L. Trist)는 조직환경의 기본 유형을 소용돌이의 장을 포함해 정적·임의적 환경, 정적·집약적 환경, 교란·반응적 환경의 네 가지로 분류했다. 이들은 조직환경이 단순하고 변화하지 않는 정적·임의적 환경에서 복잡하고 동태적인 소용돌이의 장으로 진화되는 과정을 밟는다고 주장한다.
〈 자료출처 : 네이버 행정학 용어사전, 2010 김중규 선행정학개론 〉

소원전치주의 [訴願前置主義]

행정청의 위법처분에 대해 행정청에 대한 소원(訴願) 등 불복 신청을 할 수 있게 되어 있는 경우에는 먼저 이에 대한 재결(裁決) 등을 거친 후가 아니면 소송을 제기할 수 없게 하는 원칙을 말한다. 이전의 행정소송법이 채택하고 있었던 원칙으로, 1984의 신행정소송법에서는 소원전치주의 대신 행정심판전치주의를 채택하게 되었다. 이러한 원칙은 행정기관에 의한 심판 제도가 설정되어 있는 경우 특정한 행정처분을 시정할 것인가 아닌가에 대한 판단의 기회를 처분청 또는 상급 행정청에 1차적으로 부여하고, 또 그를 통해 법원에의 직접 제소를 제약함으로써 법원의 부담을 경감하려는 데 있다.
〈 자료출처 : 네이버용어사전 〉

수익자 부담 [user charging]

공공 서비스에 소요되는 비용을 그 수익자에게 부담시키는 재정 방식을 말한다. 공공 서비스는 그 편익이 특정인에게 한정되지 않고 널리 국민 전체에 제공되는 특징이 있어 국가 또는 지방자치단체가 부담하는 것이 일반적이다.
〈 자료출처 : 네이버 백과사전 〉

수정발생주의

수정발생주의(modified accrual basis)는 현금과 경상적 재무자원 뿐만 아니라 장기적 재무자원까지도 인식하며, 현금의 수납 및 지급시점이 아니라 거래가 발생한 시점에 비용과 수익을 인식하는 방식이다. 그러나 수정발생주의는 여전히 여러 해 동안 편익을 제공하게 될 물리적 자산이 자산으로 인식되지 않고 당해 연도에 소비되는 것으로 비용,처리된다는 점에서 발생주의와 차이가 있다.
〈 자료출처 : 온라인행정학전자사전 〉

숙련기술해체가설 [deskilling hypothesis]

숙련기술해체가설이란 기업주가 노동비용을 절감하기 위하여 숙련노동자를 기술과 경험이 부족하고 교육수준이 낮은 비숙련노동자로 대체하는데 컴퓨터나 정보기술이 이용될 수 있다는 가설을 의미한다. 특히 브레이버맨(Braverman)은 관리전략으로서의 자동화는 신뢰도가 낮고 변덕스러운 인간기계를 보다 신뢰성이 높으며 생산적이고 덜 자기중심적인 기계로 대체하려는 전략으로 보았으며 따라서 컴퓨터는 사무작업을 조직화하고 하위계층의 조직구성원의 힘을 약화시키는 것으로 파악하였다. 일반적으로 정보기술에 의한 숙련기술해체는 다음과 같은 두가지 방식에 의해 조장될 수가 있다. 첫째, 컴퓨터는 정교한 기술과 지식을 통합할 수가 있으며 컴퓨터 사용자에게는 그러한기술과 지식에 대한 숙지를 요구하지 않을 수가 있다. 둘째, 컴퓨터는 각 개인들에게 생산된 정보를 재조립할 수 있게함으로써 테일러리즘-통합적인 업무를 분할, 단편화하여 노동자가 각가 단편화된 부분적 업무에 종사하도록 하는 것-을 조장하고 테일러리즘과 결합될 수가 있다는 점이다.

〈 자료출처 : 「http://cafe.daum.net/of2030」〉

순계예산 [net budget, 純計豫算]

국가 활동에서의 수납(收納) 또는 지출 금액을 전액 예산에 계상하지 않고 순수입(純收入)과 순지출(純支出)을 계상하는 예산 제도를 말한다. 즉 조세수입의 경우에는 조세의 총수입액에서 징세비를 공제한 잔액, 관업수입(官業收入)의 경우에는 총수입액에서 경영비를 공제한 순익을 세입예산에 계상하고, 교육비의 경우에는 총경비에서 입학금·수업료 등을 공제한 잔액을 세출예산에 계상하는 제도다. 이러한 순계예산은 과거에 있었던 제도이며, 오늘날 각국은 총계주의에 의한 총액예산 제도를 적용하고 있다.

〈 자료출처 : 네이버 행정학 용어사전 〉

순환보직 [Job rotation, 循環補職]

교육훈련을 받는 공무원에게 여러 가지 직무를 고루 경험할 수 있도록 근무하는 부서를 바꾸어 직위를 배치해 주는 훈련 방법을 말한다. 따라서 순환보직은 공무원으로 하여금 여러 가지 직무의 경험을 통하여 넓은 안목을 갖게 함으로써 관리능력이 향상되게 하려는 데 주로 쓰이는 교육훈련의 방법이다. 따라서 순환보직은 여러 업무에 관한 종합적 지식과 경험을 쌓아 보다 넓은 안목을 가질 수 있고, 하나의 직무수행을 통해 익힌 것을 다른 직무수행에 활용할 수 있으며, 다른 부서 직원들의 고충을 이해하고 그들과 협조적인 태도를 갖게 할 수 있는 등 여러 가지 이점이 있다. 그러나 순환보직의 기간이 짧고 계속 진행되면 조직단위(각 부서)의 업무에 일관성과 계속성을 저해시킬 우려가 있고, 훈련을 받는 자도 제대로 업무를 익히지 못하는 결과를 가져올 수도 있다. 그래서 순환보직에 의한 교육 훈련에 보직변경의 기간을 다소 길게 하고(보통 3개월 내지 1년) 한꺼번에 많은 수의 순환보직을 피하고 있다.

〈 자료출처 : 행정학용어 표준화연구회(2010), 『행정학용어사전』, 새문화미디어, p320 〉

스캔론 계획 [Scanlon Plan]

1935년 노동운동가 스캔론(Joseph Scanlon)이 개발한, 생산성 변동에 임금을 연결시켜 산출하는 상여금 제도를 말한다. 즉 총생산 비용에 대한 노동 비용의 비율을 기준으로 상여금을 산정하는 이 제도는 노동 비용의 비율이 표준노동 비용 비율보다 낮아지면, 그로 인해 생긴 이윤을 고용주·노동자·사내유보(社內留保)의 세 몫으로 나누어 분배하는 방식을 말한다.

〈 자료출처 : 네이버 행정학 용어 사전 〉

스태그플레이션 [Stagflation]

경기가 침체중임에도 물가가 오히려 상승하는 경제 현상을 말한다. '침체'를 뜻하는 영어의 스태그네이션(stagnation)과 '화폐가치가 떨어져 물가가 오르는 것'을 의미하는 인플레이션(inflation)의 합성어다. 경기가 침체되면 물가가 하락하는 것이 고전적 경제 상식이었으나, 1970년대부터 주요 선진국에서 긴축정책으로 경기가 침체해도 이전소득의 증가, 임금의 하방 경직 현상 등으로 물가가 오히려 크게 상승하는 새로운 현상이 나타나기 시작했다.

〈 자료출처 : 네이버 백과사전 〉

스티그마 효과 [stigma effect, stigma 效果]

다른 사람들에게 무시당하고 부정적인 낙인이 찍히면 행태가 나쁜 쪽으로 변해가는 현상을 말한다. 사회심리학에서 일탈행동을 설명하는 한 방법으로, 남들이 자신을 긍정적으로 생각해 주면 그 기대에 부응하려고 노력하지만, 부정적으로 평가해 낙인을 찍게 되면 부정적인 행태를 보이게 되는 경향이며 '낙인 효과'라고도 한다. 이와 반대되는 피그말리온 효과는 긍정적 기대를 받게 되면 긍정적 행태를 보이는 경향성을 말한다.

〈 자료출처 : http://terms.naver.com/item.nhn?dirId=807&docId=3130 〉

스필오버 [spillover]

방송위성의 전파가 원래 의도했던 서비스 지역을 넘어서 타 지역이나 주변국가에까지 영향을 미치는 것을 말하는 것으로 우리말로는 '전파월경(電波越境)'이라고 한다. 특정한 국가나 지역을 대상으로 하는 전파가 관계없는 다른 지역으로 발사되는 것은 국제적인 문제가 될 우려가 있기 때문에 전파통신규칙(RR)에 국제적인 조정 절차가 규정돼 있다. 한편 경제학에서 쓰이는 '스필오버'는 어떤 요소의 생산 활동이 그 요소의 생산성 또는 다른 요소의 생산성을 증가시켜 경제 전체의 생산성을 올리는 현상을 말하는 것으로 일출효과(溢出效果)라고도 한다.
〈 자료출처 : 네이버 행정학용어 백과사전 〉

슬라이딩스케일 이용료

클라이언트의 지불능력을 고려한 이용료이다. 일정 소득 이하의 클라이언트는 이용료를 면제해주고, 그 이상의 소득을 가진 클라이언트에게는 누진적 이용료를 부과한다.
〈 자료출처 : 원석조, 『사회복지행정론』, 양서원 2009 〉

습숙성의 원칙

담당직무에 대한 숙련도가 높은 상위직급의 경력은 하위직급의 경력보다 배점비율을 높여야 하며, 직급의 고하에 따라 경력의 가치에 차이가 있음을 인정해야 한다는 것이다.
〈 자료출처 : http://dic.naver.com/ , 최신행정학원론 신두법, 오무근 박영사 p.44 , 행정학 오석홍 박영사 p.48 〉

시간적 오류

시간적 오류에는 첫머리 효과와 막바지 효과가 있다. 첫머리효과는 전체 기간의 근무성적을 평가하기보다는 초기의 업적에 영향을 크게 받는 현상을 말하며, 막바지 효과는 첫머리 효과와는 정반대로 최근의 실적이나 능력을 중심으로 평가하는 경향을 일컫는다. 근무성적 평정은 대개 1년 내지 6개월로 된 전체 평정기간의 근무 성적을 평가하도록 되어 있지만 전체 기간의 근무 성적을 냉정히 종합하여 평가하지 못하고 최근의 근무 성적에 대한 인상을 가지고 평가하는 경향을 흔히 볼 수 있다. 이러한 오류를 시간적 오류라 할 수 있다.
〈 자료출처 : 강성철 외(2007). 「새 인사행정론」(제5판) 〉

시계열분석 [Time series analysis]

어떤 특정한 대상의 시간적 변동을 계속적으로 관측하여 얻어진 자료에 의거하여 그 변동의 원인 해명 및 미래예측을 위하여 행하는 분석 방법. 즉, 시계열분석은 시간을 독립변수로 하여 과거에서부터 현재에 이르는 어느 특정 대상(가격, 소비 등의 경제현상이나 기온, 강우량 등의 자연현상 등)의 변동을 계량적, 수량적으로 분석함으로써 미래를 예측하려는 분석 방법이다. 시계열 분석의 기본적인 방법은 시계열 데이터의 변동을 몇 개의 구성 요소로 나누고, 그 중 가장 기본이 되는 구성 요소의 변동에 대하여 이미 알려진 곡선 가운데 가장 적합한 것을 적용한다. 시계열 분석은 기획과정에서 미래 예측에의 객관적인 준거를 제시하며, 합리적인 판단과 통제에 도움을 준다.

〈 자료출처 : 행정학용어사전-행정학용어 표준화연구회. 새정보 미디어 2010/ p.414~415 〉

시넥틱스 [synectics]

비정형적 의사결정의 현대적 기법 중의 하나이다. 시넥틱스는 모든 상이하고 무관계한 요소들을 짜 맞춘다는 뜻을 가진 그리스어에서 온 말로서, 의사결정과 관련한 상이한 문제들을 분석과정을 통해 유사하게 만들고 그 다음으로 이것을 상이한 관점에서 창의적인 착상에 임하는 방법을 말한다.

〈 자료출처 : 최항순 (2010 : 434),「행정조직론」〉

시뮬레이션 [simulation]

현상의 복잡한 과정을 이해하기 위해 분석 대상 현상을 모형화하고 이 모형을 이용한 모의실험을 통해 실제 상황을 해석하는 기법을 말한다. 이러한 시뮬레이션 기법은 전기전자 · 기계 계통의 물리적인 시스템뿐만 아니라 사회 · 경제 · 군사 등의 영역에서도 널리 활용되며, 공무원훈련 방법으로도 이용된다.

〈 자료출처 : 네이버 행정학 용어 사전 〉

시민사회 [civil society, burgerliche Gesellschaft, 市民社會]

일반적으로 공공 부문(public sector)에 대비되는 민간 부문(private sector)을 지칭하는 개념으로 사용된다. 코헨(Jean L. Cohen)과 아라토(Andrew Arato)와 같은 일부 학자는 국가와 경제를 매개하는 사회 영역만을 '시민사회'로 특정화하나, 민간 부문을 '경제적 시민사회(시장)'와 '비경제적 시민사회'로 구분할 때, 좁은 의미의 시민사회는 '비경제적 시민사회'를 가리킨다고 할 수 있다. 역사적으로는 시민계급이 경제 · 사회 · 정치 등의 영역 전반에 걸쳐 지배적 지위를 차지한 근대 사회를 지칭하는 개념으로 사용된다.
〈 자료출처 : 이영조 외 3명, 2008, 행정학원론 피데스 〉

시민헌장 [해정서비스헌장]

시민헌장제도는 각 공공기관에 대하여 의무조항을 명시하고 일반국민이 당연히 누려야 할 권리를 천명하며, 제공될 서비스의 기준을 설정하여 불이행시에는 일반국민들이 시정조치와 보상을 요구할 수 있도록 한 고객 심적 서비스 관리제도이다. 시민헌장은 종전에 국가와 국민간의 추상적, 암묵적인 관계를 명시적이고도 강제적인 계약으로 전환하여 공공부문에 대한 근접통제의 물리적 한계를 극복해 주는 계기가 되었다. 시민헌장제도는 공공서비스의 품질관리전략의 일환으로 그 핵심은 성과지표를 개발하고 그것을 서비스기준과 연계시키는 방안을 구체화하는 것이다.
〈 자료출처 : 2010선행정학, 저자 김중규 〉

시장성검증

시장성검증이란 영어로는(market testing) 이라고 하며 정부책임의 공공업무를 민간과의 경쟁입찰을 통해 보 다 효율적인 공급자를 결정하는 제도. 대상업무는 정부가 책임지고 수행해야 하지만 정부조직과 민간업체가 모두 수행할 수 있다 고 판단되는 업무다. 쉽게 말해서 공공서비스 분야에 경쟁성을 도입하기 위한 방법으로 민간과의 경쟁 또는 정부기관 간의 경쟁을 시험적으로 도입해 보고, 그 결과에 따라 내부시장화 또는 민간화 등을 결정하려는 절차라고 할 수 있다. 시장성 검증의 대상으로 될 수 있는 업무영역은 자원집약적 업무, 구획이 가능한 업무, 전문가적 업무나 자원적 업무, 업무수행기술이 자주 변동하는 업무, 급변하는 시장환경 속에서 수행되는 업무 등이다.
〈 자료출처 : 행정학 과제 용어정리 〉

시지배인제 [City manager type, 市支配人制]

시의회가 일정한 임기의 행정 전문가를 시정부의 지배인으로 선임하여 그에게 행정의 권한 전부를 위임하는 기관분립적인 지방정부 행태이다. 시지배인제는 미국에서 행정개혁운동의 일환으로 당시 시정위원회(市政委員會制)의 취약점을 보완하며 발전한 제도로 능률적적 행정이념에도 부합되며 이러한 시정위원회제가 발전하여 처음에는 시정위원회 지배인제(commission manager type)라 불렀으나 지금은 시지배인제 또는 시의회지배인제(市議會支配人制)라 부르고 있다. 시지배인제에 있어서의 시장은 시의회에서 호선되거나 시민에 의해 직접 선출되지만 시의회를 주재하는 의장의 역할과 그 지방자치단체의 의례적 대표자 역할만 할 뿐 실질적인 시정(市政)의 집행은 의회에서 선임된 시지배인이 담당한다. 즉, 시지배인은 시(市) 공무원의 임명, 예산안의 작성제출 및 집행 등 모든 시행정을 관장한다. 그리고 시지배인은 시의회에서 선임되고 권한을 위임받기 때문에 시의회에 대하여 책임을 질 뿐 아니라 시의회의 의결에 의하여 해임될 수도 있다.

〈 자료출처 : 행정학용어 표준화연구회(2010), 『행정학용어사전』, 새문화미디어, p418 〉

시차이론 [Time Lag Approach]

'인과관계에는 시간적 간격이 개입하므로 어떤 원인변수가 결과변수를 가져오는 데에는 일정한 시간(time)이 흘러야 한다는 것'으로 따라서 행정현상을 파악할 때 다음과 같은 문제인식이 요구되며 정책평가나 행정개혁 등을 추진할 때에도 이러한 시간적 고려 없이는 올바른 정책평가나 개혁정책을 추진할 수가 없다는 것이다. 시차이론(Time Lag Approach)은 하나의 정형화된 이론모형으로 존재하는 것은 아니며 그 내용이 지속적으로 확대되고 있다. 그 주요내용은 제도적 요소들의 도입 선후관계가 달라짐에 다라 그 결과가 엄청난 차이를 보인다는 것으로 제도의 요소들을 원인변수로 하고, 우리가 의도하는 효과달성을 결과변수로 할 때, 원인변수들의 작동순서가 인과관계 자체를 완전히 좌우한다는 것이다. 따라서 정부의 동일한 개입전략도 제도와 정책의 성장시기에 따라 전혀 다른 결과를 초래한다. 결과변수의 변화과정과 성숙단계에 따라 동일한 원인변수에 대해서도 상이한 결과가 나타나며, 동일한 원인변수들도 원인변수들의 변화

과정과 성숙단계의 차이에 따라 결과변수에 미치는 영향은 크게 다르게 나타난다는 입장이다.
〈 자료출처 : 행정의 시차이론 2005-08-25 〉

시퀘스트레이션 [Sequestration]

1985년 미국 의회에서 제정된 '균형예산 및 긴급적자 통제법'에 의하여 예산과정에 강제관리의 규정을 둔 채로, 강제몰수로 번역됨. 이 제도는 오랫동안 누적되는 재정 적자를 줄이기 위하여 다음 회계연도에 허용된 최대한의 적자 규모 내로 적자의 폭을 줄이지 못할 경우 지출예산을 당초에 설정된 적자 목표에 따라 자동적으로 삭감하게 한 것. 만일 회계검사원으로부터 최대적자규모가 초과될 것이라는 결정이 나면 대통령은 이미 집행중인 예산이라 할지라도 강제몰수 명령을 발하여야 하고 그 지출액 중에서 법이 규정한 액수만큼 삭감하여야 하며 이는 누적되는 재정적자를 줄이기 위한 것이므로 이 제도 하에서는 그 누구도 재량권이 없다.
〈 자료출처 : 행정학용어사전-행정학용어표준화연구회. 새정보미디어 2010/ p.419~420 〉

신고립주의 이론 [新孤立主義, neoisolationism]

제2차 세계대전 후 현저해진 과대한 국제정치에의 관여나 대외적인 간섭정책의 제한을 주장하는 미국 외교정책상의 주의이다. 고립주의는 19세기 초 이래 미국의 대(對)유럽외교의 전통적 정책으로서 미국은 유럽문제에 관여하지 않는 대신 유럽 제국이 미국 및 아메리카대륙 제국에 간섭하는 일도 거부한다는 입장, 즉 먼로독트린을 취해왔다. 그러나 미국의 과잉개입이 각지에서 반미감정을 자극하고, 또 베트남전쟁이 미국의 패배로 끝나게 되자 그 반성으로서 신고립주의가 대두하게 되었다. 신고립주의에도 미국의 법의 한계를 자각하여 자기억제를 작용시키려는 입장과, 대전 후의 미국외교에 대한 환멸에서 반동적으로 '자국중심주의'를 취하려는 입장이 있다. 전자는 오히려 국제주의에 연결되는 건전한 입장이지만, 후자는 반대로 국제협조의 필요를 무시한 비현실적이고 위험한 입장이다.
〈 자료출처 : 네이버 백과사전 〉

신고전적 조직이론 [neoclassical organization theory, 新古典的 組織理論]

조직 내의 인간적 요소를 중시하는 인간관계론적 조직이론을 말한다. 신고전적 조직이론은 그러나 고전적 조직이론의 기반에 의존하므로, 조직 내에서 개인적 노력을 조정하는 주요 수단으로서의 계서제의 존재에 대해 회의하는 것은 아니며, 단지 비공식조직의 존재와 이 비공식조직들이 구성원 사이의 권력 관계를 형성한다는 사실을 덧붙여 지적하고 있을 따름이다. 신고전이론은 따라서 동기부여의 유인으로 비경제적·사회적 유인이 더 효과적이라고 주장했으며, 가치 기준으로는 사회적 능률성을 중시했다. 폴레(Mary P. Follett), 메이요(E. Mayo), 뢰슬리스버거(F. Roethlisberger), 바너드(C. I. Barnard) 등이 신고전이론의 주창자들이다.

〈 자료출처 : 네이버 행정학 용어사전 〉

신공공관리 [new public management, 新公共管理]

'시장주의'와 '신관리주의(new managerialism)'를 결합해 전통적인 관료제 패러다임의 한계를 극복하고 작은 정부를 구현하기 위해 개발된, 1980년대 이후 영미 국가들을 중심으로 등장한 정부 운영 및 개혁에 관한 이론을 말한다. 즉 신공공관리론은 정부관료제의 운영 체제가 경쟁의 원리에 기반을 둔 시장 체제를 모방, 계층제적 통제를 대체함으로써 정부관료제의 효율성을 높이자는 것이다. 신공공관리의 주요 정책 수단으로는 인력 감축, 민영화, 재정지출 억제, 책임운영기관, 규제 완화 등이 있다. 펄리(Ewen Ferlie) 등은 OECD 국가에 적용된 신공공관리 모형을 효율성 모형(the efficiency drive), 조직 축소 및 분권화 모형(downsizing and decentralization), 수월성 추구 모형(in search of excellence), 공공 서비스 지향모형(public service orientation)의 네 가지 유형으로 분류했다.

〈 자료출처 : 네이버 행정학 용어사전 〉

신공공서비스 [New Public Service]

일부학자는 신공공관리론에 입각한 거버넌스 개념을 신공공서비스로 보기도 하고 또 일부 학자는 그 이후의 뉴거버넌스 개념을 신공공서비스로 보기도 하는

데 이는 근본적으로 거버넌스에 뉴거버넌스를 포함시킬 것인지(80년대 행정과 90년대 행정의 차이를 인정할 것인지의 문제)의 견해 차이에서 비롯된 것으로 보인다. 그러나 대체로 후자의 입장(뉴거버넌스에 의한 공동체주의나 참여주의)으로 본다. 이제 신공공관리와 신공공서비스는 구분해야 할 것으로 보인다. 신공공서비스론은 시장주의에 입각한 신공공관리와 달리 시민정신, 공동체주의, 시민사회, 조직적 인간주의 및 포스트모더니즘을 기저로 하고 있는 것으로 이해되고 있다. 일반적으로 신공공서비스는 신공공관리에 대한 비판적(대안적) 개념이 된다.
〈 자료출처 : 네이버 용어사전 〉

신뢰구간 [confidence interval, 信賴區間]

통계적 추정에서 모집단 중에 참모 수가 존재한다고 추정되는 구간을 말한다. 구간으로 추정된 추정치가 실제 모집단의 모수(母數)를 포함하고 있을 가능성을 신뢰 수준이라 하는데, 이 때 추정된 구간을 신뢰구간이라 한다. 신뢰구간을 추정할 때 신뢰구간이 너무 넓으면 추정의 의미가 별로 없다. 신뢰구간의 폭을 결정하는 요인은 신뢰 수준과 표본 크기다. 90%의 신뢰도를 갖고 추정된 구간을 90% 신뢰구간, 95%의 신뢰도일 때는 95% 신뢰구간이라고 한다. 신뢰구간은 신뢰도에 따라서 필요한 Z값을 정해서 추정하는데 Z-table을 이용해 Z=0에서 어떤 Z값까지의 면적을 찾아 이에 대응하는 Z값을 찾으면 된다.
〈 자료출처 : 네이버 행정학 용어사전 〉

신베버주의 [neo-Weberianism]

국가를 스스로 결정하는 힘을 지닌 실체로 보는 관점을 말한다. 신베버주의는 정책 과정에서 이익집단들이 중요한 영향력을 행사하며, 정부 또는 국가는 대립되는 이해관계를 조정하는 수동적인 역할만을 수행한다는 다원론의 주장과 대비된다. 전통적인 베버적 관점은 법과 합리성을 정당성의 근거로 하여 수립된 관료제를 중심으로 국가를 이해하고, 국가 권력을 합리적으로 행사하는 주체로 정부를 파악한다.
〈 자료출처 : 네이버 용어사전 〉

신보수주의

네오콘 또는 대처리즘이라고도 하며 1980년대 영국 대처행정부의 정부기능 축소정책이다. 1970년대 경험한만성적인 스태그플레이션과 두 차례의 석유파동, 과다한 복지지출로 정부재정이 압박을 받게 되자 작은 정부론(감세와 재정지출의 축소), 공기업의 민영화, 규제완화, 복지재정의 축소 등을 주장하면서 국민생활에 대한 정부의 간섭을 줄이고 복지예산의 과감한 삭감으로 복지병(영국병)을 치유하고 국민의 근로의욕을 고취시켜 복지국가의 위기를 극복하기 위한 것이었다. 유럽 우파정권(신우익)이 추진한 통치철학으로 미국레이건 행정부의 신연방주의와 함께 신자유주의의 기반이 되었다.

〈 자료출처 : 김중규 선행정학 〉

신우파론

합리적 경제인과 방법론적 개체주의적 시각을 가지는 공공선태론적 입장으로 중앙과 지방의 관계도 개인후생을 극대화하고자 하는 시민과 공직자 개인들의 선택행동에서 비롯되는 것으로 보고 있다. 이 기준에 의하면 지방정부의 활동을 재배분 정책, 개발정책, 배당정책의 세 가지 유형으로 구분하여 중앙과 지방의 기능배분양식이 나타나게 된다. 즉, 재분배정책(사회보장정책)은 중앙정부가, 개발정책(교통, 통신, 관광)은 지방 혹은 중앙정부가, 배당정책(치안, 소방, 쓰레기)은 지방정부가 관장하여야 한다는 것이다.

〈 자료출처 : 네이버 행정학용어사전, 2010 UCC행정학개론(고시동네)-김시동, 라수정 저 〉

신자유주의

신자유주의란 냉전체제의 종식으로 공산권이 붕괴되고 미국중심의 신패권주의가 나타나면서 종래 Keynesian 이후 탄생하여 유럽 좌파에 의하여 지지되어 오던 복지국가 사상이 비효율, 저성장, 고실업, 도덕적 해이 등의 한계에 부딪히게 되자, 그 대안으로 모색된 1990년대 유럽 우파정권의 통치노선으로 세계화와 지방화를 기치로 작은 정부, 큰 시장, 규제완화, 정부역할축소, 공공부문의 시장화, 민영화, 노동의 유연화(정규직의 축소 및 탄력적인 고용) 등을 추구하는 일종의 정신혁명운동이다.

〈 자료출처 : 김중규 선행정학 〉

신제도주의 이론

신제도주의(New institutionalism)는 사회현상을 연구하는데 제도를 중심개념으로 중요시하는 행정학 연구의 접근방법 중 하나이다. 제도란 개인과 집단의 행동에 대해 인위적으로 설정한 제약(constraints)을 의미한다. 그러한 제약의 양태는 공식적, 비공식적 규칙, 절차, 관행, 계약 등 여러 가지이다. 제도는 개인의 권리와 의무를 규정하고 사람의 행동에 제약을 가한다. 제도는 사람들의 행동에 대한 신뢰가능하고 안정적인 기대를 형성할 수 있기 때문에 사람들의 교호작용을 촉진한다. 그러므로 신제도주의자들은 제도를 문화의 산물이며 경로의존성(path dependency)을 지닌 현상이라고 본다. 여기서 경로의존성이란 제도변화과정에서 과거와 현재의 선택이 장래의 선택을 제약하는 현상을 의미하는데 사회라는 거대한 제도 틀에서 개인이 현재의 제도 또는 종전의 제도 하에서 제도가 지시하는 제약에 동의하였기에 장래에 어떤 선택을 해야 할지가 정해지는 것이다.

〈 자료출처 : http://blog.naver.com/jhs016ok?Redirect=Log&logNo=90030386252 〉

신중상주의 [Neomercantilism, 新重商主義]

국가 발전을 위해 경제적 국제주의를 지양하고 경제에 대한 국가간섭을 강화하는 20세기의 새로운 국가 운영 방식을 말한다. 산업 자본주의가 등장하기 이전에 외국 무역 등을 통해 부국강병 정책을 추구한 과거의 중상주의와 대비된다. 1930년대의 장기적 경기침체를 극복하기 위해 각국은 자유경제에 의한 경제적 국제주의를 지양하고 경제에 대한 국가간섭을 강화하기 시작하였는데 경제적 자유주의에 반대하는 이러한 정책 지향을 신중상주의라 한다. 신중상주의자들은 수출력 증강을 위해 인구 증가에 의한 저임금과 숙련노동의 확보를 주장하고, 고용 증대를 위해 원료 수출의 억제·완성품 수입의 제한·이자율 인하·국산품 소비의 장려 등을 강조하였다.

〈 자료출처 : 이종수(2000), 『행정학사전』, 대영문화사, p192 〉

신행정국가

신행정국가는 전통적인 행정국가에다 신자유주의나 거버넌스적 요청이 결합된

20c말 이후의 국가로서 행정국가보다 국가의 역할이 감소된 최근의 탈 행정국가를 말한다. 20c말 정부실패를 경험하면서 행정국가에 대한강한 비판과 도전이 전개되고 있는데 한편으로는 '작은 정부'를 지향하면서 다른 한편으로는 '강력한 행정적 리더십'을 강조한다. 신행정국가는 국가의 개입(규제)근거를 시장의 효율성과 형평성확보라는 두 가지 차원으로 볼 때 국가의 기능을 시장의 효율성 확보에만 국한시키는 국가이다. 즉, '적극적인 복지혜택 제공자'에서 '시장형성자' 로의 소극적인 지위로 권력이동을 하는 것이다. 신행정국가는 국가의 역할을 축소해야 한다는 거시적 관심에서, 국가의 정책결정은 계속해서 행정부가 주도 하지만 정책 집행에 있어서의 관료제 방식은 탈피해야 한다는 시장주의나, 정부와 기업 그리고 시민사회가 함께 방향잡기는 해야 한다는 뉴 버거넌스적 입장을 포함하고 있다.

〈 자료출처 : 김중규 선행정학 〉

실험법률 [experimentelle Gesetzgebung]

오늘날과 같이 과학기술의 진전, 고령화의 진행, 재정재건하에 있어서 실효성있는 행정체제의 개발 등 당면하고 있는 과제가 지닌 복합성에 착안하는경우에는 법률 그 자신을 결코 고정적인 것으로서 파악할 수는 없다. 환언하면 법률에도 고도의 학습능력과 진화가능성을 요구하지 않을 수 없다. 따라서 일반성과추상성을 구비한 견고한 법규로서 법률을 고정적·정태적으로 파악하는 시점에서 벗어나 법률을 하나의수단으로서 그것이 구비할 수 있는 제기능을 탐구하고 그 기능조건을 유연하게 재검토하는 것이 필요하다. 이러한 상황 가운데에서 법률이 지닌 실험으로서의 성격을 강조하는 견해가 등장하여 1990년대에 이르러 실험법률이라는 개념이 독일정치학·행정학에서 주목을 모으기에 이르렀다.

〈 자료출처 : 네이버 행정학 용어사전 〉

심포지엄 [symposium]

여러 명의 연사들이 각각 별개의 주제에 대해 발표하는 토론 및 교육훈련의 방법을 말한다. 이에 비해 패널은 몇 사람의 토론 참가자들이 하나의 주제에 대해서 공동으로 토론하는 것을 말한다. 학술토론회, 신문·잡지 등에 발표되는 지상

(紙上) 토론회의 뜻으로도 널리 쓰인다.
〈 자료출처 : 네이버 행정학 용어사전 〉

싱귤래리티 [Singularity]

2009년 미국 캘리포티아주 실리콘밸리에서 설립된 대학이다. 싱귤래리티는 '과학기술이 기하급수적인 속도로 발전해 도달하는 최고 정점'이라는 의미를 갖고 있다. 설립자는 레이 커즈 와일 박사이며 그는 자신의 저서 '특이점이 온다(the singularity is near)'에서 이 용어를 사용했다. 빠르게 발전하는 기술을 사업화하는 벤처 창업자들을 길러내는 게 대학의 목표이다.
〈 자료출처 : 한경닷컴(www.hankyung.com) 〉

싱크탱크 [think tank]

두뇌집단 또는 두뇌회사. 모든 학문분야 전문가의 두뇌를 조직적으로 결집하여 조사·분석 및 연구개발을 행하고 그 성과를 제공하는 것을 목적으로 하며, 주로 정부의 정책이나 기업의 경영전략을 연구한다. 제2차세계대전 뒤에 미국에서 급격히 성장하였으며 본격적인 싱크탱크는 1948년 설립된 랜드코오퍼레이션이다. 이곳에서는 모든 정책과학과 사회공학의 방법을 이용하여 정책분석 및 위탁연구를 하고 있다. 영국의 유력한 싱크탱크로는 정책연구센터가 있는데, 보수당의 부설연구소로서 정책개발과 정책자문업무를 맡고 있다. 일본의 싱크탱크들은 대부분 재벌의 부설연구소로 설립되어 경제·사회현상을 분석, 대안을 제시하기보다는 주로 현상 그 자체를 기술하는 데 주력하고 있다. 한국의 경우 한국과학기술원을 비롯하여 대덕연구단지 내에 있는 각종 연구소가 이에 속하며, 정부기관이나 기업체 등으로부터 의뢰받은 과제를 분석, 필요한 정보를 제공, 기술을 직접 개발하기도 한다.
〈 자료출처 :「http://kr.dic.yahoo.com/search/enc/」〉

쌍방적 부정

쌍방적 부정은 공무원 일방이 공직을 이용하여 시민이나 다른 공무원에게 어떤 혜택을 주는 대가로 금품을 받는 금품수수행위를 말한다. 혜택에는 편법 인 · 허가,

단속 · 입찰 · 개발정보의 제공, 사건묵인·무마 등이 있다. 혜택에 대한 대가는 금전이 가장 대표적이지만 향응, 가족의 취직, 선물 등 다양한 형태가 있다. 이러한 쌍방적 부정은 혜택의 성격에 따라 특혜 사례비, 급행료, 정보제공비, 무마묵인비, 접대비, 교통비, 떡값, 상납금 등의 이름으로 불리고 있다. 이러한 쌍방적 부정은 공무원과 외부인과의 관계뿐만 아니라 공직 내부에서도 인사청탁이나 감사 · 수사 또는 예산배정과 관련하여 얼마든지 나타날 수 있는 현상이다.
〈 자료출처 : 유민봉 외 1인 공저, 「인사행정론」(박영사) 〉

쓰레기통모형 [Garbage - Can Model]

쓰레기통모형은 조직의 목표가 모호하고 조직의 기술이 막연한 경우에 적용되는데 기본적으로 문제, 해결책, 참여자, 선택의 기회라고 하는 네 가지 흐름(streams)이 지배하는 조직에서 각각의 흐름이 일상적인 경우에는 규칙과 가치와 질서에 의해서 작용하고 있다. 조직집단에서 역동적으로 움직이는 조직의 의사결정을 미시적으로 설명한다는 장점이 있으나, 현실적으로 무엇이 쓰레기통이고, 쓰레기통 속에서와 같이 의사결정에 관련된 각각의 흐름이 혼합하여 존재하고 있는 실태를 정확하게 설명하지 못한 단점도 있다.
〈 자료출처 : 이해영 (2004 : 126).「정책학신론」. 원석조 (2009 : 165).「사회복지행정론」〉

[ㅇ]

아노미 [anomie]

가치관이 붕괴되고 목적의식이나 이상이 상실됨에 따라 사회나 개인에게 나타나는 불안정 상태를 말한다. 신의(神意)와 법의 부재를 뜻하는 그리스어 아노미아(anomia)에서 유래한 말이다. 한 사회 체제가 아노미 상태에 있을 때는 공통의 가치관과 의미가 더 이상 이해되거나 받아들여지지 않으며, 더구나 새로운 가치관이나 의미도 나타나지 않는 상태에서 대다수 사회구성원들은 무기력, 목적의식의 결여, 감정의 공허함과 절망 등을 경험하게 된다.

〈 자료출처 : 네이버 용어사전 〉

아웃소싱 [outsourcing]

기업 내부의 프로젝트나 생산·유통·포장·용역 등 업무의 일부분을 외부 전문 업체에 위탁해 처리하는 경영전략을 말한다. 기업 감량화를 통한 인건비 절감, 가격경쟁력 확보 및 생산성 향상을 위해 미국의 제조업 분야에서 활용하기 시작해 전 세계 기업들로 확산되고 있으며, 공공 부문에도 도입되고 있다. 아웃소싱하는 업무 분야도 경리 · 인사 · 신제품 개발 · 영업 등의 분야로 확대되는 추세다.

〈 자료출처 : 네이버 용어사전 〉

암묵적 지식 [tacit knowledge, 暗默的 知識]

학습과 체험을 통해 개인에게 습득돼 있지만 겉으로 드러나지 않는 상태의 지식을 말한다. 폴라니(Michael Polanyi, 1891 -1976)는 지식을 암묵적 지식과 명시적 지식으로 구분했는바, 명시적 지식은 문서 등의 형태로 표시된 지식을 의미하며 암묵적 지식에 비해 접근이 쉽다. 폴라니는 특히 암묵적 지식의 중요성을 강조했는데 대부분의 사람들은 말로 표현하는 것보다 더 많은 암묵적 지식을 보유하고 있다.

〈 자료출처 : 위키피디아 백과사전 〉

암묵지 & 형식지 [Tacit knowledge & Eexplicit knowledge]

암묵지(暗默知,Tacit Knowledge)는 '학습과 체험을 통해 개인에게 습득돼 있지만 겉으로 드러나지 않는 상태의 지식'을 말한다. 사람의 귀와 귀 사이(between ears) 즉 머리속에 존재해 있는 지식으로 언어나 문자를 통해 나타나지 않는 지식이다. 또한 암묵지는 대개 시행착오와 같은 경험을 통해 체득하는 경우가 많다. 형식지(形式知, Explicit Knowledge)는 '암묵지가 문서나 매뉴얼처럼 외부로 표출돼 여러 사람이 공유할 수 있는 지식'을 말한다. 교과서, 데이터베이스, 신문, 비디오와 같이 어떤 형태로든 형상화된 지식은 형식지라고 할 수 있다. 노나카 교수는 암묵지가 고도화되거나 암묵지가 형식지화해 공유되는 등의 변환과정을 거쳐 더 높은 가치를 창조하게 된다고 말한다.

〈 자료출처 : 네이버 용어사전 〉

애드호크라시 [adhocracy]

미국의 미래학자 앨빈 토플러가 그의 저서 《미래의 충격》(1969)에서 종래의 관료조직(bureaucracy)을 대체할 미래 조직을 가리키는 말로 사용한 용어이다. 애드호크라시는 관료조직처럼 지위나 역할에 따라 종적으로 조직된 것이 아니라 기능과 전문적 훈련에 의해 유연하게 기능별로 분화된 횡적 조직이다. 전통적 관료제 구조와는 달리 융통적 · 적응적 · 혁신적 구조를 지닌 '특별임시조직'을 말한다. 베니스(Warren G. Bennis)는 애드호크라시를 "다양한 전문기술을 가진 비교적 이질적인 전문가들이 프로젝트를 중심으로 집단을 구성해 문제를 해결하는, 변화가 빠르고 적응적이며 임시적인 체제"로 정의한다. 이러한 애드호크라시는 대체로 영구적인 부서나 공식화된 규칙, 그리고 일상적인 문제를 처리하기 위한 표준화된 절차가 없이, 프로젝트에 따라 전문요원들이 팀을 구성해 상황에 맞게 문제를 해결해 가는 특성을 지닌다. 즉 구조적 차원에서 볼 때 애드호크라시는 복잡성 · 공식화 · 집권화의 정도가 모두 낮다는 특징을 지닌다.

〈 자료출처 : 남정집 외 1인 공저, 「참행정학개론」(화학사) 〉

앨리슨모형 [Allison Model]

Allison은 집단적 의사결정을 유형화하여 정부의 정책결정과정에는 세 가지 모형의 의사결정이 존재한다고 보았다. 그가 설정한 세 가지 모형이란 i)합리적 행위자 모형 ii)조직과정모형 iii)관료정치모형을 말한다. 합리적 행위자모형이란 개인 차원의 합리적 의사결정모형을 정부에 의한 정책결정이라는 집합적 과정에 원용한 것을 말하며 조직과정모형이란 준독립 하위조직들의 느슨하게 연계된 집합체인 정부가 대체로 표준화된 절차에 따라 정책을 산출한다고 본다. 관료정치모형은 여러 문제에 관심을 갖는 다수행위자들의 정치적 경쟁,협상,타협의 산물로 간주한다. 실제의 정책결정에서 어느 하나의 모형이 아니라 세 가지가 모두 적용될 수 있으며. 정책결정 사례분석에 있어서 합리모형에 의해 설명되는 부분, 조직모형에 의해 설명되는 부분, 관료정치모형에 의해 설명되는 부분으로 나누어 정책결정을 좀 더 실제적으로 설명할 수 있다. 〈 자료출처 : 오석홍 (2003 : 535).「조직이론」. 이종수 외 (2008 : 257).「새 행정학. 김렬 외 (2005 : 184). 「행정학의 이해」〉

야경국가

국가의 임무를 대외적인 국방과 대내적인 치안 유지의 확보 및 최소 한도의 공공사업에 국한하고, 경제활동 등 나머지는 개인의 자유에 맡기는 것이 바람직하다는 근대의 자유주의적 국가관을 말한다. 즉 국가 그 자체를 강탈과 도범 방지를 주임무로 하는 야경(夜警)에 불과한 것으로 보는, 극단적인 개인주의 및 자유방임주의에 입각한 국가관을 말한다.
〈 자료출처 : 네이버 행정학 용어 사전 〉

약시장-의회제 [Weak mayor council type, 弱市長議會制]

지방자치단체의 기관분립형의 일종으로서, 자치단체장인 시장의 권한이 약한 반면 지방의회와 독립된 행정 간부에 행정적 권능이 분산되어 있는 지방정부 형태를 말한다. 이를 약시장시회제(弱市長市會制)라고 부르기도 한다. 이 유형의 기관분립형은 주로 미국의 기초 차지 단체인 소도시에서 채택하고 있는데, 지방자치단체장인 시장 외의 주민이 직접 선출한 행정 간부가 있을 뿐 아니라 지방의회(시의회)에 입법적 권능(legislative power)은 물론 일부 행정적 권능(executive power)까지 부여하고 있어 시장의 권한이 시정(市政) 전반에 미치지 못한 지방정부 형태이다. 즉, 지방의회와의 관계에 있어서 시장은 의회의결에 대한 거부권(veto power)을 갖지 못하며, 국장이나 과장의 임명이 있어서도 의회의 인준을 얻어야 한다. 게다가 주민이 선출한 클러크(clerk)·재무관·과세평가관 등의 공선 행정간부가 각각 시장으로부터 독립된 지위에서 시정의 일부를 담당하고 있기 때문에 시장의 지위와 권한이 매우 약한 편이다.
〈 자료출처 : 행정학용어 표준화연구회(2010), 『행정학용어사전』, 새문화미디어, p444 〉

양여 [transfer, assignment, 讓與]

국가가 대가를 받지 않고 국유 잡종재산의 소유권을 국가 이외의 자에게 이전하는 것으로서 민법상의 증여에 해당한다. 일반적으로는 자기 소유를 타인에게 넘겨 주는 것을 의미한다.
〈 자료출처 : 네이버 행정학 용어사전 〉

업무처리재설계 [BPR : 리엔지니어링 [Reengineering]

업무처리재설계(BPR)은 조직의 비용 · 품질 · 서비스 · 업무속도 등을 향상시키기 위해 조직의 과정 · 체제 및 구조를 근본적으로 재설계하는 것을 말한다. 조직업무의 전반적인 과정과 절차를 축소 · 재정비하여 가장 합리적인 방법으로 업무를 수행하려는 현대적 관리전략으로 TQM 이후 1990년대 초 Hammer & Champy가 「Beyond the TQM」에서 소개한 성과중심 내지는 고객지향적 관리전략이다. 절차의 재설계로서 구조나 기능의 재편성을 의미하는 Re-structuring이나 기존의 절차를 그대로 두고 조직을 변화시키려는 TQM과는 다르며, 업무처리재설계(BPR)와는 기본적인 특성을 공유한다.
〈 자료출처 : 김중규 행정학 사이트 http://www.kaspa.co.kr 〉

업무혁신 [Processd Innovation, PI]

ERP(전사적자원관리)보다 한차원 높은 인터넷 기반의 업무 전산화시스템. PI는 업무방식을 정형화, 표준화하고 프로세스를 최적화해 전사적을 모든 업무과정을 통합관리가 가능하도록 정보시스템을 재구축하는 것으로 업무효육성을 높여 경쟁력을 향상시키는 경영혁신의 한 수단이다. 지난해 포스코가 가동한 것을 비롯해 국내외 기업들이 도입하고 있다.
〈 자료출처 : 야후코리아용어사전 〉

엑슨-플로리오법 [ExonFlorio Act, Exon-Florio法]

외국 기업이 미국 회사를 인수할 경우 국가 안보에 위협 요인은 없는지 등에 대해 심사를 하여 문제가 있으면 불허할 수 있도록 규정하고 있는 법을 말한다. 미국 의회는 1988년 제안자인 엑슨(John James Exon) 상원의원과 플로리오(James Joseph Florio) 하원의원의 이름을 따서 종합무역법 안에 엑슨-플로리오 조항을 삽입, 대통령에게 국가안보 수호 차원에서 외국 자본의 투자를 조사하고 철회할 수 있는 권한을 부여하고 사전 및 사후 심사권을 갖고 M&A를 금지하도록 포괄적으로 규제하고 있다. 엑슨-플로리오법은 미국 기업이 잇따라 외국인 손에 넘어가면서 등장했는데, 이 법이 발효된 직후 일본 후지츠 사는 미국 반도체회사 페어차일드를 인수하려다 계획이 좌절되었다.
〈 자료출처 : 네이버 행정학 용어사전 〉

엔트로피 [entropy]

체제가 자연소화(自然消火)·부패·혼돈·무질서·와해로가는 경향을 의미한다. 환경과 상호작용하지 않는 모든 폐쇄 체제는 환경으로부터 에너지의 투입을 받지 못하므로, 엔트로피 작용에 의해 소멸되거나 무질서 상태(chaotic state)로 가려는 경향이 있다. 엔트로피는 당초 물리 체제(physical systems)에 적용된 열역학 용어였으나, 일부 사회과학자들이 사회 현상의 설명에 도입해 사용하고 있다. 자연계의 현상은 반드시 엔트로피가 증대하는 방향으로 나아간다. 이를 열역학 제2법칙이라 한다. 통계역학에서 엔트로피 증대의 원리는 계(系)의 분자운동이 질서정연한 상태에서 무질서한 상태로 자연스럽게 이행한다는 것을 나타낸다.
〈 자료출처 : 네이버 용어사전 〉

엘리트 이론 [elite theory]

엘리트이론(선량주의)은 사회는 권력을 가진 자와 이를 가지지 못한 일반대중으로 나뉘며, 소수관료나 저명인사 등 사회지배계급(엘리트)에 의하여 정책문제가 일방적으로 채택된다는 이론으로,. 정치적으로 무능한 일반대중을 지배하는 엘리트 중심의 계층적, 하향적 통치 질서를 중시한다. 엘리트 이론은 고전적 엘리트 이론과 미국의 엘리트 이론이 있다. 고전적 엘리트 이론(19C말 유럽)은 사회는 권력을 가진 소수엘리트와 가지지 못한 일반 대중으로 구별되며, 소소의 동질적이고 폐쇄적인 정치지도자가 다수의 일반대중을 지배 한다. 엘리트들은 자율적이고 다른 계층에 책임을 지지 않으며 사회전체나 일반대중의 이익보다는 자신들의 이해관계를 고려하여 정책을 결정한다. 미국의 고전적 민주주의에 대한 비판적 견해인 파레토, 등의 과두제의 철칙에 기반 한다. 하지만 구체적인 방법론에 근거하지 못하였다. 미국의 엘리트론(1950년대)은 mills의 지위 접근법과 hunter의 명성접근법이 있다. 지위접근법은 미국사회전체를 지배하는 권력엘리트는 정치적으로 중요한 기관의 지도자로서 군 산업 엘리트 복합체가 정책결정에서 중요한 역할을 수행한다는 입장이다. 명성접근법은 사회적명성이 있는 소수자들이 담배연기 자욱한 방에서 결정한 정책을 일반대중은 조용히 수용한다는 입장이다.
〈 자료출처 : 김중규 선행정학 〉

여민행정

민관의 관계는 역사적 사건들에 의해 약간의 영향을 받아 왔지만, 관이 민을 지배하는 형태는 오늘날까지 계속되어 오고 있다. 소위 관료가 군림하는 현상은 시민들의 의식이 확대되어 오면서 군림의 의미가 완화되기는 했으나 관이 민을 지배하는 현상은 예나 지금이나 마찬가지이다. 그럼에도 불구하고 최근에 불어닥치고 있는 정치적 민주화에 대한 열망은 머지않아 관과 민의 역학관계를 변화시킬 가능성을 보여 주고 있다. 아마도 민관의 수직적 관계가 수평적 관계로 바뀌면서 시민과 관료 사이의 실질적 협력이 증대되어 갈 것이다.
〈 자료출처 : 이을호(1984), “한국의 실학사상개설”, 유형원 외 강만길역, 한국의 실학사상, 서울 : 삼성출판사 정종구(1979), 다산의 목민정신, 다산학보 2권 〉

여성채용목표제 [女性採用目標制]

공무원 채용시 여성 합격자가 연도별로 책정된 채용 목표 비율 이하인 경우에 목표에 미달된 인원만큼 여성을 추가 합격시키기로 한 공무원 임용 제도를 말한다. 우리나라에서 1996년부터 도입된 이 제도는 여성 공무원 채용 목표 비율을 1996년 10%, 1997년 13%, 1998년 15%, 1999년 18%로 단계적으로 확대한 뒤 2000년에는 20%까지 늘려나가기로 했다. 여성채용목표제가 2002년 말로 적용 시한이 만료됨에 따라 한국 정부는 공직 내 성비(性比)의 균형 유지와 양성평등을 제고할 수 있는 새로운 제도로, 공무원 채용 시 어느 한쪽 성의 합격자 비율이 30% 미만일 경우 합격선의 범위 내에서 해당 성의 응시자를 추가로 합격시키는 '양성평등채용목표제'를 2003년부터 도입하여 운영하고 있다.
〈 자료출처 : 네이버 용어사전 〉

역사적 신제도주의

제도를 장기간에 걸친 인간행동의 정형화된 유형 내지는 정치체계 또는 경제체계의 구조에 내포된 공식, 비공식적 절차, 규칙, 규범, 관례 등으로 본다. 행위를 형성하고 제약하는 맥락으로서 제도의 중요성을 강조함과 동시네 동일한 정책이라도 국가별 역사적 특수성에 따라 그 형태나 결과가 달리 나타날 수 있다고 보고 이러한 맥락이 형성되는 역사적 과정과 역사적 특수성 및 정치체제의 자율성이 바로 제도의 본질이며, 이 제도를 국가별 특성을 결정짓는 독립변수이자 종속변수로 본다. 역사 관점과 거시 구조적 관점을 결합한 접근법으로서 인류의 보편적 제도는 없으며, 국가(정치체제)가 제도형성의 주체라는 입장으로 정치적 신제도주의와 맥을 같이 한다.
〈 자료출처 : 2010선행정학, 저자 김중규 〉

역선택 [adverse selection, 逆選擇]

정보의 불균형으로 인해 불리한 의사결정을 하는 상황을 말한다. 예를 들면, 보험 가입 대상자의 건강 상태 및 사고 확률에 대해 특수정보를 가지지 않은 보험회사가 질병 확률 및 사고확률이 높은 사람을 보험에 가입시킴으로써 보험재정을 악화시키는 경우를 들 수 있다. 대리인이론에서는 대리인의 능력에 관한 정보의 부족으로 위임자가 대리인의 능력에 비해 많은 보수를 지급하거나 능력이 부족한 대리인을 역으로 선택하는 상황을 가리킨다.
〈 자료출처 : 네이버 행정학 용어사전 〉

역위탁현상

뉴 거버넌스 시대에 나타난 새로운 방식의 공공서비스 공급-생산 방식이다. 일반적으로 공공서비스의 공급방식의 유형은 주체와 수단에 따라서 다음과 같이 나누어 볼 수 있다.

<table>
<tr><th colspan="2" rowspan="2">구분</th><th colspan="2">주체</th></tr>
<tr><th>공공부분</th><th>민간부분</th></tr>
<tr><td rowspan="2">수단</td><td>권력</td><td>일반행정
-정부의 기본업무(법령상 규정)
-일반관리, 사회경제적 개발기능
-민간 배제, 사회적 합의 필요</td><td>민간위탁
-안정적 서비스 공급
-소비배제 가능, 공공성 기준 완화
-책임 '정부' 생산 '민간'</td></tr>
<tr><td>시장</td><td>책임경영
-공적 책임이 강한 경우
-소비배제가능 사회적중요성 부각
-단일서비스 생산 독립조직</td><td>민영화
-시장탄력적 공급
-보조금, 세제 혜택으로 최적수준 공공서비스 공급유도</td></tr>
</table>

역위탁방식이란 기존의 이러한 공공서비스의 공급-생산 방식이 아니라 완전 새롭게 나타난 것으로써 민간부문에서 정부에게 공공서비스 위탁을 요구하는 것을 말한다. 이것은 정부와 시장의 경계를 무너뜨린 것으로 공공서비스 주체가 누군인지가 중요한 것이 아니라 어떻게 하면 누가 더 공공서비스 생산을 효율성 있게, 전문성 있게, 민주성 있게, 책임성 있게 할 수 있는냐에 따라서 생산과 공급방식을 정하게 된다. 결국 시민이 원하는 것을 만족시켜야 하는 방법으로써 더 잘 할 수 있는 부분을 찾는 방법의 하나이다.

〈 자료출처 : 직접 작성함 〉

연결침 [linking pin]

리커트(Rensis Likert)가 그의 저서 New Patterns of Management(1961)에서 발전시킨 개념으로, 같은 조직에서 두 집단에 걸쳐 소속된 사람을 가리킨다. 리커트는 조직을 일련의 중첩된 집단들로 구성되어 있다고 보고, 모든 관리자는 연결침으로서 자신이 관리하는 집단의 구성원인 동시에 관리자집단의 구성원이 되며, 경우에 따라서는 자신이 수평적인 연락을 취해야 하는 집단의 구성원이 되기도 한다는 것이다. 이들은 이처럼 수평적으로 두 개의 다른 집단의 구성원이면서 수직적으로는 그들 자신의 계층과 상하 계층 간에 연결침으로서의 역할을 하게 된다.
〈 자료출처 : NAVER 행정학 용어 〉

연두교서 [State of the Union, 年頭敎書]

미국 대통령이 매년 1월 의회에 제출하는 신년도 시정방침을 말한다. 이 연두교서는 미국 대통령이 매년 1월 셋째 주 의회에 제출하는 예산교서(豫算敎書, Budget Message)와 함께 행정부의 신년도 시정방침을 의회에 설명하는 대통령의 기본적 정책설명이다. 일반교서라고도 한다.
〈 자료출처 : 네이버 백과사전 〉

연성예산제약 [Soft Budget Constraint]

현실의 모든 경제행위는 예산의 제약 아래에서 이루어진다. 처분 가능하도록 주어진 예산액이 지출 가능액의 경계를 설정해 준다. 지출이 예산을 초과하게 되면 차입 등 외부로부터 자금을 조달해야 하고, 차입에 대해서는 상환의 의무를 지며, 상환 의무를 이행하지 않으면 그 경제주체는 더 이상 정상적인 경제활동을 할 수 없게 된다. 예산제약이 엄격한 지출제약으로 작용하는 경우를 가리켜 경성적(hard)이라고 한다. 반면 예산제약이 경성성을 지니고 있지 않을 때 예산제약이 연성적(soft)이라고 한다. 즉 주어진 예산을 더 소진하더라도 외부로부터 예산을 추가로 지급받을 수 있다면 애초의 예산제약은 제약으로서의 엄격성을 상실하게 된다. 예산제약이 경성성을 상실하게 되면 그로 인해 경제주체의 행동이 영향을 받게 된다.Kornai는 '연성예산제약(soft budget constraints)'이라는 개념을 창안하여 동유럽 경제체제에 만성적인 물자 부족이 필연적으로 나타나게 됨을 설명하였다. 현실 사회주의 기업들의 경우 예산제약 조건들이 '사후'에 협상을 통해 정부로부터 적자 부분을 보충할 수 있기 때문에 예산제약이 엄격한 제약으로 작용하지 못하며, 이를 기대하는 사회주의 기업 경영자들의 경영 행태는 그렇지 않을 경우에 비해 달라질 수 있다. 연성예산제약으로 인한 경제 행태의 변화와 그에 따른 현상을 Kornai는 연성예산제약 증후(soft budget constraints syndrome)라고 부르고 있다.사회주의 경제에서의 전형적인 연성예산제약 증후는 기업들이 생산요소에 대해 수요를 늘리는 것이며 또 가격의 변화에 대해 둔감해지는 것이다. 생산요소 부족시 그 추가 구입에 필요한 자금을 정부기관이 언제나 부담해주는 경우 사회주의 기업은 연성예산제약을 가지게 된다. 그로 인해 사회주의 사회에서는 만성적인 물자부족 현상과 투자 실패시 지원 기대에 따른 투자 위험의 감소로 인한 과도한 투자 성향이 발생하게 된다. 그리고 가격에 대한 사회주의 기업의 반응성과 가격의 신호 기능이 둔화된다. 연성예산제약 하에 놓여 있는 사회주의 국영기업은 일반적으로 생존을 위해 열심히 일하지 않으며 혁신을 추진하려는 동기가 약해지고 지원주체인 상급 정부기관의 환심을 사기 위한 로비행위에 더 신경을 쓰게 된다는 것이다.
〈 자료출처 : 온라인행정학전자사전 〉

연성정부 [Soft&Flexible Gov't]

이념적으로는 신자유주의, 기술적으로는 지식정보화 사회를 맞이하면서 나타난 새로운 행정모형으로서 '행정환경에 민감하게 반응하고, 행정요소들 간 유기적으로 통합되어 있어 단절 없는 기능수행이 이루어지며, 유의미한 가치 창출을 위해 행정구조와 절차나 양식이 가변적인 행정'을 의미한다. 전통적 관료제를 벗어나 전략적인 방향설정 및 제시기능을 수행하며, 임무중심적이면서 성과를 강조하고, 항상 고객을 염려하며 협력과 정보네트워크의 토대에서 참여와 팀워크를 중시하는 거버넌스를 본질로 한다는 점에서 경성행정과 차이가 있다. 연성정부는 방향잡기를 통해 문제를 해결하고자 하고, 환경과의 개방적·능동적 관계를 추구한다. 또한 신공공관리론에서 중시하는 조직으로 성과중심의 행정이라는 관점에서 보면 성과에 대한 책임을 강조하나, 학습조직 등 유기적 조직의 관점에서 보면 성과와 역할이 불분명하다는 특징을 갖는다.
< 자료출처 : 2010선행정학개론; 도서출판 에드민; 김중규 저 〉

연역적 방법 [deductive method, deduktive Methode]

보편적 법칙 또는 일반적 주장에서부터 특수적 법칙 또는 주장을 끌어내는 추리 방법을 말한다. 이는 개별 사례에 관한 관찰을 총괄해 그 공통된 성질을 일반명제로 확립하는 추리, 즉 귀납적 방법(inductive method)과 대비된다.
〈 자료출처 : 네이버 용어사전 〉

열반의 오류 [nirvana fallacy, 涅槃의 誤謬]

현실적 상황을 이상화된 대칭 상황과 대비하는 논리적 오류를 말한다. 예를 들면, "미국의 도시지역에는 수백만 명이 빈곤과 폭력에 노출되어 있는데, 만약 소수의 부유층으로부터 금전을 좀더 거두어 빈민들에게 나누어 준다면 빈곤과 폭력을 완벽하게 뿌리뽑아 조화롭게 살 수 있다"는 언명을 들 수 있다. 이 언명은 그러한 상황이 가능하다는 잘못된 가정을 하고 있다. 즉 빈곤과 폭력에 노출된 삶과 그것이 제거된 조화로운 삶이라는 잘못된 이분법을 제시함으로써, 명백하게 유리한 그러나 실현되기 어려운 이상적 상황을 주창하는 사람은, 불완전할 수도 있는 다른 복지 프로그램을 제시하는 사람을 언제나 공박할 수 있게 되는 것이다.

〈 자료출처 : 네이버 용어 사전 〉

엽관제 [spoil system]

정당에 대한 공헌이나 인사권자와의 개인적인 연고 관계를 기준으로 공무원을 임용하는 인사행정 제도를 말한다. 일반적으로 정실주의(情實主義, patronage system)와 혼용되나, 엄밀하게 정의할 경우 엽관제는 정치적 신조나 정당 관계를 임용 기준으로 하는 제도를 말하며, 정실주의는 인사권자와의 개인적 신임이나 친소 관계를 기준으로 하는 임용 제도를 말한다. 엽관에 의한 임용은 집권당에 대한 관료적 대응성을 보장하기 위한 민주적 장치로 인식되고 있으나, 다른 한편 행정의 공정성과 능률성을 해치고 정치·행정적 부패를 야기할 우려가 있다.

〈 자료출처 : 네이버사전 〉

영기준예산제 [Zero-Base Budgeting, ZBB]

영기준예산제란 예산안을 편성함에 있어서 전회계년도 예산에 기준을 두지 않고, 조직의 모든 사업 활동에 대하여 영의 수준에서 재평가하여 효과성과 효율성 등을 체계적으로 분석하고 그에 따라 우선 순위가 높은 사업활동을 결정하고 예산을 편성하는 하나의 예산제라고 할 수 있다. 여기서 영기준(zero-base)이란 예산안을 편성함에 있어서 전회계년도 예산을 기준으로 예산액을 점증 또는 점감적으로 편성하는 것이 일반적 현상이라는 점증주의적 방법을 극복하기 위하여 영의 수준에서 새로이 출발하여야 한다는 것을 말한다. 따라서 영기준예산제에서는 계속사업이라도 영의 수준에서 신규사업과 같이 새로이 분석하고 평가하여 사업의 우선 순위를 정하고 그에 따라 예산을 편성하게 된다. 이러한 영기준예산제는 국민들로부터 높은 율의 조세수입을 받아들이는데 한계를 느끼기 때문에 재정낭비를 줄이고 작은 정부를 지향하고자하는 정치적 이데올르기와 관련하여 발생했다.

〈 자료출처 : 온라인행정학전자사전 〉

예비비 [contingency allowances]

예측할 수 없는 예산 외의 지출 또는 예산 초과 지출에 충당할 목적으로 계상되는 예산을 말한다. 우리나라의 국가재정법은 예비비로서 상당하다고 인정되는 금액을 세입세출예산에 계상할 수 있다고 규정하고 있다. 예비비는 특정한 목적을 설정하지 않고 포괄적인 금액만 계상한 것이기 때문에 그 지출은 사후에 국회의 승인을 얻어야 한다. 그리고 예산의 사전 의결 원칙에 대한 예외이므로 중대하고도 거액인 비용은 예비비에서 지출할 수 없으며 추가경정예산을 편성, 충당해야 한다. 국회의 예산 심의 때 삭감된 비용 항목에 대해서도 예비비를 사용해서는 아니 된다.

〈 자료출처 : 네이버 행정학 용어 사전 〉

예산 [budget, 豫算]

정부가 1회계연도 (예산의 세입과 세출을 구분하고 정리하기 위한 기간, 즉 예산의 단위 기간을 말한다. 현재 거의 모든 나라가 1년을 회계연도로 하고 있지만 그 시기는 나라에 따라 차이를 나타내고 있다. 우리나라의 '국가재정법' 제2조는 정부와 지방자치단체의 회계연도를 매년 1월 1일에 시작해 동년 12월 31일에 종료하도록 규정하고 있다.) 의 사업을 위해 동원하고 사용할 세입과 세출의 내용을 담고 있는 계획서를 말한다. 예산운영 과정(budgeting)은 정부가 정책목표를 달성하기 위해 제한된 재정자원을 배분하는 주기적인 의사결정 과정이며, 예산 운영은 정부의 정책을 형성하고, 프로그램을 실행하며, 전략과 관리통제를 확립하기 위한 결정 과정이다. 이러한 예산은 희소한 공적 자원을 국가나 지역사회의 요구에 따라 배분하는 정치적인 성격을 띤다. 또한 예산은 공공사업과 서비스를 제공하는 방법과 수단 그리고 정부의 활동을 효율성과 공평성이라는 측면에서 평가하는 기준이 된다.
〈 자료출처 : 네이버 행정학 용어 사전 〉

예산순계 [豫算純計]

예산 총계 규모에는 회계 간 거래나 동일 회계 내 계정 간 거래금액으로 인해 동일한 재원이 중복 계상되는 문제가 발생하는데, 여기서 중복되는 부분을 차감한 예산 순액을 예산순계라 한다. 우리나라 '국가재정법' 제17조의 예산총계주의 원칙에 의하면, 모든 세입과 세출은 모두 예산에 계상하도록 되어 있다. 이러한 원칙을 적용하는 이유는 국가재정과 관련된 일체의 수지를 예산에 계상함으로써 국가재정 전체를 명확하게 파악하고 아울러 재정상의 감독을 용이하게 하는데 있다. 그런데 이러한 원칙에 입각해 산출한 예산 총계 규모에는 동일한 재원이 중복 계상되는 문제가 발생한다. 여기서 중복되는 부분을 차감한 예산 순액을 예산순계라 한다.
〈 자료출처 : 네이버 용어사전 〉

예산의 과목구조 [豫算의 科目構造]

세입 · 세출예산의 각 항목을 성질별로 장(章) · 관(款) · 항(項) · 세항(細項) 및 목(目)으로 구분하는 예산의 중간 단계 구분 형태를 말한다. 우리나라 국가재정법은 세입예산의 경우 조직별로 분류한 다음 성질별로 관·항으로 구분하고, 세출예산은 조직별로 분류한 다음 기능별, 성질별, 또는 기관별로 장·관·항으로 구분한다고 규정하고 있다. 세입예산의 과목구조는 세출예산보다 단순해 입법과목인 장과, 행정과목인 세항이 존재하지 않는다. 기관별, 장, 관, 항의 예산은 국회의 의결 대상이기 때문에 입법과목이라 하며, 항을 다시 구분한 세항과 목은 행정부의 재량에 맡겨져 있기 때문에 행정과목이라고 한다.
〈 자료출처 : 네이버 행정학 용어 사전 〉

예산의 분류 [classification of budget, 豫算의 分類]

세입과 세출의 내용을 일정한 기준에 따라 체계적으로 배열하는 것을 말한다. 예산의 분류 방법은 나라와 시대에 따라 다르며, 세입예산과 세출예산의 분류

방법이 또한 각기 다르다. 예산을 분류하는 목적은 사업계획의 수립과 예산 심의의 능률화, 예산집행의 효율화, 회계 책임의 명확화, 경제분석의 촉진이라고 할 수 있다. 이러한 분류 목적을 달성하기 위한 분류 방법으로는 경제성질별 분류, 기능별 분류, 사업계획별 분류, 활동별 분류, 조직별 분류, 품목별 분류 등이 있다. 이러한 예산 분류는 예산 과목과 불가분의 관계에 있다. 우리나라 국가재정법은 세입예산의 경우 조직별로 분류한 다음 성질별로 관·항으로 구분하고, 세출예산은 조직별로 분류한 다음 기능별, 성질별, 또는 기관별로 장·관·항으로 구분한다고 규정하고 있다.
〈 자료출처 : 네이버 행정학 용어 사전 〉

예산의 원칙 [budget principles, 豫算의 原則]

예산의 편성, 예산의 심의 및 의결, 예산의 집행, 결산 및 회계검사 등의 예산 과정에서 지켜져야 할 규범과 준칙을 말한다. 예산의 원칙에는 전통적인 것과 현대적인 것이 공존하는 바, 전통적 원칙들은 시민혁명 초기 국민의 대표로 구성된 의회가 국왕이나 행정부에 대해 엄격한 재정적 통제를 가하기 위해 고안된 것이며, 현대적인 예산의 원칙은 예산의 효율적 운용을 위해 고안된 행정국가 시대의 예산 원칙을 말한다. 전통적 예산의 원칙에는 예산 운영의 모든 상태가 국민에게 공개되어야 한다는 예산공개의 원칙과, 예산을 집행하기 전에 입법부의 승인을 받아야 한다는 예산 사전의결의 원칙, 예산의 각 항목은 상호 명확한 한계를 지녀야 한다는 예산한정성의 원칙, 한 회계연도의 세입세출을 모두 예산에 편입해야 한다는 예산완전성의 원칙, 정부의 재정활동을 하나로 묶어야 한다는 예산단일성의 원칙, 그리고 모든 수입은 국고에 편입되어 여기서부터 지출이 이루어져야 한다는 예산통일의 원칙 등이 있다.
〈 자료출처 : 네이버 행정학 용어 사전 〉

예산의 이월

예산의 이월이란 당해 회계연도에 지출을 마치지 못한 예산을 다음 연도의 예산으로 옮겨 사용하는 것을 말한다. 이월은 1회에 한하며, 이월에는 명시이월과 사고이월이 있다. 명시이월은 예산을 당해 회계연도 내에 지출하지 못할 것이 예상되는 경우에 미리 국회의 승인을 받아 다음 연도에 사용할 수 있도록 하는 것을 말한다. 사고이월은 지출원인행위를 했으나 연도 내에 지출하지 못한 경비와, 지출원인행위를 하지 아니한 부대경비를 다음 연도에 지출하는 것을 말한다.
〈 자료출처 : 네이버 행정학 용어 사전 〉

예산편성지침

예산편성지침은 차년도 예산 편성의 기본방향과 중점적으로 추진하는 목표 등을 제시한 문서로서, 각 중앙관서의 장이 예산을 요구하고 기획예산처가 예산을 편성하는 준거가 되므로 예산편성과정에서 가장 핵심적인 역할을 한다. 예산편성지침은 다음해의 국내・외 경제 전망을 포함한 재정 운영의 여건, 재정운영의 방향과 중점, 예산요구 일반지침, 경비별 편성지침, 예산의 요구방식 및 예산요구서에 사용할 각종 서식 등으로 구성되어 있다. 예산편성지침은 5년 단위의 중기재정계획 및 각 중앙관서의 장이 매년 2월 말일까지 기획예산처장관에게 제출하는 다음 연도 신규사업 및 기획예산처장관이 정하는 주요계속사업에 대한 사업계획서를 기초로 작성한다. 한편 각 중앙관서의 장은 그 소관에 속하는 다음 연도의 예산요구서를 작성할 때 예산편성지침에서 규정한 방향과 원칙을 따르고 예산편성지침에 규정한 서류를 첨부해야 한다.
〈 자료출처 : 네이버 행정학 용어 사전 〉

예산회계법 [豫算會計法]

1961년 12월 19일 공포된 국가의 예산과 회계에 관한 기본법으로 2006년 국가재정법의 제정으로 폐지되었다. 예산회계법은 통일국고주의·예산회계주의·회계연도 독립의 원칙 등을 채택한 점에서는 기존의 재정법과 대동소이하나, 정부기업에 대해 기업회계 제도를 도입하고 세출예산에 관한 기능별·성질별·기관별의 업무 단위별 예산 제도(성과주의 예산제도)를 채택한 점에 차이가 있었다.
〈 자료출처 : 네이버 행정학 용어사전 〉

오버슈팅 [over-shooting]

통화공급 등 환율을 결정하는 요인이 변화할 때에는 환율조정이 시작된다. 이 과정에서 조정이 끝난 후 도달될 균형환율을 회복하고도 일시적으로 그것을 뛰어넘어 과잉조정되는 경우가 많다. 이것의 원인으로는 미래의 환율에 대한 사람들의 기대, 금융시장에 비해 재화시장의 조정에는 시차가 존재한다는 점 등이 있다. 환율의 오버슈팅은 산출량, 고용수준 등의 변동을 확대하여 이것을 다른 나라에 전파하는 등 경제의 단기적인 불안정화의 요인이 된다. 일반적으로 오버슈팅이라하면 동태적인 모형에서 제반 변수들이 균형에 도달하고서도 일시적으로 그것을 뛰어넘는 현상을 일컫는다.고 국민경제를 안정시키며 국제수지의 악화를 막을 수 있기 때문이다.
〈 자료출처 : Naver 행정학 용어사전 〉

옴부즈만 [ombudsman] 제도

옴부즈만은 정부나 의회에 의해 임명된 관리로서, 시민들에 의해 제기된 각종 민원을 수사하고 해결해주는 사람을 말한다. 기소권을 보유하는 경우도 있으나, 미보유하는 것이 일반적이다. 이 단어의 기원은 고대 스웨덴어 umbuðsmann으로서, (의회의) 대리인을 의미한다. 세계최초의 옴부즈만은 1809년 스웨덴 의회 옴부즈만이다. 옴부즈만 제도는 여러 기능이 있을 수 있으나 행정권의 확대·다양화 및 재량권의 증가에 따른 권리 보호의 불충분에 대하여 의회의 개입을 통한 행정 구제 제도의 결함을 보완함으로써국민의 권리 보호의 기회를 확대하고자 하는 것이 주요한 기능이라 할 수 있다. 옴부즈만은 고대 스웨덴어로 대리인(agent)을 의미하는 것으로 위헌 내지 부정한 행정 활동에 대하여 비사법적인 수단으로 국민을 보호하는 제도이다.
〈 자료출처 : 위키피디아 백과사전(ko.wikipedia.org) 〉

옹호연합모형 [Advocacy Coalition Framework : ACF]

정책변동모형중의 하나로 정책단계(policy stage)모형이 가지는 한계점을 극복하고, 정책 환경과 정책과정의 관계 및 정책과정 내부의 동태성에 관한 인과적 해석을 가능하게 하는 이론 틀로서 정책형성 과정에서 다양한 이해관계자들의 역할, 정부 내의 행위자 역할, 정보체계의 역할, 행위자들의 신념 등과 정책의 관계성 등을 평가하기 위해 Sabatier에 의해서 개발된 것이다. Sabatier(1988)에 의하면 옹호연합(Advocacy Coalition)이란 "규범적 가치, 인과관계의 신념을 공유하고, 상당 수준의 조정된 행위에 참여하는" 조직이 정부와 비정부의 존폐에 상관없이 이루는 연대를 말하며, 옹호연합모형을 구성하고 있는 요소로는 외적

변수(external parameters), 정책옹호연합(policy advocacy coalition), 신념체계(belief system), 정책중개자(policy brokers), 정책학습(policy learning), 정책산출(policy output), 그리고 정책변동(policy change) 등이 있다(Sabatier, 1988). 동 모형은 정책행위자를 정부-비정부의 구분이 없이 신념체계별로 묶고, 이들이 어떻게 연합을 구성하여 자신의 신념을 정책화시켜 가는 지를 분석한다. 이들 옹호연합은 계층적 신념체계에 의해서 형성되며, 자신의 신념이 정책으로 관철되도록 경쟁한다. 그리고 옹호연합들이 선택한 전략이 정책지향 학습을 거치면서 조정되거나 정책 중개자에 의하여 중개되는 것을 제시한다.
〈 자료출처 : 남상민.(2005). "정책과정에서의 NGO: 정책옹호동맹체모형(ACF)과 새만금 사업에서의 NGO 역할." 「한국정책학회보」 제14권 제1호. 한국정책학회 〉

완전고용예산

재정정책에 활용하기 위해 만드는 예산정보 중에 완전고용 예산제도가 있다. 완전고용예산은 경제가 완전고용 상태에 도달할 경우 세수가 얼마나 되고, 따라서 예산 적자가 얼마나 될 것인가를 보여주는 예산으로 경제 성질별로 분류·작성된다. 즉, 경기변동과 무관한 조세수입 규모 및 경기변동과 무관한 재정수지 규모를 추정하기위해서 도입된 예산개념이다.
〈 자료출처 : 2009선행정학(김중규) p.1043 제5장재무행정론 2절 예산의 종류 〉

외부효과 [externalities]

외부효과란 내부효과의 반대 개념으로, 시장 내부에서 해결되지 않는 현상을 의미한다. 즉, 가격을 지불하지 않고 다른 경제주체에게 영향을 미치는 현상이다. 이러한 영향에는 좋은 영향인 외부경제와 나쁜 영향인 외부불경제를 포함한다. 외부효과란 개념 자체가 시장경제의 내부질서로서는 해결되지 않는다는 것을 의미하기 때문에 이는 정부개입의 논거가 된다. -외부경제(external economy): 가격을 통하지 아니하고(아무런 대가의 교환없이) 다른 경제주체에게 좋은 영향을 미치는 것. -외부불경제(external diseconomy): 가격을 통하지 아니하고 다른 경제주체에게 나쁜 영향을 미치는 것.
〈 자료출처 : 장철영 행정학연습 강의자료 Theme1.행정환경 변화와 행정의 대응 〉

외생적 선호와 내생적 선호

외생적 선호는 개인의 선호체계는 주어진 것으로 가정하고, 선호의 행사 · 표출에는 어느 정도 제도적 제약(거래비용, 제한된 합리성 등)이 수반되나, 선호의 형성자체에 대해 제도는 아무런 역할을 하지 않는다는 것이다. 그에 반해 내생적 선호는 선호는 주어진 것이 아니라 제도적 맥락 속에서 형성되며, 제도가 개인의 선호와 이익 · 전략을 제약하고 영향을 미친다는 것이다.

〈 자료출처 : 김중규 (2010),「선행정학개론」〉

욕구단계론 [theory of need hierarchy]

인간의 기본 욕구는 우선순위의 계층(hierarchies of prepotency)을 이루고 있으며, 욕구의 발로가 순차적으로 이루어진다는 동기부여 이론을 말한다. 대표적인 학자가 머슬로(Abraham H. Maslow)는 인간의 내재적 욕구에 초점을 맞추어 인간이 보편적으로 지니고 있는 공통적인 욕구를 다섯 계층이 있다고 가정하였다. 즉 첫단계인 생리적 욕구(physiological needs), 안전욕구(safety needs),사회적욕구(social needs), 존경욕구(esteem needs), 자아실현 욕구(self-actualization needs)와 같이 인간욕구는 다섯가지의 욕구수준에 따라 계층을 이룬다는 것이다. 그리고 하위 욕구가 어느 정도 만족되어야, 차상위 계층의 욕구가 부상하게 된다고 설명한다.이들 욕구는 충족 여부에 따라 아래위로 움직이는 계층을 이루고 있다고 가정한다.

〈 자료출처 : 네이버사전 / 행정학의 이해[김시영, 김렬, 김순양, 성도경, 이환범, 최준호] 〉

욕구이론 [need theory, 欲求理論]

인간의 행동은 욕구에 의해 동기 유발된다는 전제 하에, 인간의 기본 욕구는 무엇이며, 그것은 어떠한 과정을 거쳐 동기를 불러일으키게 되는지 그 메커니즘을 밝히고자 하는 이론적 지향을 말한다. 머슬로(A. H. Maslow)의 욕구단계론, 허즈버그(F. Herzberg)의 동기위생이론, 기대이론 등이 이 범주에 든다.

〈 자료출처 : 네이버 행정학 용어사전 〉

우익 [우파]

정치적 성향의 분포에서 좌익 또는 좌파에 반대되는 쪽으로, 세계적으로는 경제적으로 국가의 역할을 강조하면 좌익으로, 민간의 역할을 강조하면 우익으로 분류한다. 급진적인 우익인 극우주의도 존재하므로 행동과 주장의 급진성으로 판단하지는 않는다. 보수주의, 파시즘과 나치즘, 자유지상주의 등이 우파로 간주된다.

〈 자료출처 : 김중규 선행정학 〉

위기관리 [Crisis & Emergency Management]

일반적으로 위기관리는 위기로부터 국민의 생명과 재산을 보호해주고 위험을 극복하기 위한 사업계획을 집행하는 일상화된 과정을 의미한다. 이러한 위기관리의 대상이 되는 위기는 다음과 같다. 자연재난(natural disaster)은 자연현상으로부터 발생하는 것으로서 홍수, 지진, 태풍, 폭우, 가뭄 등이 있고, 인위재난(man-made disaster)은 인간의 부주의나 무관심, 실수, 그리고 사후관리의 불충분함으로 인하여 발생하는 것으로서 가스폭발, 대형구조물의 붕괴, 유해 화학물질의 유출, 방사능 오염 등이 이에 해당된다. 사회재난(social disaster)은 종교적·정치적·이념적인 목적 달성을 위하여 개인이나 집단이 인간의 생명과 재산을 위협하거나 사회질서를 파괴하려는 행위로부터 발생하는 것으로서 테러, 파괴활동, 비행기 납치, 폭동 등이 있다. 따라서 행정학 분야에서의 위기관리는 자연재난, 인위재난, 사회재난을 대상으로 하고 있다. 위기관리가 지니는 보편적이고 일반적인 성격은 다음과 같다. 먼저, 위기관리는 그 책임에 있어서 보편성과 일반성을 지니고 있다. 국가뿐만 아니라 기업이나 개인도 위기관리의 책무를 수행해야 한다. 둘째, 위기관리는 위기발생의 원인이 개인이나 기업의 사소한 실수나 부주의에 있다고 할지라도, 그 영향이 지역사회나 국가, 국제사회에 미칠 수 있기 때문에 공공적 성격이 강조된다. 셋째, 위기관리의 일상화가 요구된다. 오늘날의 사회는 기능의 복잡성과 전문성으로 인해 사회 일부의 기능 마비가 곧 사회 전체적인 기능마비를 초래하게 되기 때문에 위기관리는 우리의 일상생활과 더불어 존재해야 한다. 넷째, 위기관리는 인간생명의 존엄성에 대한 존중을 전제가치로 삼는다. 그렇기 때문에 위기발생후의 대응과 복구뿐만 아니라 위기발생 이전의 예방·완화와 준비까지 강조한다. 따라서 위기관리의 과정은 완화, 준비, 대응, 복구의 네 단계로 구성된다.

〈 자료출처 :온라인 행정학 전자사전 (http://www.epadic.com/index.php) 〉

위원회 조직

위원회는 단독제에 반대되는 용어로서 여러 사람들이 모여서 합의제 형태의 의사결정을 하는 조직 형태를 말한다. 위원회는 다단계의 고층구조에 의해서 의사결정이 이루어지는 것이 아니라 대등한 입장에 있는 사람들의 회의에 의해서 의사결정이 이루어진다는 측면에서 수평적인 조직형태의 하나라고 할수 있다. 이러한 위원회에 의한 결정은 다수에 의하여 의사결정이 이루어지기 때문에 결정과정이 지연되는 경우가 있지만 민주적이라는 장점을 지니고 있다.
〈 자료출처 : 현대행정학 / 박해룡, 안경렬, 이정훈, 이형호, 임재강. 정우열. 허원구 / 삼우사 2006 〉

윌슨 [Wilson, Thomas Woodrow, 1856-1924]

프린스턴 대학 교수 · 뉴저지 주지사·제28대 대통령을 지낸 미국의 행정학자다. 1918년 민족자결 원칙 등을 포함한 14개조를 발표하고, 파리 평화회의에 미국대표로 참석해 국제연맹의 창설을 위해 노력했으며, 1919년 노벨평화상을 수상했다. The Study of Administration(1887)이라는 논문을 통해 정치·행정이원론의 입장에서 행정학의 독자성을 주장한 것으로 유명하다. 주요 저작으로는 Congressional Government(1885), A History of the American People, 5vols(1902), Constitutional Government in the United States(1908) 등이 있다.
〈 자료출처 : 네이버 행정학 용어사전 〉

유명론 [Nominalism, 唯名論]

보편자(普遍者)는 명사(名辭)에 지나지 않는다고 하며 그 실재(實在)를 부정하는 철학상의 입장. 명목론(名目論)이라고도 한다. 실재론(實在論)과 대립한다. 실재하는 것은 개체(個體)뿐으로, 예를 들면 빨강이라고 하는 보편개념은 많은 빨간 것을 갖는 빨강이라는 공통 성질에 대하여 주어진 말, 혹은 기호로서, 빨간 것을 떠나서 빨강이 실재하는 것은 아니라고 한다. 실재론·개념론과 함께 유럽 중세(中世)의 보편논쟁으로 일파(一派)를 이루었다. 중세에서는 플라톤적 실재론과 결부하였던 정통신학(正統神學)에 위배되는 것이라 하여 위험사상시되었고, 명백히 유물론적 색채를 띠었다.
〈 자료출처 : 네이버 백과사전 〉

유비쿼터스 [Ubiquitous]

유비쿼터스는 '언제 어디에나 존재한다'는 뜻의 라틴어로, 사용자가 컴퓨터나 네트워크를 의식하지 않고 장소에 상관없이 자유롭게 네트워크에 접속할 수 있는 환경을 말한다. 1988년 미국의 사무용 복사기 제조회사인 제록스의 마크 와이저(Mark Weiser)가 '유비쿼터스 컴퓨팅(ubiquitous computing)'이라는 용어를 사용하면서 처음으로 등장하였다. 컴퓨터에 어떠한 기능을 추가하는 것이 아니라 자동차·냉장고·안경·시계·스테레오장비 등과 같이 어떤 기기나 사물에 컴퓨터를 집어넣어 커뮤니케이션이 가능하도록 해 주는 정보기술(IT) 환경 또는 정보기술 패러다임을 뜻한다. 유비쿼터스 네트워크가 이루어지기 위해서는 광대역통신과 컨버전스 기술의 일반화, 정보기술 기기의 저가격화 등 정보기술의 고도화가 전제되어야 한다. 휴대성과 편의성뿐 아니라 시간과 장소에 구애받지 않고도 네트워크에 접속할 수 있는 장점들 때문에 세계적인 개발 경쟁이 일고 있다.
〈 자료출처 : 네이버 백과사전 〉

유인가

과정론의 대표적인 모형인 기대이론에서 나온 용어이 다. 유인가는 보상이 자신에게 얼마나 바람직한 것인가? 가치 있는 것인가? 만족스러운 것인가? 에 대한 주관적 믿음을 나타낸다. 유인가는 주로 보상이 개인의 욕구나 목표를 얼마나 충족시켜 주는가에 의해 결정된다. 이것은 확률 개념이 아니고 하나의 척도를 구성하여 여기에 상대적 가치를 부여하면 된다. 따라서 10점 척도나 5점 척도 모두가 가능하다. 심지어는 부정적인 보상일 경우에는 척도구성에서 마이너스 값을 부여할 수도 있다.
〈 자료출처 : 유민봉 외 (2007 : 343), 「인사행정론」〉

응능 · 응익원칙 [ability-to-pay principle,benefit principle]

응능원칙이란 납세자의 지불 능력에 따라 과세해야 한다는 과세의 원칙을 말한다. 이와 대비되는 응익 원칙은 조세를 납세자에게 제공되는 정부 서비스의 대가로 보는 원칙을 말한다. 현실적인 조세 체계는 이 두 원칙을 혼용하고 있다고 할 수 있다. 소득세의 종합과세와 그에 대한 누진세율의 적용은 응능 원칙에 의한 세부담 공평의 원칙에서 나온 것이며, 지방세 중의 주민세와 같이 소득의 유무, 과소에 구분 없이 일률 과세되는 것은 정부, 지방공공단체가 제공하는 편의에 대한 대가라고 볼 수 있다.
〈 자료출처 : 네이버 행정학 용어사전, 2010 김중규 선행정학개론 〉

응집성지수

소씨오메트릭 연구는 집단구성원의 상호관계를 통하여 집단의 응집성도 측정해준다. 집단의 응집성은 집단구성원간의 친밀도, 즉 구성원 각자가 같은 집단의 성원으로서 얼마나 서로 가깝게 느끼고 있느냐에 대한 척도로서, 집단구성원들이 자기 자신을 초월하여 상호간의 소속의식과 단결의식을 얼마나 중요시하는지를 말해준다. 응집성이 높은 집단은 집단행동에 있어서 구성원들의 참여도가 높고 따라서 집단의 효율성과 성과도 높은 경향을 보인다. 응집성 지수=실제 상호선호관계의 수/가능한 상호선호관계의 수. 소씨오메트릭 연구는 집단구성원간의 우의적 관계를 중심으로 구성원간의 상호관계와 하위집단구조 그리고 선호인물과 응집성을 계량적으로 측정하는 방법을 제시해 줌으로써 집단을 진단하고 집단행동을 이해하는 데 도움을 준다.
〈 자료출처 : 조직행동론, 이학종, p246 〉

의식주의 [ritualism]

실질적 내용이나 현실보다 명분·규칙·형식·절차·관례 등을 중시하고 이에 집착하는 성향을 말한다. 이러한 의식주의는 엄격한 원리·규범·질서·명분을 강조하는 유교의 예(禮)사상과 밀접한 관련을 맺고 있다. 의식주의는 관료제의 병리 현상인 번문욕례(red tape)·법규만능주의·선례답습주의·무사안일주의 등을 초래하는 원인이 된다.
〈 자료출처 : http://terms.naver.com/list.nhn?dirId=801 네이버 용어사전 〉

이너시티 [inner city]

대도시의 도심(都心) 지역이 주택환경의 악화로 야간 인구가 현격히 감소되고 근린관계(隣關係) 등의 붕괴로 행정구(行政區)의 존립이 위기에 높이게 된 도시 이러한 현상은 미국, 일본 등의 대도시에서 현저히 나타나고 있는데, 그것은 오피스 빌등의 급증으로 주간 인구는 증대되나 주택지로는 적합하지 못하여 퇴근시에는 대부분의 인구가 주거지역인 도심 밖으로 빠져나감으로써 도심의 공동화(空洞化)가 되어버렸기 때문이다. 도시의 공동화 현상이 심화되면 도시외곽의 주택지에서 도심까지의 통근은 매우 불편해지는데, 특히 출퇴근시의 러시아워 때에는 교통혼잡과 함께 극심한 교통체증의 우려가 생기며, 또한 도심 지역에 거주하는 인구가 절대 부족하여 기초지방자치단체의 기능도 제대로 수행할 수 없게 된다.

〈 자료출처 : 행정학용어표준화연구회. 「행정학용어사전」1999년 p517 〉

이득행렬

게임에서 이해관계가 상충하는 두 플레이어(player)가 수취하는 이득을 행렬표로 나타낸 것을 말한다. 예를 들어 플레이어 갑(甲)이 i의 전략을 택하고 을(乙)이 j의 전략을 선택할 때 갑이 얻는 취득액 Aij를 갑의 이득 pay-off로 표시한 것을 말한다. 이득행렬은 게임이론과 결정이론의 불가결한 개념 가운데 하나다.

〈 자료출처 : 이종수. 「행정학용어사전」2000년 p231 〉

이슈공동체 모형

이슈공동체라나 공통의 기술적 전문성을 가진 다양한 견해의 대 대규모 참여자들을 함께 묶는 불안정한 지식 공유 집단이며, 특정한 경계가 존재하지 않는 광범위한 정책연계망이다. 미국에서 '철의 삼각(하위정부모형)을 비판 대체 하려는 개념으로 1970년대 후반 Heclo 에 의하며 논의된 모형이다. 사회가 점차 다원화 되면서 철의 삼각 같은 결정체제가 더 이상은 곤란해졌다는 다원론 적 인식하에 등장하였다. 참여자의 범위가 넓고 개방적이며 구체적인 문제해결보다는 이슈를 제기하는데 치중한다. 구성원 간 인식에 대한공유나 책임감이 없고 오히려 갈등을 증폭시키기도 한다.

〈 자료출처 : 김중규 선행정학 〉

이슈나무 [issue tree]

맥킨지 컨설팅의 문제 분석 기법의 한 과정으로, 이슈 나무는 '이슈', 즉, 초기 가설이 옳은지 아닌지를 판별하는 기준이 되는 이슈를 MECE (Mutually Exclusive, Collectively Ex- haustive) 원칙에 따라 나무 형태로 정리한 것을 말한다. 즉 초기 가설을 최상위의 이슈로 해서 하부 이슈를 계속 나무형태로 만들어 계층적으로 도식화한 것이다. 여기서 초기 가설은 로직 트리 등을 통해 문제의 범위와 얼개를 파악하고 난 상태에서 일단 해결책을 생각해 보는 것을 말한다. 초기 가설은 아직 자세한 사실 관계가 조사되지 않은 단계에서 세우는 것이다.

〈 자료출처 : 네이버 용어 사전 〉

이슈네트워크 [issue network]

정책과정에서 철의 삼각과 같이 견고하고 안정적이지는 않지만 수많은 참여자들 상호간에 유동적이고 개방적인 관계를 맺고 정책 이슈에 따라서 영향을 미치는 현상을 이슈 네트워크라 한다. 이슈네트워크의 참여자들은 상호간의 의존성이 낮으며, 자유롭게 네트워크에 참여하거나 탈퇴할 수 있으며, 제도화된 정도가 낮다. 이슈네트워크는 헤클로(Heclo)에 의해 하위정부 모형에 대한 비판적 관점으로 제시된 것으로, 하위정부에 관한 사례연구들을 통해 정책에 대한 하위정부의 영향력은 그렇게 강력한 것이 아니며, 실제로 정책결정에 대한 영향은 정책이슈에 따라서 그리고 시기에 따라 크게 달라진다는 것이다.

〈 자료출처 : 김시영·김렬·김순양 외3명 (2005), 행정학의 이해, 경산:영남대학교출판부 〉

이원적 정부제 [二元的 政府制]

대통령제와 의원내각제가 절충된 정부 형태를 말한다. 대표적인 예는 '바이마르 헌법' 하의 독일공화국인데 당시 독일은 의원내각제를 채택하면서도 민선(民選) 대통령에게 상당한 실권을 부여하는 대통령제의 요소를 강하게 가미하고 있었다. 현재 프랑스는 민선 대통령에게 행정권의 수장(首長) 지위뿐 아니라 삼권(三權) 위에 서는 국정 영도자로서의 지위까지 부여하고 있으면서도 행정부의 권한을 대통령과 총리 이하의 정부에 분할하고 하원(下院)의 총리·각료에 대한 불신임권을 인정함으로써 양 제도를 혼용하고 있기에 반(半)대통령제 또는 이원집정부제라고 부른다.
〈 자료출처 : 네이버 백과사전 〉

이월 [移越]

예산의 이월이란 당해 회계연도에 지출을 마치지 못한 예산을 다음 연도의 예산으로 옮겨 사용하는 것을 말한다. 이월은 1회에 한하며, 이월에는 명시이월과 사고이월이 있다. 명시이월은 예산을 당해 회계연도 내에 지출하지 못할 것이 예상되는 경우에 미리 국회의 승인을 받아 다음 연도에 사용할 수 있도록 하는 것을 말한다. 사고이월은 지출원인행위를 했으나 연도 내에 지출하지 못한 경비와, 지출원인행위를 하지 아니한 부대경비를 다음 연도에 지출하는 것을 말한다.
〈 자료출처 : http://terms.naver.com/item.nhn?dirId=808&docId=214 〉

이익충돌 [Conflict of interest]

이익충돌은 직무 수행과정에서 공직자가 추구하는 사익과 공익이 충돌하는 상황을 지칭한다. 즉, 이익충돌은 국민의 이익을 위하여 행동해야 할 공직자가 자신의 사적이익을 앞 세워 공익을 저해하는 행동을 할 때 발생한다. 이러한 행위는 비리여부 확인은 물론 행위 자체의 윤리적 판단을 어렵게 함으로써 비리 통제의 실효성을 크게 저하시킨다.
〈 자료출처 : http://www.epadic.com/ 온라인 행정학 전자 사전 〉

이해관계자 평가모형

이해관계자 모형(the stakeholder model)의 주된 평가 원리는 프로그램에 관심을 갖거나 프로그램에 의하여 영향을 받는 사람들의 관심사나 이슈들을 평가한다는 것이다. 이것은 목적달성 평가모형이나 부수효과 평가모형과 같이 미리 설정된 목표들을 평가의 기준으로 사용하는 것과는 다르다. 이해관계자 모형은 오히려 고객 지향적 평가모형에 더 가깝다. 그러나 다른 점은 고객 지향적 평가모형이 한 집단의 영향을 받는 편익에 평가의 초점을 맞추는데 비해서 이해관계자 모형에서는 이해관계를 가진 다양한 여러 집단의 편익에 초점을 맞춘다는 것이다.
〈 자료출처 : 온라인행정학전자사전 〉

인간관계론 [human relations approach]

조직구성원들의 사회적 · 심리적 욕구와 조직 내 비공식집단 등을 중시하며, 조직의 목표와 조직구성원들의 목표 간의 균형 유지를 지향하는 민주적·참여적 관리 방식을 처방하는 조직이론을 말한다. 과학적 관리론에 대한 반발로 등장한 인간관계론은 메이요(G. E. Mayo) 등 하버드 대학의 경영학 교수들이 미국의 서부전기(Western Electric) 회사 호손(Hawthorne) 공장에서 1927년부터 1932년까지 수행한 일련의 실험에 의해 이론적 틀이 마련되었다. 인간관계론은 조직구성원의 생산성은 생리적·경제적 유인으로만 자극받는 것이 아니라 사회 · 심리적 요인에 의해서도 크게 영향을 받는다는 점과, 이러한 비경제적 보상을 위해서는 대인 관계 · 비공식적 자생집단 등을 통한 사회 · 심리적 욕구의 충족이 중요하며, 이를 위해서는 조직 내에서의 의사전달 · 참여가 존중되어야 한다는 것이다. 인간중심적 관리는 현대 조직이론에 지대한 영향을 미쳤다. 조직인도주의와 행태과학, 사회 · 기술학파 등의 이론 발전에 큰 영향을 미치게 된 것이다.
〈 자료출처 : 인간관계론(human relations approach) : 네이버 백과사전 〉

인사행정

정부의 목표 달성에 필요한 인적 자원(human resource)을 관리하는 활동 또는 체제를 의미한다. 즉 인사행정은 정부의 목표 달성에 필요한 인적 자원을 충원하고 유지하며, 근무 의욕을 고취하고 통제하는 상호 연관된 일련의 활동으로 구성되는 동태적인 관리활동 또는 관리 체제라 할 수 있다.
〈 자료출처 : 네이버행정학용어사전 〉

인지부조화

개인의 심리적 불균형은 욕구불만족뿐만 아니라 인지요소간의 부조화나 태도와 행동 간의 불일치에서도 올 수 있다. 개인은 자기의 신념과 가치관 그리고 태도와 행동에 일관성을 유지하려고 노력한다. 따라서 동기과정에 있어서도 두 가지 이상의 인지요소가 상호간에 일치되지 않는다거나 일관성이 결핍되면 개인은 심리적으로 불균형 또는 긴장상태를 느끼게 되고, 따라서 이것을 해소하기 위한 적응행동을 취하게 된다. 이러한 인지요소간의 부조화상태를 인지부조화라고 부른다. 예로 승진되어 다른 부서로 옮겨가야 할 구성원은 지금까지 서로 친분을 나누어온 동료들을 떠나서 낯선 곳으로 가는 것에 저항하면서도 한편으로는 새로운 일자리에서도 마음 맞는 좋은 사람들과 일하게 되리라고 자신을 위로하게 된다. 이 경우 그는 마음 맞는 동료와 승진이라는 두가지의 선호적이지만 상호 부조화적인 인지요소를 경험하게 되고, 이 부조화상태를 벗어나기 위하여 동료에 대한 인지를 수정함으로써 승진을 택하는 자기 자신의 행동을 합리화하고 자신의 심리적 균형과 행동의 일관성을 찾게 된다.

〈 자료출처 : 조직행동론, 이학종, p167 〉

인지적 동기이론 [Cognitive motivation theory]

인간의 동기는 앞으로의 상황에 대한 신념과 기대에 따라 작용하게 되고, 개인 행동은 환경의 단서(cue)를 중심으로 형성된 의식적인 의도와 목적 지향성을 지니고 있다고 보는 동기이론을 말한다. 인지적 동기이론은 미래의 상황과 결과에 대한 기대감에 따라서 여러 가지 행동이 선별적으로 선택된다고 봄으로써, 개인의 행동 동기를 설명하는 데 과거의 경험을 강조하는 동인이론(drive theory)과 차이를 나타낸다. 이러한 동기이론은 인간의 행동을 설명할 때 기대(expectancy)라는 개념을 강조하는 기대이론(expectancy theory)으로 발전되었다.

〈 자료출처 : 네이버 행정학 용어사전 〉

인포메이션 캐스케이드 [Information Cascade]

정보가 폭포처럼 쏟아져 나오면서 원하는 정보를 찾기가 점점 어려워짐에 따라 개인들이 다른 사람들의 결정을 참고해 자신의 의사를 결정하는 현상을 말한다. 예를 들어 인터넷에서 물건을 구매할 때 다른 고객들이 어떤 제품을 주로 구매했는지를 참고해서 '따라하기'식의 구매를 하거나, 주식투자나 외환거래 등 금융거래 시 리스크를 줄이기 위해 다른 사람의 동향에 관심을 갖는 등의 행동이 이에 해당한다.
〈 자료출처 : 네이버 백과사전(http://100.naver.com/) 〉

일몰법 [Sunset law, 日沒法]

1. 일몰법은 제도화된 모든 정부사업과 기구들을 입법부활동을 통해 주기적(매 5년,7년)으로 재검토하여 평가하는 예산제도이다. 이 제도는 특정의 행정기관이나 사업이 일정기간이 지나면 자동적으로 폐지되게 하는 법률을 말하는 것으로서, 만일 이 기간 후에도 사업을 계속할 필요가 있으면 재검토하여 존속하게 하는 것이다. 2. 일몰법과 ZBB의 관계 1) 일몰법과 ZBB는 자원의 합리적 배분을 기할 수 있다는 점과 자원난 시대에 대비하는 감축관리의 국면이라는 점에서 공통점이 있다. 2) ZBB는 행정부의 각 계층을 통하여 형성되는 행정직 과정인데 반하여, 일몰법은 예산에 관한 심의·통제를 위한 입법적 과정으로서 행정부의 사업에 유효 기간동안 권한을 부여하는 법률을 규정한다는 점에서 차이가 난다. 3) ZBB는 행정의 계선관리들에게 자기소관의 업무에 대하여 재검토할 수 있는 기회를 부여하는 관리도구인 데 대하여, 일몰법은 행정의 최고관리층의 주요정책을 심사하기 위하여 마련된 제도적 장치이다. 4) ZBB는 매년 반복해야 하는 예산과정인 데 대하여, 일몰법은 입법부의 예산심의와 관련이 없는 것은 아니나 예산과정에서 비교적 독립적 과정이다. 5) 일몰법과 ZBB는 상호보완관계에 있으며 일몰법이 ZBB보다 한 걸음 더 앞선 제도라 하겠다.
〈 자료출처 : 다음넷용어사전 〉

일반체제이론 [General Systems Theory]

일반체제이론은 종래의 좁은 의미의 경험주의(empiricism), 실증주의(positivism), 직관론(intuitionalism) 또는 현상학(phenomenology) 등과 같은 전통적인 틀과는 논리적·실제적으로 대립되는 입장을 가지고 있는 하나의 접근방법이다. 일반체제이론은 과학주의(scientism)의 징후로서 환원주의(reductionism), 가정주의(assumptivism), 편의주의(expediency), 유추상의 허구(analogic invention) 등을 지적하면서 과학주의란 학문의 속성을 결정하는 데 있어서 방법론적 요인이 실체론적 요인을 대체해 버리는 상태에 불과하다고 비판한다. 그러므로 사회현상을 연구하는데 있어서 필요한 대안은 경험적 타당화가 과학적 진리의 중재자라는 신념과 더불어 적절한 이론의 선행요건적 성격에 대한 신념의 야누스적(Janus-faced)인 태도를 가지고 현상연구의 실체론(ontology), 인식론(epistemology) 및 방법론(methodology)을 부합시킬 수 있는 것이어야 된다는 것이다. 이러한 성격을 서더랜드(Sutherland)는 환경유형, 문제의 유형, 분석도구, 분석양식, 인지적 토대, 통제양식, 행정양식 등으로 나누어 상호간에 부합관계를 이룰 때만이 당면 문제를 해결하는데 있어서 능률적·효과적이 될 것이고, 사회문제에 상응하거나 부합되지 않는 분석적·실천적 대응은 문제를 악화시킬 뿐이라고 하고 있다.
〈 자료출처 : 온라인행정학전자사전 〉

일선관료 [street-level bureaucrats, 一線官僚]

정책 과정의 최종 단계에서 대상 집단과 직접적으로 상호작용하며 업무 수행 중 상당한 재량을 보유하는 공무원이나 집행요원을 말한다. 립스키(Michael Lipsky)가 명명했다. 일선관료들은 공공재원에 의한 서비스 급부를 통해 소득을 재분배하는 성격이 강하며, 이들과의 접촉 경험이 정부에 대한 이미지를 결정하기 때문에 중요성을 지닌다. 립스키는 또한 이러한 사람들로 구성된 공공서비스 조직을 일선관료제(street-level bureaucracy)라 불렀다.
〈 자료출처 : 네이버 행정학 용어사전 〉

일선기관 [field agency, 一線機關]

중앙기관의 업무를 처리하기 위해 지역에 설치한 하급 행정기관을 말한다. 지방자치단체와 다른 특별지방행정관청으로서의 일선기관으로는 세무서 · 세관 · 우체국 · 철도청 등이 있다.
〈 자료출처 : 네이버 행정학 용어사전 〉

일출법 [sunrise law, 日出法]

사업 및 조직의 신설을 억제하기 위해, 행정조직과 사업의 신설 요구가 있을 경우 입법기관이 엄격하게 심사하도록 규정한 법을 말한다. 일출법은 기존 조직 및 사업이 일정 기간 경과 후 자동적으로 폐지하도록 규정한 일몰법과 대비된다.
〈 자료출처 : 행정학 용어 사전 〉

임금 피크제 [salary peak system, 賃金peak制]

일정 연령에 도달한 근로자의 임금을 삭감하는 대신 고용을 보장하는 제도를 말한다. 노동자들의 고용을 유지하는 대신 근무 시간을 줄여 일자리를 창출하기 위한 '일자리 나누기(work sharing)'의 한 형태다. 미국, 유럽, 일본 등 일부 국가에서는 공무원과 일반 기업체 직원들을 대상으로 선택적으로 적용하고 있으며, 우리나라에서는 2001년부터 금융기관을 중심으로 이와 유사한 제도를 도입해 운용하고 있다. 임금피크제는 50대 이상 고령층의 실업을 어느 정도 완화할 수 있고, 기업 측에서도 인건비의 부담을 덜 수 있을 뿐 아니라, 한 직종에서 평생을 보낸 고령층의 풍부한 경험과 노하우를 살릴 수 있는 장점이 있다.
〈 자료출처 : 네이버 용어사전, http://terms.naver.com/ 〉

임피 현상 [In My Front Yard, IMFY 現象]

자기 지역에 이득이 되는 시설을 유치하거나 관할권 장악을 시도하는 적극적 행동을 일컫는 말이다. 세수원 확보나 지역발전에 영향을 미치는 행정구역 조정, 마세권 확보, 정수장 관리 및 청사 유치 등을 위한 활동을 의미한다.
〈 자료출처 : 네이버 행정학 용어사전 〉

[ㅈ]

자기자본비율 [BIS, bank for international settlements capital ratio, 自己資本比率]

일반적으로 총자산 중에서 자기자본이 차지하는 비중을 나타내는 지표를 말한다. 기업 재무구조의 건전성을 나타내는 가장 대표적 지표다. 자기자본은 직접적인 금융 비용을 부담하지 않고 기업이 장기적으로 운용할 수 있는 안정된 자본이므로 이 비율이 높을수록 기업의 재무구조가 건전하다고 할 수 있으며 일반적인 표준 비율은 50% 이상으로 보고 있다. 한편, 1997년 말 외환위기 이후 좀더 일반화된 용어로서의 은행의 자기자본 비율 BIS 비율)은 은행의 위험 가중 자산에 대한 자기자본의 비율을 말한다.

〈 자료출처 : 네이버 행정학용어사전 〉

자본수지 [capital balance]

화폐적 측면에서 본 수지의 개념을 말한다. 이와 대비되는 경상수지는 실물 측면에서 본 수지의 개념을 말한다. 자본수지는 단순한 자본의 유출입을 나타내며 한 나라의 자본 유출이 많고 외국 자본의 유입이 적을수록 적자가 커지게 된다. 일반적으로 경상수지의 적자는 먼저 자본수지 흑자에 의해 보전되지만 국제수지가 불균형에 있는 것은 사실이다.

〈 자료출처 : 네이버 용어사전 〉

자본예산 [CBS : Capital Budgeting System]

예산을 경상계정과 자본계정으로 구분하고 자본계정에는 엄격한 복식부기를 적용하는 일종의 복식예산(이중계산)이다. 정부예산을 경상지출과 자본지출로 구분하고 경상지출은 경상수입으로 충당시켜 균형ㅇ르 이루도록 하지만 자본지출은 적자재정과 공채발행으로 그 수입에 충당케 함으로써 불균형예산을 편성하는 제도라 할 수 있다. 자본예산은 공채를 발행하여 불경기를 극복하려는 적극적 재정수단으로서 시장실패를 치료하기 위한 행정국가의 재정적 산물이다.

〈 자료출처 : 김중규(2007), 9급선행정학개론. 서울: 도서출판 성지각 〉

자본주의

자본이 생산활동의 주체가 되는 경제 체제를 말한다. 즉 자본적 기업이 재화와 서비스의 생산·유통의 주체가 되는 경제 시스템을 일컫는다. 자본주의의 구조와 동태를 해명하는 데 가장 큰 영향을 끼친 이론은 마르크스(K. Marx)의 이론이다. 마르크스에 의하면 자본주의는 인류가 역사적으로 경험해 온 여러 가지 생산 방식의 하나일 뿐 영원히 존속할 수 있는 최후의 생산 방식은 아니다. 마르크스는 저서 「자본론」에서 자본주의라는 용어를 사용하지 않고 자본가적 생산 양식(kapitalistische Produktionsweise)이라는 표현을 사용했다.

〈 자료출처 : 김두식 외(2006).「행정학원론」. 대영문화사 〉

자연 상태 [state of nature, Naturzustand, 自然狀態]

사회구성원이 모두 평등하며 일체의 인위적 제한으로부터 완전한 자유 상태인, 사회계약설의 전제 개념을 말한다. 국가 상태(status civilis)와 대비된다. 자연 상태에서는 어느 누구의 안전과 행복도 확보될 수 없으므로, 그 구제·보완으로서 계약에 의한 정치사회가 성립하게 된다고 사회계약론자들은 주장한다.

〈 자료출처 : http://terms.naver.com/item.nhn?dirId=809&docId=1457 〉

자연권

천부인권. 인간의 자질·능력·신분·계급의 차이에 관계없이 만인이 인간일 수 있는 자격에서 향수해야 할 선험적인 여러 권리를 말한다. 이는 인간의 존엄과 자유의 존중이라고 하는 정신적 풍토에 기초한 이념이며, 민주주의·자유주의·개인주의와 밀접한 관계에 있다.

〈 자료출처 : R. Nozick(1990). 「A theory of Natural Rights」 〉

자원의존 이론 [resource dependence theory]

조직의 흡수·통합·합병과 같은 조직 간의 조정은 조직이 의존하는 핵심적 자원(critical resources)에 대한 통제에 의해 설명될 수 있다고 하는 거시조직이론의 한 분파를 말한다. 자원의존이론은 페퍼(J. Pfeffer)와 샐란식(G. Salancik)이 조직의 효과성을 조직특성변수와 상황변수의 함수로 보는 구조적 상황이론(structural contingency theory)을 발전시킨 것이다. 그들은 조직이

상황 요인에 단순히 반응만 하는 것이 아니며, 상황적 제약 조건들은 최고결정자의 전략적 조정을 통해 어느 정도까지는 완화될 수 있다고 주장한다. 구조적 상황이론이 환경에 대한 결정론적 인식론에 입각하고 있는데 반해, 자원의존이론은 환경에 대한 임의론적 인식론에 입각한 전략적 선택이론의 범주에 속한다고 할 수 있다.
〈 자료출처 : Naver 행정학 용어 사전 / 에드민, 김종규, 2010 선행정학개론 〉

자유 방임주의

정부의 역할은 국방 및 질서 유지 기능에만 국한되어야 하며, 경제활동에 대해서는 국가가 어떠한 간섭도 해서는 아니 된다는 정부관을 말한다. 자유주의에서는 개인의 자율성의 보장을 가장 중요한 근본 원칙으로 삼기 때문에 국가는 한 개인의 자율성이 다른 개인에 의해 침해받는 일이 없도록 보장해야 하고, 국가 자체도 개인의 자율성을 침해하지 않도록 해야 한다고 본다.
〈 자료출처 : 네이버 행정학 용어 사전 〉

자유시장 [free market, 自由市場]

시장활동에 대한 국가의 간섭이 배제된, 즉 개인의 경제활동의 자유가 최대한으로 보장된 시장을 일컫는다. 자유시장에서의 가격은 시장에서 수요와 공급이 일치하는 점에서 결정된다. 이는 가격이 정부에 의해 임의대로 결정되는 것이 아니라, 이른바 보이지 않는 손에 의해 자연스럽게 결정됨을 의미한다. 자유시장경제의 생산활동은 더 높은 이윤을 추구하는 방향으로 전개된다.
〈 자료출처 : Naver 행정학 용어사전 〉

자질론 [Traits theory]

지도자가 될 수 있는 사람은 다른 사람들에게서 찾아 볼 수 없는 독특한 생래적 속성을 가지고 있다고 주장하는 리더십 이론을 말한다. 자질론에는 지도자의 신체적 특성에서 지도자의 자질을 찾는 이론과, 지도자의 성격 속성을 내세우는 이론의 두 가지 유형이 있다. 연구자들이 조사한 지도자의 속성에는 지능, 지배성향, 공격성, 언어 구사력, 통찰력, 판단력, 결단력, 사교성, 사명감, 육체적 특성 등 여러 가지가 포함되어 있다. 리더십이론은 초기의 자질론에서 상황론으로 발전해 왔다.
〈 자료출처 : 네이버 행정학 용어사전 〉

잔여적 복지 [residual welfare provision]

정부의 공적 부조나 사회적 서비스는 가정과 정상적인 사회구조 및 시장을 통해 제공받을 능력이 없는 사람에게만 제공되어야 한다는 관점에서의 복지정책을 말한다. 그러므로 잔여적 복지는 일반적인 주변 사회의 욕구 충족 자원이 고갈되어 가족이나 시장의 욕구 충족 기능이 상실되었다고 인정되는 경우에만 도움을 주어야 한다는 개념이다. 따라서 잔여적 복지 개념에서는 그러한 문제를 가진 인간은 스스로 또는 주변의 사회와 시장이 일단 최대한의 욕구 충족을 위한 노력을 기울여야 하고, 그러한 노력의 자원이 고갈되었을 경우에만 별도의 복지 서비스가 실시되어야 한다고 본다.
〈 자료출처 : NAVER 행정학 용어 〉

잠재가격 [그림자 가격]

비용편익분석에서 사용되는 바람직한 가격은 사회적 기회비용을 제대로 반영하고 있어야 한다. 그러나 대부분의 공공투자의 경우 시장의 실패로 인하여 시장가격이 사회적 기회비용을 제대로 반영하지 못한다. 그림자가격의 설정은 시장가격을 믿을 수 없거나 사용할 수 없을 때 편익과 비용의 화폐가치에 대해 주관적인 판단을 하는 절차이다.
〈 자료출처 : 김중규 선행정학 〉

잠정예산

회계연도 개시 전일까지 예산이 의회에서 의결되지 않는 경우에행정부가 잠정적으로 쓸 수 있는 예산을 잠정예산(暫定豫算)이라고 한다. 예산사전 의결원칙에 따라 의회가 예산을 의결하여 주지 않으면 예산이 성립되지 않아 정부는 활동을 멈출 수밖에 없어서, 어떤 나라나 잠정 예산제도를 갖고 있으며, 그 집행의 구체적인 절차는 나라마다 조금씩 다르다. 한국에서는 이것을 건국 초기에는 가예산(假豫算)이라 하였고 1960년대 초부터는 준예산이라고 한다. 영국에서는 "Vote on Account", 미국에서는 "Continuing Resolution"이라고 하며 일본에서는 우리와 마찬가지로 잠정예산이라고 한다. 잠정예산의 집행에는 제약이 따른다. 전년도에 지출된 예산수준을 넘어서는 안되며, 새로운 사업 또는 항목에 지출해서도 안된다.
〈 자료출처 : 온라인행정학전자사전 〉

재량적 실험형 [discretionary experimenters, 裁量的 實驗型]

정책결정자들이 구체적인 정책을 결정하지 못하고 정책의 대부분을 집행자들에게 위임하는 관료의 역할유형을 말한다. 이 유형에서는 정보·기술·현실 여건 때문에 결정자들이 구체적인 정책이나 목표를 설정하지 못하고 추상적인 수준에 머무는 반면, 집행자들이 정책 목표의 구체화, 수단 선택, 정책 시행을 자기 책임 하에 관장하게 된다. 나카무라(R. T. Nakamura)와 스몰우드(F. Smallwood)는 정책결정자와 집행자 사이의 관계를 고전적 기술자형, 지시적 위임형, 협상형, 재량적 실험형, 관료적 기업가형의 다섯 가지로 구분했다.
〈 자료출처 : 네이버행정학용어사전 〉

재정 귀착이론 [fiscal incidence theory, 財政歸着理論]

공공 부문의 조세 및 지출정책으로 인한 가구의 상대적 소득 지위의 변화를 연구하는 이론을 말한다. 귀착은 조세 또는 지출의 궁극적 부담 또는 편익의 종착 위치를 가리키는 개념이다. 재정귀착이론은 조세 부담이 궁극적으로 누구에게 돌아가느냐의 문제를 다루는 조세귀착, 정부지출의 편익을 누가 차지하느냐의 문제를 다루는 지출귀착, 조세귀착과 지출귀착을 동시에 보는 재정귀착 또는 예산귀착의 세 분야로 나누어 볼 수 있다.
〈 자료출처 : 네이버 용어 사전 〉

재정 인플레이션 [inflation caused by budgetary deficit]

정부의 재정 지출이 민간의 자금 수급 균형을 깨뜨릴 정도로 지나치게 증가해 필요 이상으로 정부자금이 민간에 유통됨으로써 생기는 인플레이션을 말한다. 또 세입의 부족을 메우기 위해 적자공채를 발행했을 때 일어나는 인플레이션을 공채 인플레이션이라 한다. 특히 공채를 중앙은행이 인수하면 그대로 통화 증발로 연결되어 통화 인플레이션의 원인이 된다.
〈 자료출처 : 네이버 행정학 용어사전 〉

쟁점 옹호자 모형 [Issue Advocate Model]

정책분석가가 정책분석논리나 기법자체를 자신이 선호하는 정책가지 구현을 위한 하나의 수단으로 보고, 지향하는 정책가치와 다른 방향으로 분석결과가 나올 경우 다른 기법이나 자료를 활용하여 이를 반박하기도 하는 모형으로서, 이들은 구체적인 정책행위에 관한 질문에 대해서 "무엇이 행해져야만 하는지"의 창도적(주창적)인 주장과 함께 지지 획득 방법으로 분석결과를 제시하는 모형이다. 이들이 추구하는 가치는 처방적인 사회가치를 추구한다. 예컨대 M. Friedman이 학교선택권이나 각종 민영화정책을 옹호한 사례나 미국의 싱크탱크(think-tank)인 헤리티지(Heritage)재단의 역할이 여기에 해당한다.
〈 자료출처 : 김기식, 2010. KS행정학, 열린교육 〉

저축원리

사회협동의 산물 중 어느 정도를 후세대의 복지를 위하여 현재 사회구성원에게 모두 배분하지 않고 유보 내지 저축하는 것이 적절한 것인가를 규정하는 원리이다. (정래를 위하여 설비 등 생산수단 및 교육에 투자)
〈 자료출처 : 방성은 (2010). 『2011년 비타민 행정학』 .박문각 〉

적극적 권리

사회권. 자신의 생명과 자유의 실현을 위해 외부로부터의 지원을 요구할 수 있는 권리를 말한다.(↔소극적 권리 : 타인으로부터 침해나 간섭을 받지 않을 권리이다.)
〈 자료출처 : 민경국(2006). 「자유주의」. 부키 〉

적응적 흡수 [Cooptation]

조직이 안정을 유지하고 그 존립에 위협이 되는 요소를 제거하기 위하여 다른 조직의 유력자를 자기조직의 고위관리층이나 정책결정기구에 포섭하는 것(=포섭). 적응적 흡수는 조족이 자신의 안정유지와 발전을 위하여 그 주위의 저항

세력을 무마하는 수단으로 흔히 사용됨. 정부가 정국의 안정을 위하여 야당의 지도인사를 내각에 기용한다든다 기업이 자금조달의 편의를 위하여 금융기관의 간부를 이사로 받아들이는 경우가 이에 해당됨. 이러한 적응적흡수(포섭)는 복잡하게 다원화된 사회 속에서 이질적인 요소들을 통합하는 데 기여하고 복잡한 관계로 얽혀진 조직들이 다 같이 수용되고 지지할 수 있는 목표나 정책을 찾는 데 기여하는 수단이 됨.
〈 자료출처 : 행정학용어사전-행정학용어 표준화연구회. 새정보 미디어 2010/p.573 〉

적하효과 [Trickle-down effect, 滴下效果]

정부가 투자 증대를 통해 대기업과 부유층의 부(富)를 먼저 늘려 주면 궁극적으로 그 혜택이 중소기업과 소비자에게 돌아가는 효과를 말한다. 정부의 투자 증대는 나아가 총체적인 국가의 경기를 자극해 경제 발전과 국민복지를 향상시키게 된다. 정부가 성장과 분배의 선순환을 위해 복지재정 지출을 확대해 성장의 과실(果實)이 저소득층에게 돌아가도록 하는 것도 일종의 적하효과라고 할 수 있다. 이 정책은 레이거노믹스(Reaganomics)에서 등장했으며, 부시(George Herbert Walker Bush) 대통령이 재임중이던 1989년부터 1992년까지 채택한 경제정책도 적하효과를 추구한 정책으로 볼 수 있다.
〈 자료출처 : 네이버용어사전 〉

전대차관 [Tied loan]

외국환은행이 국내거주자에게 수입결제자금으로 전대(轉貸:빌린 것을 다시 남에게 꾸어주는 것)할 것을 조건으로 외국의 금융기관으로부터 도입하는 자금이다. 은행간의 거래이므로 일종의 뱅크론(bank loan:은행차관)에 해당한다. 그러나 뱅크론은 차입자금 용도에 대해 차관공여자로부터 아무런 조건이 붙지 않는 임팩트론(impact loan)인 반면 전대차관은 차관공여자가 요구하는 특정지역의 물품수입대금으로 사용하도록 제한하는 등 차입자금 용도에 조건이 따르는 타이드론(tied loan)이다. 차관공여국 입장에서는 자기나라의 수출을 촉진시키는 것은 물론 차입국과 경제협력 관계를 발전시킬 수 있다. 따라서 뱅크론은 차관공여자가 주로 일반상업은행인데 비해 전대차관은 특수정책금융기관이나 국제금융기관이다. 우리나라의 경우 세계은행으로부터 전대차관방식에 의해 개발금융자금을 공여받아 왔으며 수출입 은행은 동 제도에 의해서 외국에 전대차관을 공여하고 있다.
〈 자료출처 : 네이버 백과사전 〉

전략적 관리 [SM:Strategic Management]

전략적 관리는 환경과의 관계를 중시하고 조직의 미래에 대한 전략적 계획을 강조하며 조직에 영향을 미치는 변동의 효율적 관리를 지향하는 관리이다. 전략적 관리는 격동하는 환경에 대한 조직의 대응능력을 향상시키는 체계적 접근방법이지만, 장기적으로 합리성의 수준이 높은 계획의 수립·실천이 어려운 조직의 여건 하에서는 성공할 수 없는 접근방법이다. 전략적 관리가 성공적으로 실천될 수 있으려면 구체적 조직의 조건에 적합한 설계, 운영과정의 융통성, 다른 관리기능들과의 연계 강화, 관리자들의 헌신적 참여, 모든 조직구성원들의 비전감각과 전략적 사고방식 육성, SM에 적합한 유인기제의 개발, 성과측정과 환류의 중시, 관리단위들의 자율성 향상, 조직의 변동지향성 향상 등의 조건이 구비되어야 한다.
〈 자료출처 : 오석홍, 「행정학」, 박영사, 2007, p.438 〉

전략적 기획 [strategic planning]

무엇을 왜 해야하는지를 지시해주는 기본적 결정과 행동을 위한 통제된 노력으로 조직의 전반에 걸쳐 일반적인 지침을 제공하는 기획이다. 전략적 결정이나 전략적 관리와도 연관된다. 전략적 기획의 특징은 분석에서 행동에 이르는 기획의 전 과정을 합리적이고 분석적으로 접근하는 합리적 모형이라는 것이다. 환경의 변화가 심한 상태에서 능동적이고 미래지향적인 사고를 반영한 기획이라는 점에서 안정적 환경을 전제로 정해진 목표를 추구하는 전통적인 장기기획과는 다르다. 외부환경과는 물론, 내부부문간의 연계나 역량분석을 중시한다.
〈 자료출처 : 김중규 (2010),「선행정학개론」〉

전략적 선택이론

구조적 상황이론이 다분히 결정론적인 지향성을 보이는 반면, 전략적 선택이론은 인간행동의 임의론적 지향성을 강조한다. Chandler(1962)는 환경이 전략을 결정하고, 다시 전략이 조직구조를 결정한다고 본다. Child(1972)는 모든 구조적 상황이론가들이 전략적 선택의 중요성을 간과하고 있다고 비판하면서, 환경의 영향이 관리자의 인식을 통해 조정된다고 본다. Miles, Snow와 Pfeffer(1974)는 조직이 어느 정도는 환경을 선택할 수 있다고 본다. 개방체제적 관점이 조직을 환경에 의존적인 것으로 일반적으로 간주하나 Thompson(1967)의 견해에 의하면 합리적 조직은 권력을 획득함으로써 이러한 종속성을 반전시키려는 조직이다.

〈 자료출처 : 최창현 (1995) 조직사회학, 학문사 〉

전략적 점증주의 [strategic incrementalism]

모든 대안을 한꺼번에 검토하는 것이 아니라 복잡한 정책문제를 단순화하기 위해서 선택한 전략 세트에 한정하여 분석하는 것이다. 전략적 점증주의가 점증주의의 가장 이상적 상태이긴 하지만, 인간은 복잡한 사회문제에 대하여 '총체적 지적 완벽'을 기할 수 있는 능력이 없기 때문에 결국 단순 점증주의와 분절적 점증주의를 토대로 한 전략적 점증분석이 이루어져야 비현실적인 이상을 열망하지 않으면서 현실을 감안한 분석적 결정이 가능하다고 본다.

〈 자료출처 : 남정집 외 1인 공저, 「참행정학개론」(화학사) 〉

전문직업주의 [Professionalism]

행정 관료는 내부적인 관리 기술에만 능통할 것이 아니라 사회가 안고 있는 현실적인 문제해결능력과 윤리 내지는 규범의식이 있어야 한다는 정신으로 블랙스버그 선언의 기본정신이다. 블랙스버그 선언에 참여했던 goodsell 등은 행정가의 역할에 대해 때로는 대통령을, 때로는 의회를, 때로는 법원을, 때로는 이익집단을 지원할 수 있어야 한다는 것이다. 전문직업주의를 위해서는 과학적 관리기법도 필요하다고 인정하지만 만약 행정가들이 과학적인 기능인으로만 전락한다면 행정의 정당성은 붕괴될 것이라고 주장한다.

〈 자료출처 : 김중규 (2010),「선행정학개론」〉

전위효과가설 [displacement effect hypothesis]

전쟁·공황과 같은 비상시에 증액된 조세는 위기가 끝난 후에도 판막효과(瓣膜效果, ratchet effect)로 인해 쉽게 줄어들지 않고 새로운 사업계획을 추진하는데 이용되는 전위효과(displacement effect)가 나타나게 된다는 피콕(Alan T. Peacock)과 와이즈만(Jack Wiseman)의 가설을 말한다. 그들은 정부 팽창 요인에 관한 바그너 법칙의 일반성(generality)에 의문을 제기하면서, 이러한 가설을 통해 민주국가에서의 정부 팽창의 시간적 경로를 설명한다. 공공 부문의 팽창 요인에 관한 주장은 '피콕과 와이즈만의 '전위효과 가설' 외에,'보몰(J. W. Baumol)의 병리','니스카넨(W. Niskanen)의 예산극대화 가설','바그너 법칙(Wagner's law)','뷰캐넌(J.M. Buchanan)의 리바이어던 가설(Leviathan hypothesis)'등이 있다.

〈 자료출처 : 네이버 용어사전 〉

전자 정부

전자정부란 정보통신 기술을 잘 활용하여 최소의 비용으로 최고의 서비스를 생산하는 효율적인 정부를 말한다.정부내에선 행정문서의 전자 교환 및 전자결재, 영상회의시스템 도입, 정부 정보의 공동 활용 등이 촉진돼 조직 및 절차가 간소화되고 신속한 업무처리가 가능하게 됨으로써 생산성을 크게 높일 수 있다.

〈 자료출처 : 네이버행정학용어사전 〉

전자민주주의 [Electronic Democracy]

전자민주주의(Electronic Democracy)는 직접민주주의의 확대라는 차원에서 컴퓨터를 비롯한 정보통신기술을 활용한 정치활동이라고 할 수 있다. 또 다른 말로는 하이테크 정치라고도 한다. 전자민주주의는 커뮤니케이션에 의한 시민참여의 확대를 주장한다. 그 대표적인 방법으로는 전자투표를 들 수 있다. 전자투표는 양방향 의사소통, 정책결정 과정에의 직접참여가 바탕이 된다. 또한 경제적 관점에서 투개표 과정의 시간과 인력 그리고 비용절감이라는 장점이 있다. 우리나라의 전자민주주의는 정부의 행정전산화와 같은 입장에서 출발하려는 움직임이 있고, 각 정당 및 국회의원들의 정치활동의 확대라는 측면에서 접근하려는 경향이 있어 직접민주주의의 의미가 퇴색되고 정부의 일방적 홍보수단으로서의 성격이 강한 것 같아 우려된다.
〈 자료출처 : 정철현 행정정보체계론 서울경제경영 2006 〉

전직 [change of employment, 轉職]

정부조직 속의 한 직위에서 직무의 종류와 성격이 다른 직렬(職列)로 수평 이동하는 것을 말한다. 전직은 동일한 직급에 속하는 한 직위에서 다른 직위로 보직(補職)을 변경하는 전보(轉補)와 대비되며, 전보와 달리 시험을 요건으로 한다. 전직은 동일한 조직 단위 내에서 이루어질 수도 있고 부처 간에 이루어질 수도 있다.
〈 자료출처 : 네이버 행정학 용어사전 〉

절차적 합리성 [Procedural Rationality]

'합리성' 이란 "도리에 맞는 성질," "논리의 법칙이나 과학적 인식에 맞는 성질," "이성이 받아드릴 수 있는 것," 그리고 "행위가 능률적으로 이루어지거나 사태가 목적에 적합한 성질" 등으로 정의되고 있다. '절차적 합리성'이란 가치판단이나 인식 또는 의사결정의 절차가 도리에 맞게 이루어지는 것, 즉 합리적 절차를 따르는 것이다. 일반적으로, '합리성'은 일정한 가치체계를 근거로 할 때, 그 가치체계에서 가장 바람직한 결과를 가져오는 행태를 선택하는 성향을 말한다. 그리고 '합리적(rational)'이라는 것은 "이치에 맞는 것" 또는 "순리에 따르는 것" 등으로 정의할 수 있겠는데, 이 용어는 "의도적, 체계적, 계산 가능한, 비 개인적, 도구적, 정확한, 계량적, 규칙에 맞는, 예측 가능한, 꼼꼼한, 조심스러운, 일관성" 등등, 참으로 다양한 의미를 함축하고 있다. 이렇듯 '합리성'은 행태의 결과를 평가하는데 있어서 준거하는 가치체계에 비추어 보아 선호되는 행태를 선택하는 경향을 말한다. 합리성은 여러 가지 관점에서 파악되고 분류될 수 있는데, 의사결정과 관련된 '절차적 합리성'은 '실질적 합리성'(substantive rationality)에 대한 상대적 개념이다. 이러한 상대적인 견지에서 파악하는 '실질적 합리성'은 궁극적 판단기준이나 가치 또는 목적이 합리적이라는 의미이고 '절차적 합리성'은 일정한 기준이나 가치 또는 목적에 도달하는 수단의 선택절차가 합리적이라는 것을 의미한다.
〈 자료출처 : http://www.epadic.com/index.php 온라인행정학전자사전 〉

점증모형 [Incremental Model]

Lindblom과 Wildavsky가 주장한 정책결정의 현실적, 실증적 모형으로 현실의 여건 때문에 기존의 정책보다 크게 다른 쇄신적, 창의적인 정책결정은 기대하기 어렵다고 본다. 그러므로 기존 정책을 토대로 하여 그것보다 약간 수정된 정책을 추구하는 방식으로 결정하는 것이다. 이 결정은 기존의 정책±식 결정, 목표와 수단의 상호 조절, 상황변화를 고려한 계속적 결정, 참여집단의 합의 중시 등의 특징을 갖는다. 점증주의식 결정은 현실적 선호에도 불구하고 기존정책이 잘못된 것이면 악순환을 초래하고 일부 소수 힘있는 일부집단에 의해 좌우될 우려가 있으며 혁신을 저해할 우려 또한 적지 않다는 단점이 제기된다.

〈 자료출처 : 이종수 외 (2008 : 253).「새 행정학」〉

점증주의적 예산결정/윌답스키

다원주의사회에서의 예선결정은 전년도 예산안을 중심으로 반복적인 교섭과 협상을 통하여 수정, 보완되는 형태로 결정된다는 이론이다. 점증적 예산결정이론은 과정상의 점증주의와 결과의 점증주의 두 요소를 근간으로 구성된다. 점증적인 예산결정과정이 점증적 예산결과를 가져온다는 이론이다.

〈 자료출처 : http://www.epadic.com/ 온라인 행정학 전자 사전 〉

정보의 그레샴 [Gresham] 법칙

악화(惡貨)가 양화(良貨)를 구축한다(Bad money drives out good money)는 화페이론의 원리가 정보에도 적용되어 나타난 법칙. 즉, 나쁜 정보가 좋은 정보를 몰아낸다는 법칙이다. 새로운 정보, 좋은 정보는 공유하려 하지 않으려 하는 경향을 말하는 것으로 기획의 그레샴 법칙, 정책의 그레샴 법칙 등 다양하게 응용된다.

〈 자료출처 : 이종수 외, 새행정학 개론 〉

정보화책임관 [CIO : Chief Information Officer, 情報化責任官]

행정사무의 전산화·정보화를 총괄적으로 책임진 고위관리자를 말한다. 정보화책임관은 정보화사업과 정보자원을 효율적으로 관리하며, 행정기관의 전체적인 목표 및 발전전략, 행정혁신과 연계하여 종합적으로 기획 · 조정 · 관리하는 책임자로서 최고의사결정 과정에 참여하며 기관장에게 직접 조언할 수 있는 지위에 있는 고위관리자이다. 우리나라에 정보화책임관을 제도적으로 도입한 것은 1999년 '정보화촉진기본법'(2009년 '국가정보화기본법'으로 바뀌었음)의 개정을 통해서이다. 행정기관에서 정보화책임관의 역할은 ① 국가정보화 사업의 총괄조정, 지원 및 평가, ② 국가정보화 정책과 기관내 다른 정책·계획 등과의 연계조정, ③ 정보기술을 이용한 행정업무의 지원, ④ 정보자원의 획득 · 배분 · 이용 등의 종합 조정 및 체계적 관리와 정보 공동 활용 방안의 수립, ⑤ 정보 문화의 창달과 정보격차의 해소, ⑥ 정보화 교육 등을 들 수 있다.
〈 자료출처 : 행정학용어 표준화연구회(2010), 『행정학용어사전』, 새문화미디어, p511 〉

정보화책임관 [CIO : Chief Information Officer] 제도

정보사회에 있어서 국가경쟁력을 강화하기 위하여 강력하고 체계적으로 각급 행정기관의 정보화를 추진하고, 정보화를 행정전반의 혁신과 긴밀히 연계하여 추진함으로써 작고 효율적인 전자정부를 구현함을 목적으로 도입된 제도이다. 정보화책임관이란 정보화사업과 정보자원을 한 행정기관의 전체적인 목표 및 발전전략, 행정혁신과 연계하여 종합적으로 기획 · 조정 · 관리하는 책임자로서 최고의사결정과정에 참여하며 기관장에게 직접 조언할 수 있는 지위에 있는 고위 막료이다. 정보화책임관은 각종 정보자원의 획득 · 배분 · 이용 등의 종합조정 및 체계적 관리를 담당하고 각종정보화사업계획의 종합 · 조정 및 추진실적을 평가하는 등의 임무를 수행한다. 또한 각종 정책 · 계획 등의 수립 · 추진 시 정보화와의 연계 · 조정을 담당하기도 한다.
〈 자료출처 : 2010선행정학개론; 도서출판 에드민; 김중규 저 〉

정부실패 [government failure, 政府失敗]

시장에 대한 정부의 개입이 자원의 최적 배분 등 본래 의도한 결과를 가져오지 못하거나 기존의 상태를 오히려 더욱 악화시키는 경우를 말한다. 정부실패의 원인은 세금 · 헌금 등으로 인한 비용과 수입의 분리, 조직 성과를 유도하고 조절하기 위한 목표로서의 내부성(externality), 파생적 외부성(derived externality), 권력과 특혜로 인한 분배적 불공평 등을 들 수 있다.
〈 자료출처: http://terms.naver.com/item.nhn?dirId=809&docId=1581 〉

정부재창조론 [Reinventing government theory, 政府再創造論]

신자유주의에 바탕을 둔 고객중심 · 결과중심 · 경쟁유도를 지향하는 정부개혁론으로 오스본(David osborne)과 게블러(Ted Gaebler)가 「정부 재창조론」(Reinventing Government, 1992)의 저술을 통해 제시한 정부혁신론이다. 이 이론의 핵심은 21세기 정부의 바람직한 미래상은 효율적이고 결과 지향적 행정체제를 갖춘 신자유주의에 입각한 작고 강한 정부로서 능률성과 효과성을 증진하기 위한 개혁모형으로 경쟁적 · 임무 지향적 · 결과 지향적 · 고객 지향적 · 예견적 · 분권적 · 시장 지향적인 기업가적 정부라는 것이다. 정부재창조론에서 오스본(David osborne)과 게블러(Ted Gaebler)가 제시하고 있는 10대 원리를 요약하면 ① 정부의 역할이 노젓기보다 방향 설정을 중시하는 촉진적 정부 ② 지역사회에 권한 부여와 주민참여를 중시하는 지역사회의 주도정부 ③ 보다 능률적이고 창의적인 경쟁력을 갖춘 경쟁적 정부 ④ 규칙·규정 위주의 정부가 아니라 실질적인 사명을 중시하는 임무위주의 사명 지향적 정부 ⑤ 투입보다 결과에 중점을 두는 성과 지향적 정부 ⑥ 관료의 편의가 아니라 고객의 요구에 충실한 고객위주의 정부 ⑦ 지출보다 수익을 높이는 기업가적 정부 ⑧ 사후조치보다 사전예방을 강구할 수 있는 미래 대비적 정부 ⑨ 계층제 위주가 아닌 참여와 팀워크 중심의 분권적 정부 ⑩ 시장원리에 따라 행정서비스의 수요·공급을 행할 수 있는 시장 지향적 정부이다.
〈 자료출처 : 행정학용어 표준화연구회(2010), 『행정학용어사전』, 새문화미디어, p542 〉

정실주의

정실주의는 영국에서 발달하기 시작한 인사제도이다. 정실주의의 특징은 영국에서는 정실주의가 정당을 중심으로 하기보다는 각 정치인을 중심으로 개별적으로 행하여졌다. 국왕이나 귀족에 의한 개별적인 정실주의는 관직 및 연금의 종신적인 부여라는 성격을 갖기 때문에 정권의 교체로 인하여 영향을 받지 않았다. 정실주의의 폐해는 실질적이 직무가 존재하지 않으면서 많은 봉급이 지급되는 공직의 증대, 해마다 늘어가는 연금 수급권자의 수, 爲人設官에 의한 필요이상으로 방대한 공무원 수, 행정능률의 저하와 재정의 궁핍, 무능한 공무원의 배출 등 부패현상이 관료사회를 휩쓸게 되었다. 미국 엽관주의와의 차이점은 엽관주의하의 미국에서 정권이 교체되면 공직의 광범한 경질이 단행되었으나 정실주의 하에서는 대대적인 교체가 없었고, 신분이 보장되지 않았던 미국과 달리 일단 임용되면 관직은 종신적 성격을 띠어 신분이 보장되어 있다는 점, 정당에 대한 충성이 아닌 국왕개인에 대한 충성을 기준으로 한다는 점에서 차이를 인정할 수 있다.

〈 자료출처 : 장철영 (2010), 行政學 演習강의자료 〉

정실주의 [patronage system]

인사권자와의 개인적 신임이나 친소 관계를 임용 기준으로 하는 인사 제도를 말한다. 정실주의는 정치적 신조나 정당 관계를 임용 기준으로 하는 엽관주의와 구분되나, 일반적으로는 혼용된다. 영국에서 절대군주제 확립 당시의 국왕은 자신의 정치 세력을 확대하거나 반대 세력을 회유하기 위해 개인적으로 신임할 수 있는 의원들에게 고위 관직이나 고액의 연금을 선택적으로 부여했으며, 장관들도 하급관리의 임명권을 이권화(利權化)함으로써 정실주의가 확대되었다.

〈 자료출처 : 네이버 용어사전 〉

정책 철학 [policy philosophy, 政策哲學]

정부의 목적 및 그러한 목적을 달성하기 위해 가장 바람직하다고 생각되는 수단에 관한 여러 가치 지향들의 집합을 말한다. 이는 개별적 정책이 지향하는 개별적·단기적 목적이 아니라 모든 정책이 공통으로 지향하는 일반적인 궁극적 목표라 할 수 있다. 정책철학은 그 지향에 따라 보호주의·합리주의·중개주의·실용주의·이전(移轉)주의·이기주의 등으로 나누어 볼 수 있다.

〈 자료출처 : 네이버 행정학 용어사전 〉

정책결정의 합리모형 [rational model]

합리모형이란 인간은 이성과 합리성에 근거하여 결정하고 행동한다고 믿으며, 의사결정자들은 관련된 모든 대안을 탐색할 수 있고, 그 대안에 관한 모든 정보를 고려하여 분석함으로써 최선의 대안을 선택한다는 것을 전제로 하는 이론모형이다. 따라서 합리모형은 정책결정이 실제로 어떻게 이루어지고 있느냐 보다는 가장 바람직한 결정이 어떻게 이루어져야 하는가를 설명하는 규범적 성격을 지니고 있다. 그러나 합리모형에서 주장하는 것과 같은 완전한 합리적 결정은 인감의 문제해결능력의 한계와 모든 대안에 대한 완전한 비교와 분석의 제약 등으로 비현실적이라는 비판을 받고 있다.

〈 자료출처 : http://www.reportnet.co.kr/knowledge/pop_preview.html? dn=2054878 〉

정책고객서비스 [PCRM]

정책고객서비스(Policy Customer Relationship Management) 또는 정책고객관계관리란 고객데이터를 활용, 가치 있는 고객을 파악하여 관계를 발전시키는 민간기법을 공공부문에 도입한 혁신고객서비스이다. 정부정책에 관심 있는 오피니언 리더와 정책 이해관계자에게 이메일로 맞춤형 정책정보를 제공하여 올바른 여론은 진단하고 정책에 반영하는 고객중심의 쌍방향 정보제공기법으로 최근 전자정부의 진전으로 가능하게 된 제도이다. 2007년부터 국방부, 식약청, 관세청 등 중앙행정기관은 물론, 경기도 등 지방자치단체와 한국농촌공사 등 공기업에 널리 활용되고 있다.

〈 자료출처 : 2010선행정학, 저자 김중규 〉

정책공동체모형 [Policy Community]

1980~90년대 본격 논의된 모형으로 정책결정에 필요한 전문지식은 전문가, 학자, 행정관료들의 상호 접촉과 의견교환에 의해 획득되며, 각 정책 분야별로 이러한 사람들의 접촉은 공식적인 학회나 자문회의를 통하거나 비공식적인 의견교환을 통해서 이루어지는데 이러한 공식·비공식 접촉과 의견교환이 이루어지는 장소가 바로 정책공동체이다. 정책공동체는 정책문제, 정책대안, 정책의 결과 등에 대해서 관심을 가지고 있는 사람들로 구성되어 눈에 보이지는 않지만 비

교적 계속적인 활동을 하는 일종의 공동체(think tank)라고 할 수 있다.
〈 자료출처 : 2009선행정학(김중규) p.371 제2장 정책론 2절 정책의제와 정책목표 〉

정책기획 [Policy planning]

기획은 계획이 만들어지는 과정을 지칭한다. 기획을 분류하는 기준은 너무나 많고, 또 학자마다 제각기 다른 기준으로 다양하게 분류하고 있는데, 밀렛(John D. Millett)은 조직의 계층에 따라서 정책기획과 운영기획으로 나누고 있다. 정책기획(policy planning)은 행정조직의 상위계층, 즉 중앙정부의 고위층에서 광범위한 목표설정을 내용으로 하여 이루어지는 정책적 차원의 기획이다. 여기에는 기본적인 정치·경제·사회적 목표를 설정하는 가치판단의 문제가 내포된다. 결국 정책기획은 바람직한 정책결과를 얻기 위하여 의견을 개진하고 집약하는 집합체 혹은 매체인 포럼, 입법기관과 위원회 등 경쟁무대, 그리고 분쟁조정기구인 법정을 설계하고 활용하며 그 결과로서 소망하는 정책계획(policy plan)을 산출해내는 과정으로 정의할 수 있다.
〈 자료출처 : http://www.epadic.com/ 온라인 행정학 전자 사전 〉

정책델파이 [policy Delphi]

정책분석을 위해 델파이 기법을 정책문제에 적용하는 것을 말한다. 델파이 기법은 미래를 예측하는 질적 예측 방법의 하나로, 여러 전문가들의 의견을 되풀이해서 모으고, 교환하고, 발전시켜 미래를 예측하는 방법이다. 일반적인 델파이 기법은 전문가들의 '전문적 견해(informed opinion)'를 묻는 초기 단계에서 익명성을 강조하고, 그 결과를 통합해 다시 되돌려 줌으로써 이전의 견해를 수정할 수 있게 해 준다는 데 특징이 있다. 그러나 정책델파이는 자료 수집 초기 단계에서는 익명성 유지를 강조하되, 상반된 주장이 나온 다음에는 대면 토론을 하도록 한다는 데 특징이 있다. 또한 사람 선정의 기준으로 전문가일 뿐만 아니라 해당 문제에 대해 흥미와 이해관계가 있다는 점을 이용하며, 의식적으로 갈등을 조장함으로써 창의적인 대안이 도출되기를 기대한다는 특징을 지닌다. 정책델파이는 일반적인 조사 방법의 절차와 같이 표본 선정, 질의서 작성, 신뢰도와 타당도 검증 등의 절차를 거쳐 수행된다.
〈 자료출처 : 네이버 용어사전 〉

정책딜레마 [policy dilemma]

정책딜레마란 정책결정을 해야 하지만 상충되는 정책대안들 가운데서 어떤 것도 선택하기 어려운 상태를 말한다. 상호 갈등적인 복수의 정책대안이 선택상황에 나타났을 때, 어느 한 대안의 선택이 가져올 기회손실이 용인의 한계를 벗어나기 때문에 선택이 불가능하거나 매우 어려운 상태, 즉 정책딜레마는 선택상황 자체가 정책실패의 원인을 내포하는 이러지도 저러지도 못하는 진퇴양난의 상태이다. 이에 대한 대응행동으로 정책결정의 회피, 지연, 책임의 전가와 같은 소극적 대응과 딜레마상황의 변화유도, 새로운 딜레마 상황을 조성, 정책문제의 재규정 등 적극적 대응이 있다.

〈 자료출처 : 김중규 (2010),「선행정학개론」〉

정책변동 [Policy Change]

정책의 변동은 그 정책내용(정책목표와 정책수단 및 대상집단 등)의 변동만이 아니라 정책집행방법의 변동(서비스제공체계상의 변화를 비롯한 표준운영절차상의 변화 등)까지도 포함한다. 정책의 변동은 정책결정도중이나 정책집행도중 또는 평가활동도중에도 발생할 수도 있으나, 전형적으로는 정책평가에서 밝혀진 정보가 정책결정과정에 환류(feedback)되어 발생한다. 그러므로 후자의 경우가 정책과정상의 환류 중에서 가장 중요한 부분이라고 할 수 있다. 따라서 정책의 변동은 정책결정에서 일어나는 정책이 수정, 종결만이 아니라 집행·평가단계에서 일어나는 것도 포함하게 되나, 정책변동론에서의 초점은 역시 대체로 전자에 두어지고 있다.

〈 자료출처 : 유훈 (1993). 「정책학원론」. 서울: 법문사. 〉

정책승계 [policy succession]

정책승계(policy succession)는 Hogwood & Peters(1983)가 언급한 정책변동의 유형 중 하나로, 기본적으로 기존에 존재하고 있는 정책을 높은 수준으로 변동하여 승계시키는 행태를 의미한다. 즉, 정책승계는 기본성격에 있어서는 의도적 성격을 나타내고, 법률측면에 있어서는 제정 및 기존 법률의 개정이 발생하며, 조직측면에서는 기존 조직의 개편이 나타나고, 예산측면에서는 기존 예산이 존재하며 이를 조정하는 모습을 보이는 것이다. 정책승계의 세부유형에는 선형형,

정책통합형, 정책분할형, 부분종결형, 그리고 비선형형으로 나눌 수 있는데, 선형형은 동일한 목표아래 정책대안이 변동되는 것을 의미하고, 비선형형은 상대적으로 상이한 목표아래 정책대안이 변동되는 것을 말한다. 그리고 정책통합형은 정책대안 A, B가 하나의 정책대안으로 통합되는 것이고, 정책분할형은 정책통합형과 반대가 되는 세부유형이다. 부분종결형은 정책대안 중 일부는 종결이 되고, 일부만 대체되는 것을 의미한다.
〈 자료출처 : 유훈(2002), 『정책학원론』, 법문사.정정길(2000), 『정책학원론』, 대명출판사.Hogwood, B. & Peters, B. G.(1983), policy Dynamics, New York : St.Mar-tin's Press. 〉

정책원크

정책원크란 구체적이고 수량적이며 세부적인 정책사항이나 통계자료, 내용, 정보 등을 정확하고 빠르게 분석하고 이를 이용할 수 있지만, 정책현실이나 실체를 잘 이해하지 못하는 정책전문가라고 할 수 있다. 따라서 정책원크는 광의의 정책구조나 목표, 비전, 여타 정책과의 조화 및 공존 등의 숲을 보지 못하는 결점이 있다. 한 예로써 초기의 Bill Clinton 대통령의 리더십이나 Jimmy Carter 대통령의 정치 리더십이 정책원크 접근 방법이라서, 전반적인 관점에서 국정을 총합하고 총괄 할 수 있는 리더십이 부족했다는 점을 지적할 것을 들 수 있다.
〈 자료출처 : Henderson, Phillip G., 1997, “Clinton, Carter, and the Policy Wonk Presidency,” Perspectives on political Science 26(3):149-157 〉

정치 · 행정이원론 [政治 · 行政二元論]

1887년 윌슨(W.Wilson)이 논문 〈행정의 연구〉에서 처음 언급하였다. 그는 정치가 정부의 계획이나 기본 방침을 결정하는 활동인 반면, 행정은 중립적이고 전문적이면서도 비정치 성향을 가진 사무적인 업무로 보았다. 정치와 행정을 구분하려는 입장에서 나온 이론으로, 행정정책의 집행기능 및 관리기능을 강조한다. 집권정당을 추종하는 사람들에게 정당활동에 따라 그 충성도를 고려해서 공직을 배분하는 엽관주의의 문제점인 행정낭비 · 비능률·정치부패로부터 행정을 분리해야 한다는 요구가 증가하면서 등장한 이론이다.
〈 자료출처 : 네이버행정학용어사전 〉

정치 · 행정일원론 [政治 · 行政一元論]

행정도 정책결정 기능을 수행한다는 입장에서 정치와 행정은 하나라는 학문적 관점을 말한다. 1930년대 뉴딜(New Deal) 정책 이후 대두된 이 학설의 대표적 학자로는 가우스(J. M. Gaus), 디목(M. E. Dimock), 화이트(L. D. White), 헤링(P. Herring), 애플비(P. H. Appleby) 등이 있다. 기능적 행정학(機能的 行政學)이라고도 한다.

〈 자료출처 : 네이버 행정학 용어사전 〉

정치관리예산 [BPM : Budgeting as Political Management]

PPBS 등 행정부우위의 예산에 대한 불만으로 1980년대 중반인 Reagan 행정부 시절에 의회우위를 확보하기 위하여 채택된 예산으로 일명 '목표예산 또는 표적예산이라고도 함. 기존예산제도의 장점에다가 목표를 정해주고 정부지출을 줄이며 의회와의 정치적 교섭을 강화시키려는 정치적 의도의 예산.

〈 자료출처 : 김중규(2007), 9급선행정학개론. 서울: 도서출판 성지각 〉

정치의 전이 [Transference of politics]

행정학의 정체성을 새롭게 수정 진화해 나가는 과정에서 나타나는 정치의 전이 현상은 정치적 의사결정이 과거 입법부라고 하는 한정된 기관을 중심으로 이루어졌다면 이제는 행정부로, 준정부조직으로, 시민사회로, 시민 개개인으로 전이되어 나타나는 것이다. 더 이상 정치적 의사결정의 중심지가 따로 설정되어 있지 않으며 언제 어디서나 정치적 의사결정이 이루어지는 정치의 다변화, 다핵화, 다원화를 낳고 있다. 그리고 이러한 국가와 시민사회 사이의 상호작용으로 인한 국가행정학작용에 대한 인식상의 변화과정은 거버넌스가 등장의 한 요인으로서 '정치의 전이'를 꼽는다.

〈 자료출처 : 박재창, 「행정학에서의 정치와 행정 : 회고와 전망」 (2008) 「한국행정학보」. 42(4):95-115 (Ringeling, 2001: 13) 〉

정치적 경기순환 [Political Business Cycle]

정치와 경제는 선거를 통해 서로 불가분의 관계를 형성할 수 있다. 특히 제상황이 선거결과에 주요한 영향을 미칠 수 있기 때문에 집권당은 선거에 앞서서 통화 또는 재정정책을 이용하여 경제상황을 집권당에게 유리한 상황으로 만들려고 시도할 수 있다. 이와 같은 정치·경제적 상황을 분석하는 이론을 정치적 경기순환이론이라고 한다. Phillips 곡선에 따르면 정부는 단기적 적응기간을 제외하고서는 저물가와 완전고용이라는 두 가지의 이상적인 정책목표를 동시에 달성할 수 없는 제약적인 상황에 처해 있다. 그런데 두 가지 경제적 지표의 다양한 조합 중 정부가 선거 직전에 가장 많은 대중적 지지를 받을 수 있는 조합이 나타나도록 경제정책을 조정한다는 것이 가설의 요체이다.
〈 자료출처 : 김충환·원동철, (2001), "한국의 정치적 예산순환", 재정논집, 제16권 제1호, pp. 151-171.유금록, (1996). "정치적 조세순환의 스펙트럼 분석: 한국, 미국 및 일본의 비교연구", 한국행정학보, 제30권 제2호 〉

젖소사회학 [cow sociology]

젖소사회학은 인간관계론의 한계 중 하나이다. 인간관계론은 인간의 지나치게 감성적인 측면과 비경제성을 강조하면서도 과학적 관리론에서 중시한 경제적 동기는 지나치게 경시하면서, 조직관리를 「soft management」로 착각하고 있다는 비판을 받고있다. Daniel Bell은 이러한 인간관계론을 '젖소 사회학(cow sociology)'이라고 폄하 논평한 바 있는데, 이는 만족하는 소가 더 많은 우유를 생산하듯이 만족한 노동자가 보다 많은 산출을 낼걱이라는 주장이다. 이는 부드럽게 대해주는 인간적인 배려의 교묘한 허울 뒤에 노동착취의 목적을 숨기고 있다는 비판에서 비유된다.
〈 자료출처 : 김기식, 2010. KS행정학, 열린교육 〉

제 3의 변수

독립변수와 종속변수간의 관계를 인과관계라고 하는데, 이러한 독립변수와 종속변수의 관계에 영향을 미치는 변수가 제 3의 변수이다. 이러한 제 3의 변수의 개입은 독립변수와 종속변수 간에 존재하는 인과관계를 정확히 파악하는데 장애요인이 된다. 즉, 내적 타당도를 위협하는 변수들이다. 내적타당도란 정책효과가 다른 경쟁적인 원인(외생변수)들에 의해서라기보다는 조작화 된 처리(원인변수)에 기인된 것이라고 볼 수 있는 정도를 말한다. 제 3의 변수에는 ①독립변수에 앞서면서 독립변수에 대해 유효한 영향력을 행사하는 선행변수 ②독립변수와 종속변수 사이에서 독립변수의 결과인 동시에 종속변수의 원인이 되는 매개변수 ③허위의 상관관계를 구성하는 변수로서 독립변수와 종속변수 간에 실제로는 전혀 상관관계가 없는데도 겉으로는 상관관계가 있는 것처럼 나타나도록 하는 허위변수 ④혼란관계를 유발하는 혼란변수가 있다.
〈 자료출처 : 2010선행정학개론; 도서출판 에드민; 김중규 저 〉

제 3종 오류 [Type Ⅲ Error]

가설을 통계학적인 방법을 통해 검증하는 경우, 올바로 검증하지 못할 가능성 즉, 오류를 범할 가능성이 있는데 이러한 오류로는 제1종 오류와 제2종 오류가 있다. 제1종 오류는 가설이 올바른데도 불구하고 그 가설이 틀렸다고 판정하는 경우이다. 즉, 우리가 검증하고자 하는 가설(귀무가설)이 옳은데도 그것을 기각하는 경우이다. 제2종 오류는 가설이 올바르지 못한데도(즉, 틀렸음에도) 불구하고 그 가설이 올바르다고 판정하는 경우를 말한다. 즉, 우리가 검증하고자 하는 가설(귀무가설)이 옳지 않은데도 그것을 채택하는 경우를 말한다. 이 양자의 어느 경우든 가설검증의 대상이 되는 문제설정의 자체는 올바르다는 것을 전제로 하고 있다. 이에 대해 우리들이 범하기 쉬운 오류는 잘못된 문제를 해결하려고 시도하는 경우이다.
〈 자료출처 : 온라인행정학사전(http://www.epadic.com) 〉

제3섹터 [The third sector]

제1섹터(1st sector)인 공공 부문과 제2섹터(2nd sector)인 민간 부문의 공통영역을 지칭하는 개념이다. 본래 제3섹터는 공공 부문과 민간 부문 어디에도 속하지 않은 제3의 부문을 일컫는 말이었으나, 공공기관과 민간기업이 공동으로 자본을 투자해 설립한 특수법인을 지칭하는 개념으로도 사용되며, 비정부기구(NGO: nongovernmental organization)를 가리키는 개념으로도 사용된다. 레빗(Theodore Levitt)은 The Third Sector: New Tactics for a Responsive Society(1973)에서 제3섹터는 공공 부문과 민간 부문 양측에서 외면당한 문제들을 해결하기 위해 제도화된 조직이라고 정의한다. 한편 에치오니(Amitai

Etzioni)로 대표되는 수렴(convergence)적 입장은 제3섹터를 민간 부문의 전문성과 효율성을 공공 부문의 공익이나 책임성과 결합시키려는 메커니즘으로 파악한다. 제3섹터의 등장에 대해 대부분의 논자들은 전통적 관료제는 실패했으므로 정부는 재구조화되어야 하며, 정책의 방향성을 결정하는 주체와 서비스를 공급해야 할 주체를 구분하고 공공 활동에 관여하는 민간 부문과 연계할 수 있는 새로운 조직 형태가 모색되어야 한다고 주장한다.
〈 자료출처 : 네이버 용어사전 〉

제3의 길 [the third way]

유럽의 사회민주주의와 신자유주의를 절충한 새로운 정치 이념을 말한다. 여기서 제1의 길은 유럽의 기존의 사회민주주의를 말하며, 제2의 길은 신자유주의를 말한다. 제3의 길의 핵심은 보호와 책임의 균형, 생산적 복지, 소외와의 투쟁, 개인의 창의성 존중, 사회세력 간의 합의에 근거한 발전 등에 있다. 제3의 길은 영국의 블레어리즘(Blairism)을 비롯한 1990년대 서유럽의 독일, 프랑스, 이탈리아 등의 집권 세력의 이론적 기초를 제공한 이념이다.
〈 자료출처 : 네이버 행정학 용어 사전 〉

제3자 정부 [third sector government]

공공 서비스의 생산·공급은 전통적으로 정부 고유의 기능으로 간주되어 왔으나, 최근 들어 정부가 정책을 결정하고 자원을 공급하며 제3섹터 기관들이 공공재의 생산 및 서비스를 조직화하는 형태가 대두되고 있는 바, 이와 같은 공공 서비스 생산·공급 형태를 제3자 정부라 한다.
〈 자료출처 : 네이버 백과사전 〉

제3자 조정법

과정자문법의 특수한 형태로서 월튼이 갈등이론에 바탕을 두고 발전시킨 이론이다. 이 기법의 목적은 갈등과정을 조사하고 갈등의 원인을 진단하여 제3자의 조정을 통해 갈등을 해결하도록 도와주는 데 있다.제3자 조정법은 다음과 같은 단계로 실시된다. 첫째, 갈등당사자들과 면접을 통해 관련된 정보를 수집하여 대면회합에서 양편이 친숙할 수 있도록 도와줄 준비를 한다. 둘째, 대면회합을 편성 및 구조화하고 대면회합의 장소와 시간을 결정한다. 셋째, 과정에의 직접적인 개입, 즉 중재, 의사결정의 주도 환류의 고취와 참여, 진단과 처방, 당사자들의 회합 후에도 지속적인 대화를 가질 수 있도록 준비와 계획을 지원한다. 제3자 조정법은 갈등해결을 위한 상담자의 역할과 전략이 매우 상세하게 규정되어 있어서 갈등해결에 대한 통합적 접근방법이라고 하는 장점이 있는 반면에 잘못 시행될 경우는 갈등을 더욱 악화시킬 수 있는 가능성이 있는 것이다. 이러한 단점을 방지하기 위해서 고도로 숙련된 상담자가 있어야 한다.
〈 자료출처 : 행동조직론, 이상진, p393 〉

제도론 [institutional theory]

사회현상은 그 사회의 정치, 사회적 제도의 특성에 의해 규정된다는 이론적 관점을 말한다. 이 때 제도는 공식적 제도로서의 법률을 포함한 일단의 사회적 규칙을 의미하나, 넓게는 사회문화적 규범과 가치체계를 포함하는 것으로 이해될 수 있다. 행정학 연구에서 제도론적 접근방법은 행정과 정책은 공식적 제도와 법률의 산물이라는 관점에서, 헌법, 정부조직법, 예산회계법 등 관련 법규를 중심으로 행정현상의 특성을 분석하고자 하는 것이 이에 해당된다. 조직연구에서 제도론은 조직과 사회문화적 환경 및 제도적 환경 간의 적합도에 초점을 두어, 조직의 구조적 특성은 그 생존과 정당성을 확보하기 위해 사회문화적 규범과 가치 체계를 반영해 형성된다고 주장한다.
〈 자료출처 : 행정학 사전 〉

제도의 경로 의존성 [path-dependence]

제도의 특성인 경로 의존성은 특정한 내용을 갖는 형태로 제도들이 한번 형성되면 환경의 변화에 맞추어 그것을 새로운 내용을 갖는 것으로 변화시키는 것은 매우 어렵게 한다. 특히, 형성된 제도들이 상당기간 동안 성공적인 결과를 가져왔을 경우 그것은 더욱 어렵다고 할 수 있다. 과거에 성공적인 결과를 가져왔기 때문에 혁신주체들은 과거의 패턴에 따라 기술혁신을 수행하게 되며 당연히 그 활동은 앞으로도 성공적인 결과를 가져올 것으로 생각하기 때문이다. 이러한 이유로 해서 과거에 성공적인 결과를 가져왔던 국가들은 종종 기존의 국가혁신체제를 고수함으로써 환경의 변화에 대응하지 못하게 되어 실패한 모습을 보여주게 된다. 과거의 성공이 곧 현재의 실패의 원인이 되는 것이다. 정책에 대한 설명변수로 제도주의의 등장은 행위자를 중심으로 하는 기존의 설명방식의 한계를 극복하고, 중요한 원인변수로 제도를 강조한다. 즉, 제도주의는 거시적이고 복합적인 사회, 정치제도의 구조적 틀을 파악함으로써 정부정책이나 사회현상의 특성을 설명한다. 따라서 정책을 둘러싼 제도나 구조의 역할을 무시하고는 정책에 대한 정확한 이해가 어렵다. 일단 형성된 제도는 개인의 행위를 전적으로 규제하지는 못하지만 상당한 정도로 행위의 폭을 제한하는 기제로 작용한다. 따라서 제도는 정책을 형성하고 집행하는 정부의 능력을 제약할 뿐 아니라 정책행위자들의 행위를 제약하는 역할을 수행한다. 그리고 일단 형성된 제도는 그 형성의 배경이 되었던 기저의 환경조건들이 달라진다고 하더라도 잘 변화하지 않고 그대로 지속되는 경향을 특징으로 한다. 일단 형성된 제도는 그것이 좋은 제도이든 나쁜 제도이든 장기간 지속성을 띠게 된다는 것이다. 그러나 제도는 그것이 내부선택 요인이든 외부선택 요인이든 변화의 조건이 주어지면, 제도 역시 고정적이지 않고 변화하게 된다. 여기서 변화란 단순히 이전에 비해 새로운 변화를 의미하며, 이것을 제도 진화 또는 경로 의존적 변화라고 한다.
〈 자료출처 : 「http://www.epadic.com/index.php」 〉

제도적 부패 [systemic corruption, 制度的 腐敗]

케이든(G. E. Caiden)이 말하는 제도적 부패는 행정 체제 내에서 부패가 실질적인 규범의 위치를 차지함으로써 조직의 본래적 임무 수행을 위한 공식적 행동규범이 예외적인 것으로 전락한 상황을 가리킨다. 체제화된 부패로 번역되기도 한다. 부패가 제도화되어 있는 이러한 상황에서는 부패한 구성원이 조직의 옹호를 받는 반면, 공식적 행동규범을 고수하려는 구성원들은 공식적 혹은 비공식적으로 불이익을 받을 가능성이 있다. 제도적 부패와 대비되는 우발적 부패(accidental corruption)는 사건 자체의 연속성이 없으며, 구조화되지 않은 부패를 말한다.
〈 자료출처 : 네이버 용어사전 〉

제로 베이스 예산 [zero base budget, 제로 베이스 豫算]

모든 예산항목에 대해 기득권을 인정하지 않고 매년 제로를 출발점으로 과거의 실적이나 효과, 정책의 우선순위를 엄격히 사정해서 예산을 편성하는 방법. 예산규모의 무질서한 팽창, 경직화를 방지하기 위해 기득권이나 관습에 사로잡히지 않는 입장을 취한다. 이를 위해서는 각종 정책의 우선순위 판정, 상호연관성의 분석, 법률개정 등 많은 선행조건이 있어야 한다. 이 방법은 미국의 사무기기 업체인 제록스사가 처음으로 도입했는데 우리나라는 1983년부터 이를 채택했다.

〈 자료출처 : 네이버 행정학용어 백과사전 〉

제왕적 대통령[imperial president]

3권분립이 균형을 이루어야 하는 대통령제 국가에서 대통령의 권한이 다른 정부기관에 비해 상대적으로 막강해 제왕의 지위와 비견됨을 가리키는 말이다. 극단적 경우에는 대통령 독재로 이어질 수도 있는 위험이 있다. 이 말은 1973년 미국의 역사학자 슐레징거 2세(Arthur Meier Schlesinger, Jr., 1917-)가 그의 저서「제왕적대통령제(TheImperial Presidency)」에서닉슨(Richard Milhous Nixon, 1913-1994) 행정부의 막강한 권위를 묘사하면서 처음 사용했다.

〈 자료출처 : 네이버 행정학 용어 사전 〉

제척기간 [exclusion period, 除斥期間]

특정한 종류의 권리에 일정한 존속 기간을 정해 그 기간의 경과로 권리를 소멸시키는 제도를 말한다. 소멸 시효와 유사한 제도이나 다음과 같은 점이 다르다. ① 시효는 중단으로 기간이 갱신되나 제척 기간은 중단이 없음, ② 시효는 당사자가 이를 원용(援用)하지 않으면 법원은 이에 따라 재판할 수 없으나, 제척 기간은 당연히 효력을 발생하고 법원은 이에 따라 재판해야 함. 법률은 제척 기간임을 명시하고 있지 않으므로 소멸시효 기간인지 제척 기간인지 혼동될 수 있으나 조문에 '시효로 인하여'라는 문구가 없으면 보통 제척 기간으로 해석한다. 점유소권(민법 제205조), 매수인의 담보책임청구권(민법 제573조), 혼인 및 입양의 취소권(민법 제817조) 등이 제척 기간에 해당된다.

〈 자료출처 : 지방 행정용어사전 〉

제퍼슨주의 [Jeffersonian]

목가적 생활에 기초한 민주적, 자유방임주의적 스타일의 행정 및 정치를 옹호했던 제퍼슨의 철학을 말한다. 이는 강력하고 효과적이며 행동지향적인 정부를 선호했던 해밀튼주의(연방주의)와 대립되는 정부관이다. 제퍼슨에게 있어서 정부가 존속하는 유일한 목적은 일반국민의 행복의 증진이었다. 그는 정부활동에 대한 제한, 개인의 자유와 권리의 극대화, 국민들의 행복 추구권을 강조했고, 정부를 가능한한 일반국민에게 근접시키는 것이 중요하다고 보았다.

〈 자료출처 : 온라인행정학전자사전 〉

젠크스법안 [Jenkes Act, Jenkes法案]

1868년 미국의 젠크스(James A. Jenkes) 하원의원이 제출한 법률안으로 의회에서 통과되지는 못했으나 실적주의 수립운동의 중요한 계기를 마련했다. 미국 공무원 제도 개혁의 아버지로 불리는 젠크스가 제안한 이 법안에는 부통령을 책임자로 하는 인사기관을 설치할 것과, 공무원들이 정기적으로 승진할 수 있도록 하며, 공무원 임용에서는 일정한 조건부 임용 기간을 설정하고, 하급 공무원뿐만 아니라 대통령 직속의 공무원들에게도 임용시험을 실시할 것 등의 내용이 담겨 있다.

〈 자료출처 : 『네이버 용어사전』 (http://terms.naver.com/list.nhn?dirId=801) 〉

조상충용

당해 연도의 세입으로 세출을 충당하지 못할 경우 다음 연도의 세입을 미리 당겨 충당·사용하는 것을 말한다.

〈 자료출처 : Naver 행정학 용어 사전 / 에드민, 김종규, 2010 선행정학개론 〉

조직 진화

진화란 시간에 따른 변화를 의미한다. 진화이론이란 변화의 원인, 즉 어떤 사태나 실체가 태어나고 변하는 과정을 설명하는 이론이다.(유동운, 2007) 진화란 어떤 것이 시간을 거치면서 다른 것으로 변하는 것으로 정의하는 경우가 바로 이와 같이 '진화'와 '변화'를 동일시하는 경우라 할 수 있다. 그러나 '진화'는 '변화'와는 다르다. '변화' 중에서도 일정한 특성(원인)과 패턴(방향성)을 지닌 변화가 '진화'이다. 그런 의미에서 뉴 거버넌스 패러다임에 따른 조직행태가 변형된 모습은 환경변화에 대응하여 조직이 진화해 나간다는 Campbell(1965)의 사회진화론(Social Darwinsm)에 기초하며 이는 '조직변화'의 모습이 아니라 '조직진화'의 모습으로 정의할 수 있다.

〈 자료출처 : 이상철, 권영주 「지방공기업 조직진화의 합리성에 관한 연구」(2009) 「한국행정논집」 제21권 제1호, pp.1-20 〉

조직군생태학이론

조직군 생태학이론(population ecology theory)은 1970년대 중반에 등장한 이론으로 이 이론의 특징은 첫째, 조직환경의 절대성을 강조하고, 둘째, 생물학의 자연도태이론을 적용함으로써 분석수준을 개별 조직에서 조직군으로 바꾸어 놓은 것이다. 이 이론은 전략적 선택이나 집단적 행동의 중요성을 경시한다는 점에서 환경 결정론적 관점이라고 할 수 있다. 조직군이란 특정 환경하에서 생존을 유지하는 유사한 조직구조를 갖는 조직들을 의미하며, 환경적소란 특정 조직군이 다른 조직군과 경쟁하여 생존할 수 있는 공간, 즉 환경의 수용능력을 의미한다. 조직군 생태학이론에서는 조직 변화가 외부환경의 선택에 의해 좌우된다라는 것이다.

〈 자료출처 : Carroll, Glenn R.(1988), Organizational Ecology in Theoretical Perspective in Glenn R. Carroll(Ed.), Ecological Models of Organizations, Cambridge, Mass. : Ballinger Publishing Co.- 최창현(choich@mail.kwandong.ac.kr) 〉

조직몰입 [Organizational Commitment]

몰입의 개념을 공식조직에 가장 먼저 도입한 March & Simon(1958: 65)은 "인간은 기계와 달라서 그들 자신의 위치를 상대방의 가치와 관련지어 생각하며 상대방의 목표를 자기의 것으로 만듦으로써 자신의 위치를 평가한다"고 몰입을 정의하고 있다. 몰입한 개인은 소속 조직의 다양한 요구와 영향력을 자발적으로 받아들여 조직의 성공을 위해 열심히 노력하게 된다(조경호, 1993, 1997). 즉 어떤 조직에 몰입한 개인은 그곳에서 계속 근무할 의향을 가지고(intend to

stay), 조직을 위해 보통 이상의 노력을 투자하여(exert great effort), 조직에서 맡은 임무를 원만하게 수행하게 된다(perform well)는 것이다(Mowday, Porter & Steers, 1982). 위와 같은 세 가지 특징적인 태도와 행동을 몰입한 개인이 모두 보이는지에 관한 논란은 분분하지만, 최소한 소속한 조직에 몰입한 개인은 위의 세 가지 태도 또는 행동 중 하나 이상을 보이는 것이 보통이다.
〈 자료출처 : 온라인행정학전자사전 〉

조직학습 [organizational learning]

조직목표의 효과적 달성을 위해 과거의 경험에 비추어 특정한 행동들을 강화하거나 수정하면서 환경 변화에 적응해 가는 조직의 학습활동을 말한다. 아지리스(C. Argyris)는 조직의 유지·성장에 기여했던 행동 및 대응 양식은 반복되고 그렇지 못한 행동들은 중단되거나 수정되어야 한다고 하면서, 이 때 행동 및 대응 양식의 수정만을 통해 조직 목표를 달성하려는 활동을 1차 학습 또는 적응학습이라 하고, 조직의 목표 자체까지도 수정하는 학습을 2차 학습 또는 생성학습이라고 했다. 1차 학습은 일상적이고 반복적인 업무에 적절하고, 2차 학습은 복잡하고 프로그램화되지 않은 업무의 학습에 적절하다.
〈 자료출처 : http://terms.naver.com/list.nhn?dirId=801 (2010-11-15) 〉

조합주의

조합주의(組合主義, corporatism)란 정책결정이 정부와 다양한 이익집단들의 협의에 의하여 결정되는 것 또는 노사정(勞使政) 간의 협조체제에 의하여 정책을 결정하는 것을 말한다. 다시 말하여 조합주의란 정부와 민간부문의 이익집단 간의 합의를 통한 정책결정을 중시하는 자본주의체제를 의미하며, 기업가단체의 대표 · 노동자대표 · 정부대표의 3자협의체제의 확립을 통하여 국가의 주요 경제정책을 결정하는 것을 특징으로 한다. 원래 조합주의, 또는 코포라티즘이라는 말에는 '단체들간의 협조에 의하여 사회질서가 형성된다'는 관념이 담겨있다. 이와 같은 코포라티즘은 오늘날 많은 나라에서 나타나고 있으며, 특히 전형적으로 조합주의를 실천하고 있는 나라는 모범적인 노사협조체제를 구현하고 있는 북유럽국가들이다. 조합주의에서 정부는 자체의 이익와 의지를 가지고 이익집단과의 합의를 형성하는 것을 전제로 한다. 조합주의를 이론적으로 체계화한 대표적인 학자는 P.C. Schmitter이다. 슈미터는 다원주의에 대한 대안적 이익대표의 한 유형으로 조합주의를 논의하였다.
〈 자료출처 : 온라인행정학전자사전 〉

종가세 [ad valorem duty, 從價稅]

물품의 가격을 세율 책정의 기초로 하는 조세를 말한다. 과세물건에 대한 부과징수의 표준으로 세액 산정의 기준이 되는 과세표준은 소득세에서의 소득 금액, 재산세에 서의 재산가격, 수익세에서의 수익 금액과 같이 대개 화폐 금액으로 표시된다. 그러나 종량세의 경우에는 물건의 수량·중량을 과세표준으로 삼는다.
〈 자료출처 : 네이버 행정학용어사전 〉

종단적 연구 [longitudinal studies, 縱斷的 硏究]

조사 대상으로 선정된 일단의 사람들에게 시차를 두고 여러 차례에 걸쳐 동일한 질문을 되풀이함으로써 집단 성향의 변화를 파악하고자 하는 조사 방법을 말한다. 이 때 조사 대상자 및 질문 내용은 되풀이되는 조사 때마다 바뀌어서는 아니 되며 동일한 것이어야 한다.
〈 자료출처 : 네이버 행정학 용어사전 〉

종량세 [specific duty, 從量稅]

물건의 수량·중량을 과세표준으로 삼는 조세를 말한다. 과세물건에 대한 부과징수의 표준으로 세액 산정의 기준이 되는 과세표준은 대개 화폐 금액으로 표시되나(종가세), 경우에 따라 자동차세에서의 대수 등과 같이 물건의 수량·중량으로 표시되는 경우도 있다.
〈 자료출처 : 네이버 행정학용어사전 〉

좌파 [좌익]

정치 이념 분포에서 우익의 반대편에 위치하며, 리버럴 평등주의를 중시하는 정치적 입장을 말하기도 한다.[1] 진보주의와 혼용된다. 세계적 기준에서 볼 때 경제적으로 국가주도를 중시하면 좌익, 민간주도를 중시하면 우익으로 본다.

[2] 따라서 일반적으로 사민주의,사회주의,공산주의,아나키즘,환경주의를 좌파로 본다. 한국의 좌파: 1910년대말 상하이에서 고려공산당으로 처음 등장했으며 일제강점기인 1920년대부터 조선공산당 결성 등으로 활동했다. 1945년 해방 직후 한반도 공산주의 운동은 북한보다 남한에서 활발했으나, 유상 몰수, 유상 분배 성격의 토지개혁으로 일부 소작인이 토지를 소유하는 혜택을 받게 되었고, 남로당 및 조선공산당의 주요 당원이 검거되면서 남한의 좌파는 쇠퇴하였다.[4] 주요 지지 계층과 핵심 활동가의 제거로 쇠퇴하게 된 것이다. 더구나 5·16 군사정변 이후 반공을 국시로 하는 군사 독재정권의 등장으로 남한의 진보적 사회운동과 함께 민주화운동까지 공산주의나 북한의 지령을 받은 친북 세력으로 매도되거나, 인혁당 사건처럼 국가에 의해 조작된 사건으로 탄압받는 일도 있었다. 대한민국 국가정보원에서는 조선민주주의인민공화국(북한)에 동조하거나 그 주장과 비슷한 이념을 좌익으로 규정하고,[5] 국가보안법을 통해 이들을 처벌하고 있으며, 좌익이라는 용어보다는 "급진 좌경 세력"이란 용어가 더 많이 사용되고 있다. 이로 인해 좌익이 반드시 공산주의를 뜻하지 않음에도, "좌익" = "공산주의"로 통용되어, "좌익"이란 용어를 스스로 사용하는 단체는 없다. 대신, 어감상 좀 더 부드러운 "좌파"라는 용어가 "좌익"을 대신하여 사용되고 있다. 현재 한국의 좌파 또는 진보정당으로는 진보신당, 민주노동당, 한국사회당등이 있다.

〈 자료출처 : 김중규 선행정학 〉

죄수의 딜레마 [prisoner's dilemma, 罪囚의 dilemma]

두 공범자가 서로 협력해 범죄사실을 숨기면 증거 불충분으로 형량이 낮아지는 최선의 결과를 누릴 수 있음에도 불구하고, 상대방의 범죄 사실을 밝혀 주면 형량을 감해 준다는 수사관의 유혹에 빠져 상대방의 죄를 고변함으로써 무거운 형량을 선고받게 되는 현상을 말한다. 개개인의 합리적 행동이 항상 전체적으로 최적의 결과를 가져다 주지는 않는다. 개인의 합리적 선택이 정부관료제 내지는 사회전체에는 오히려 집단적 비합리성을 가져다 줄 수 있다는 것을 보여주는 것이다. 시장실패와 관련, 대립과 협력의 가능성, 우리나라에는 지역적 이기주의 문제가 있다.

〈 자료출처 : 네이버 행정학용어사전, 2010 UCC행정학개론(고시동네)-김시동, 라수정 저 〉

주글라 파동 [Juglar cycle, Juglar's waves]

"자본주의 경제에서는 고용, 소득, 생산량이 대폭적인 파상운동을 하고 그 파동의 모든 단계는 그 전 단계로부터 차례로 나타난다"고 한 프랑스의 경제학자 주글라(Clement Juglar)의 경제이론(1862년)을 말한다. 종래의 학자들이 공황만을 문제삼았던 데 대해 공황은 순환의 한 국면에 불과하다는 점에서 큰 발견이었다고 할 수 있다.

〈 자료출처 : 네이버 백과사전 〉

주민소환제도

주민소환은 선거유권자 일정 수 이상이 연서로써 자치단체장, 의회의원, 기타 주요간부의 해직이나, 의회의 해산 등을 그 임기만료 전에 청구하여 주민투표로써, 결정하는 제도이다. 이 제도는 그 사유에 있어서 범죄나 비행 외에 정치적 무능력, 공약 불이행, 독단전횡, 비효율, 파렴치 행위, 수뢰혐의 등 다양한 사실을 이유로 하는 점에서 범죄나 비행만을 그 이유로 하는 탄핵제도와 다르고, 또한 그 성격 면에서 반드시 대의제를 전제로 하여 공직자의 책임성을 확보하는 제도인 점에서 직접민주제적인 주민발안이나 주민투표제도와도 다른 측면을 가지고 있다. 우리나라에서는 2006년에 주민소환제가 채택되었다. 소환의 대상은 자치단체장과 지방의회의원이다. 임기 개시 후 1년 이내, 임기만료일 1년 미만, 그리고 그에 대한 소환투표 실시 후 1년 이내인 때에는 소환투표를 청구할 수 없다.

〈 자료출처 : 최창호 (2010), 지방자치의 이해, 서울: 삼영사 〉

주민참여예산제

주민참여예산제란 주민이 지역의 예산편성과정에 직접 참여하는 제도로서 재정민주주의의 실현과 동시에 그동안 공무원중심의 예산편성방식의 한계를 극복하고, 지역의 재정건전성 확보 및 행정의 투명성 제고를 통하여 재정자치 구현에 이바지 할 수 있다. 조직의 목표달성을 위하여 수립된 계획을 수치로 표시하는 개념으로서 예산은 한정된 자원을 배분하고자하는 정치적 의사결정과정이며, 조직이 어떤 사업을 하겠다는 것을 수입과 지출의 추정치로써 설명하는 재무운영

계획 또는 행동계획이라고 할 수 있다. 국민경제에서 차지하는 비중이 높은 예산은 정책결정을 통해서 발현되며, 대부분 국민의 조세부담으로 이루어진다는 점에서 일정기간(회계년도)의 재정적 지출이 재정적 수입과 함께 일정한 체계하에 기록되고, 그것에 대하여 국회가 심의·의결해야하는 것 또는 심이 의결된 것이라는 두 가지 요건을 구비한 일정한 문서이다. 그런 의미에서 주민참여예산제도란 주민이 지역의 예산편성과정에서 직접 참여하는 제도로서 지방분권의 핵심사항인 재정민주주의를 실현하는데 그 목적이 있다. 행정집행부가 독단적으로 추진해 오던 예산편성권을 지역의 주민들에게 참여의 기회를 확대·보장하여, 집권적 권력구조를 분권적 권한이양과 재정정보의 투명성 확보를 통하여 가능하게 한다. 그것은 지역주민의 다양한 의견청취와 수렴과정을 통해서 지방정부 사업의 타당성과 사업우선순위 등을 결정하는데, 민주적 합리성을 확보함으로써 한국지방자치에 주민참여 민주주의를 뿌리내리는데 기여할 수 있다는 점에서 중요하다. 민주주의 국가에서 주민이 내는 세금, 예산이 어떻게 쓰이는가를 국민이 감시하는 것은 당연한 일이며 시대적 과제라는 점에서 주민참여예산제도의 도입이 그 타당성을 지닌다.

〈 자료출처 : http://www.epadic.com/index.php 온라인행정학전자사전 〉

주인 대리인 이론 [principal-agent theory]

주인(principle)이 대리인(agent)으로 하여금 자신의 이익과 관련된 행위를 재량으로 해결해 줄 것을 부탁하는 주인-대리인 관계에서 나타나는 여러 문제를 다루는 이론을 말한다. 대리인 관계에서는 대리인의 선호 혹은 관심 사항과 주인의 그것이 일치하지 않거나 주인이 대리인에 비해 전문지식과 정보가 부족하기 때문에 대리인이 주인의 이익을 충실하게 대변하고 확보하지 못하는 대리인 문제(agency problem)가 발생한다. 1976년 젠센(M. Jensen)과 메클링(W. Meckling)에 의해 처음 제기된 이 이론은 주인과 대리인 간의 정보의 불균형, 감시의 불완전성 등으로 도덕적 해이나 무임승차 문제, 역선택의 문제가 발생할 소지가 있으며, 이러한 제반 문제점을 극소화하기 위해 대리인 비용이 수반된다고 주장한다.

〈 자료출처 : 네이버 용어사전 〉

준정부조직(민관공동출자) [QUAGO]

정부조직(Quasi-govermental Org.)이란 법적으로는 민간의 조직형태를 취하면서 공공부문에 해당하는 공적인 기능을 수행하는 기관이다. 계약국가, 그림자국가, 감추어진 공공영역, 공유된 정부라고도 한다. 이는 정부의 역할수행이 직접행정에서 간접행정으로 변화된 것을 보여준다. 또, 공공성과 민간성이 연속선상에 있음을 보여주는 개념으로 공공부문과 민간부문이 합작하여 공익성과 기업성을 조화시키면서 제도적인 이익을 극대화하는 새로운 행정운영방식이다. 지방자치단체에서는 제 3섹터에 해당하는 민관공동출자사업이 이에 해당하며, '자치단체가 자본금 또는 재산의 1/2미만을 출자 또는 출연하여 자치단체외의 자와 공동으로 상법에 의한 주식회사 또는 재단법인을 설립하는 경우'를 의미한다.
〈 자료출처 : 김중규, 『선 행정학』, 에드민, 2010 〉

중범위이론 [middle range theory]

중범위이론(middle range theory)은 적용범위면에서 소범위이론과 일반이론의 중간단계의 이론으로서 사회현상의 한정된 측면(delimited facts)에만 적용되는 이론이다. 중범위이론과 대조되는 소범위이론(narrow-range theory)은 좁은 범위의 현상에만 적용되는 이론을 말하며, 저위이론(lower-level theory)이라 부르기도 한다. 여기에는 일상적인 연구에서 사용하는 연구가설 또는 작업가설(working hypothesis)도 포함된다. 예를 들면 국회에서 의원들의 투표행태와 소속정당간의 관계에 관한 명제나 가설, 또는 국제기구에서 투표행태와 블록동맹에 관한 명제와 가설을 들 수 있다. 이러한 소범위이론은 다른 이론들과 결합하여 국회의원의 투표행태, 국제기구에서의 투표행태와 같은 중범위이론으로 발전할 수 있다. 일반이론(general theory) 또는 거대이론(grand theory)은 적용범위의 측면에서 가장 광범위한 것으로 하나의 학문분야 또는 전체 학문분야의 지식을 통합하기 위하여 제시된 이론을 말한다.
〈 자료출처 : 이달곤(2005), 『협상론: 협상의 과정, 구조 그리고 전략』, 법문사. 〉

중위투표자정리 [Median Voter Theorem]

Black, Downs & Hotelling이 주장한 것으로 다수결투표제(과반수제)하에서는 중간의 선호를 가진 중위의 대안이 선택된다는 이론. 즉, 양대정당체제하에서 주민의 선호가 서로 다른 다수의 대안적 사업(정책)이 존재할 때 두 정당은 집권에 필요한 과반수의 득표를 얻기 위해 극단적인 사업보다는 주민의 중간수준의 선호사업에 맞춘 정강정책을 제시하게 된다. 이 결과 양대정당의 정강정책은 거의 일치하게 되고, 이에 따라 극단적인 선호를 가진 투표자들은 자신의 선호와 합치되는 지지정당을 상실하게 되어 기권을 많이 하게 된다. 반대로 다당제하에서는 다른 정당의 정강을 답습하게 되면 반드시 지지를 더 많이 확보한다는 보장이 불확실하여 오히려 차별화된 정강정책을 내세우게 되므로 중위투표자정리가 나타나지 않게 된다는 것이다.

〈 자료출처 : 김중규, 『선 행정학』, 에드민, 2010 〉

지니계수 [Gini's coefficient]

지니계수는 소득 분배의 불평등도를 나타내는 수치. 일반적으로 분포의 불균형도를 의미하지만 특히 소득이 어느정도 균등하게 분배되어 있는가를 평가하는데 주로 이용된다. 이탈리아의 통계학자 지니(C.Gini)가 제시한 지니의 법칙에 따라 나온 계수다. 가로축에 저소득층부터 인원의 분포도를 그리고 세로축에 저소득층부터 소득액 누적 배분율을 구하면 소득분배곡선(로렌츠곡선)이 나온다. 여기에 가상적인 소득분배균등선(45도선)을 긋는데 대각선(45도)은 균등분배가 행해진 것을 나타내는 선(균등선)이 된다. 이때 소득분배 균등선과 종·횡축이 이루는 삼각형의 면적과 균등선과 로렌츠곡선간의 면적 비율이 지니계수가 된다. 따라서 지니계수는 0과 1사이의 값을 가지며 0에 가까울수록 소득분배는 균등한 것을 뜻한다. 일반적으로 지니계수가 0.4를 넘으면 소득 분배가 상당히 불평등한 것으로 볼 수 있다. 지니계수는 근로소득이나 사업소득 등 소득분배상황은 물론 부동산과 금융자산 등 자산분배상황도 나타낼 수 있다.

〈 자료출처 : 경제학 용어사전 〉

지대추구이론 [rent-seeking theory]

지대추구이론(rent-seeking theory)이란 정부의 시장개입이 초래하는 사회적 비용을 설명하는 Tullock의 이론으로 정부가 시장에 개입하여 경쟁을 제한하거나 독점적 상황을 만들게 되면 이익집단들이 이러한 독점적 상황을 유지하기 위하여 경쟁체제라면 기술개발 등에 투자했을 자금을 정부에의 로비 등 비생산적인 용도에 사용하게 되어 낭비와 사회적 손실이 발생한다는 것이다. 특히 규제내용이 법정화 되어 있지 않거나 불투명하여 집행과정에서의 재량이 많을 때 부정부패가 조장되기 마련이다.
〈 자료출처 : 장철영 행정학연습 강의자료 Theme1. 행정환경 변화와 행정의 대응〉

지방교부세 [exchequer equalization grants, 地方交付稅]

지방자치단체 간의 재정력 균형을 위해 중앙정부가 지방자치단체에 교부하는 재원을 말한다. 지방교부세에는 각 자치단체의 재정 부족액을 산정해 용도에 제한을 두지 않고 교부하는 보통교부세와, 일정한 조건을 붙이거나 용도를 제한해 교부하는 특별교부세가 있다. 내국세 총액의 일정 비율로 정한다는 점에서 지방교부세라 하나, 중앙정부에서 교부되는 재원이라는 측면에서 지방교부금이라고도 한다.
〈 자료출처 : 네이버행정학용어사전 〉

지방양여금 [地方讓與金]

지방자치단체의 재정력 확충을 위해 국가가 징수하는 특정한 국세수입의 전부 또는 일부를 일정한 기준에 따라 지방자치단체에 양여하는 재원을 말한다. 지방양여금 제도는 특정 사무 수요에 충당할 수 있도록 하는 지방재정 조정제도로서 1991년 우리나라에 도입되었으나, 2004년 폐지되었다. 지방교부세가 재원이 부족한 자치단체에만 교부되는데 반해, 지방양여금은 일률적인 기준에 따라 모든 자치단체에 배정된다는 특징을 가졌었다.
〈 자료출처 : 네이버 행정학용어사전 〉

지방의회

지역 주민에 의해 선출된 의원으로 구성되는 지방자치단체의 대의기구를 말한다. 지방의회의 존재 양태 및 기능은 각국의 자치 전통에 따라 다르다. 지방의회의 유형은 일반적으로 지방의사의 결정 기능과 집행 기능을 한 기관에 귀속시키는 기관통합형 의회제와 각각 다른 기관에 분담시키는 기관분립형으로 나뉜다. 지방의회는 조례의 제정 및 개폐, 예산의 확정 및 결산의 승인, 기타 법령에 의한 사항을 결정하며, 이와 같은 의결권 이외에 주민을 대표해서 지방자치단체를 감시하고 통제하는 기능도 담당한다.
〈 자료출처 : 김두식 외(2006).「행정학원론」. 대영문화사 〉

지방자치 [local autonomy, 地方自治]

일정 지역에 거주하는 주민이 지역단체를 구성해 지역공동사회의 정치와 행정을 그들의 의사와 책임 아래 처리하는 것을 말한다. 지방자치의 개념을 주민자치와 단체자치로 구분하기도 하나, 지방자치에는 이 두 가지 개념이 혼재되어 있다. 영국과 미국에서 발달된 주민자치의 개념은 주민의 자치활동에 초점을 두어, 주민들이 조직한 지방단체에 의해 지역사회의 공적 문제를 스스로 결정하고 집행하는 것을 의미한다. 이에 비해 프랑스와 독일 등 대륙법 계통의 국가에서 발전된 단체자치의 개념은 법인격으로서의 단체에 초점을 두어, 지역사회의 공적 문제를 지역단체의 힘으로 중앙정부로부터 독립된 의사에 의해 처리하는 것을 의미한다.
〈 자료출처 : 네이버 행정학 용어사전 〉

지식인프라 [Knowledge Infrastructure]

지식인프라의 개념은 지식과 인프라의 합성어로서 최근에 많이 사용되는 단어이다. 논자에 따라 다양한 개념정의가 가능하지만 간략하게 말하면 지식창출을 용이하게 하거나 그런 방향으로 유도하는 하부구조를 말한다. 좀 더 구체적으로 말하면 지식의 획득·창조·가공·유통을 용이하게 유도함과 아울러 사용자와 공급자간에 서로 공유함으로써 그 지식효과의 체증을 유도하여 경쟁력 강화로 연계시키는 하부구조이다.
〈 자료출처 : 온라인행정학사전(http://www.epadic.com) 〉

지출대 예산 [envelope budgeting]

장관회의 등 상층부에서 사업의 우선순위와 지출 한도를 설정하면, 각 부처는 그 우선순위와 한도 내에서 재량적으로 예산을 사용하는 예산 제도를 말한다. 총액예산 제도와 유사하다. 캐나다에서 시행되고 있는 지출대 예산에서는 중앙부처 장관으로 구성되는 우선순위 설정 및 계획위원회(Committee on Priorities and Planning)가 각 부처에 대한 한도(ceilings)가 우선순위 및 지출대 수준을 정하면, 각 부처는 주어진 사업 우선순위에 따라 재량적으로 예산을 사용한다. 지출대 예산은 정책 및 지출관리 제도(PEMS: policy and expenditure management system)의 핵심적 장치다. 지출대 예산은 경제적 합리성보다는 정치적 합리성을 강조하는 예산 제도다.
〈 자료출처 : Naver 행정학 용어 사전 / 에드민, 김종규, 2010 선행정학개론 〉

직권면직 [職權免職]

임용권자의 일방적 의사와 직권에 의해 행 해지는 면직행위를 말한다. 국가공무원법은 신체·정신상의 이상으로 1년 이상 직무를 감당하지 못할 만한 지장이 있을 때, 직무 수행 능력의 현저한 부족으로 근무 성적이 극히 불량한 때, 직제와 정원의 개폐 또는 예산의 감소 등에 의해 폐직(廢職) 또는 과원(過員)이 되었을 때, 휴직 사유 소멸 후 복귀하지 않을 때, 대기명령을 받은 자가 그 기간 중 능력의 향상 또는 개전(改悛)의 정이 없다고 인정된 때 등의 경우에 직권면직이 가능하도록 규정하고 있다. 그러나 근무 성적 불량 및 대기명령 기간 중 능력의 향상 또는 개전의 정이 없다는 사유로 직권면직시킬 때는, 국가공무원의 경우에는 징계위원회의 동의를, 그리고 지방공무원의 경우에는 인사위원회의 동의를 얻어야 한다.
〈 자료출처 : 네이버 용어 사전 〉

직위분류제 [position classification system, 職位分類制]

직위분류제는 일의 종류와 난이도, 책임도에 따라 직급이 같더라도 서로 다른 보수를 받고, 권한과 책임의 영역이 명확하며, 객관적인 실적평가가 가능한 공직분류제이다. 1923년 미국에서 분류법(Classification Act)이 통과된 후 시행해왔는데 직무분석을 통한 직무의 종류·난이도·중요도를 평가한 직무값으로 보수와 등급을 결정한다. 예를 들어, 1급 공무원이 보직된 기획실장 자리도 직무

분석을 통해 결정된 일정요건만 갖추면 다른 계급의 공직자가 임용될 수 있다. 한국에서는 계급제가 순환보직을 조장하여 전문행정인을 양성하기 어렵고, 공무원 개개인의 책임과 역할이 불분명하기 때문에 성과주의 인사제도 도입이 어려웠다. 이런 문제점으로 1963~1973년에 직위분류제가 실시된 적이 있지만, 현재는 계급제의 바탕 위에 부분적으로 이 제도를 시행한다. 직무값과 성과에 따라 보수와 등급이 결정되기 때문에 같은 계급의 공무원이더라도 다른 수준의 봉급을 받을 수 있으며, 인사이동은 특정 전문부서 내에서만 이루어지므로 업무의 전문성을 살릴 수 있다. 직위분류제를 도입한 국가는 관료제의 전통을 이어받지 않고 산업화된 미국과 그의 문화를 영향 받은 캐나다·필리핀 등이다. 영국은 최근 공무원의 계급이 폐지되어 미국보다 훨씬 엄격한 직위분류제를 운영한다.
〈 자료출처 : Naver 행정학 용어사전 〉

진단변화관리사업

진단변화관리사업은 부처가 스스로 진단하고 상시 변화하는 학습조직의 형성을 유도하는 사업으로서, 그동안 조직개혁과 관련하여 지적되었던 획일적·하향적·일방적 · 단기적 · 형식적 조직개혁의 문제점을 상당 부분 해소할 수 있는 방안의 하나라고 할 수 있다. 개별 부처별로 조직과 기능 위주의 거시적 진단과 인력, 업무절차, 문화 등 미시적 진단을 종합적으로 실시하여, 부처의 발전을 위한 행동 지향적 변화 지향을 목적으로 추진된다. 현재 상태에 대한 체계적 진단을 통해 바람직한 미래상을 만들고, 자율적으로 추진하도록 구성된 것으로서, 이 사업은 해당부처, 행정안전부, 정부혁신지방분권위원회, 외부 전문진단기관이 공동으로 추진한 사업이다. 진단 및 변화관리의 대상영역에는 ①환경 및 수요분석 ②중장기발전전략 ③구조 및 기능진단 ④인력(시스템)진단 ⑤업무 프로세스 진단 ⑥문화 및 행태 진단 등이 있다.
〈 자료출처 : 2010선행정학개론; 도서출판 에드민; 김중규 저 〉

진보레짐 [progressive regime, 進步regime]

환경보호, 쾌적한 주택환경 조성, 고품위 유지를 위한 도시설계, 유적지 보호, 소수집단 보호 및 각종 개발로 인한 폐해를 줄이기 위한 정책 등을 추구하는 도시 레짐의 유형을 말한다. 도시레짐에는 그 밖에도 개발레짐(development regime), 현상유지레짐(maintenance regime), 저소득층 기회확장레짐(lower −classopportunity expansion regime) 등이 있다.
〈 자료출처 : 네이버 용어사전(http://terms.naver.com/list.nhn?dirId=801) 〉

진빼기 작전 [choice by flight, 진빼기 作戰]

관련된 여러 문제들이 스스로 다른 선택기회(choice opportunity)를 찾아 떠날 때까지 기다렸다가 핵심적인 문제 해결을 위한 결정을 내리는 작전을 말한다. 즉 문제 해결의 주도권을 쥔 막후 실력자 등이 회의를 자주 휴회하는 등의 조치를 통해 관련자들이 지쳐서 다른 곳에 가서(flight) 문제 해결을 시도하도록 만든 뒤, 중요한 결정을 하는 전략을 말한다.
〈 자료출처 : 네이버 용어사전(http://terms.naver.com/list.nhn?dirId=801) 〉

진실험설계 [True Experimental Design]

인과관계 검증을 목적으로 하는 조사의 설계에서 추정된 원인(X)과 결과(Y)간에 인과성이 존재한다는 것을 입증하려면, ① 변수 X와 Y가 공동변화한다는 사실을 입증하고, ②현상 발생의 시간적 선후관계를 분명하게 밝혀야 하고, ③ 허위관계의 가능성을 배제시킬 수 있어야 한다. 이상의 세 가지 조건을 충족시켜야 변수 X와 Y사이에 인과관계가 존재한다고 주장할 수 있으며, 이들 조건 중에서 하나라도 충족되지 못하는 경우에는 인과관계를 입증한 것으로 주장하기가 어렵다. 이러한 조건을 모두 충족하고 있는 전형적인 설계를 진실험설계라고 한다. 실험설계는 보통 실험실에서 이루어지지만 정책평가연구에서는 자연적인 상태, 즉 사회상황에서의 실험도 실시되고 있다.
〈 자료출처 : 「http://cafe.daum.net/of2030」 〉

집권화 [centralization, 集權化]

의사결정 권한이 중앙·상급기관 또는 조직의 상층부에 집중되는 것을 말한다. 이에 반해 분권화란 의사결정의 권한이 지방 또는 하급기관에 위임되는 것을 말한다. 집권화는 조직 규모가 작거나 신설 조직일 때, 조직의 활동이 획일성을 요구하거나 많은 비용과 예산이 소요될 때, 조직의 지도자가 강력한 리더십을 발휘하거나 부하들의 능력이 부족할 때, 조직이 위기나 비상사태에 처해 있거나 조직 환경에서 교통·통신이 급속하게 발달하고 있을 때 장점을 지니게 된다.
〈 자료출처 : 네이버 행정학 용어사전 〉

집단 평정 [multiple or group rating]

복수의 평정자들이 한 사람의 피평정자를 집단적으로 평정하는 근무성적평정 방법을 말한다. 일반적으로 평정자 집단은 상급자들로 주로 구성되나, 집단평정에는 상급자·동료·부하·외부 전문가 등 피평정자의 직무 수행과 관련된 여러 분야의 사람들이 참여할 수 있다. 이 방법은 복수의 평정자를 통해 편파적인 평가 의견을 견제할 수 있으며, 균형 있는 평가를 할 수 있다는 장점을 지닌다.
〈 자료출처 : 네이버 용어사전 〉

집단사고 [Groupthink, 集團思考]

집단사고(Groupthink)는 응집력 있는 집단들의 조직원들이 갈등을 최소화하며, 의견의 일치를 유도하여 비판적인 생각을 하지 않는 것을 뜻한다. 이 용어는 1972년 어빙 제니스(Irving Janis)에 의해 "응집력이 높은 집단의 사람들은 만장일치를 추진하기 위해 노력하며, 다른 사람들이 내놓은 생각들을 뒤엎으려고 노력하는 일종의 상태"로 규정하고 있다. 집단사고로 인해서 세계사에선 여러가지 일들이 발생되었는데, 대표적인 집단사고로 인한 사고에는 미국의 피그스 만 침공 실패, 챌린저 우주왕복선 폭발 사고등이 있다.
〈 자료출처 : 위키백과 한국어판 〉

집단지성 [Collective Wisdom]

일반적으로 다수의 개체들이 서로 협력하거나 경쟁을 통하여 얻게 된 지적 능력의 결과로 얻어진 집단적 능력을 일컫는 뜻으로서, 미디어 철학자인 레비는 집단지성을 '어디에나 분포하며 지속적으로 가치부여되고 실시간으로 조정되며, 실제적 역량으로 동원되는 지성'을 의미한다고 하였다(Levy, 1997; 권수경(역) 2001). 그는 공동체 속에 개인을 종속시키는 전체주의와 집단지성을 분명히 구분하였으며, 그런 의미에서 맹목적이고 자동적인 개미들의 공동행동은 집단지성으로 보지 않았다. 지속적으로 재평가되고 실시간으로 조정되는 지식의 공간에서 구성원들이 맺는 유동적인 관계에 집단지성의 요체가 있다는 것이다. 레비는, 모든 것을 다 아는 사람은 없지만 누구나 어떤 무엇인가를 알고 있기 때문에 완전한 지식은 인류 전체에 퍼져 있다는 관점에서 집단지성의 중요성을 주창하였다.

〈 자료출처 : 박재천(Jaechon Park), 김성훈(Sung-Hoon Kim), 양제민(Jemin Yang) 「Web2.0기반 이러닝 협동학습 시스템 구축과 집단지성 발현에 대한 실증연구」 한국정보기술학회, 한국정보기술학회논문지, 제8권 제8호 2010.8, pp. 163~171(9pages) 〉

집단행동의 딜레마

구성원이 특별한 노력을 기울이지 않고도 혜택을 보게 되는 경우가 나타나는데 이러한 경우에 구성원은 어느 누구도 열심히 행동하지 않으려고 한다. 결국 '나 하나쯤이야 괜찮겠지,'하는 생각으로(1/n) 노력이 약화되기도 하며, 그가 참여하고 있는 조직의 결속력이 현저히 약화되는 현상을 말한다. 결국 집단행동의 딜레마(Collection action dilemma)란 Olson이 주장한 것으로 수많은 기업 또는 수많은 사람으로 구성되는 집단 혹인 잠재적 집단이 공통의 이해관계가 걸려 있는 문제를 스스로의 노력으로 해결하지 못하는 상황을 말하는 것이다. 이러한 집단행동의 현상을 해결하기 위한 수단으로는 ① 시민들의 신로를 바탕으로 한 자발적인 협력으로 해결하는 사회자본론적 입장(신뢰성확보)과 ② 정부개입 또는 규제에 의한 해결방법을 중시하는 정부규제론 ③ 인센티브를 제공하여 해결하는 시장자율이론 등이 있다.

〈 자료출처 : 네이버 행정학용어사전, 2010 UCC행정학개론(고시동네)-김시동, 라수정 저 〉

집산주의 [collectivism]

경제적 개인주의에 대한 반대 개념으로 개인의 자유방임을 부정하고, 사회 전체의 복지를 실현하기 위해 개인의 자유에 제한을 가할 필요를 인정하는 사상 및 운동을 가리킨다. 생산 수단의 사회적 소유를 목적으로 하는 점에서는 공산주의와 동일한 입장에 서지만, 국가 권력이 개입되지 않은 자유로운 협동조합에 기초를 두는 사회를 직접 목표로 하는 점에서, 공산주의와는 구별된다. 세계가 하나로 집산주의화하는 것이 좋다고 한 웰스는 그러나 사회주의가 극단적으로 권력화한 국가나 파시즘 국가에 반대해 국가중심 집산주의의 위험성을 경고했다.
〈 자료출처 : http://terms.naver.com/item.nhn?dirId=809&docId=3520 〉

집행정책 [policy implementation]

정책의 집행을 위해서는 먼저 정책집행기관이 개괄적인 기본정책을 구체적인 집행상황과 특정한 정책 대상 집단(주민) 제반 특성에 맞추어 실천적으로 재해석, 구체화 그리고 특정화시키는 과정이 필요하다. 이와 같이 기본정책을 구체적인 집행상황 및 특정한 정책대상 집단(주민)의 제반욕구, 기대 등에 적합하도록 재해석하고 구체화하며 특정화시키는 것을 집행정책이라고 한다. 간단하게는 정책 수단들을 동원해 정책을 실질적으로 집행하는 것을 말하는데, 정책 속에 포함되어 있는 수많은 정책 수단과 계획들은 집행 작업을 거쳐 현실로 나타나야만 원하는 목표를 달성할 수 있고 정책문제를 해결할 수 있다. 정책집행은 오랜 시간, 여러 장소, 복합적인 상황 속에서 발생하는 일련의 행정적·정치적 결정과 활동으로 이루어진다. 정책집행에 영향을 미치는 요인은 정책의 내용, 정책문제의 성격, 집행환경과 맥락, 집행기관의 성격 등으로 나누어 볼 수 있다.
〈 자료출처 :http://www.reportnet.co.kr/knowledge/pop_preview.html?dn=2054878 〉

[ㅊ]

차관 [foreign loan, 借款]

외국 정부, 국제경제협력기구, 외국 금융기관으로부터 차입형태로 대외 지급 수단이나 자본재·원자재를 도입하는 것을 말한다. 차관은 외화채권 발행 등의 외자 도입, 외국인 직접 투자, 기술 도입 등과 함께 외자를 조달하는 방법의 하나다. 형태에 따라 실물차관과 현금차관으로 구분되고 실물차관은 다시 원자재차관과 자본재차관으로 나뉜다. 차관은 또한 목적에 따라 재정차관과 상업차관, 차관의 주체에 따라 정부차관과 민간차관으로 구분된다. 차관은 국내 저축 기반이 취약할 경우 기간산업 건설과 사회간접자본 확충을 통한 경제 개발을 수행하기 위해 요구되는 막대한 투자 재원을 확보하기 위해 도입된다.
〈 자료출처 : 네이버 용어사전 〉

차관회의 [次官會議, vice-ministers meeting(or conference]

중앙행정기관(정부부처)의 차관 및 차관급 공무원들로 구성된 회의. 국무회의를 위한 사전 심의기관으로서 정부 부처 사이의 협조를 긴밀히 하여 국무회의에 지출될 의안 및 건의사항과 국무회의로부터 지시받은 사항을 심의하는 합의제 기관이다. 차관회의는 헌법에 근거를 둔 국무회의화는 달리 대통령령(슈)에 의거한 행정부의 임의적, 편의적 회의체로서, 국무 조정실장 및 각부의 차관으로 구성된다. 이는 국무회의에 상정될 의안들을 국무회의에 앞서 예비 심사하는 기능을 가지며 구성원 과반수의 출석과 출석원 과반수의 찬성으로 의결하는 것을 원칙으로 한다. 그러나 실제로는 만장일치제처럼 운영되고 있으며, 또 그 의결은 국무회의를 구속하니 않는다. 즉, 국무회의에서 심의될 의안 모두가 차관회의를 거치는 것은 아니며, 긴급한 안건 등은 차관회의를 거치지 않고 바로 국무회의에 상정되기도 한다. 그러나 차관회의는 국무회의의 구성원보다 행정상 전문지식을 가진 인사가 많기 때문에 실제에 있어서 그 의결은 존중되고 있다.
〈 자료출처 : 行政學用語事典(행정학용어사전);행정학용어 표준화연구회 - 741p 〉

차별관세 [Differential duties, 差別關稅]

수입 상대국이나 수입가격 또는 상품 종류에 따라 일반세율과 다른 세율을 부과하는 관세를 말한다. 일반세율보다 낮은 세율을 적용하는 특혜관세와 높은 세율을 적용하는 보복관세·상계관세·덤핑방지관세 등이 있다. 관세는 평등하게 부과하는 것이 원칙이나 특정국의 물품과 특정 국적의 선박에 의해 입하되는 물품에 대해 다른 관세율을 적용할 때가 있다. 차별관세는 보통 특정 지역과의 무역 촉진이나 통상조약을 유리하게 유도하는 교섭 수단으로 많이 활용되나 점차 감소하고 있다.
〈 자료출처 : 네이버 행정학용어사전 〉

참모

조직 내에서 관리적 기능과 자문·정책조언 기능을 수행하면서 조직 목적 달성에 간접적으로 기여하는 기관을 말한다. 막료조직이라고도 한다. 참모조직은 조직 목표를 직접적으로 수행하는 계선조직(line)을 지원하는 기능을 수행한다.
〈 자료출처 : NAVER 행정학 용어 〉

참여주의

종 사회적 활동에 시민들이 자발적으로 기부 또는 노력 등을 제공하여 사회의 공익에 이바지하자는 주의 주장을 말한다. 이러한 참여주의는 이타적이고 집단적 행동을 하는 시민을 전제로 한다는 점에서, 이기적이고 개인적인 행동을 하는 소비자로서의 고객을 전제로 하는 시장주의와는 대비된다. 참여주의는 또한 행정 서비스를 향상시키기 위해 그 수단으로서 경쟁 원리를 도입하는 것이 아니라, 시민으로서 직접 행정적 결정에 참여하고 서비스 전달의 직접 담당자가 될 것을 강조한다는 특징을 지닌다. 일부 좌파 및 중도파에서 주창하는 공동체주의는 지역사회 공동체 주민의 직접민주주의적 결정을 핵심으로 하기 때문에 가장 강도가 높은 참여를 주장한다고 할 수 있다.
〈 자료출처 : 네이버 용어사전 〉

책임운영기관 [executive agency, performance-based organization, special operating agency, Crown Entity, 責任運營機關]

인사·예산 등 운영에서 대폭적인 자율성을 갖는 집행적 성격의 행정기관을 말한다. 책임운영기관은 정책 기능으로부터 분리된 집행 및 서비스 기능을 전담한다. 책임운영기관은 민영화나 민간위탁과는 다른 개념이며, 공기업과도 다르다. 책임운영기관은 행정기관이며, 소속 직원의 신분도 공무원이라는 점에서 보통의 행정기관과 같다. 다만, 기관 운영을 하는 데 상당한 자율성을 갖는다는 점에 차이가 있을 뿐이다. 영국의 행정개혁 모형에 입각해 각국에 확산되고 있는 책임운영기관의 장은 일반적으로 공개경쟁채용 과정을 거쳐 계약제로 임명되며, 기관장은 해당 부처 장관과 사업 목표 등에 관한 성과계약을 체결하고 그 사업의 실적에 따라 장관에 대해 책임을 진다. 책임운영기관은 행정형 책임운영기관과 기업형 책임운영기관으로 구분되며, 기업형 책임운영기관은 기업예산회계법의 적용을 받으며, 행정형 기관은 일반회계로 운영하되 일반회계에 별도의 책임운영기관 항목을 설치하고 기업형 기관에 준하는 예산 운영상의 자율성을 보장하도록 하고 있다.

〈 자료출처 : 네이버 용어사전 〉

챌린지 포스트제 [challenge post system, challenge post制]

직위대행 제도를 말한다. 즉 임원이나 관리직에 적임자가 없어 그 자리가 공석일 경우 일반 종업원 중에서 그 직위를 대행할 수 있는 인재를 공모하는 제도를 말한다.

〈 자료출처 : 네이버 용어사전, http://terms.naver.com/ 〉

처리와 상실의 상호작용 [treatment-mortality interaction, 處理와 喪失의 相互作用]

실험처리 기간 동안에 구성원의 상실로 실험의 내적 타당성이 위협받는 현상을 말한다. 즉 실험연구에서 표본이 실험집단과 비교집단에 무작위로 배정된다 할지라도, 상이한 실험처리로 인해 처리 기간 동안 각 집단에서 서로 다른 성질의 구성원들이 상실됨으로써 내적 타당성이 위협받는 현상을 말한다. 이 때 각 집단에 남아 있는 표본들만을 대상으로 처리 효과를 추정하게 되면 그 결과가 왜곡될 가능성이 있다.
〈 자료출처 : 네이버 용어사전(http://terms.naver.com/list.nhn?dirId=801) 〉

처우의 형평성 [Equity of treatment]

특정한 사회복지 대상자를 우대해서도 차별해서도 안 되는 행정의 불편부당성이다. 사회복지급여와 서비스는 법에 의해 상세히 규정되어 있고, 사회복지사는 여기에 입각해 행정업무를 수행한다.
〈 자료출처 : 네이버 행정학 용어사전 〉

철의 삼각 [Iron Triangle]

다원화되고 분권화된 정치체제에서는 무수한 이익집단들이 그들의 이익을 보전하고 관철시키기 위하여 정부의 공식적인 정책과정에 영향력을 미치기 위한 활동을 전개하고 있다. 특히 강력하게 조직화된 이익집단들은 의회의 의원들, 그리고 관료들과 밀접한 연계망을 형성하여 그들에게 유리한 정책이 결정되어 집행되도록 다양한 활동을 하고 있는 것이다. 철의 삼각은 각 정책분야별 정책과정에서 관련 이익집단, 소관 관료조직, 그리고 의회의 소관 위원회가 상호간의 이해관계를 보호하기 위해 밀접한 동맹관계를 형성하고 있는 현상을 가리키는 개념이다. 각 정책분야별로 형성되어 있는 이러한 3자간의 동맹관계는 외부의 작용에 의해 그 관계가 좀처럼 흐트러지지 않을 정도로 견고하기 때문에 철의 삼각이라고 부른다. 이들 3자는 각각이 추구하는 이해관계가 다르긴 하지만 상호 양립하는 이해관계의 확보를 위해 견고한 관계를 구축하고 있는 것이다. 이익집단들은 자신들의 이익에 부합되는 정책이 형성되고 집행될 수 있도록 소관 관료조직과 의회의 관련 상임위원회에 로비와 영향력을 행사한다. 관료조직은 자신들의 업무와 밀접한 관련이 있는 관련 이익집단의 이익을 지지함으로써 외곽의 지지세력을 확보하고 이를 통해 관료조직의 권력과 위신 그리고 관료들의 경력발전을 꾀하고자 하는 것이다. 한편 의회의 의원들은 해당 상임위원회에 자리를 차지하면서 강력한 특정 이익집단의 이익에 부합하는 안건들을 지지함으로써 자신들의 재선과 경력발전을 도모하려고 한다.
〈 자료출처 : 온라인행정학전자사전 〉

첫머리 효과 [primacy effect, 첫머리 效果]

근무성적평정에서 전체 기간의 근무성적을 평가하기보다는 근무성적평정 초기의 업적에 영향을 크게 받는 경향을 말한다. 근무성적평정의 막바지 실적이나 능력을 중심으로 평가함으로써 빚어질 수 있는 오류를 말하는 막바지 효과(recency effect)와 함께 시간적 오류라고 할 수 있다.

〈 자료출처 : 네이버 용어 사전 〉

청지기이론 [stewardship theory]

대리이론이 경제적 접근에 뿌리를 두고 Hobbesian 인간관에 입각하여 개인을 이기심과 불신의 대상인 기회주의자, 이기주의자로 묘사하는 반면, 청지기이론은 사회학적, 심리학적 접근에 뿌리를 두고 구성원을 이타주의자, 집단주의자, 친조직주의자 그리고 신뢰할 만한 가치 있는 존재로 묘사한다. 청지기이론은 조직 내의 인간이 일하게 되는 이유를 설명하고 조직의 병리를 설명하는데 기여하였으며, 정부기능의 민영화, 정부-민간 사이의 계약관계, 규제정책 등의 연구에 기여했다. 하지만 비경제적 요인의 고려가 소홀하다는 비판을 받고 있으며, 민간부문에 비해 정부부문에 적용하기가 어렵다는 단점이 있다.

〈 자료출처 : 김중규 (2009 : 695),「선행정학개론」〉

체계분석 [System analysis]

체계분석이란 의사결정자가 당면하고 있는 문제를 전체의 체제적인 관점에서 파악하고, 문제해결을 위한 여러 대안을 탐색하고, 가능한한 분석적 틀을 통하여 각 대안에 소요되는 비용과 편익의 대비에 의하여 상호비교하고, 그 중 최적 대안을 선택하는 체계적 과학적 접근방법을 말한다.

〈 자료출처 : 네이버용어사전 〉

체납처분 [disposition for failure in tax payment, 滯納處分]

국민이 국가 또는 지방자치단체에 대해 부담하고 있는 공법상의 금전급부 의무를 이행하지 아니하는 경우에 행정청이 강제적으로 의무가 이행된 것과 같은 상태를 실현하는 처분 및 그 집행을 말한다. 강제징수를 위한 체납처분은 독촉·

재산압류·매각·청산의 4단계 절차로 이루어진다.
〈 자료출처 : 네이버 행정학 용어사전 〉

체비지

토지구획정리사업 등을 시행하면서 사업비용의 일부에 충당하기 위해 환지로 정하지 않고 남겨둔 일정한 토지를 말한다. 이에 대해 보류지(保留地)는 규약·정관·시행규정 또는 사업계획으로 정한 일정한 목적에 공용(供用)하기 위해 환지로 정하지 않고 남겨 둔 토지를 말한다.
〈 자료출처 : 네이버 행정학 용어 사전 〉

체제 자원적 접근방법 [System-resource approach]

조직의 투입 측면에 초점을 맞추어 조직효과성을 측정하려는 방법을 말한다. 즉 조직의 효과성은 체제의 생존을 유지하기 위한 자원의 획득 능력을 기준으로 평가해야 한다는 이론적 관점을 말한다. 유트만(E. Yuchtman)과 시쇼어(S. Seachore)는 조직의 효과성은 투입물의 획득 능력·변환과정·산출물의 유통 능력·안정과 균형의 유지 능력 등에 의해 평가되어야 한다고 주장하며, 커닝햄(J. Cunningham)은 ① 가치 있고 희소한 자원을 탐색하고 알아내는 능력, ② 외부환경의 올바른 파악 능력, ③ 획득한 자원의 이용 능력, ④ 조직 내부 활동의 유지 능력, ⑤ 환경 변화에 대한 대응 능력 등이 조직효과성 판단의 기준이 되어야 한다고 주장한다. 체제자원적 접근방법은 조직의 생존 여부, 환경으로부터 획득한 희소자원의 화폐가치 등 조직 효과성의 명백한 비교 기준을 제시한다는 장점을 지닌다. 그러나 다른 한편 자원 획득과 같은 일부 활동만을 강조함으로써 조직 전체의 효과성과 괴리를 나타낼 수 있으며, 획득한 자원이 조직의 결과목표와 반드시 연결되지 않을 수 있고, 입수된 자원이 이용되지 않을 경우 비효과적일 수 있다는 비판을 받고 있다. 이러한 체제자원적 접근방법은 조직성과의 목표나 내부적 효율성을 측정하기 어려운 비영리조직이나 사회복지단체 등 성과를 측정할 수 있는 지표들을 정의하기 어려운 경우에 유용하다.
〈 자료출처 : 네이버 행정학 용어사전 〉

총계예산주의 [gross budgeting, 總計豫算主義]

회계연도 내에에 발생한 일체의 수입을 세입으로 하고, 일체의 경비를 세출로 하여 각각 예산에 계상하는 예산의 원칙을 말한다. 총계예산주의에서는 순계예산주의와는 달리 수입과 지출의 상계를 허용하지 않는다. 예를 들면, 조세수입을 예산에 계상하는 경우 징세비를 공제한 순세입만을 계상하는 순계예산을 사용해서는 아니 되며 조세수입 총액을 계상해야 한다는 원칙이다. 재정의 전반을 파악하는 것이 용이하고 예산집행의 책임을 명확히 할 수 있다는 장점 때문에 현재 대부분의 국가들은 총계예산주의를 채택하고 있다. 우리나라에서도 '국가재정법' 제17조 제2항에 "세입·세출은 모두 예산에 계상하여야 한다"고 규정함으로써 총계예산주의를 채택하고 있다.

〈 자료출처 : 네이버 행정학 용어사전 〉

총액계상예산

정부예산은 대부분 세부사업별로 예산규모가 책정되고 그에 따라 집행된다. 그러나 세부사업을 확정하지 않은 상태에서 총액규모만 반영하는 경우가 있는데, 이를 총액계상예산이라고 하며 1994년 신설된 제도이다. 총액계상예산을 편성하는 이유는 세부사업별로 나누어 예산을 편성하는 것이 곤란하거나, 예산의 편성단계보다 집행하는 단계에서 사업의 주관부처가 정확한 수요를 파악하여 세부사업을 결정하는 것이 더 효율적이기 때문이다. 특히 동일한 유형의 사업이 다수의 지역 및 불특정 다수인에 걸쳐 중복 시행됨에도 불구하고, 사업의 대상지역 및 대상자를 예산편성과정에서 구체적으로 선정하는 경우 인력과 시간 등 거래비용(transaction costs)의 증가가 불가피하기 때문에, 예산편성단계에서는 총액으로만 계상하고 세부내역은 집행단계에서 각 중앙관서의 장이 자율적으로 결정하는 것이 바람직하다. 곧 예산운영의 탄력성 제고, 특정 시기에 집중된 예산편성의 거래비용 분산 및 사업의 성과에 대한 지속적인 검토가 가능한 점 등이 총액계상예산사업의 장점으로 손꼽히고 있다.

〈 자료출처 : 온라인행정학전자사전 〉

총액예산제도 [lump-sum budget, 總額豫算制度]

각 부처가 사용할 수 있는 예산 총액의 한도를 정해 주고, 그 안에서 각 부처가 부처의 우선순위에 따라 예산을 지출할 수 있도록 하는 예산 제도를 말한다. 미국의 일부 지방정부 등에서 채택하고 있다. 각 부처에 배정되는 예산에 대해서는 사업에 관해 가장 많은 정보를 보유한 부처의 판단을 존중함으로써 사업 목적을 가장 효과적이고 효율적으로 달성한다는 취지에서 도입된 제도다.
〈 자료출처 : 네이버 행정학 용어사전 〉

총액인건비제도

우리나라의 총액인건비제도는 인력과 예산 운영의 효율성을 제고하고 조직의 성과를 향상하기 위하여 각 시행기관이 당해 연도에 편성된 총액인건비 예산의 범위안에서 기구·정원, 보수, 예산의 운영에 관한 자율성을 가지되, 그 결과에 대해 책임을 지는 제도를 말한다. 총액인건비제도는 더 많은 경험과 능력을 보유하고 있어 가장 효율적인 방법을 잘 아는 각 부처가 스스로의 특성에 맞는 자율적인 조직 · 정원, 보수제도 운영을 통해 복잡하게 변화하는 환경에 탄력적으로 대응하고, 한정된 인건비 예산의 효율적 운용을 도모하여 정부조직의 성과를 극대화하자는 것이다.
〈 자료출처 : 온라인행정학전자사전 〉

총체적 품질관리 [TQM : Total Quality Management]

TQM이란 품질에 중점을 두고, 전원참여에 의해 고객만족과 조직구성원 및 사회에 대한 이익창출로 장기적인 성공에 목표를 두는 조직 전체의 체계적 노력을 의미한다. TQM은 몇 가지 프로그램의 집합이 아니라 일종의 관리시스템이다. 이러한 TQM의 개념에는 다음과 같은 철학적 기반이 깔려 있다. 첫째, 품질은 고객에 의해 정의된다는 것이다. 즉 고객의 욕구에 의해 재화나 용역의 특성이 정의되어야 하며, 이렇게 함으로써 진정한 고객만족 나아가서 고객의 즐거움(customer delight)까지 창출할 수 있다는 것이다. 둘째, 고객만족을 창출하는 재화와 용역을 생산하는데 있어서의 과정을 중시하여 인간위주의 관리시스템(people-focused management system)을 지향하는 것이다. 즉 조직구성원이 작업공정에서 뿐만 아니라 문제인식과 문제해결, 자료수집 및 의사결정, 리더쉽과 집단토의기법 등에서 충분히 훈련을 받고 교육을 받는다면 그들은 계속적인 개선 메카니즘의 기능을 제대로 수행할 수 있을 것이므로 그들의 능력을 강화시킬 필요가 있다는 것이다. 따라서 TQM이 성공적으로 운용되기 위해서는 최고관리자의 리더십을 기반으로 끊임없는 교육훈련과 참여의식에 의해 능력이 개발된 조직구성원이 과학적인 품질관리기법과 합리적인 사고방식을 활용하여 조직 내의 모든 절차를 표준화하고 지속적으로 개선함으로써 고객만족을 달성하며 궁극적으로는 조직의 장기적인 성장을 추구하는 관리시스템이다. 요약하면 TQM은 궁극적 목적인 고객만족과 관리개선을 위하여 고객지향적인 서비스 품질에 초점을 두고 전직원의 참여를 통하여 지속적 서비스 개선을 도모해 나가는 통합관리체계'라고 정의할 수 있다.
〈 자료출처 : http://www.epadic.com/index.php 온라인행정학전자사전 〉

최대 극소화 기준 [Minimax criterion]

게임이론에서의 전략 가운데 하나로 행위자가 일련의 최대값들 중에서 가장 작은 값을 선택하는 기준(minimax: the minimum among a set of column maxima)을 말한다. 즉, 자신의 이득을 최대화하고 손실을 최소화하려는 행위자가, 자신이 제어할 수 없는 부문에 대해서는 가장 소극적으로 대응하고, 자신이 통제할 수 있는 부문에 대해서는 가장 적극적인 방안을 선택하는 등의 전략을 말한다. 종래의 경제이론에서는 각 경제 주체의 극대화 운동이 균형을 결과한다는 가설을 채택하고 있었으나, 현실의 경제생활에서는 각자의 극대화전략에서 극대치가 보증되지 않는다. 여기에 그 결과의 해답을 주는 것이 게임이론의 최대극소화 원리다.
〈 자료출처 : 네이버 행정학 용어사전 〉

최적모형 [optimal model, 最適模型]

드롤(Y. Dror)이 제시한 정책결정모형으로, 정책결정에 합리적 요소와 초합리적 요소를 모두 포괄해 정책결정 체제의 성과를 최적화하려는 의사결정 모형을 말한다. 이 모형은 기존의 합리적 결정 방식이 지나치게 수리적 완벽성을 추구하여 현실성을 잃는 것을 경계하고, 그 반대로 다른 접근 방식들이 너무 현실 지향적이 되는 것을 막는다는 의도로 모색되었다. 이 모형은 합리적 분석만이 아니라 결정자의 직관적 판단도 중요한 요소로 간주하고 있으며, 계량적 분석뿐만 아니라 질적 분석도 중시하고, 경제성을 감안한 합리성을 추구하며, 정책결정 능력의 계속적인 고양을 꾀한다는 등의 특성을 지닌다. 이 모형은 정책결정 단계를 초정책결정단계(meta- policymaking stage), 정책결정 단계(policymaking stage), 후정책결정 단계(post -policymaking stage)의 3단계로 나누어 설명하고 있다.
〈 자료출처 : 네이버 행정학 용어사전 〉

추리통계학 [inferential statistics, 推理統計學]

모집단의 크기가 커 모집단의 개체 전부를 조사분석하는 것이 불가능할 경우, 표본을 선택해서 표본의 성격인 통계량을 계산한 다음 이를 기초로 하여 모집단의 성격인 모수(母數, parameter)를 구하게 되는데, 이러한 통계학을 추리통계학이라 한다. 추리통계학의 분야는 통계량을 기초로 하여 모수를 추정하는 통계적 추정(statistical estimation)과, 모수에 대한 가설 검증의 둘로 나눌 수 있다.
〈 자료출처 : 네이버 행정학 용어사전 〉

추밀원령 [Order in Council, 樞密院令]

추밀원에 의한 법규명령을 말한다. 행정학에서는 영국 실적제의 제도적인 기초를 마련한 1855년의 추밀원령 및 1870년의 추밀원령을 특히 지칭한다. 1855년의 추밀원령에서는 1853년에 발표된 ·노스코트와 트레벨리언 보고서(Northcote and Trevelyan Reports)·의 내용을 부분적으로 수용, 독립적인 인사위원회를 설치할 것 등을 규정했다. 영국의 실적주의는 공개경쟁시험의 원칙과 채용시험을 계급별로 구분해 실시할 것 등을 규정한 1870년의 추밀원령에 의해 확고하게 뿌리내리는 계기가 마련되었다.
〈 자료출처 : 네이버행정학용어사전 〉

추세분석

추세분석은 과거의 인력 수준으로부터 미래의 인력 수준을 투사하는 분석 방법이다. 즉 추세분석은 인적 자원의 수요와 밀접한 관계를 가진 변수 중 하나를 선정하여 이 변수와 인적 자원 수요 간의 관계가 과거에 어떠한 추세로 전개되었는가를 살펴봄으로써 미래의 인적 자원 수요를 예측하는 통계적 방법이다. 이러한 추세분석은 시계열(계열은 수열이라고도 하며 같은 성질의 숫자의 줄로서 이것을 시간이 경과됨에 따라서 나란히 한 것) 분석의 일종이라 할 수 있다. 추세분석의 방법으로는 투사법(과거의 추세가 장래에도 그대로 지속되리라는 전제 아래 미래 일정시점에서의 상황을 예측하고자 하는 미래예측 기법) 또는 외사법이 흔히 이용된다. 추세분석 자료는 정책결정자에게 필수불가결한 정보가 된다.
〈 자료출처 : 강성철 외(2007).「새 인사행정론」(제5판) 〉

추종대응성 [Followership]

모든 인간관계는 그것이 조직 내부이든 외부이든지를 막론하고 기본적으로 수직적 관계와 수평적 관계로 이루어진다. 행정관리에선 이 같은 인간관계를 관리하기 위한 여러 가지 논리개발과 활동이 이루어지고 있다. 그 가운데 수직적 상하관계(Vertical)를 다루는 리더쉽과 좌우관계(Horizontal)와 연결된 멤버쉽관리는 많은 연구와 활용이 되고 있다. 그런데 수직적인간관계에서 위에서 아래로 향한 인간관계관리는 지금까지 상하관계(Leadership)의 측면에서만 관심을 가져왔다. 여기서 문제의식을 가지고 검토한 개념이하상관계(bottom up)의 측면에서 추종대응성(Followership)을 끌어낸 것이다. 즉 아랫사람은 윗사람의 지휘나 통솔에 의해서만 일방적으로 움직여지고 통솔될 수 있는 종속변수적인 존재이고, 또한 그래야만 하는 것이냐란 질문에 두 측면 모두 부정적이다.
〈 자료출처 : 네이버행정학용어 사전 〉

충성심사 [Loyalty test, 忠誠審査]

공직에 취임하려는 사람들이나 현직 공무원들의 이념 및 국가관 등에 관한 자료를 조사·평가하는 것을 말한다. 충성심사 결과 문제가 있는 것으로 판정받은 신규채용후보자는 공직에의 임용이 거부되며, 현직 공무원이 불충성 판단을 받을 경우에는 공직에서 배제된다. 우리나라의 경우에는 신규임용 대상자에 대한 신원조회 제도가 충성심사의 기능을 수행하고 있다. 미국은 모든 공무원을 대상으로 하여 충성심사를 하며, 영국은 안보와 관계가 깊은 직위만을 대상으로 한다.
〈 자료출처 : 네이버용어사전 〉

층화 표출 [stratified sampling, 層化標出]

모집단을 성격에 따라 여러 계층으로 분류한 다음, 각 층에서 표본을 무작위로 추출하는 확률표본 추출의 한 방법을 말한다. 예를 들어 모집단을 연령별·성별·지역별 등으로 구분한 다음, 각 연령층 등에서 무작위 표출을 하는 방법을 말한다. 이 가운데 표본 크기를 정할 때 모집단의 구성비율을 고려하는 경우를 비례적 층화표출이라 한다.

〈 자료출처 : 네이버 용어사전(http://terms.naver.com/list.nhn?dirId=801) 〉

치킨 게임 [chicken game]

자동차로 절벽을 향해 질주해 먼저 핸들을 돌려 차를 세우는 쪽이 지는 경기를 말한다. 겁쟁이(치킨)라는 낙인을 피하기 위해 끝까지 방향을 바꾸지 않으면 공멸한다. 이익을 내지 못하는 상황에서도 상대방이 감산에 나설 때까지 생산을 늘려 압박하는 시장 상황을 설명할 때 쓰인다.

〈 자료출처 : 네이버 용어사전(http://terms.naver.com/list.nhn?dirId=801) 〉

침묵의 봄 [Silent Spring, 沈默의 봄]

미국의 생태학자 카슨(Rachel L. Carson, 1907-1964)이 쓴 저서를 말한다. 카슨은 1962년 살충제, 살균제 등 농약의 남용이 생태학적 위기를 초래하며 작은 새가 지저귀는 봄을 침묵케 한다는 것을 경고했는데 이에 대한 격렬한 찬반 양론의 와중에서 농약의 잔류 영향에 대한 연구가 행해지고 미국에서는 1964년 DDT, BHC 등 9종류의 농약 사용이 금지되었다.

〈 자료출처 : 네이버 용어사전(http://terms.naver.com/list.nhn?dirId=801) 〉

[ㅋ]

카르텔 [cartel, Kartell]

사업자가 다른 사업자와 공동으로 상품 또는 서비스의 가격, 거래 조건, 생산량 등을 결정하거나 제한함으로써 경쟁을 제한하는 행위로 담합으로도 불린다. 공정거래법상 부당한 공동행위에 해당한다. 카르텔은 시장에서 자율적으로 결정되어야 할 가격이나 거래 조건을 사업자들이 인위적으로 조절함으로써 시장 경제 질서를 왜곡시킨다. 카르텔은 규모의 경제가 존재하지도 않으면서 독점적 이윤을 창출하고 자원배분의 비효율을 초래한다는 점에서 독점의 폐해보다 더 심각하다고 할 수 있다. 카르텔은 기업 간 경쟁으로 인한 이익을 소비자들로부터 박탈하고, 기업에게는 경쟁 유인을 줄여 경쟁력 제고 노력을 약화시킨다. 이러한 이유로 OECD를 비롯한 세계 경제기구에서는 카르텔을 경쟁법 위반행위 중 가장 죄질이 나쁜 행위로 규정하고 카르텔을 규제하고 있다.

〈 자료출처 : 네이버 행정학 용어사전 〉

카리스마적 지배 [charismatic dominance]

카리스마적 권위에 의한 지배를 카리스마적 지배라 한다. 즉 지배자의 비범한 자질이나 능력에 대한 외경심이 피치자의 복종의 근거가 되는 지배 유형을 말한다. 베버(M. Weber)는 지배를 '권위를 지닌 명령 권력'으로 정의하고, 지배의 유형을 전통적 지배, 카리스마적 지배, 합법적 지배로 구분했다.

〈 자료출처 : 네이버 용어사전 〉

카멜리펀트 [camelephant]

미국의 A.Toffler가 관료제의 병리현상을 지적한 용어로 관료제는 보이지 않는 정당(invisible party)으로서 여당도 야당도 아닌 상태에서 정권교체에 관계없이 영구히 권력을 장악하는 특권집단이라고 비판하였다. 미국 관료제가 매우 느리고(camal), 우둔하여(elephant) 국민의 요구에 민감하게 대응하지 못하는 무능한 집단이라는 뜻으로 사용한 용어이다.

〈 자료출처 : 2010 선행정학개론 상(上) (김중규 지음) - Page.618 〉

카오스 이론 [Chaos theory, chaos理論]

카오스 이론(혼돈 이론)은 무질서하고 불규칙한 것처럼 보이는 운동에서 새로운 규칙성을 찾아내려는 것이다. 카오스 이론은 자연의 무질서나 혼돈현상을 그대로 두지 않고 그 속에서 질서와 규칙을 찾아내 이를 해석하려는 사고의 대 전환이론으로 1963년 미국의 기상학자이자 수학자인 에드워드 로렌츠가 기상현상을 이해하기 위한 연구를 하는 과정에서 처음 발견하였다. 카오스이론을 소개하면서 가장 많이 등장하는 말은 '나비효과'이다. 나비효과란 서울 상공에서 나비 한 마리가 펄럭인 영향이 수개월 후에 뉴욕에서 폭풍을 가져올 수 있다는, 즉 초기조건의 미세한 차이가 증폭돼 결과는 엄청난 변화를 가져올 수 있다는 혼돈이론의 핵심사상이다.카오스이론의 기본 전제는 자연현상에 내재된 복잡성의 원인이 무작위성이 아니라 '예측불허성'이라는 것이다. 즉 동일한 초기조건이 주어지면 항상 같은 결과에 도달한다는 결정론적 관점이 무작위적인 요인을 배재하며, 초기조건이 조금만 달라져도 결과는 크게 바뀌어 예측이 불가능하게 된다는 것이 혼돈이론의 근본 개념이 된다. 예측이 불가능하므로 무의미한 이론이 아니라, 수 많은 초기조건 중 관심있는 계를 특징지워 주는 결과에 항상 도달하는 초기조건을 찾아내면 결국 복잡성 속에 숨어있는 질서를 찾아내게 되는 것이다.

〈 자료출처 : 네이버 용어사전 〉

카피레프트 [copy-left]

소유권은 저자가 갖되 그것을 수정하고 자유롭게 배포하는 것은 공공의 소유로 개방하는 것을 말한다. 카피라이트가 배타적인 지적 재산권의 보호를 의미하는 반면, 카피레프트는 이를 다른 회사가 사용하도록 개방한다는 것을 의미한다. 즉, 카피레프트는 지적 재산의 보호를 고집하지 않고 이를 공유하고 널리 유통시켜 기업의 이익을 극대화하자는 취지다. 자유소프트웨어연합(FSF: Free Software Foundation)의 창설자인 스톨먼(Richard Stallman, 1953 -)이 소수의 '정보독점'에 대항, 새로운 소유권을 의미하는 개념으로 창안한 말이다. 그동안 지적 재산권 보호를 강화해 온 미국이나 일본 기업들이 최근 자신의 신기술을 무상으로 제공한 뒤 이와 관련된 하드웨어를 국제 공공재로 만드는 카피레프트 전략으로 돌아서고 있다. 리누스 토르발즈(Linus Torvalds)가 유닉스 기반으로 개발한 공개용 오퍼레이팅시스템인 리눅스(Linix) 프로그램을 공개하자, 카피레프트 운동에 참여한 프로그래머들과 함께 니룩스 커널을 채택하면서 이운동은 널리 알려지기 시작하였다.
〈 자료출저 : http://terms.naver.com/item.nhn?dirId=811&docId=3567 〉

칼도-힉스기준 [Kaldor-Hicks criterion ; 경제적 보상 원리]

칼도-힉스기준은 정책평가의 기준으로 정책결과에 대한 평가기준이다. 칼도기준은 어떤 정책을 통해 이득을 보는 사람이 손해를 보는 사람에게 그 손해를 다 보상하고도 남은 것이 있을 때, 그 변화를 개선으로 보는 입장이다. 그러나 이는 공평성의 측면에서 문제가 있다. 현실적으로 공공사업은 사회구성원의 일부에게는 후생의 증가를 발생시키고, 나머지 그룹에게는 후생의 감소가 이루어지게 되는데, 이는 후생의 총증가가 총감소보다 크다는 것을 의미한다. 그리고 이는 후생의 순증가로 후생의 손실을 초래한 사람들을 보상 할 수 있다는 것을 가정하고 있기 때문이다. 칼도-힉스기준은 잃은 자와 얻은 자를 분명하게 구별하고, 이 구분에 따른 적절한 소득재분배를 해주는 조세정책 메커니즘이 존재하지 않는 한, 단순한 능률은 소득재분배의 측면에서 볼 때 아무런 의미가 없는 것이다.(추가로 스키토브스키 기준은 어떤 변화에 대해 칼도기준을 적용해 그것이 개선임이 밝혀지고, 동시에 그 반대방향의 변화는 칼도기준에 의해 개선이 아니라는 것이 확인 되었을 때에 한해 그 변화가 개선이라고 말할 수 있는 것을 말한다.)
〈자료 : 김기식, 2010. KS행정학, 열린교육〉

컨슈머리즘 [consumerism]

소비자 주권 운동을 말한다. 즉 컨슈머리즘은 1960년대 후반 이후 기술혁신에 의한 신제품의 대규모 개발, 대량 소비 붐과 함께 불량품, 과대광고, 부당한 가격 인상 및 유해식품 등의 부작용이 세계적으로 확대됨에 따라 소비자들이 힘을 모아 이러한 왜곡된 현상을 시정하고 자신들의 권리를 지키려는 운동을 말한다. 구체적으로는 대규모 불매운동과 생산업자가 상품의 안정성을 보장할 의무를 법제화시키는 방법 등이 있다. 우리나라도 1980년대 이래 소비자보호원을 중심으로 활발한 소비자운동을 전개하고 있다.
〈 자료출처 : http://terms.naver.com/item.nhn?dirId=811&docId=3568 네이버용어사전 〉

컴패러블 워스 [Comparable Worth]

노동시장에서 인적자본적 요소가 고려된 상태에서 성차별에 의한 임금격차의 지속적 존재문제를 인식하고 남녀차별임금 해소방안의 필요성이 대두하면서 1970-80년대에 등장하였으며, 최근의 "Gender Issues" 에 대한 관심의 고조와 노동정책 및 여성정책의 중요성 부각과 맞물려 효과적인 인적자원관리 및 조직연구 차원에서 그 정책적 의의를 찾을 수 있다. 노동시장의 여성근로자 유입에 따른 다양성 증가 문제와 특히 남녀 임금차별 해소를 위한 정책적 요구를 반영하고 임금격차발생에 관한 임금구조이론에 기초한 사회비교론적 접근에 근거한다. 기존의 반차별정책적 노력이 고용증진 및 고용조정의 문제 등 여성근로자의 노동시장 참여기회의 증진, 특히 임금문제에서는 "동일노동 동일임금" 정책 등에 초점을 두었던 것에 반하여, 컴패러블 워스는, 구체적으로 기술, 노력, 작업조건, 책임성을 기준으로 한 직무별 점수평가제에 근거하여 직무가치의 동등성에 초점을 둠으로써 궁극적으로 특정성별이 집중된 직종의 직무에 대한 차별적 저평가로 인한 성별 임금차별을 해소하는 정책이다. 즉, 조직행태론의 동기론적 관점에서 임금격차가 갖는 조직구성원의 행태에 미치는 부정적 영향을 인식하고 인적자원관리 차원에서 공정한 보수결정은 중요한 기능을 한다고 볼 때, 이러한 정책은 임금결정에 있어서 관리적 공정성, 즉 이른바 임금정의를 실현한다는 관점에서 남녀임금차별에 관하여 조직정의론적 접근을 적용한 사례라 할 수 있다. 한편, Comparable Worth 정책은 1980년대 이후 여성인권과 성차별, 효과적 인적자원관리의 관점에서 임금정의 실현의 의미가 있으나, 기존의 보수체계와 문화적 전통에 도전하는 대가가 큰 개혁이 될 것이라는 관점에서 아직 여러 나라에서 정책도입에 대한 찬반논의가 신중히 이루어지고 있다.

〈 자료출처 : 「http://cafe.daum.net/jesusandangel」 〉

케인즈 정책 [Keynesian policy, Keynes政策]

재정·금융을 중심으로 한 경기조절 정책을 체계화시킨 케인스(J. M. Keynes)의 정책지향을 말한다. 케인스는 불황기에는 공공사업 등을 통해 정부 지출을 증대시키고 공정할인율을 인하해 금융 긴축을 완화시킴으로써 유효 수요를 확대시켜야 하며, 반대로 호황기에는 정부 지출 억제와 금융긴축을 통해 유효 수요를 감소시킴으로써 경기의 과열과 인플레이션을 방지해야 한다고 주장한다.

〈 자료출처 : 네이버백과사전 〉

케인즈 경제학 [keynesian economics]

고전학파이론의 맹점을 비판하면서 대공황의 타개를 위해 정부가 민간경제에 대하여 보다 적극적으로 간섭하고 정부지출을 늘려 유효수요를 창출함으로써 대량실업을 없애고 완전고용을 달성 할 것을 제창한 케인즈의 이론 및 그 이론을 이어받은 케인즈학파의 경제이론.
〈 자료출처 : 위키피디아 백과사전 〉

코민포름 [Cominform]

1949년 9월 소련, 폴란드, 유고슬라비아, 불가리아, 루마니아, 헝가리, 체코슬로바키아, 프랑스, 이탈리아의 9개국 공산당 대표자가 폴란드의 수도 바르샤바에 모여 설치하기로 한 국제공산당의 정보기관을 말한다. 프롤레타리아 국제주의의 이름 아래 각국 공산당의 연대 및 조화를 꾀하고자 결성된 것이었으나 1948년 유고슬라비아가 탈퇴하고 동독이 대신 가입하는 등 국가 간에 동요를 일으켜 1956년 해산되었다.
〈 자료출처 : 네이버 용어사전 〉

코스트 인플레이션 [Cost inflation]

생산비용의 상승을 기업이 가격에 전가함으로써 발생하는 물가 상승을 말한다. 비용이 물가를 밀어 올린다는 의미에서 코스트 푸시 인플레이션이라고도 한다. 코스트 인플레이션을 일으키는 요인으로는 생산비용 중 노동 비용이나 원자재비 그리고 이윤이 있다. 노동 비용에 기인하는 인플레이션을 임금 인플레이션, 원자재 중 특히 수입원자재에 기인하는 것을 수입 인플레이션, 이윤 가산율에 기인하는 것을 마크업 인플레이션이라 한다. 이 밖에 환경보전 등 사회적 비용의 부담을 기업이 소비자에게 전가해 발생하는 소셜 인플레이션도 코스트 인플레이션에 포함된다.
〈 자료출처 : 네이버 행정학 용어사전 〉

코포라티즘 [Corporatism]

자본과 노동에 대한 국가의 통제 방식을 일컫는 말이다. 즉, 코포라티즘은 국가기구의 적극적 중재가 이루어지는 가운데, 사회 집단들의 독점적, 기능적 이해 관계 대변 조직들이 이해 관계 대변과 국가 정책 집행을 연결하는 고리로서 노.사.정 3자의 정치적 교환에 참여하는 사회정치적 과정 이다. 이는 국가가 방관자적 입장에서 노동조합과 자본가의 관계를 바라보는 것이 아니라, 직접적인 참관자로서 대단위 노조와 자본가의 합의가 가능하도록 적극 개입하거나 사법적 제재를 가하는 것이다.
〈 자료출처 : 위키백과(http://ko.wikipedia.org/) 〉

쿼터시스템 [quota system]

쿼터제란 최근 여러 분야에 활용 되고 있는 일종의 할당제인데 일반적으로 약자를 보호하기 위하여 도입된 형평성 보장 장치이다. 따라서 쿼터시스템이란 소외집단(약자계층)을 보호하기 위한 할당제이다. 이러한 할당제가 공직임용에 적용된 것이 대표관료제 이다.
〈 자료출처 : 김중규 (2009 : 693),「선행정학개론」〉

퀴템 [Qui Tam]

퀴템은 개인이 국가를 위하여 법령을 집행하고 그에 대한 보상을 받는 행위이다. 퀴템의 역사는 14세기 영국의 보통법 시대까지 거슬러 올라가나 체계적 법제화는 미국에서 완성을 보았다. 미국 부정주장법(FCA)은 벌금이나 몰수가 부과되는 형사범의 경우, 국가가 아닌 개인에게 그 집행을 허용하는 퀴템 소송 조항을 둔다. 국방분야는 비밀 때문에, 정부 복지사업 분야는 관련 민간조직이나 단체들이 자신들의 서비스 수혜자들이 생활이 곤란하고 지적 수준이 낮다는 점을 악용, 실제 그들에게 서비스를 제공하지도 않고 제공했다는 허위 서류를 작성, 발급해 비용을 청구하거나 비용을 부풀리는 방법으로 정부로부터 부정하게 돈을 받아내는 일이 허다하다. 그러나 정부는 공사나 서비스 계약을 체결, 정부로부터 예산을 타 가는 민간기업, 단체, 개인이 대단히 많고, 또 계약 내용도 일일이 설명할 수 없을 만큼 전문적이고 복잡하며 지극히 기술적인 내용도 많아서 이들의 예산청구 내용을 일일이 검토하거나 면밀히 조사할 수 있는 인력이나 시간을 갖고 있지 못하다. 퀴템은 이러한 사정을 고려해 누군가 그것을 아는 개인도 그것을 보았을 때 국가를 대신해 국가예산 환수를 위한 고발, 소송을 제기하고, 또 그렇게 해서 국가가 돈을 되찾으면 정부가 그 환수금 일부를 고발자에게 보상금 형태로 지불하도록 한 것이다. 정부기관 법 집행의 한계로 말미암아 일찍부터 '제보를 장려한 보상금 지급'은 널리 행해져 왔다. 정부가 주는 이때의 보상금은 신고의 장려임과 동시에 신고자가 부담하는 손해나 비용의 일부를 보상한다는 의미가 있다.

〈 자료출처 : 「http://terms.naver.com/」 〉

크라우드 소싱 [Crowd Sourcing]

크라우드 소싱이란 '대중'(crowd)과 '외부자원활용'(outsourcing)의 합성어로, 기업이 제품이나 서비스 개발과정에서 외부 전문가나 일반 대중이 참여할 수 있도록 하고 참여자 기여로 혁신을 달성하면 수익을 참여자와 공유하는 방법을 말한다.

〈 자료출처 : 네이버 백과사전(http://100.naver.com/) 〉

크림 스키밍 [Cream Skimming]

경쟁업체들 사이에 서로 유리한 시장만 선택적으로 진입하려고 경쟁을 벌이는 현상을 말한다. 아이들이 달콤한 크림을 먹으려고 달려드는 모습과 같다고 해서 붙여진 말이다. 크림 스키밍은 처음에는 통신사업자들이 대도시 등 고수익-저비용 지역에만 서비스를 제공하는 것을 상징하는 말로 사용되다가 점차 그 의미가 확장돼 지금은 통신 뿐 아니라 의료보험, 병원 등 다양한 산업 분야에서 쓰이고 있다. 행정학에서 크림 스키밍 현상이란 정부는 수익이 나지 않는 적자사업만 민영화하려하고, 반대로 민간기업은 흑자기업만 인수하려 하는 현상을 일컫는다.

〈 자료출처 : 김중규.(2010).「선행정학 개론」. 서울: 에드민 〉

크림 스키밍현상 [cream-skimming현상]

Cream-skimming은 우유에서 양질의 크림만을 걷어내는 행위(크림탈취)를 말하는데, 공공서비스 제공에 있어서 공기업의 기업성만 강조하다 보면 공기업의 수요가 큰 지역, 혹은 고수익을 가져올 수 있는 사업에만 진출하려는 경향을 비유적으로 표현한 것이다. 공기업에게 타사업자의 진입을 막고 독점권을 부여하는 이유 중의 하나가 보편적 서비스의 의무(the mandate for universal service) 때문인데, 전력이나 전화와 같은 기본적인 서비스 요금은 가능한 많은 사람들이 이용할 수 있는 수준이이야 한다는 논리를 강조하는 말이다. 크림탈취는 일반 모든 국민에게 보편적 서비스의 제공이라는 정책목표를 달성하기 위해서는 새로운 경쟁기업이 수익성이 높은 시장에만 선택적으로 진입하는 것을 방지하는 진입규제가 필요하다는 논리로 적용되기도 한다. 즉, 다재화를 생산하는 공기업의 경우 보편적 서비스(universal service)를 위한 상호보조(cross-subsidy)를 유지하기 위해서는, 상대적으로 수익성이 높은 사업부분에만 선별적으로 진입하여 타사업자의 신규진입으로부터 정부가 공기업을 보호해 주어야 한다는 취지에서 사용되기도 하는 개념이다.

〈 자료출처 : 이상철 (2000).「공기업의 이해」. 서울: 대영문화사. 정부투자기관관리기본법 제2조 내지 제9조 〉

큰 정부

1930년대의 세계적인 대공황을 계기로 정부의 역할이 증대됨에 따라 기능과 구조 및 예산이 팽창한 정부를 말한다. 민간경제에 대한 정부 간섭의 배제 및 감축관리를 지향하는 '작은 정부(small government)'에 대비되는 개념이다. 행정국가 및 복지국가의 정부가 이에 속한다.

〈 자료출처 : 네이버 행정학 용어 사전 〉

키프위원회 [Keep Commission, 1905~1909]

행정관료들이 경제적·효과적으로 업무를 처리할 수 있는 방안을 모색토록 하기 위해 1905년 루스벨트(Theodore Roosevelt) 대통령에 의해 설치된 위원회를 말한다. 이 위원회는 무엇보다도 행정부에서 지나치게 많은 개인화된 문서와 불필요한 복사물, 문서기록, 보고서 등이 만들어진다는 점을 지적하면서, 타이프라이트, 복사지, 구술장치 등 새로운 기술들을 활용할 것을 권고했다.

〈 자료출처 : 네이버백과사전 〉

[ㅌ]

타당성 [validity]

타당성(validity)이란 시험이 측정하고자 하는 것을 실제로 얼마나 정확하게 측정했는가를 말한다. 쉽게 말하면 정확도가 높을수록 타당성은 높은 것이다. 시험도 마찬가지다. 타자능력을 측정하는 데 속기시험을 치르게 한다면 이는 시험의 타당성을 잃은 것이다. 분당 몇 자를 치는지 그 중에 몇 자가 틀렸는지를 가지고 타자능력을 측정한다면 타당성을 가진 시험이 된다. 타당성의 중요한 특성은 측정결과만으로는 측정도구의 타당성을 알 수가 없다는 것이다. '얼마나 정확하게 측정 했는가'를 알려면 측정결과를 비교할 수 있는 기준이 있어야 한다. 시계의 타당성을 알려면 매시간 방송에서 알려 주는 시보소리와 비교해 보면 된다. 우리가 보는 시간은 기준시간(세계표준시간)을 추론하고 예측한 것뿐이다. 타당성은 이와 같이 측정도구의 측정결과만을 가지고는 성립되지 않으며 이것을 비교 평가할 기준이 있어야만 비로소 성립될 수 있다. 시험의 경우 기술이나 학업능력의 측정만 가지고는 안 되고 이것이 예측하고자 하는 기준, 즉 직무수행실적과 같은 정보가 필요한 것이다. 일반적으로 사용되는 타당성의 유형으로는 기준타당성, 내용타당성, 구성타당성이 있다.

〈 자료출처 : 유민봉·임도빈 (2007), 인사행정론, 서울: 박영사 〉

타르-베이비 효과 [tar-baby effect, tar-baby 效果]

'타르 베이비'란 해리스(Joel Chandler Harris)의 소설 속에서 토끼를 유혹하기 위해 사용되는 타르 인형(tar doll)에서 유래된 말로, 토끼들이 검은 칠을 한 인형을 친구로 착각해 주변에 자꾸 모여들게 되듯이 잘못 이루어진 정부 규제가 다른 정부 규제를 불러오는 현상을 지칭한다.

〈 자료출처 : 지방 행정용어사전 〉

타운 미팅 [(住民總會)town meeting]

지방자치단체에 있어서 정책결정권을 그 지역주민들이 직접 가지는 주민참여의 한 형태. '주민총회'로 번역되기도 한다. 타운미팅은 미국의 여러 주(州)에서 실시되고 있는 대표적인 주민참여로서, 이는 행정위원이 정책결정과 관련된 특정한 안건을 사전에 제시하고 그 지역의 주민들을 참여케 하여 토의(討議)를 통해 정책을 표결로 결정하는 형태이다. 매년 봄 정기총회가 있고, 경우에 다라 임시총회를 소집하기도 한다. 과거에는 일정 이상의 인구를 초과하거나 주민간 이해타툼, 유력자와의 의견대립이 있을 때는 분리하여 새로운 타운을 건설하기도 하였다. 이러한 타임미팅 제도는 미국이 식민지 시대에서부터 생겨진 것으로 18세기 미국 독립혁명을 추진하는 원동력이 되었고, 미국의 민주주의와 지방자치를 발전시킨 기초가 되었다.
〈 자료출처 : 행정학용어표준화연구회. 「행정학용어사전」1999년 p773 〉

탄력세율 [flexible tax-rate]

기본세율은 그대로 두되, 정책 목적에 따라 수시로 조정해 임시적으로 적용하는 세율을 말한다. 탄력세율은 법률이 정한 일정한 범위 안에서 적용되며, 경기 조절 기능을 수행하기 위한 정책적 목적에서 마련된다. 조세법률주의 하에서 세율은 조세의 종목을 정한 세법과 같이 입법 사항으로서 국회의 의결을 거쳐 결정 또는 변경되는 것이 원칙이지만, 오늘날과 같이 국내외의 경제 여건이 수시로 변하고 이것이 국민경제에 미치는 영향이 빠르고 크게 작용하는 때에는 이에 신속하고 신축성 있게 대처해 나가야 국내 산업을 보호하고 국민경제를 안정시키며 국제수지의 악화를 막을 수 있기 때문이다.
〈 자료출처 :Naver 행정학 용어 사전 / 에드민, 김종규, 2010 선행정학개론 〉

탈관료제 [post-bureaucracy, 脫官僚制]

전통적 관료제의 역기능을 극복하기 위해 구조의 유연성, 환경 변화에 대한 적응의 신속성, 인간적 가치의 존중 등을 강조하는 관료제의 대안적 모형을 말한다. 탈관료제 모형의 특성으로는 '적응적-유기적구조(adaptive-organic structure)', 비계층제적 구조, 구조적 배열의 잠정성, 권한보다는 능력이 지배하는 구조, 민주적 방법에 의한 감독, 상황 적응적 원리에 따른 업무 수행, 집단사고 및 집단적인 과정을 통한 문제 해결, 직업상의 이동성(profes- sional mobility) 보장, 의사전달의 공개주의 등을 들 수 있다.
〈 자료출처 : 네이버 용어사전 〉

탈지행위 [cream-skimming, 奪脂行爲]

우유에서 제일 좋은 부분인 크림만을 떠서 가져가듯이, 기업들이 버스노선 확장에서와 같이 서비스 공급 대상을 확대할 때 수익성이 높은 부문에만 특화하고 수익성이 낮은 부문을 외면하게 되는 행위를 말한다.

〈 자료출처 : 네이버 행정학 용어사전 〉

탈행태주의 [post-behavioralism, post-behaviorism, 脫行態主義]

사회과학 연구에서 가치 배제와 논리실증주의에 기반하는 행태주의적 접근방법에 반기를 든, 1970년대의 새로운 접근방법을 말한다. 행정학 분야에서는 1960년대 말부터 신행정론자들에 의해 탈행태주의적 접근방법이 도입되기 시작했다. 이에 따라 행정학 분야에서 가치판단의 문제, 바람직한 사회를 위한 정책의 목표에 관한 문제, 새로운 행정 이념으로서의 사회적 형평성 등의 문제에 많은 관심을 갖는 정책 지향적인 연구가 크게 이루어지게 되었다. 후기행태주의로 번역되기도 하나, 행태주의적 방법에 대한 거부라는 의미에서 탈행태주의라는 용어가 적절할 것이다.

〈 자료출처 : 네이버 행정학 용어사전 〉

태도조사환류 [Survey reasrch feedback, 態度調査還流]

조직 구성원들의 태도조사를 통해 조직발전을 도모하는 기법을 말한다. 태도조사환류는 조직 전체에 걸쳐 모든 구성원들의 태도와 감정·가치관 등을 철저히 조사하여 그 자료를 조직 안의 모든 사람들에게 다시 되돌려 주어[還流], 그것을 각자 분석하고 개선 방안을 마련토록 함으로써 조직 구성원들이 스스로 태도를 변하시키게끔 유도하는 기법이다. 태도조사환류는 얼핏 보기엔 보통의 태도조사와 별로 다른 점이 없어 보이나 다음과 같은 점에서 크게 다르다. 첫째, 보통의 태도조사는 단순히 참고 자료를 얻기 위한 것이므로 조사만 하면 되나 태도조사환류는 조직 구성원의 태도를 변화시키고 조직을 개선시키기 위해 실시한다. 둘째, 보통의 태도조사는 조직의 하위층에만 실시하는 것이 일반적이나 태도조사환류는 조직의 하위층은 물론 고위층에까지 전 구성원들을 조사대상으로 하여 실시한다. 셋째, 보통의 태도조사는 그 결과를 고위층만 참고자료로 하나 태도조사환류는 그 조사 결과의 기록 자료를 반드시모든 조직구성원(직원)에게 되돌려 주어(환류) 스스로 분석하고 개선방안을 논의하게 한다.
〈 자료출처 : 행정학용어 표준화연구회(2010), 『행정학용어사전』, 새문화미디어, p714 〉

태스크 포스 [Task Force]

전통적인 조직구조가 상당한 긴 시간 동안 영속성을 가지면서 명령체계가 고정되어 있다고 한다면 태스크포스는 임시적으로 특별한 임무를 수행하기 위해서 만들어진 구조라고 할 수 있다. 특정한 단기적 문제를 해결 하기 위하여 팀이 편성되지만 문제가 해결되면 팀은 해산되고 그 구성원들에게는 새로운 임무가 부여된다. 때때로 이러한 팀은 불과 2~3일간 지속되는 일을 위하여 편성되는 경우도 있다. 그러나 어쨌든 한번 편성되면 반영구적으로 계속되는 종래의 관료조직과 달리 이 조직형태는 원래 임시적인 것이다. 정보통신 사업자 선정평가단이나 수학능력시험 출제반의 구성과 같은 경우가 여기에 속한다. 예컨대 종합병원의 조직구조를 보면 내과, 외과 등 각 진료과목은 각각 독립성을 가지고 환자를 진료하게 된다. 그런데 이러한 진료 행위에 간호, 약제, 총무, 경리 등의 진료지원부서의 지원이 필요하다. 물론 총무, 경리 등의 기능업무는 해당 기능의 계통상에서 제기되는 기능만 수행한다는 것이 아니라 각 진료과목의 업무를 수행하도록 되어 있는 것이다. 그리고 경우에 따라서는 중환자 수술과 같은 경우 여러 과의 상호유기적인 협조가 필요하기도 하다.
〈 자료출처 : 현대행정학 / 박해룡, 안경렬, 이정훈, 이형호, 임재강. 정우열. 허원구 / 삼우사 2006 〉

태프트 위원회 [Taft Commission]

행정부의 관리 개선을 위해 태프트(W. H. Taft) 대통령에 의해 1910년 창설된 '절약과 능률에 관한 태프트위원회(Taft Commission on Economy and Efficiency)'를 말한다. 태프트 대통령은 이 위원회에 비용을 줄이고 효율성을 증대시킬 수 있는 방안을 제출하도록 지시했다. 연방정부의 모든 사무실이 업무효율화 방안을 태프트위원회에 제출하면, 위원회 직원들과 자문관들은 그것을 심도 있게 분석·연구하는 방식으로 일을 추진했다. 태프트위원회의 보고서는 정부조직의 중복을 줄이기 위해 기능을 기준으로 행정조직들을 통합해 대통령의 감독을 받아야 한다고 주장했다. 태프트위원회의보고서는 후버위원회(Hoover Commissions)의 보고서가 나오기까지 서류작업 문제(paperwork problems)에 관한 가장 체계적이고 종합적인 보고서였던 것으로 알려지고 있다.
〈 자료출처 : 네이버 행정학 용어사전 〉

태프트-하틀리법 [Taft-Hartley Act, Taft-Hartley]

1947년 제정된 미국의 노동관계법을 말한다. 이 법은 노동조합 측의 부당노동행위로부터 사용자 측을 보호하기 위한 여러 규정들을 담고 있다. 즉 이 법은 노동조합의 행위 가운데도 부당한 것은 제거되어야 하며, 노동자들은 조합에 가입하는 데만 보호받을 것이 아니라 조합을 탈퇴할 때도 보호받아야 한다는 등의 규정을 담고 있다.
〈 자료출처 : http://terms.naver.com/item.nhn?dirId=812&docId=525 〉

터널효과 [Tunnel Effect]

Hirshman이 주장한 것으로 후진국에서 선진국으로 이르는 과정을 2차선 일방통행의 긴 터널을 벗어나는 것이라고 했을 때, 두 차선 중에 어느 하나가 움직이면 다른 차선에서 기다리는 사람도 자기가 있는 차선이 곧 움직이리라는 기대에 부풀게 된다. 그러나 계속 한 차선만 움직이고 자기가 있는 차선의 정체가 계속되면 부풀었던 기대에서 오는 좌절감으로 불만이 쌓이게 되고 그 결과 불만에 찬 운전자가 교통법규를 무시하게 되어 터널 속은 더욱 혼잡해지고, 더더욱 정체가 심해지는 결과가 생기고 만다. 즉, 분배의 형성을 무시한 채 성장만을 지속적으로 추구하면 결국에 가서는 효율성을 떨어뜨려 성장을 저해시키게 됨을 비유한 것으로 경제가 지속적으로 발전하고 복지가 실현되기 위해서는 효율성과 형평성이 적절하게 조화를 이루어야 한다는 것이다.
〈 자료출처 : 이희근.(2005). 「이것이 이희근 행정학이다」. 서울: 고시연구원. 〉

테크노크라시 [technocracy]

기술관료들에 의한 지배 체제를 뜻한다. 그러나 일반적으로는 전문적 지식, 과학이나 기술에 의해 사회 혹은 조직 전체를 관리 운영할 수 있고 따라서 그것들을 소유하는 자가 의사결정에 커다란 영향력을 갖는 시스템, 혹은 그와 같은 견해를 총칭하는 말이다.
〈 자료출처 : 네이버용어사전 〉

텔레크라시

컴퓨터 통신이나 각종 미디어를 통해 정치인들과 시민의 의견교환이 쉬워지고 정치참여의 기회도 늘어났으며 의견반영 또한 용이해져서 새로운 정치 문화가 형성되고 있는 현상을 지시하는 텔레크라시는 텔레비전(Television)과 민주주의(Democracy)의 합성어로서, 통신 민주주의라고 번역될 수 있다.
〈 자료출처 : 네이버 용어사전 〉

통로 · 목표이론 [Path-goal theory, 通路·目標理論]

조직구성원의 근로 의욕은 조직의 목표 또는 생산활동이 조직구성원의 개인목표 달성의 통로로서 얼마나 유효하게 작용하는가에 달려 있다고 주장하는 동기이론을 말한다. 조고풀로스(Basil S. Georgopoulos), 마호니(Gerald M. Mahoney), 존스 2세(Nyle W. Jones Jr.) 등이 정립했다. 이들은 근로자들이 얼마나 열심히 일을 하고자 하는지는, 추구하는 목표가 얼마나 개인의 욕구를 충족시켜 줄 수 있느냐와, 근로자의 생산성 제고 노력이 이 목표를 얼마나 잘 달성할 수 있는지, 달리 말해서 이 노력이 목표 달성의 수단 또는 통로로서 얼마나 유효하게 작용하는지의 두 요인에 의해 결정된다고 주장한다.
〈 자료출처 : 네이버용어사전 〉

통첩 [notification]

(1) 행정관청이 관하의 기관·직원 또는 지방자치단체 등에 대해 어떤 사항을 통지하는 형식을 말한다. 훈령(official instruction)의 성질을 가지는 경우가 많다. (2) 국제법상 한 국가의 일방적 의사표시를 내용으로 하는 문서를 말한다. (3) 가장 일반적인 의미로는 서면으로 통지하는 행위 또는 그 서면을 말한다.
〈 자료출처 : NAVER 행정학 용어 〉

통화주의 [monetarism, 通貨主義]

경제활동에 대한 영향력 행사를 목표로 정책 당국이 사용할 수 있는 정책 수단 중 통화정책이 가장 중요하다는 주의 주장을 말한다. 이러한 견해를 신봉하는 사람을 통화주의자라 한다. 이에 대해 재정정책이 경제활동 수준을 결정하는 가장 중요한 요인이라고 생각하는 사람을 재정주의자(fiscalist)라 한다. 재정주의자들의 이론적인 기초는 케인스 경제학의 흐름을 잇는 신경제학(new economics)인데 신경제학과 통화주의는 현재 미국의 양대 경제 사조를 이루고 있다. 대표적인 통화주의자는 시카고 대학의 프리드먼(Milton Friedman) 교수다.

〈 자료출처 : 네이버 용어사전 〉

퇴행적 능률성

능률성을 나타내는 투입-산출 비율에서 투입과 산출이 모두 감소하지만 분모인 투입의 감소분이 분자인 산출의 감소분보다 더 크게 됨으로써 능률성이 향상되는 것을 말한다. 분자인 산출을 그대로 유지시키면서 분모인 투입을 감소시켜 능률성의 향상을 추구하는 소극적 능률성 및 산출의 증가를 통해 능률성의 향상을 추구하는 적극적 능률성과 대비된다. 소극적 능률성을 위해 인건비 등의 경비를 지나치게 감소시킬 때, 산출도 동시에 감축되는 퇴행적 능률성으로 전락할 수 있다.

〈 자료출처 : http://terms.naver.com/item.nhn?dirId=812&docId=3611 〉

투레벨 이론 [Two-level theory]

투레벨 이론에서는 국제협상을 국내적 차원의 게임(Level II)과 국제적 차원의 게임(Level I)로 나누어서 분석하고 있는데 후자는 잠정적인 합의를 위한 협상담당자 간의 흥정을 말하고 전자는 잠정합의를 비준할 것인가의 여부를 두고 양국 내부구성원들 간의 이해관계를 둘러싼 논의를 의미한다. 국제협상에서 협상의 대표들은 협상에 나가기 위해서는 먼저 국내적으로 모든 이해관계자간의 협상을 통해 국제협상에 임하는 입장을 정하지 않을 수 없고, 이런 국내적인 협상은 국가 간의 협상결과가 궁극적으로 각국의 국내정치적 과정을 거쳐 비준을 받아야 한다는 이유 때문에 또다시 국가 간 협상에 영향을 미치게 된다는 것이다.

〈 자료출처 :김태현 외(1995), 외교와 정치 - 세계화 시대의 국제협상논리와 전략사 〉

투명성

여기서 말하는 행정의 투명성이란 행정기관이 갖고있는 정보가 무엇이 있으며 결정은 어떠한 과정을 거쳐서 이루어지는가 하는 것을 외부에서 분명히 파악할 수 있는 상태를 의미한다고 하겠다. 원칙적으로 모든 기관의 정보가 이와 같이 투명하게 마치 어항 속의 붕어처럼 파악되는 것이 이상이나 안보와 같은 사항과 개인의 '프라이버시'같은 것은 제약을 받는다고 하겠다.
〈 자료출처 : 온라인 행정학 용어사전 〉

투사법 [projection, 投射法]

과거의 추세가 장래에도 그대로 지속되리라는 전제 아래 과거의 추세선(趨勢線)을 연장해 미래 일정 시점에서의 상황을 예측하고자 하는 미래예측 기법을 말한다. 외삽법(extrapolation)이라고도 한다.
〈 자료출처 : 네이버 행정학 용어사전 〉

투자세액공제 [投資稅額控除]

신기술 개발, 생산성 향상, 에너지 절약 등 특별히 국가적 관점에서 투자를 촉진할 필요가 있는 사업 분야에 투자했을 때 투자액의 일정 비율에 해당하는 금액을 산출 세액에서 공제해 주는 제도를 말한다. 우리나라는 조세감면규제법에 투자세액공제 혜택을 받을 수 있는 사업 분야를 규정하고 있는데 대상 사업 분야는 ①기술 및 인력 개발, ②신기술의 기업화, ③공장시설의 지방 이전, ④생산성 향상시설, ⑤에너지 절약시설, ⑥공해방지시설, ⑦산업재해 예방시설, ⑧유통근대화 사업시설, ⑨검사·시험연구시설, ⑩광산 보안시설, ⑪특정 지역의 의료시설 등이다.
〈 자료출처 : 네이버 행정학 용어사전 〉

투표의 역설 [voting paradox, 投票의 逆說]

대안들이 고려되는 서열에 기초하는 단순 다수결 투표 절차에 의하는 경우, 모든 대안의 선택이 가능하게 되는 현상을 말한다. 예를 들어, 스포츠 경기의 리그전에서 세 팀의 승률이 같게 되는 것과 같이, 세 가지 대안이 A>B, B>C,

C>A의 형태로 나타나는 경우가 여기에 해당된다.
〈 자료출처 : 네이버 용어사전 〉

투표자의 무지 [Voter Ignorance, 投票者의 無知]

투표자들이 정치의 정확한 효과를 모르고, 타인과의 공공적 협조에 별다른 흥미를 느끼지 못하며, 자기 한 사람의 의사가 전체의 결정에 큰 영향력이 없다고 생각해 의사 표시를 포기하는 현상을 말한다. 대규모 사회집단 속에서는 이와 같은 투표자의 무지가 어느 정도 불가피하게 존재하기 마련이다. 이 때문에 다운스(Anthony Downs)는 정치적 의사결정이 공공재의 과소 공급을 가져오기 쉽다고 주장한다.
〈 자료출처 : 네이버 행정학 용어사전 〉

트리플 아이 조직

경쟁적 우위의 원천으로서 지능, 정보, 아이디어에 초점을 둔 조직. 과거의 명령의 조직이 사라져 가고, 동의의 조직이 중요해 지며, 경영에서는 제품의 품질이 가장 중요한 진리로 등장하게 된다. 과거에는 부의 원천이 토지였으나 이제는 점차 트리플 아이, 즉 지능, 정보, 아이디어로 바뀌어 간다.부의 원천이 지식과 지식을 사용하는 능력으로 바뀌어 가면서 미래의 조직은 대학사회나 연구소의 모습처럼 바뀌어간다. 과거의 지시하고 명령하는 영웅적 리더가 아닌 후기 영웅적 리더가 필요해진다. 그들은 구성원들이 일을 더 잘할 수 있도록 도와주고, 조직의 나머지 부분과 연결시켜 주고, 그들이 더욱 일을 효과적으로 해낼 수 있도록 조직해 주고, 모범을 보이며 계속적으로 격려해 주는 경영자이다. 궁극적으로는 경영자가 해야 할 일이 없을 정도가 되며, 그렇게 되면 경영자가 별로 없어도 조직이 잘 움직여 나가게 될 것이다. 한 가지 일이 아니라 여러 가지 종류의 일을 하게 되고 여러 가지 일에서부터 포트폴리오 수입이 생기게 된다.
〈 자료출처 : 행동조직론, 이상진, p439 〉

특별교부세

특별교부세는 객관성·통일성을 중시하는 보통교부세의 산정상 필연적으로 생기는 획일성과 시기적인 이유로 인해, 기준재정수요액 또는 기준재정수입액 산정시 반영할 수 없었던 구체적인 사정을 고려해서 특별히 교부하는 것으로, 보통교부세의 기능을 보완하고 있다. 이러한 특별교부세는 그 사용에 관하여 조건을 붙이거나 용도를 제한 할 수 있는 특정재원에 해당하며 보통교부세 불교부단체도 특별교부세는 교부 받을 수 있다.
〈 자료출처 : 최근열(1991). 한국의 지방교부세 배분방법에 관한 연구」. 박사학위논문, 영남대학교. 〉

특별임시조직

전통적 관료제 구조와는 달리 융통적 · 적응적 · 혁신적 구조를 지닌 특별임시조직'을 말한다. 베니스(Warren G. Bennis)는 "다양한 전문기술을 가진 비교적 이질적인 전문가들이 프로젝트를 중심으로 집단을 구성해 문제를 해결하는, 변화가 빠르고 적응적이며 임시적인 체제"로 정의한다. 구조적 차원에서 볼 때 복잡성 · 공식화 · 집권화의 정도가 모두 낮다는 특징을 지닌다.
〈 자료출처 : 김두식 외(2006).「행정학원론」. 대영문화사 〉

특별지방행정기관 [特別地方行政機關]

특정한 중앙행정기관 에 소속되는 지방행정조직으로 소속 중앙행정기관의 행정사무(국가사무)만을 관장하는 지방행정기관을 말한다. 종합행정을 수행하는 지방자치단체 즉 보통지방행정기관과 대비된다. 소속 중앙행정기관의 직접적인 지휘·명령을 받는 일선기관으로서의 특별지방행정기관에는 지방환경청, 지방국토관리청, 지방국세청, 지방병무청, 지방영림서 등이 있다.
〈 자료출처 : 네이버 행정학 용어사전 〉

특별회계 [special account, Spezialetat, Sonderbudget, 特別會計]

특수한 목적을 위해 수입·지출을 일반회계로부터 분리해 독립적으로 경리하는 회계를 말한다. 정부에서 수행하는 사업의 성질에 따라 예산은 일반회계와 특별회계로 구분된다. 특별회계는 사업적 성격이 농후하거나 일반회계와 분리하는 것이 예산 운영에 능률성이 있을 것으로 판단되는 것으로서 세입은 주로 자체수입, 일반회계로부터의 전입금 등으로 구성된다. 특별회계는 예산통일의 원칙과 예산 단일의 원칙에 예외가 된다. 특별회계의 종류로는 국가에서 특정한 사업을 운영하기 위해 마련한 기업특별회계로 통신사업·양곡관리·조달등의 특별회계가 있고, 국가가 특정한 자금을 운영하는 특별회계로 재정융자 특별회계 등이 있으며, 특정한 세입으로 특정한 세출에 충당하기 위해 일반회계와 구분한 군인연금 특별회계·국유임야관리 특별회계 등이 있다.
〈 자료출처 : 네이버 행정학 용어 사전 〉

특성이론

직무 특성이 직무 수행자의 성장 욕구 수준(growth need strength)에 부합될 때 긍정적인 동기 유발 효과를 초래하게 된다는 해크먼(J. R. Hackman)과 올드햄(G. Oldham)의 동기부여이론을 말한다. 직무특성이론은 개인의 성장 욕구 수준이 직무 특성과 심리 상태, 심리 상태와 성과 간의 관계를 조절하는 변인으로 작용한다는 가정에 입각해 있다. 그들은 어떤 직무가 갖는 잠재적 동기지수(MPS: motivating potential score)에는 기술다양성(skill variety)·직무정체성(task identity)·직무중요성(task significance)·자율성(autonomy)·환류(feedback)의 다섯 가지 직무 특성이 모두 영향을 미치며, 그 가운데서도 자율성과 환류가 중요한 영향을 미친다고 강조한다.
〈 자료출처 : 네이버 용어사전 〉

티부가설 [Tiebout hypothesis]

공공재의 적정공급은 국민의 선호와 관계없이 정치적 과정을 통하여 공급될 수밖에 없다는 samuelson의 전통적인 중앙정부차원의 공공재이론에 대한 반론이다. 발로하는 투표의 의미를 가진 말로 주민들이 지방간에 이동이 자유롭기 때문에 지방공공재에 대한 주민들의 선호가 표시되고 지방정부를 주민 스스로 선택할 수 있기 때문에 이러한 시장배분적 과정을 통하여 지방공공재 공급의 적정규모가 결정될 수 있다는 이론이다. 티부가설에 의한 지역 간 이동은 중위대안에 대한 불만을 해소시켜 주는 하나의 장치가 될 것이다. 지방자치의 당위성을 옹호하는 이론으로서 경쟁의 원리에 의한 지방행정의 효율성과 지역 내 동질성은 높아지지만 지역 간 형평성은 저하될 수가 있으므로 이에 대한 탄력적인 대처가 필요하다.
〈 자료출처 : 김중규 (2010),「선행정학개론」〉

[ㅍ]

파레토 최적 [Pareto optimum, Pareto 最適]

파레토 최적 상태란 다른 사람의 후생을 감소시키지 않고서는 어느 한 사람의 후생을 증가시키는 것이 불가능하도록 자원이 가장 효율적으로 배분되어 있는 상태를 말한다. 파레토 최적 조건이 성립되면 자원배분의 효율성은 확보되지만, 소득의 공평한 분배가 자동으로 확보되는 것은 아니다.

〈 자료출처 : Naver 행정학 용어사전 〉

파생적 외부효과 [Derived externalities]

시장실패를 바로잡기 위한 정부의 개입(특정의 경제활동)의 결과 나타나는 잠재적, 비의도적 확산효과나 부작용. 정책을 통한 정부개입은 예상 밖의 부차적 효과(결과)가 발생하는 수가 허다하다. 그러나 파생될 효과에 대한 정확한 예측은 거의 불가능하여 그 발생 요인을 미리 통제할 수는 없는 일이다. 이러한 효과를 파생적 외부효과 또는 파생적 외부성이라 한다. 파생적 외부효과는 단기적이라기보다 상당한 기간이 경과된 후에야 나타난다는 특징을 가지며, 긍정적인 것도 있으나 부정적인 역효과일 경우도 있다. 부정적이 효과가 파생될 경우에는 정부실패의 원인이 될 수 있다.

〈 자료출처 : 행정학용어사전-행정학용어 표준화연구회. 새정보 미디어 2010/p.811 〉

파시즘 [fascism]

좁은 뜻으로는 무솔리니(Benito Moussolini, 1883-1945)를 수령으로 한 이탈리아 파시스트당의 운동 또는 그것이 권력을 장악하고 있던 시기의 정치 체제를 말한다. 넓은 뜻으로는 이탈리아 파시즘과 공통의 본질을 갖는 운동 및 지배체제를 의미한다. 파시즘은 제1차 세계대전 후 고도로 발달한 자본주의의 전반적 위기 단계에서 나타난 반동적인 일당독재의 국가주의 정치 형태며, 특징은 테러리즘적인 수단에 의한 독재, 노동계급의 투쟁에 대한 가혹한 탄압, 모든 시민적 자유의 말살, 대외적인 침략정책 등이다. 위기에 처한 자본주의 국가(사회) 체제를 폭력적으로 유지하는 것이 본질이다.

〈 자료출처 : 네이버 행정학용어 백과사전 〉

파킨슨 법칙 [Parkinson's law, Parkinson]

공무원의 수는 해야 할 업무의 경중이나 그 유무에 관계 없이 일정 비율로 증가한다는, 파킨슨(Cyril N. Parkinson)이 주창한 법칙을 말한다. 영국의 행정학자 파킨슨은 이렇게 공무원 수가 증가하는 이유로 부하배증의 법칙(제1공리)과 업무 배증의 법칙(제2공리) 두 가지를 들고 있다. 부하배증의 법칙은 특정 공무원이 과중한 업무에 허덕이게 될 때 그는 동료를 보충받아 그 업무를 반분하기를 원치 않고 그를 보조해 줄 부하를 보충받기를 원한다는 공리를 말한다. 그리고 업무배증의 법칙은 부하가 배증되면 과거 혼자서 일하던 때와는 달리 지시, 보고, 승인, 감독 등의 파생적 업무가 창조되어 본질적 업무의 증가 없이 업무량의 배증 현상이 나타나는 것을 말한다.

〈 자료출처 : 네이버 행정학용어 백과사전 〉

패널 [Panel]

패널(Panel)토의 토론회의 형식으로서 가장 널리 활용되며, 연수의 방식으로도 유효적절하여 공무원 교육원의 대부분이 채택하고 있는 토의 방식. 특정의 문제에 대하여 특히 관심이 있는 자나, 전문가·학자 등으로부터 각층의 의견을 개진하도록 3명 내지 6명 정도의 패널 멤버를 선정하여 단상에 일렬로 앉게 하여 일반참가자 앞에서 당해 과제에 대하여 순차적으로 자기 견해를 발표케 하는 방식이다. 멤버 상호간에 토론을 하는 것이 심포지움과 다른 점이다. 통상 사회자는 의견의 발표와 토론의 진행을 통제하며 패널멤버 상호간에 토론이 끝나면 일반참가자의 질의 또는 의견발표를 시킨다. 이와 같은 방법으로 다각적인 지식과 의견의 교류를 실시하여 참가자를 계발하는 것이다.

〈 자료출처 : 김중규 선행정학 〉

패러다임 [paradigm]

한 학문 분야의 지배적인 접근 방법이나 관점을 패러다임이라 한다. 이러한 패러다임은 연구자들로 하여금 그 분야의 현상을 바라보는 세계관을 형성해 줌으로써 문제 선정과 해답의 방향을 제시해 주고 일관성을 갖게 해 준다. 이 용어를 처음 사용한 쿤(Thomas S. Kuhn)은 패러다임이 성립된 분야의 학문을 정상과학(正常科學, normal science)이라 부른다.

〈 자료출처 : 네이버 용어사전 〉

퍼지이론 [fuzzy set theory, fuzzy理論]

'네' 또는 '아니오' 등 이분법으로만 나눌 수 없는 인간의 모호(fuzzy)한 사고작용을 수학적인 함수를 동원해 컴퓨터로 나타내고자 하는 이론을 말한다. 즉 모호한 것을 명확히 표현하는 이론으로, 1965년 미국 버클리 대학의 자데(Lofti A. Zadeh)가 제창한 퍼지집합의 사고방식을 기초로 하고 있다. 이분법으로는 나타내기 힘든 인간의 사고작용을 정량적으로 표현해 내는 데 쓰이며, 최근 가전제품이나 자동제어 분야 등에 널리 응용되고 있다.

〈 자료출처 : 네이버 행정학 용어사전 〉

페이비언 사회주의 [Fabian Socialism]

페이비어니즘(Fabianism)이라고도 하는데, 1884년 영국의 페이비언 협회가 주장한 점진적 사회주의 사상으로 영국 노동당의 지도 이념이다. 이는 사회개량의 수단으로서 혁명을 사용하지 않고 의회주의를 통하여 점진적으로 모든 정책을 실현함으로써 자본주의의 결함을 극복하자는 것이다. 공리주의에 바탕을 두면서 국민적 최저(National Minimum), 자치적 사회주의(Municipal Socialism), 점진적 개혁주의(Gradualism)를 지지한다. 이들이 강조하는 평등은 사회통합, 경제적 효율, 정의, 개인의 자아실현 차원에 있어서의 평등이다. 국가는 '제도적 재분배 모형(The Institutional Redistributive Model)' 을 따라야 한다고 주장하며 기획의 적극적인 역할을 강조한다.

〈 자료출처 : 김중규 (2009 : 457),「선행정학개론」〉

펜들턴법 [Pendleton Act, Pendleton法]

실적주의 인사행 정의 기초를 확립한 미국 최초(1883년 제정)의 연방공무원법(Federal Civil Service Act)을 말한다. 제안자인 펜들턴(G. H. Pendleton) 상원의원의 이름을 따 펜들턴 법으로 불리는 이 법은 ① 독립적이며 초당적(超黨的)인 인사위원회의 설치, ② 공개경쟁 채용시험에 의한 공무원의 임용, ③ 조건부 임용 기간(probation period)의 설정, ④ 공무원의 정치활동 금지, ⑤ 제대 군인에 대한 특혜 부여 등을 주요 내용으로 담고 있다.

〈 자료출처 : 네이버 행정학 용어사전 〉

편의재량 [便宜裁量]

조리법적(條理法的) 제한을 받지 않고, 단순히 공익에 의한 제한만을 받는 재량행위를 말한다. 즉 법의 취지·원리 등에 구속되는 법적 재량에 대비되는 개념으로, 무엇이 행정의 목적에 적합하며 무엇이 공익에 합치하는가의 문제에 관한 행정청의 재량을 말한다. 공익재량 또는 합목적적 재량이라고도 한다. 편의재량의 범위 내에서 이루어진 행정행위는 그것이 설사 그릇되더라도 행정상 부당한 결과를 발생하는데 그치고 당해 행위가 위법화되는 것은 아니며, 그 재량의 당부(當否)에 관한 결정은 법원의 권한에 속하지 않고 주로 행정기관의 권한에 속한다. 그러나 근래 들어 예외적으로 그 부당(不當)이 현저한 경우, 위법으로 법원의 심판 대상이 될 수 있다는 견해가 유력해지고 있다.

〈 자료출처 : 네이버용어사전 〉

평가성 검토 [evaluation assesement]

평가성 검토 또는 평가성 사정은 본격적인 평가를 시작하기 전에 실시하여 평가의 가능성과 소망성을 검토하는 것이다. 즉, 어떠한 사업 또는 사업의 어떠한 부분을 평가하여야 유용한 평가가 될 것인지를 결정하기 위해서 행해지는 사업의 개략적 검토방법의 하나인 일종의 예비평가이다. 평가성 사정은 여러 가지 가능한 평가로부터 얻을 수 있는 정보수요를 사정하고, 실행가능하고 유용한 평가설계를 선택하도록 함으로써 평가의 공급과 수요를 합치시키도록 도와준다. 평가성 검토에서 중점을 두는 것은 다음과 같은 것들이다. (1) 소망성: 소망성 있는 평가를 위한 검토를 한다. (2) 가능성: 어떠한 사업 또는 사업의 어떠한 부분이 평가가 능한가를 검토한다.

〈 자료출처 : 김중규 (2010),「선행정학개론」〉

폐쇄형 인사체제 [Closed Career System]

폐쇄형 인사체제는 공직에의 신규채용이 원칙적으로 최하위 직급(계급)에서만 허용되며, 상위 직급에의 충원은 내부승진을 통하여 이루어지는 인사체제이다. 폐쇄형 인사체제 하에서 최하위 직급에서의 신규채용은 대체로 젊은 사람에게만 허용되며, 그들의 장기근무를 통한 폭넓은 경력발전이 장려된다. 폐쇄형 인사체제는 모든 직급에 신규채용이 허용되는 개방형 인사체제에 비하여 내부승진의 기회가 많고, 공무원의 지위향상이나 경력발전을 매우 중시한다.
〈 자료출처 : 온라인행정학전자사전 〉

포럼 [Forum]

옛 로마에서 공적인 집회장소로 쓰이던 광장에서 유래된 용어로 공개장소에서 여론의 심판을 받는 토론 형식이며 사회자가 특정 주제에 대한 문제 제기를 하면, 지명 토론자와 불특정 시청자가 각자의 의견을 발표하는데, 이 과정에서 정책 실무자는 정책대안도 도출하고, 아울러 다수의 청중 및 공중에게 정책에 대한 관심을 유도할 수 있다. 대표적인 사례로는 KBS 생방송 심야토론, 정책포럼이 있는데, 도정에서는 수도권정책 및 환경정책 등과 같이 중요한 정책에 한해서 포럼을 개최하는 것을 적극 검토할 필요가 있다.
〈 자료출처 : 행정학 대왕사 p.65 , http://www.iyc21.net 〉

포스트 포드주의 [Post Fordism]

1960년대 후반에 포드주의의 대량생산체제의 둔화된 모습이 나타나고 단순반복적 작업에 대한 노동자들의 불만을 직면하여 위기를 맏게 된다. 그래서 1970년대에 다품종 소량생산을 지향하는 경향이 있는데 이것을 포스트 포드주의 라고 한다. 포스트 포드주의는 포드주의적 단순반복작업에서 벗어나 업무의 결합으로 분업의 최소화와 폭넓은 자율성과 다숙련화, 그룹 혹은 팀작업, 노동자의 경영참여를 통한 의사결정의 분산화, 공공감독, 규모의 경제에서 벗어난 범위의 경제, 작업만족도를 극대화할 수있는 작업설계등을 통해 유연성을 극대화할 수 있도록 하고 있다.
〈 자료출처 : http://enc.daum.net/dic100/contents.do?query1=10XX503413 〉

포스트모더니즘 [Postmodernism]

고도산업화·정보화의 과정을 겪고 있는 사회의 현재상태 그리고 도래하고 있는 상태를 포스트모더니티라는 개념으로 설명하는 이론도 우리의 행정환경을 규명하는데 쓸모가 있다. 포스트모더니즘은 산업화이후사회의 조건 즉 포스트모더니티를 설명하고 처방하는 하나의 관점 또는 이론을 지칭한다. 포스트모더니즘은 모더니즘에 대조되는 개념이다. 모더니즘은 산업화의 경제가 성숙하고 기술관료제의 이념과 선에 기초한 절차적 민주주의의 이념이 문화적으로나 정치적으로나 지배적인 시대의 조건을 설명하고 처방하는 관점이다. 위의 개연규정은 포스트모더니즘을 산업화 이후 사회의 포스트모더니티에 결부시키는 접근방법에 따른 것이다. 이러한 접근방법은 시대구분으로서의 포스트모더니즘이라는 의미를 갖는다. 이와 대조되는 접근방법은 포스트모더니즘을 시대상황과는 상관없이 새로운 철학적 이해 또는 관점이라고 규정한다.
〈 자료출처 : http://dic.naver.com/ , 행정학 오석홍 박영사 p.129 〉

포크배럴 [Pork Barrel]

정책보조금을 얻으려고 모여드는 의원들이 마치 농장에서 농장주가 돼지고기통에 한 조각의 고기를 던져줄 때 모여드는 노예 같다는 뜻에서 나온 말이다. 구유통정치 또는 돼지고기통정치 라고도 하며 국가예산으로 사업을 집행하는 분배정책에서 흔히 발생하며 정치인들이 인기에 민감한 나머지 지역구민에 대한 선심사업을 위해 예산을 많이 확보하려는 갈라먹기(눈감아주기, 상관않기)전략이다.
〈 자료출처 : 김중규.(2010).「선행정학 개론」. 서울: 에드민 〉

포획이론 [Capture theory]

정부 규제정책과 관련된 이론이므로 '규제의 포획이론' 이라고도 함. 보호를 필요로 하는 경제주체들이 이익집단을 형성하여 정부를 설득해 자기네에 유익한 각종 규제정책을 이끌어내는 것. 포획이론이라는 개념은 미국의 경제학자(노벨경제학상 수상) 조지 스티글러(Goerge Stigler)가 1971년에 발표한 '규제의 경제이론'이라는 논문에서 제시한 이론. 이에 따르면 기업들은 정부의 규제를 무조건적으로 배격하는 것이 아니라 일부 기업들은 오히려 특정의 규제를 내면적으로 환영하고 이를 수익창출의 기회로 삼을 수 있다는 논. 시장원리가 제대로 작동하지 않거나 고도의 전문성을 띤 산업 분야에서 정부는 이익집단의 그럴듯한 주장과 설득에 넘어가 이익집단의 의도대로 규제정책을 펴기 쉽다는 뜻에서

'포획이론'이라는 말이 쓰여졌다.
〈 자료출처 : 행정학용어사전-행정학용어표준화연구회. 새정보미디어2010/p.811~812 〉

폭포효과 [Waterfall Effect]

여론주도층을 공략하는 마케팅 기법이다. 물을 산꼭대기에 쏟아 부으면 저절로 산 아래로 흘러 내려가듯 마케팅력을 목표소비자의 정상에 집중하면 효과가 자연스럽고 빠르게 전체로 퍼져 나간다는 것이다.
〈 자료출처 : http://lightfeeler.blog.me/40022732071 〉

품목별 예산제도 [lineitem budgeting system]

예산 제도에서 지출 대상을 품목별로 분류해, 지출 대상과 그 한계를 명확히 규정하는 통제지향적 예산 제도를 말한다. 즉 품목별 예산 제도는 예산 계정을 정부의 개별적인 조직, 또는 기능이나 사업에 사용되는 구체적인 지출 품목에 따라 분류하는 제도로, 예산에 대한 책임의 소재를 분명히 하고, 예산 집행시의 유용이나 부정을 방지하기 위해 품목별로 예산액을 명시하고 그 집행을 결산으로 확인하는 제도다. 지출 계정은 예를 들면 봉급, 물건비, 자본설비 등 지출의 대상(objects)에 따라 분류되며, 지출 대상은 다시 품목으로 세분되는데, 봉급을 예로 들면 월급, 임시월급, 초과수당 등으로 구분된다. 품목별 예산 제도는 여러 선진국에서 가장 오래 사용되어 왔으며, 우리나라에서도 품목별 예산제도에 주로 의존하고 있다.
〈 자료출처 : 네이버 행정학 용어 사전 〉

품의제 [稟議制]

문서를 통해 상관의 의향을 계층적으로 물어 조직의 의사결정을 하는 제도. 행정상의 품의제도는 행정기관 내부에서 행정방침의 결정이나 행정처분 등을 내릴 필요가 있을 경우 해당 사무의 담당직원이 문서(품의서)를 작성하여 결정권을 가진 상관의 승인(결재)을 얻는 절차에 관한 제도를 말한다. 품의제는 독일을 비롯하여 일본 등에서 발달한 제도로서, 우리나라에서도 채택하여 최근에는 '내부결재 제도' 라는 이름으로 사용하고 있다. 품의제에 의한 의사결정 방법은 하급자로부터 상급자로 단계적으로 올라가는 이른바 'bottom up'의 형태로, 하급자와 상급자가 다같이 의사결정에 참여할 수 있다는 점, 그리고 최종 결정을 하기 전에 관련 부서의 심사와 조정을 거치게 되므로 당해 행정기관의 방침을 통일 시킬 수 있는 장점이 있다.
〈 자료출처 : 行政學用語事典(행정학용어사전);행정학용어 표준화연구회 - p805 〉

프레드릭슨의 신행정론 [New Public Management]

신행정론은 능률과 절약의 전통적 가치들을 부인하는 것이 아니라, 단지 능률적이고 절약하는 정부라 할지라도 여전히 빈곤과 불평등을 갖고 있음을 지적하면서 가치중립적인 행정이론을 비판하며 사회적 형평성을 염두에 두어야 한다고 지적한다. 그리고 변화에 대응하기 위해서 시민과 주민의 폭넓은 참여를 허용해야 하며, 합리성의 개념도 기획과 정책분석의 한계에서 벗어나 무엇을 해야 하는지 결정하는 것까지 포함하는 것으로 보아야 한다고 한다. 그리고 이에 맞는 조직구조로 행정분권모형, 주민통제모형, 등 구조적 동태성을 가진 구조를 제시한다. 또한 행정학 교육으로 직업적 전문성, 일반관리 지식, 서비스 관리 능력을 중시해야 한다고 한다.
〈 자료출처 : 유광호.박기관 관료제론 서울 대영문화사 2007 〉

프레맥 원리

유기체의 경우 그들이 행하는 행위 중에는 하기 좋아하는 것부터 하기 싫어하는 것 사이에 서열이 있으며, 상위 서열의 행위는 하위 서열 행위의 강화자 역할을 한다는 원리를 말한다. 예를 들어 놀이를 하기 위해 숙제하는 경우에서는, '놀이'가 '숙제하는 일'의 강화자의 역할을 한다는 것이다.
〈 자료출처 : 이종수. 「행정학용어사전」 2000년 p348 〉

프로젝트팀 [project team]

프로젝트팀(project team)이란 특정과제를 해결하기 위하여 창설되는 임시적·동태적 조직으로 단기간에 과업을 강력히 추진할 수 있고 문제해설에 적합한 조직이다. 이는 미국의 사기업분야에 비롯된 것인데 임시적 성격을 가진 project를 해결하기 위하여 project관리자는 자유롭게 조직 내에서 그가 필요로 하는 성원을 뽑아 그 과제를 해결하고 그 후에 팀은 곧 해체된다.
〈 자료출처 : 장철영 (2010), 行政學 演習강의자료 〉

프리즘적 모형 [prismatic model]

미국의 행정학자 리그스(F. W. Riggs)가 제시한 신생국의 행정체제를 설명하기 위한 이론적 모형. 리그스는 가치의 분화과정에 있는 전이사회(轉移社會) 또는 과도사회를 마치 빛이 프리즘을 통과하여 여러 색깔(무지개색)로 분해되는 현상에 비유하여 프리즘적 사회(prismatic society)라는 용어를 사용하고 발전도상국의 행정체제의 이론적 모형을 프리즘적 모형이라 하였다. 리그스는 1960년대에 단일 차원적 접근방법으로 이론모형을 도출하였으나 불충분하다고 여겨 1970년대에 다시 2차원적 접근법으로 이론적 모형의 도출을 시도하였다. 즉 그는 어느 사회에서나 분화는 계속 진행되고 있을 뿐 아니라 사회마다 그 사회의 특수성을 지니고 있다는 점에 착안하여 이론적 모형을 모색하였고 또한 분화된 사회의 치지를 통합된 것과 통합되지 못한 것으로 분류하고, 발전(development)이란 사회가 분화되어 가면서도 그것이 통합할 수 있는 역량이 증대되어가는 것이라고 했다.
〈 자료출처 : 行政學用語事典(행정학용어사전);행정학용어 표준화연구회 - p806 〉

프리즘적 사회 [prismatic society]

과도사회 혹은 발전도상국의 행정의 역설적 국면을 설명하기 위하여 리그스(Fred W. Riggs)가 하나의 유추로서 프리즘을 사용하여 구성한 개념적 장치이다. 그는 광선이 프리즘을 통과하기 이전의 상태를 융합적, 광선이 프리즘을 통과한 이후의 상태를 분화적, 그리고 광선의 분화과정이 시작되기는 하였지만 그것이 불완전한 상태로 남아 있는 상황 - 즉 광색은 분화되어 있으나 프리즘 속에 갇혀 있는 상태 -을 프리즘적이라고 부른다. 그는 이러한 유추를 통하여, 그리고 방법론적으로는 구조기능적 접근법을 적용하여 사회를 유형화 한다. 이때 중심이 되는 개념은 물론 분화이다. 어떤 하나의 구조가 수많은 기능을 수행할 때 기능적으로 포괄적이라고 할 수 있고, 그것이 한정된 기능을 수행할 때 기능적으로 특정화되어 있다고 할 수 있다. 리그스는 이를 토대로 가설적인 두 가지 모형을 제시한다. 즉 하나는 모든 구조가 고도로 그 기능이 포괄적일 때 이를 융합적 모형으로, 다른 하나는 그 기능이 고도로 특정화되어 있을 때 이를 분화적 모형이라고 부른다. 이들 모형은 각 각 농업사회와 산업사회로 유형화 된다. 한편 융합적인 것과 분화적인 것의 중간 상태를 지칭하는 것이 바로 프리즘적 사회로서 이른바 과도사회 혹은 발전도상국인 것이다. 리그스의 이러한 프리즘적 사회의 모형은 그동안 제기된 여러 비판에도 불구하고, 비교행정분야의 뛰어난 업적으로 기록될만 하다.

〈 자료출처 : http://www.epadic.com/index.php 온라인행정학전자사전 〉

프린스 시스템 [Prince system]

코플린(William D. Coplin)과 오리어리(Michael K. O'Leary)에 의해 개발된, 정책대안의 정치적 실행가능성 및 집행가능성의 예측 모형을 말한다. 프린스 정치회계 시스템(Prince political accounting system)이라 불리기도 하는 이 모형은 다양한 개인·조직·집단들의 공공정책에 대한 영향을 사정(査定)하는 데 초점을 둔다. 프린스 시스템은 먼저 정책 이슈를 정의한 뒤, ①정책에 직·간접적으로 영향을 미치는 영향력자(actors)들을 식별하고, ②이들의 정책 이슈에 대한 입장(policy issue position)을 확인한 뒤, ③그들의 영향력(power)을 추정하고, ④그들이 정책 이슈에 부여하고 있는 중요성(salience)을 추정하는 순으로 이루어진다.

〈 자료출처 : 네이버 행정학 용어사전 〉

피터의 원리 [The Peter Principle]

피터의 원리란 "관료적 위계서열조직인 계층제 안에서는 모든 구성원들이 자신의 무능의 수준까지 승진한다."(In a hierarchy, every employee tends to rise to his level of incompetence.)는 원칙이다. 즉, 관료제는 경력을 중시하여 직원을 승진시키기 때문에 무능한 자가 능력 이상의 자리를 맡게 되어 비효율성을 초래하게 된다는 원리이다. 피터의 원리는 관료제조직의 구성원들이 승진에 성공한 후 더 높은 능력의 수준까지 승진하다가 더 이상 승진할 수 없는 무능의 수준에 이르게 된다는 것이 요지이다. 그래서 피터는 "결국 관료제조직의 모든 직위는 그 직무를 수행하기에 무능한 사람들로 채워지는 경향이 있다."(In time, every post tends to be occupied by an employee who is incompetent to carry out its duties.)고 결론지었다. 피터의 원리는 관료제조직의 직업적 무능(occupational incompetence)을 설명하려는 하나의 시도였던 것이다. 그리고 피터와 헐은 정부조직, 정치조직, 산업조직, 노동조합, 군대조직, 종교조직, 교육조직 등 인간이 만든 어떠한 조직체든지 피터의 원리가 지배한다고 확신하였다.

〈 자료출처 : 황윤원. (2000). 「행정학원론」. 서울: 형설출판사: 274. - 김창수 (cskim@csc.ac.kr) 〉

[ㅎ]

하부구조

사회의 경제적 구조 즉 사회의 생산 관계의 총체를 마르크스(K. Marx)는 하부구조라 불렀다. 이에 비해 상부구조는 하부구조 위에 성립하는 정치적·법률적·예술적·철학적인 관념이나 그에 조응해서 만들어지는 여러 제도를 말한다.
〈 자료출처 : 네이버 행정학 용어 사전 〉

하위정부모형 [subgovernment model, 下位政府 模型]

다원주의 사회에서 특정 이익집단·관료·의회의 관련 위원회가 상호간의 이해관계를 보호하기 위해 각 정책 영역별로 안정적인 관계를 형성해 해당 분야의 정책 과정을 지배하는 현상을 가리키는 개념이다. 하위체제 모형으로도 불리는 이 모형은 특정 정책 영역에서 관련 이익집단, 관료조직, 의회의 해당 위원회 3자간에 동맹이 형성되고 있는 현상을 가리키는 철의 3각동맹(iron triangle)과 거의 동일한 의미를 지닌다.
〈 자료출처 : 네이버 행정학 용어사전 〉

하이퍼텍스트형 조직

하이퍼텍스트형 조직은 계층제조직과 프로젝트팀조직을 연결한 대안적 조직구조로서 지식의 창조, 활용, 축적 이라는 3가지 방식을 각각 프로젝트팀 층, 비즈니스시스템 층, 지식기반 층이 나누어 분담하며 조화를 우리는 조직이다. Hypertext란 컴퓨터에 의해 지식을 창조, 활용, 추적하는 일반개념으로 하이퍼텍스트조직이란 정보의 단편사이에 연결을 확장하여 자유롭게 왕래할 수 있는 정보네트워크 시스템을 말한다.
〈 자료출처 : 2010선행정학, 저자 김중규 〉

하향적 접근 [top-down approach]과 상향적 접근 [bottom-up approach]

하향적 접근은 정책집행을 정책결정과 분리하여 정책집행이란 결정된 정책목표를 충실히 달성하는 과정으로 보고, 정치행정이원론의 시각에서 기계적인 집행을 이상적인 집행으로 본다. 최고관리층의 리더십을 성공적인 핵심조건으로 본다. 상향적 접근은 정책이 실제로 집행현장에서 어떻게 집행되고 있는지를 기술하는 데 일차적인 목표를 가지고 연구한다. 실제의 정책은 집행과정에서 구체화되므로 정책집행을 정책결정과 분리하지 않으며 정치행정일원론의 시각에서 집행현장에 효율적으로 적응하는 집행을 이상적인 집행으로 본다. 결정자의 리더십보다는 집행 관료의 재량권을 더 중시한다.
〈 자료출처 : 김중규 (2010),「선행정학개론」〉

학습조직 [learning organization]

조직구성원에 의해 지식이 창출되고 이에 기초해 조직혁신이 이루어지며 조직의 환경적응력과 경쟁력이 증대되어 나가는 조직을 말한다. 즉, 조직의 구성원이 스스로 새로운 지식의 창조·획득·공유 등의 활동을 통해 새로운 환경에 적응할 수 있도록 끊임없이 자기 변신을 할 수 있는 조직을 의미한다. 학습조직은 조직을 바라보는 새로운 관점, 새로운 사고방식으로의 전환을 의미한다. 따라서 학습조직의 단일 모형은 없으며, 학습조직의 개념은 다양한 조직 유형으로 실현될 수 있다. 학습조직에서의 핵심 가치는 문제 해결이다. 조직의 학습을 촉진하기 위해 최근 등장하고 있는 조직 유형으로는 수평조직·네트워크 조직·가상조직 등이 있다.
〈 자료출처 : 네이버 용어사전 〉

한계효용 [marginal utility, 限界效用]

재화소비량이 증가할 때의 추가 1단위당 효용을 말한다. 재화의 소비량이 증가되어 갈 때 한계효용이 차츰 감소하는 것을 한계효용 체감의 법칙(고센의 제1법칙)이라 한다.
〈 자료출처 : 네이버 행정학 용어사전 〉

한미행정협정 [SOFA, Status of Forces Agreement]

주한 미군에 관한 한국과 미국 간의 협정을 말한다. 정식 명칭은 '대한민국과 아메리카합중국 간의 상호방위조약 제4조에 의한 시설과 구역 및 대한민국에서의 합중국 군대의 지위에 관한 협정(Agreement under Article 4 of the Mutual Defence Treaty between the Republic of Korea and the United States of America, Regarding Facilities and Areas and the States of United Armed Forces in the Republic of Korea)'이며, 약칭은 '한·미 SOFA(Status of Forces Agreement)'다. 1950년 7월 12일 대전에서 체결된 '재한 미국군대의 관할권에 관한 대한민국과 미합중국 간의 협정'에 대체해 1966년 7월 9일 서울에서 한국 외무장관과 미국 국무장관 간에 조인, 1967년 2월 9일에 발효된 협정이다. 1991년 1차 개정에 이어 2000년 협상 5년 여 만에 타결된 2차 개정합의서에는 환경 조항과 함께 12개 유형의 범죄의 경우 미군 피의자 신병 인도 시기를 재판 종료 시점에서 기소 시점으로 앞당기는 내용들이 포함돼 있다.

〈 자료출처 : 네이버 행정학 용어사전 〉

할거주의 [割據主義, sectionalism]

한 조직 내에서 파벌을 조성하는 주의. 한 조직 내에 있어서 출신 지역이나 학교, 개인적인 친분 등을 기반으로 하나의 집단(파벌)이나 세력권을 형성함으로써 그 구성원들이 다른 파벌의 집단과 대립하여 자파의 세력 확대, 자파에 의한 지배권의 확립 및 명예, 지위, 권익의 획득을 추구하는 행동향식 내지 의식 상태를 말한다. 원래 할거주의라 하면 전근대 사회에 있어서 몇몇 지도급인사가 국토나 권력 등을 나누어 갖고 제각기 독자적인 세력을 구축하려는 정치적 행동양식 내지 그 현상을 뜻하였던 것이나 오늘날에는 파벌주의 도는 분파주의와 거의 같은 개념으로 이해되고 있다. 파벌적 행동양식으로서 할거주의는 주로 발전도상국(프리즘적 사회)의 관청이나 정당, 노동조합, 학계, 기타의 사회적 집단에서 흔히 볼 수 있는 현상이다. 이러한 할거주의는 공식조직에 있어서 정실인사 등으로 인사관리의 공정성과 조직의 합리적, 능률적 운영을 저해하게 된다.

〈 자료출처 : 行政學用語事典(행정학용어사전);행정학용어 표준화연구회 - p817 〉

합리모형 [Rational Model]

정책대안을 탐색하고 결정하는 방법으로서 완벽주의를 근본으로 하는 정책결정 패러다임을 말한다(Dunn, 2002:16-9). 정책문제와 목표를 정확히 정의하고,

그에 관련된 모든 정보와 자료를 수집하고 분석하여 사회적·정치적·경제적인 모든 분석 가능한 비용과 효과를 구체적이고 계량적이며 화폐적으로 제시하여 최고의 정책을 선택해야한다고 보는 규범적, 이상적 접근이론이다. 합리적인 최적대안의 선택 가능성 여부에 관계없이 합리적 선택이 이루어지도록 노력함으로써 보다 나은 정책형성에 기여할 수 있지만, 합리모형에서 가정하고 있는 조건이나 분석절차가 지나치게 이상적이기 때문에 현실세계에서 실제로 행해지는 정책결정과정을 적절히 설명하지 못한다는 한계를 지니고 있다.
〈 자료출처 : 이해영 (2004 : 122). 「정책학신론」. 김렬 외 (2005 : 184). 「행정학의 이해」〉

핫 스토브법칙

핫 스토브 법칙은 뜨거운 스토브를 만질 때의 반응을 유추하여 개발시킨 것이다. 즉, 징계의 효과를 거두기 위해서는 뜨거운 스토브가 사람의 반응을 일으키게 하는 방식에 착안하여 다음의 4가지 법칙을 찾아낼 수 있다는 것이다. ① 경고; 사람이 뜨거운 스토브에 가까이 갈수록 그 열기가 더 심해짐을 감지할 수 있다. 징계도 바람직하지 않는 행동에 대하여 경고의 메시지를 전달하는 것이 중요하다. ② 즉각적 반응; 뜨거운 스토브를 만지자마자 '앗 뜨거워!'하는 반응을 보이듯이 징계도 이와 같이 잘못된 행동에 대하여 즉각적인 조취가 취해져야 한다. ③ 일관성; 같은 동작을 여러 번 반복할 때 그 화상의 결과가 항상 일관되게 나타나는 것이다. 징계의 경우에도 똑같은 행위에 대하여는 항상 같은 제재가 따라야 하며, 잘못의 정도가 클수록 제재의 강도가 강해져야한다. ④ 몰 인간성; 스토브에 손을 대서 손에 화상을 입는 데는 남녀노소의 구분이 없다. 사람의 인격, 특성이 고려되지 않는다. 징계도 잘못된 행위에 대하여 엄격하고 몰 인간적으로 작용되어야 한다.
〈 자료출처 : 유민봉·임도빈 (2007), 인사행정론, 서울: 박영사 〉

핫머니 [hot money]

국제금융시장을 이동하는 단기자금을 말한 다. 각국의 단기 금리 차이, 환율 차이에 의한 투기적 이익을 목적으로 하는 것과 국내 통화 불안을 피하기 위한 자본 도피 등 두 가지가 있다. 핫머니의 특징은 ①자금 이동이 일시에 대량으로 이뤄진다는 점 ②자금이 유동적인 형태를 취한다는 점이다. 따라서 핫 머니는 외환의 수급 관계를 크게 동요시키며 국제금융시장의 안정을 저해한다.
〈 자료출처 : 네이버 용어 사전 〉

해밀턴주의

미국의 규범적 관료제모형 가운데, 정부의 적극적인 역할을 통해 행정의 유효성을 지향하는 모형을 말한다. 해밀턴(Alexander Hamilton)은 초대 재무장관을 역임한 연방주의자로 강력한 중앙정부제를 주창했다. 이에 비해 매디슨주의는 이익집단의 요구에 대한 조정을 위해 견제와 균형을 중시하며, 제퍼슨주의는 개인적인 자유를 극대화하기 위해 행정 책임을 강조하는 가운데 소박하고 단순한 정부와 분권적 참여 과정을 중시한다.
〈자료출처 : 네이버 용어사전〉

해치법 [Hatch Act, Hatch法]

미국에서 1939, 1940년에 제정된 공무원의 정치활동을 금지하는 법을 말한다. 이 법은 많은 뉴딜기관에 종사하던 비분류직 공무원들이 공금을 정치적 목적에 유용한다는 비난이 높은 가운데, 루스벨트 대통령이 반대파인 민주당 국회의원들을 1938년 연방선거에서 제거하려 한 데 대한 민주당의원의 반발로 제정되기에 이르렀다. 해치법에 의해 금지된 정치활동은 ①공무원의 입후보 또는 특정후보를 위한 선거운동 ②정치헌금이나 정치모금 ③특정인의 당선이나 패배를 위한 찬양·비방·뇌물 수수 ④선거일에 타인에게 교통 편의를 제공하는 행위 ⑤자신의 의견을 신문에 발표할 수 있으나 타인의 투표를 유인하는 행위 ⑥정치조직에 가입할 수는 있으나 간부로 활동하는 행위 ⑦특정 개인·정당을 위한 서명운동 전개 등이다. 1939년의 해치법은 극소수 공무원을 제외한 모든 분류직·비분류직 연방공무원을 대상으로 했다. 해치법에 의해 당시 약 250만 명의 연방정부 공무원이 정치활동을 금지당하게 됐으며, 1940년의 제2차 해치법에서는 정치활동 금지 규정을 연방정부의 재정 지원을 받는 주정부 공무원에게까지 확대·적용하게 됐다.
〈 자료출처 : 네이버행정학용어사전 〉

행위이론 [theory of action]

행위의 체계는 단일체계로 다루 어질 수 있는 유기체의 행동으로 구성된다. 파슨스에 따르면, 행위이론에는 네 가지의 구별 가능한 요인이 있다. ① 행동에 필요한 에너지와 설비에 관련된 유기체적 측면, ② 상황지향적인 행동에 관계되는 심리학적 체계, ③ 인간의 규범적 행동으로부터 발전된 사회체계, ④이에 따른 규제문화 등이다. 행위는 본래 목표지향적인 것이라 생각할 수 있다. 왜냐하면 유기체는 유의미한 목적(또는 대상)과 최적의 관계를 갖고자 적극적으로 애쓰기 때문이다. 행위는 학습에 의존하며, 학습이 유기체에게 주요한 삶의 목표를 지시해준다. 행위이론의 가정에 의하면, 행동의 기제(機制)에 직접 관련된 유기체의 구성요소는 유전적 전수와 환경과의 생화학적 상호작용의 측면과는 전혀 다르다.

〈 자료출처 : 네이버 용어 사전 〉

행정 접속망 [public administration conjunction]

인지적 공동체(認知的 共同體, epistemic community)를 구성하고 있는 직업전문가들 중에서 행정관료로만 구성된 연계망을 말한다. 하스(P. Haas)는 인지적 공동체를 특정 분야의 전문성과 지적 능력을 지니고, 그 분야의 정책에 관해 권위 있는 지식을 지닌 것으로 인정되는 전문직업가들의 연계망으로 정의하는 바, 프레데릭슨(H. George Frederickson)은 그 가운데 행정관료로만 구성된 연계망을 행정접속망으로 규정한다.

〈 자료출처 : 네이버 행정학 용어사전 〉

행정농도 [administrative intensity]

행정농도란 L. Pondy가 사용한 말로 조직에 있어서 직접인력에 대한 간접인력의 비율, 즉 행정인력에 대한 참모인력의 능률과 관리직에 대한 비관리직의 비율의 두 가지를 의미한다. 일반적으로 참모비가 적을수록, 그리고 비관리직비가 클수록 행정농도는 낮다고 본다. 행정조직에 있어서 하급자, 즉 비관리자의 수가 많아지면 조정을 요하는 관계의 수는 더 빠른 속도로 증가하므로 그 만큼 감독자가 많아야 한다는 것, 또는 행정농도가 높아야 된다는 것을 의미한다. 이것은 인간관계의 복잡성이 행정농도를 증가시킨다는 것이다. 대체적으로 후진국의 경우는 행정농도가 낮고 선진국의 경우는 행정농도가 높다고 보며 행정농도가 높은 것은 참모비율, 즉 참여자의 지중을 높이기에 행정상의 민주화와 밀접한 관련을 가진다. 우리나라의 경우 행정농도는 낮지 않다는 것이 지배적 견해이다.

〈 자료출처 : 네이버용어사전 〉

행정절차법 [administrative procedure act]

행정기관의 정책결정, 처분, 규칙 제정, 행정심판에서의 재결청의 재결 등을 행하는 경우에 준칙이 되는 법률을 말한다. 근래 들어 각국에서는 절차적 민주주의를 확보하고 국민의 권리 보호를 위해, 특정 정책의 수립 및 규칙 제정시에 공청회 개최 등을 통한 공개 심리, 당사자·관계인의 변론 청취, 증거조사 등 준사법적 절차의 채택을 강조하는 행정절차법을 제정하고 있다. 우리나라는 국민의 일상생활과 밀접한 관련이 있는 법령을 제정 및 폐지하거나 정책·제도·계획을 수립할 때 시민들의 의견을 들어 처리함으로써 행정을 민주화 하는 행정절차법을 1998년 1월부터 시행하고 있다. 열린 행정과 투명행정을 통해 폐단을 제거하고 행정과 시민과의 분쟁을 방지하며 시민의 지위를 행정의 주체로 끌어올리는 의미를 지니고 있다.

〈 자료출처 : 행정절차법[administrative procedure act] : 네이버 백과사전 , 이종수 외 (2008 : 221)「새행정학」〉

행정지도

행정지도라 함은 일정한 행정목적을 실현하기 위하여 상대방인 국민에게 임의적인 협력을 요청하는 비권력적 사실행위를 말한다. 그 예로는 권고, 권유, 요망 등을 들 수 있다.행정절차법은 행정지도를 "행정기관이 그 소관사무의 범위 안에서 일정한 행정목적을 실현하기 위하여 특정인에게 행위를 하거나 하지 아니하도록 지도·권고·조언 등을 하는 행정작용"으로 정의하고 있다(제2조 3호). 행정지도는 행정청이 행정목적의 달성을 위하여 직접 활동을 하는 것이 아니라 상대방인 국민의 임의적인 협력을 구하는데 그 개념적 특징이 있다.

〈 자료출처 : http://www.epadic.com/index.php 온라인행정학전자사전 〉

행정편의주의 [Administrative opportunism, 行政便宜主義]

행정권의 발동 여부나 행위선택 및 판단은 행정기관의 자유에 맡겨야 한다는 주의를 말한다. 즉, 행정편의주의란 행정기관이 행정권을 발동하느냐 하지 않느냐 하는 판단과 실행은 행정기관의 자유재량에 맡긴다는 뜻이다. 그러나 오늘날 강조되고 있는 복지행정·환경행정에 있어서는 개인의 생활관계나 공익을 위해 행정권의 적극적인 개입이 요구되는 경우가 증가하고 있고, 또 법의 행정기관으로 하여금 특정한 공익의 목적을 달성하도록 규정하는 경우가 많으므로 행정편의주의는 한계가 있다.

〈 자료출처 : 행정학용어 표준화연구회(2010), 『행정학용어사전』, 새문화미디어, p860 〉

행태기준척도법 [behaviorally anchored rating scales :BARS]

'도표식평정척도법 + 중요사건기록법' 의 방식으로 직무분석에 기초하여 직무(job)와 관련한 중요한 과업(task)분야를 선정하고 각 과업분야에 대하여 가장 이상적인 과업행태에서부터 가장 바람직하지 못한 행태까지를 몇 개의 등급으로 구분하여 각 등급마다 중요 행태를 명확하게 기술하고 점수를 할당한다. 평정의 임의성과 주관성을 배제하기 위한 방식으로 실제로 관찰될 수 있는 행태에 대해 서술적 문장으로 평정척도를 표시한 평정도표(행태적 길잡이)를 사용한다.

〈 자료출처 : 2009선행정학(김중규) p.896 제4장인사행정론 4절 공무원의 능력발전 〉

행태론적 접근방법

행정인의 행태 연구에 초점을 두고, 경험적 조사연구 방법을 중시하는 일련의 접근방법을 말한다. 내성(內省, introspection)의 방법을 버리고 객관적으로 관찰되는 행동만을 연구 대상으로 삼아야 한다고 주장하는 심리학의 행동주의(behaviorism)에 학문적 뿌리를 두고 있다.

〈 자료출처 : 네이버행정학용어사전 〉

행태모형훈련

조직발전기법 중 하나로 관찰, 역할 수행 및 실천을 통하여 학습된 새로운 행태를 가지며 이를 통해서 직무에 대한 업적을 향상시키고, 이러한 업적의 향상을 통해서 조직속의 활동과 가치의 변화를 추구하며 향상된 업적으로부터 학습과 이해를 하게 되는 것이다.
〈 자료출처 : 행동조직론, 이상진, p390 〉

행태주의

행태주의라는 용언 심리학자인 왓슨이 1925년에 프로이드의 추상적 전통성을 비판하고 마음 대신에 인간의 행동을 강조한데서부터 비롯되었다. 행태론적 연구에서는 마치 동물에 대한 실험에서 보는 바와 같이 인가에게 자극을 주고, 그에 대한 반응을 경험적으로 조사·관찰함으로써 인간의 행태에 관련된 변수들 간의 상관성과 인과성을 명백히 경험적·실증적으로 밝힐 수 있다는 가정에서 출발한다.
〈 자료출처 : 김중규 선행정학 〉

헤드십 [Headship]

직권력 또는 직권성. 상급관리자가 집권의 힘에 의하여 조직 내의 사람들을 강제로 따르게 하는 능력. 넓은 의미의 리더십(leadership)에는 포함되나 좁은 의미의 리더십에는 서로 상반되는 개념. 헤드십과 리더십은 다 같이 권위(authority)를 바탕으로 하지만 그 권위가 어디에 근거한 것이냐에 따라 차이가 있다. 헤드십은 한 조직의 고위관리자라는 공식적인 직위와 권한에 근거한 권위에 의하여 발휘되는 것이나, 리더십은 그러한 직권과는 관계없이 '사람'자체에 근거한 권위에 의하여 발휘될 수 있다는 점. 헤드십은 공식조직에 있어서의 공식적 직권자만이 이를 행사하는데 비하여, 리더십은 공식적 직권자가 아닐지라도 어떠한 조직이나 집단에서도 가능. 헤드십에 있어서의 권위는 그 근거가 제도에 있는데 비하여, 리더십의 그것은 추종자의 마음속에 있다. 헤드십에 있어서는 일방성, 강제성을 그 본질로 하는데 비하여, 리더십에 있어서는 상호성, 자발성을 그 본질로 함. 헤드십에 있어서는 대체로 직권자와 추종자(부하)사이에 공감을 갖는 심리적 유대가 없고 서로 간에 거리가 있는데 비하여, 리더십에 있어서는 지도자와 추종자 사이에 심리적 공감을 가지며 서로 간에 간격이 없다. 헤드십의 경우 직권자와 추종자의 관계는 공식적 조직상의 상하 관계가 끝나면 즉시 없어지는데 비하여, 리더십의 경우 지도자와 추종자의 관계는 추종자의 심리적 유대가 소멸되지 않는 한 공식적 상하 관계와는 상관없이 지속된다.
〈 자료출처 : 행정학용어사전-행정학용어 표준화연구회. 새정보 미디어 2010/ p.874~875 〉

현상학

현상학이란 현상, 즉 대상의 본질을 직관적으로 인식하여 서술함으로써 불변적, 근원적, 절대적 지식을 얻으려는 철학이다. '현상에 대한 개개인의 내면적인 의식이나 지각으로부터 그의 행태가 나온다' 고 주장하며, 따라서 표출된 외면적 행태보다는 행위자의 내면적인 의도가 결부된 '의미있는 행태'를 연구해야 한다는 철학적, 심리학적 접근방법을 의미한다. 사회현상은 자연현상과 달리 인간의 의식이나 동기. 언어 등으로 구성되며, 그들의 상호 주관적인 경험으로 이룩되는 것이므로 외면에 대한 경험적 관찰(자연과학적 방법)보다는 그 이면에 깔린 동기(의도)를 이해(해석)하는 것이 중요하다고 보는 입장이다.
〈 자료출처 : 김중규 선행정학 〉

현상학적 접근방법

현상학적 접근방법(現象學的 接近方法, phenomenological approach)이란 사회적 행위의 연구에 있어서 의식(consciousness) 또는 주관적 의미의 중요성을 강조하는 이론이다. 현상학은 인간의 마음속에서 일어나는 현상의 본질을 파악하고, 사회적 행위의 해석에 있어서 의식을 중요시 하는 학문으로서, 인간 내면의 가치(value), 의미(meaning)의 연구에 중점을 둔다. 사회과학의 연구에 있어서 주류를 형성해 온 것 중의 하나가 행태주의(behaviorism), 객관주의 및 논리적 실증주의 등이었다. 이러한 연구경향은 행정의 과학화에 기여하였지만 가치(value)를 배제함으써 행정의 방향을 제시하지 못하고 본질을 외면한 형식논리에 빠지기 쉽다는 비판을 받아왔다. 대체로 실증주의가 객관적,외면적 실재의 인과관계를 설명하려는 데 비해, 현상학에서는 사회 또는 사회현상이란 그 구성원들과 다른 별도의 객관적인 실체가 될 수 없으며, 구성원의 의식,상징의 상호작용의 결과라고 보면서 인간행위에 대한 주관적인 이해를 중시한다.
〈 자료출처 : http://www.epadic.com/index.php 온라인행정학전자사전 〉

협상형 [Bargainers, 協商型]

정책결정자와 집행자 사이의 관계에서 정책결정자가 목표를 수립하고 대체적인 정책을 결정하나, 집행 과정에서 집행자들과 많은 협상 과정을 거치는 관계의 유형을 말한다. 이는 정책 목표나 구체적인 집행 수단들에 대해서 두 집단이 서로 조정·협상 과정을 거쳐 정책이 변화를 겪는 관계를 말한다. 이러한 관계는 집행자들이 결정자들의 권위에 쉽게 압도당하지 않을 때 나타난다. 나카무라(R. T. Nakamura)와 스몰우드(F. Smallwood)는 정책결정자와 집행자 사이의 관계를 고전적 기술자형, 지시적 위임형, 협상형, 재량적 실험형, 관료적 기업가형의 다섯 가지로 구분했다.

〈 자료출처 : 네이버용어사전 〉

형평성 [equity, 衡平性]

동등한 자를 동등하게, 동등하지 않은 자를 동등하지 않게 취급하는 것을 의미한다. 행정이념으로서의 사회적 형평성은 신행정론의 등장과 더불어 강조되기 시작했다. 신행정론자들은 미국 사회에 실업·빈곤·무지 등의 악순환이 계속되는 것은 기존의 관료제가 비민주적이고 공리주의적인 총체적 효용의 개념에 사로잡혀 정치적·경제적으로 소외되어 온 소수집단에 대한 무관심 때문이라고 주장하면서, 이를 극복하기 위해서는 행정가가 적극적으로 사회적 형평을 실현하기 위해 노력해야 한다고 주장한다.

〈 자료출처 : Naver 행정학 용어사전 〉

호손실험 [Hawthorne experiment]

메이요(G. E. Mayo) 등 하버드 대학의 경영학과 교수들이 미국의 웨스턴 일렉트릭(Western Electric) 회사 호손(Hawthorne) 공장에서 1927년부터 1932년까지 4차에 걸쳐 수행한 일련의 실험으로, 이 실험에 의해 인간관계론의 이론적 틀이 마련되었다. 호손실험은 당초 과학적 관리론의 바탕 위에서 작업장의 조명, 휴식 시간 등 물리적·육체적 작업 조건과 물질적 보상방법의 변화가 근로자의 동기 유발과 노동생산성에 미치는 영향을 분석하려고 설계되었으나, 실험의 결과는 종업원의 생산성이 작업 조건보다는 비공식집단의 압력 등 사회적 요인에 의해 더 많은 영향을 받는다는 사실을 발견하게 되었다.
〈 자료출처 : 호손실험(Hawthorne experiment) : 네이버 백과사전 , 김춘식 외「행정학원론」p.266 〉

호혜적조직 [互惠的組織, mutual-benefit associations]

조직의 구성원이 주된 수혜자(受惠者)가 되는 조직. 조직의 활동이 주로 누구를 위한 것이냐를 기준으로 하여 블라우(P. W. Blau)와 스콧(W. R. Scott)은 조직의 유형을 호혜적 조직, 사업조직, 서비스조직, 공중복리조직으로 분류하고, 조직의 구성원들이 주로 수혜자가 되는 경우를 호혜적 조직이라 불렀다. 호혜적 조직은 명칭 그대로 조직구성원들 서로 간에 혜택을 주고 받는 조직이므로 일명 공익단체 등이 이에 속한다. 이 유형의 조직에게 주어지는 난점은 어떻게 민주주의적으로 운영하느냐 하는 점이다. 조직 구성원들의 소극적 태도 내지 무관심으로 과두제로 운영되어질 수 있기 때문이다.
〈 자료출처 : 行政學用語事典(행정학용어사전);행정학용어 표준화연구회 - p886 〉

혼동정부 [chaos government]

자연과학에서 비롯된 이론들을 조직에 적용한 조직형태. 카오스이론, 비선형동학, 복잡성이론 등을 정부조직에 적용하여, 정부조직의 혼돈에 숨어있는 질서를 발견하고 조직간 활동의 조정과 개혁을 도모하려 한다.
〈 자료출처 : 이종수 외, 새행정학 개론 〉

혼합모형=혼합탐사모형, 중복탐색모형 [Mixed-Scanning Model]

Etzioni가 주장한 것으로 대안 탐색과 분석에 복합적인 방식을 사용하는 것으로 결정을 근본적 결정과 세부적 결정으로 나누고, 합리적 결정과 점증적 결정을 적절히 혼합하여 사용하는 모형을 제시하고 있다.혼합모형은 합리모형이 요구하는 이상적인 합리성을 현실화시키는 동시에 점증모형이 갖는 보수성을 극복함으로써 단기적인 변화에 대처하면서 장기적인 안목을 동시에 가질 수 있는 장점을 가지고 있다. 이런 점에서 혼합모형은 잠재적 사회문제나 욕구에 대처하는 것을 중시하는 사회복지조직의 기획과 의사결정에 도움이 된다. 그러나 양자의 장점만을 취한다는 것이 반대로 약점만을 종합하게 되는 변증법의 오류를 피할 수가 없다.
〈 자료출처 : 이종수 외 (2008 : 255).「새 행정학」. 원석조 (2009 : 164). 「사회복지행정론」 〉

혼합주사 모형 [mixed scanning model, 混合走査模型]

정책결정을 위한 대안 탐색과 분석에서 기본적 결정(fundamental decision)과 부분적 결정(bit decision)의 복합적 방식을 사용하는 정책결정 모형을 말한다. 이 모형을 제시한 에치오니(A. Etzioni)는 정책결정의 규범적 · 이상적 접근 방법인 합리모형과 현실적·실증적 접근 방법인 점증모형을 상호 보완적으로 혼용함으로써 현실적이면서도 합리적인 결정을 할 수 있다고 주장한다. 즉 그는 정책결정을 기본적 결정과 부분적 결정으로 나누어, 기본적 결정에서는 중요한 대안의 중요한 결과만을 고려하고, 그 기본적 결정의 테두리 안에서 세부적인 결정을 하는 것이 바람직하다고 주장한다.
〈 자료출처 : 네이버 행정학 용어사전 〉

확약 [Zusicherung]

행정청이 자기구속의 의도로 장래에 대하여 일정한 작위, 부작위를 약속하는 의사표시를 행정법에 있어서 확언(Zusage)이라 한다. 이 경우에 약속된 대상을 행정행위로 제한하는 경우에는 별도로 확약이라 한다. 따라서 확약은 장래 일정한 행정행위를 하거나 하지 아니할 것을 약속하는 의사표시를 말한다. 확약은 신뢰보호 또는 금반언의 법리를 바탕으로 인정되는 행정청의 행위형식의 하나이다. 확약의 예로는 공무원임명의 내정, 행정실무상 존재하는 내허가·내인가, 자진신고자에 대한 세율인하의 약속, 무허가건물의 자진철거자에게 아파트입주권을 주겠다는 약속, 주민에 대한 개발사업의 약속 등을 들 수 있다.
〈 자료출처 : 네이버 행정학 용어사전 〉

환경의 엔트로피

환경의 엔트로피는 외부적인 요인 중에서도 경제적·기술적인 것에 속하는 것으로 환경의 능력이 저하되어 조직이 활동하는 데 필요한 에너지를 투입받지 못하여 조직이나 정책을 현행 수준으로 유지하기가 어려운 경우이다. 1970년대 서유파동으로 인한 선진 각국의 "작은 정부"로의 움직임도 전체 체제를 유지할 수 있는 에너지의 동원이 어려운 데서 비롯된 것이다.
〈 자료출처: 이영조 외(2010), 행정학원론(제4판), 서울: 도서출판 fides 〉

환원행정론 [Auto – Administration]

본래 환원행정론은 맑스의 국가와 시민사회의 관계에서 기초한다. 프롤레타리아 계급혁명 이후 국가가 소멸단계에 이르면 그 동안 국가에 의해 다루어지던 공적 과제는 모두 시민사회로 환원되면서 사회공동체 구성원들의 자율적인 활동에 의해 소화되지 않으면 안 된다는 것이다. 환원행정론(auto-administration)이 말하는 것은 자율공동체는 시민 주인에 의한 자치를 말한다. 그리고 이는 현대 시민사회에 들어와서 정치와 행정을 구체적으로 구분하지 않는 가운데 공적과제의 처리를 위한 정책과정이 시민사회 내부에서 제기되고 또 처리된다고 보는 것과 궤를 같이한다. 즉 정부와 시민의 사회관계의 밀도가 높아지면 그 구조의 복잡성으로 말미암아 인과관계의 추적이 지난하게 되고, 사회관계망으로부터 차단된 채 그 외부에서 정부가 어찌어찌하여 문제해결에 나서고자 하면, 일종의 '간섭효과' 가 발생하면서 문제의 성질 자체를 변화시키게 된다는 것이다. 따라서 정부의 문제해결자로서의 사회정책과제 해결에 전인적인 책임은 없고 시민사회 스스로 사회정책과제를 해결해 나가야 한다고 보고있다. 따라서 시민사회의 자발성과 국가의 공공성이 융합을 통해 승화된 형태로서의 '환원행정' 이 나타난다고 볼 수 있다.
〈 자료출처 : 박재창; 「 행정학에서의 정치와 행정 」「한국행정학보」제42권 제4호(2008 겨울): 95~115 〉

회계검사 [examination of accounts, Prufung, 會計檢査]

예산집행에서의 수지의 결말에 관한 사실을 확인하기 위해 회계의 기록과 장부등을 체계적으로 검사하는 행위를 말한다. 즉 회계검사란 회계 체제(accounting system)의 정확성을 검증하고, 나아가서 재고품과 보유장비의 확인, 실무 수행의 적법성 그리고 부정·낭비·잘못된 관리 및 사업의 효과성을 확인할 수 있는 통제 체제를 운용하고 있는가의 여부를 검증하는 체계라고 할 수 있다. 우리나라의 경우 국가의 세입세출의 결산, 국가 및 법률에 정한 단체의 회계검사는 감사원이 담당하고 있다.
〈 자료출처 : 네이버 행정학 용어 사전 〉

회귀분석 [regression analysis]

변수 간의 관계를 분석해, 알고 있는 변수를 기초로 하여 알려지지 않은 변수의 값을 예측하는 통계적 분석 방법을 말한다. 여기서 단순히 변수 간의 밀접한 정도를 분석하는 것이 상관관계분석(correlation analysis)이다. 회귀분석에는 상관관계분석이 필수적으로 수반되어야 한다. 따라서 회귀·상관분석(regression and correlation analysis)이라 하여 같이 붙여 사용하기도 하며, 회귀분석이라는 용어만으로도 상관관계를 포함하는 의미로 사용하기도 한다. 단지 상관분석에서는 두 변수 중 어느 것도 먼저 결정된 것으로 보지 않는데 비해, 회귀분석에서는 X는 주어지고 Y만이 확률변수(random variable)이며, Y수치들은 정규분포를 이룬다는 가정을 하고 있다.
〈 자료출처 : 네이버 용어사전 〉

회귀인공요소 [Regression Artifact]

회귀인공요인 또는 회귀요인은 극단적인 측정값을 갖는 사례들을 재측정할 때, 평균값으로 회귀하여 처음과 같은 극단적 측정값을 나타낼 확률이 줄어드는 현상을 말하며, 통계적 회귀요인이라 부르기도 한다. 평균으로의 회귀란 한 번의 측정에서 성과수준이 극단적일 경우에는 다음 번 측정에서는 덜 극단적인 성과가 나타날 것이라는 것이다. 이러한 현상은 정책이나 프로그램의 효과를 측정하고자 하는 관찰대상으로 선정된 집단이 원래 측정하고자 하는 결과변수의 수준이 아주 낮거나 아주 높다면, 정책이나 프로그램이 집행된 후에 그 영향을 정확하게 측정할 수 없는 경우가 발생하게 된다. 왜냐하면 정책이나 프로그램의 집행 후에 결과가 집행 전에 비하여 차이가 있다고 하더라도 그것이 순수한 정책의 효과인지 아니면 관찰대상들의 자연적인 회귀경향 때문인지 판별이 불가능하기 때문이다. 따라서 회귀효과가 발생할 수 있는 대상집단을 선정하면 내적 타당성이 위협을 받게 된다.
〈 자료출처 : 「http://www.epadic.com/index.php」 〉

회사모형 -연합모형, 타협모형 [coalition]

Cyert와 March가 주장한 것으로 느슨하게 연결되어있는 조직의 결정을 다루고 있다. 많은 조직은 각 단위사업 부서별로 준독립적인 운영이 이루어지는 경우가 많은데 이런 조직에서는 다른 부서 상황을 고려하면서 조직 전체의 목적을 극대화하는 결정을 해야 한다. 서로 나쁘지 않을 정도의 수준에서 타결점을 찾는 경향이 있는 갈등의 준해결, 불확실성의 회피, 문제중심의 탐색, 표준운영절차(SOP)의 활용 등이 특징이다. 그러나 민간부문의 회사조직을 대상으로 하고 있으므로 공공부문의 의사결정에 적용에는 한계가 있으며, 안정적 상황을 전제로 하므로 급격히 변동하는 상황에서는 적합하지 않다.
〈 자료출처 : 오석홍 (2003 : 535). 「조직이론」. 이종수 외 (2008 : 255).「 새 행정학」. ―――참고문헌 이종수 외 (2008 : 257).「새 행정학」〉

회색부패 [gray corruption, 灰色腐敗]

사회체제에 파괴적인 영향을 미칠 수 있는 잠재성을 지닌 부패로서, 사회구성원 가운데 일부 집단은 처벌을 원하지만 다른 일부 집단은 처벌을 원하지 않는 경우의 부패를 말한다. 이에 대해 흑색부패는 사회 체제에 명백하고 심각한 해를 끼치는 부패로 구성원 모두가 인정하고, 처벌을 원하는 부패를 말하며, 백색부패는 사회구성원의 다수가 어느 정도 용인하는 관례화된 부패를 말한다.
〈 자료출처 : 네이버 행정학 용어사전 〉

효과성 [effectiveness]

목표 달성의 정도(degree of goal achievement)를 의미한다. 행정에서 효과성 개념은 1960년대 이후 발전 행정적 사고가 지배적이 되면서 행정이 발전 목표를 사전적 · 계획적 · 의도적으로 계획해 이러한 목표를 달성하려는 데 최대 관심을 두면서 중요시된 개념이다. 이때 투입 대 산출이라는 행정과정 자체에 관점을 두는 양적개념이 아니고 행정 과정의 산출이 행정 자신이 설정한 목표뿐만 아니라 사회적 기대수준에 어느 정도 도달 하고 있는가에 의해 평가되는 질적 개념이다. 효과성의 개념에서는 비용이 얼마가 드느냐 하는 투입의 문제에 관심을 갖는 것이 아니라, 정해진 목표를 얼마나 달성했느냐 하는 데에만 관심을 갖는다.
〈 자료출처 : 효과성(effectiveness) : 네이버 백과사전 , 김춘식 외 「행정학원론」〉

후기기업가조직

신속한 행동, 창의적 탐색, 더 많은 신축성, 직원과 고객과의 밀접한 관계 등을 강조하는 조직으로 경직구조와 절차에 얽매이지 않는 유연성과 신속성을 확보할 수 있는 조직이다.
〈 자료출처 : 이종수 외, 새행정학 개론 〉

훈련된 전문가 [trained expert]

특정한 관점을 발전시키는 데 스스로의 인식적 재능을 상당부분 투자한 사람을 말한다. 이들 전문가는 이렇게 투자된 것을 포기하고 문제를 완전히 다른 관점에서 생각하기를 거부한다. 예를 들어서 의사에게 법적 관점이나 엔지니어적인 관점에서 문제를 고려할 것을 요구하기 어려운 것이다. 마찬가지로 비전문가인 상급자가 계층적 권위를 앞세워 훈련된 전문가에게 그가 훈련 받은 것과 배치되는 방향으로 어떤 일을 하도록 강요할 경우, 전문가는 반발하게 된다.
〈 자료출처 : 정부관료제 : 이론과 실체- 법문사 / p 216. 밑에서 6번째 줄 〉

흑색부패 [black corruption]

사회체제에 명백하고 심각한 해를 끼치는 부패로 구성원 모두가 인정하고 처벌을 원하는 부패(공금횡령, 뇌물수수, 불법행위 등)를 말한다. 이에 비해 백색부패는 이론상 일탈행위로 규정될 수 있으나 사회에 심각한 해가 없거나 관료사익을 추구하려는 기도가 없는 선의의 부패로서 구성원들이 어느 정도 용인 할 수 있는 관례화된 부패를 말하며, 회색부패는 사회체제에 파괴적인 영향을 미칠 수 있는 잠재성을 지닌 부패로서 사회구성원 가운데 일부집단은 처벌을 원하지만 다른 일부집단은 처벌을 원하지 않는 부패이다.
〈 자료출처 : 네이버사전 〉

숫자 & 영어

21세기 마을회의 제도

'21세기 마을회의 제도' 는 이는 1995년 미국 아메리카 스픽스가 설립되어 이루어져 왔다. 국정과정에 대한 시민참여를 가장 효과적으로 구현하려면 시민과 정책결정권자 사이를 새로운 방식으로 연결해야 한다고 보고, 이를 통해 시민중심의 거버넌스 체제 구축, 담론행정, 협력적 국정관리 지도력 창출 등에 기여하고자 했다. 이를 위해 정보통신기술을 면대면(face to face) 담론과정에 도입하고 회의 참가자 규모를 적절히 조절할 수 있도록 했다. 무엇보다도 민주주의의 철학적 원리를 정교하게 반영할 수 있어야 한다고 보았다. 그 결과 정부의 정책결정권자에게는 민주성의 원리에 따라 집단지성(Collective Wisdom)을 취합하고 다수에 의한 권력적 지지를 확장할 수 있게 했으며, 시민에게는 소규모 집단을 단위로 정부와 심층적인 대화를 갖고자 하는 욕구를 소화시켜 주게 되었다. 무엇보다도 비공식적인 시민사회의 의견을 권위적인 공적 의사로 전환하는 성격을 지녔다는 점에서는 진정한 의미의 시민의견 청취 장치 가운데 하나다. 보다 가시적이고 구체적인 성과 배출을 목표로 한다는 점에서는 매우 과업지향적인 참여의 한 양식이다. 그 과정에서 실로 다양한 정보와 시각이 균형 있게 반영되도록 했다는 점에서는 정부정책의 정당성, 적실성, 수용성을 높이고 시민사회의 기대에 부응하는 효과가 크다. 시민참여를 통해 정부정책이 수정, 보완된다는 점에서 정책과정의 투명성, 책무성, 신뢰성을 높인다.

〈 자료출처 : 박재창, 「담론민주주의와 시민참여 : 21세기 마을회의를 중심으로」(2008) 제41회 시민사회포럼, (삼성경제연구소 2008.8.20) 〉

3종 오류 [type Ⅲ error]

정책대안이 아무리 훌륭하고 의도했던 바람직한 정책효과가 나타났다 해도 정책문제를 잘못 인지·채택하면 정책문제는 여전히 해결되지 않은 상태로 남게 되는데 이러한 현상을 근원적인 오류, 즉 제3의 오류하고 한다. 가설의 검증이나 대안선택 과정에서는 오류가 없으나 정책문제를 잘못 인지하여 정책문제가 해결되지 못하는 근원적 오류이다. 즉, 정답이 없는 문제의 답을 찾으려는 것이다. 따라서 제3종 과오를 막고 정책문제를 정확히 정의하기 위해서는 정책문제의 구조화 또는 규범적 기획관이 중요하다.
〈 자료출처 : 김중규 (2010),「선행정학개론」〉

3층 연금 체계 [three pillar system]

3층연금 체계는 공적 연금과 사적 연금(기업 · 개인연금)에 의한 3층의 노후소득 보장 체계를 말한다. 세계은행의 1994년 보고서 「노년 위기의 모면(The Averting Old-age Crisis)」을 통해 3층연금 체계가 본격 제시되었다. 공적 연금의 노후소득 보장에 대한 취약성을 해소하고자 단일의 공적 연금 체계에서 사적 연금(기업 · 개인연금)의 발전을 통한 공 · 사연금 다층체계화 개념이 등장했다. 우리나라의 3층 노후소득보장 체계는 1층 보장이 국민연금과 직역연금 등 공적 연금이며, 2층 보장은 퇴직금(또는 기업연금), 3층 보장은 개인연금이다.
〈 자료출처 : 네이버 용어사전 〉

6시그마 운동

원래 시그마란 통계학에서 표준편차를 의미하나 품질관리에서는 불량정도를 표시하는 척도로 사용된다. 6시그마수준은 100만개 제품 중에 3,4만개만의 불량품을 허용한다는 거의'무결함'수준이다. 최근 국내외 민간기업은 물론 우리나라 정부부처(특허,검찰,우정사업,해양경찰 등)에도 도입이 확산되고 있다. 고객만족이 곧 품질이라는 인식으로 철저히 통계와 데이터에 근거해 고객 만족(불만제로)에 초점을 맞추는 통계적 품질관리전략의 일종으로 핵심품질요소 파악-> 핵심 프로세스 도출->프로세스에 대한 측정, 분석, 개선 및 문제해결 등의 절차를 핵심요소로 한다.
〈 자료출처 : 김중규 선행정학, 영남대출판 행정학의 이해 〉

A.Gore보고서 [From Red-tape to Result : 1993]

번문욕례의 제거: 세분화된 예산항목의 통합과 일선현장에서 예산의 자율성 확대(지출통제예산), 인사행정의 세분화, 조달행정의 간소화, 주, 지방정부에의 권한 부여, 과잉규제의 탈피와 감사가능의 재정립 등이다. -고객우선주의 실현: 납세자를 고객으로 보고 그들의 주장과 선택권을 존중하는 서비스를 제공하고

민, 관의 경쟁에 의해 서비스의 질적 경쟁력 제고, 이사회에 고객대표의 참여, TQM의 공공부문에 도입 등으로 고객우선주의를 실현한다. -분권화와 결과중심의 관리개혁: 근로생활의 질 향상과 노사협조체계의 형성, 의사결정의 분권화와 직무수행의 수단 제시, 공무원의 권한 강화, 리더십의 발휘와 결과책임주의 등이다. -기본원칙으로의 복귀 및 관리개혁: 정부기능을 핵심(기본)적인 것에 국한, 중복, 불필요한 조치 철폐, 공공서비스 사용료의 인상과 모든 정부채권의 회수, 기술투자를 위한 혁신기금 마련, 신속, 정확한 수요 파악과 전자정부구현 등이다.
〈 자료출처 : 2010선행정학, 저자 김중규 〉

ACPS 모형

정책형성과정에 국한된 모형, 체계적인 정책주창자의 구성 및 신념체계, 정책중개자를 모두 포괄하는 모형으로서, 다른 정책변동모형에 비해 정책변동의 구체적인 질적 분석을 높일 수 있는 모형이다.
〈 자료출처 : http://www.epadic.com/ 온라인 행정학 전자 사전 〉

arrow의 불가능성 정리

K.J.Arrow의 불가능성의 정리란 '투표의 역설(모순)'이라고도 하며 투표행위가 그 역설적 현상으로 인하여 바람직한 사회적 선택을 확보해 주지 못한다는 이론이다. 즉, 어떠한 사회적(집단적) 의사결정도 민주적(비독재적)인 동시에 효율적(합리적)이기가 불가능하다는 현상'을 의미한다. Arrow는 바람직한 사회적 선택에 필요한 다섯가지 공준을 모두 충족시키는 사회적 선택은 존재하지 않는다는 것을 입증하였으며, 특히 이행성의 원리가 무너지는 현상을 의미하는 '투표의 순환'에 주목한다. 투표의 역설은 모든 투표자의 선호가 단봉이었던 중위투표의 경우와는 달리, 다봉의 선호를 가진 투표자가 끼어있을 경우에 나타난다. 불가능성의 정리에서는 5가지 조건이 필요하다. 파레토의 원리, 이행성의 원리, 독립성의 원리. 비독재성의 원리. 선호의 비제한성 원리가 그것이다. 파레토의 원리는 모두가 A보다 B를 원하면 사회적 선택도 B가 되어야 한다는 것이다. 이행성의 원리는 A〉B이고 B〉C이면 A〉C가 되어야 한다는 것이다. 독립성의 원리는 무관한 선택대안으로부터 영향을 받지 않고 결정되어야 한다는 대안독립성

의 원리이다. 비독재성의 원리는 한사람에 의한 의사결정은 안 된다는 것이다. 선호의 비제한성 원리는 자기선호에 일치하는 대안을 선택할 수 있는 자유가 보장되어야 한다는 것이다. 이 정리는 시장이 완벽할 수 없는 것처럼 정부 또한 불완전하다는 결론에 도달함으로써 정부 실패의 가능성이 불가피함을 시사하는 것이다.
〈 자료출처 : 김중규 선행정학 〉

BOO [Build-Own-Operate건설 · 소유 운영방식]

사회간접자본시설의 준공과 동시에 사업시행자에게 당해시설의 소유권을 인정 민간이 주도하여 소요자금을 조달하여 건설(Build)하고, 소유권을 가지고 운영(Operate)하는 방식 즉 先투자, 後회수방식으로 사회간접자본시설(SOC)의 건설자금 조달운용기법이다. 이는 정부의 투자력에는 한계가 있어 민간 투자유치로 재원 부족 문제를 해결하는 방법으로 민간 참여로 경영 효율성이 향상되는 효과가 있다. 대규모 민간 자금의 조달이 가능하고 회계처리상 잇점이 있으며 투자위험이 분산되는 특징이 있다. 단점으로는 금융절차가 복잡하여 시간 및 비용부담이 따르고 높은 위험에 따른 금리 수수료 발생 등의 단점이 있다.
〈 자료출처 : 네이버 백과사전 〉

BOT [Build-Operate-Transfer 건설 · 운영 후 양도방식]

사회간접자본시설의 준공후 일정기간동안 사업시행자에게 당해 시설의 소유권이 인정되며 그 기간의 만료시 시설소유권이 국가 또는 지방자치단체에 귀속개발 프로젝트를 수주한 시행자(건설업자)가 사업에 필요한 자금을 조달하고 건설을 마친 후 자본설비 등을 일정 기간 동안 운영하는 것. 여기에 그 운영수익으로 운영자금을 충당하고 부채를 상환하는 한편 지분 투자자에 대해 배당을 하며, 운영기간이 종료되면 정부에 무상으로 양도한다. 이러한 방식은 주로 재정적자의 누적 외채문제로 자금조달이 어려운 개발도상국들이나 국가사업의 민영화 정책을 추진하고 있는 국가들의 인프라 개발에 도입되고 있다. 그러나 BOT 프로젝트는 비교적 공사기간이 장기적이며 정치적 안정성에 따른 위험이 큰 것은 단점으로 지적된다.
〈 자료출처 : 네이버 백과사전 〉

BPR [business process reengineering]

기업 경영 혁신. 비즈니스에서 일어나는 모든 처리과정을 개혁해 업무성과를 올리자는 이론에 바탕을 둔 프로그램을 말한다. 발달된 정보통신기술을 기반으로 기업 전 분야의 전산통일화를 이뤄 업무효율을 극대화하자는 취지로 창안됐다. 과거에는 한 부분의 일이 끝난 뒤에야 다른 부서에서 결과물을 이어받아 일을 진행할 수 있었다면, BPR는 실시간으로 다른 부서의 진도를 체크, 동시에 추진함으로써 업무소요시간을 획기적으로 줄일 수 있다.
〈 자료출처 : 네이버행정학용어사전 〉

BSC 균형성과 표 [balanced score card]

BSC 조직의 비전과 전략을 달성하기 위해 수행해야 할 핵심적인 사항을 측정 가능한 형태로 바꾼 성과지표의 집합을 말한다. 성과지표를 도출하려면 전통적인 재무제표뿐 아니라 고객, 비즈니스 프로세스, 학습 및 성장과 같은 비재무인 측면도 균형적으로 고려한다. e비즈니스 환경에서 중요시되고 있는 '고객 중심 경영' 및 '장기적 성장가능성' 등의 개념에 부합되는 것이라 할 수 있다. 경영자는 이러한 지표를 통해 전략 수행을 위한 핵심적인 영역을 조직원에게 명확히 전달할 수 있게 되고 이를 관리함으로써 조직의 전략 수행 여부를 모니터할 수 있게 된다. 재무 상태는 양호하나 고객만족도와 내부 프로세스의 효율성이 낮고 구성원의 학습과 성장 상태가 좋지 않으면 전체적인 균형성과 기록표의 점수는 낮게 나타난다.
〈 자료출처 : Naver 행정학 용어 사전 / 에드민, 김종규, 2010 선행정학개론 〉

BTL [Build-Transfer-Lease 건설·리스후 양도방식]

사업시행자가 일정 기간 주무관청에 리스해주고 리스기간이 끝나면 소유권을 관청에 넘기는 방식 민간이 돈을 투자해 학교 군막사 등 공공시설을 건설한 뒤 국가나 지자체에 소유권을 이전하고, 리스료 명목으로 20여년간 공사비와 일정 이익(국채수익률+α)을 분할 상환받는 민자유치 방식을 말한다. 반면 기존 BTO(Build Transfer Operate) 방식 민자유치는 건설사가 자기 돈으로 고속도로, 연륙교, 터널 등을 건설한 뒤 수십 년 동안 통행료를 징수해 사업비를 회수하는 방식을 말한다. BTO는 통행료 수입 등으로 안정적인 수익을 남길 수 있어야 발주가 가능하지만 BTL은 꼭 그렇지 않다.
〈 자료출처 : 네이버 백과사전 〉

BTO [Build-Transfer-Operate 건설 · 양도 후 운영방식]

사회간접자본시설의 준공과 동시에 당해시설의 소유권이 국가 또는 지방자치단체에 귀속되며 사업시행자에게 일정기간의 시설관리운영권을 인정 민간 재원으로 건설하고 민간이 운영하는 민자사업. 이 사업은 조기 시설건설과 서비스 제공이 어려운 사회기반시설을 민간자본을 활용, 건설하여 조기에 양질의 서비스를 제공하기 위해 주로 진행된다. 민간사업자는 시설을 건설한 후 주무관청에 시설 소유권을 양도하고 관리운영권을 부여 받으며, 그 관리운영권을 바탕으로 사용자로부터 사용료를 받아 투자비를 회수한다. 보통 20년에서 30년간 운영한다.
〈 자료출처 : 네이버 백과사전 〉

DSS [의사결정지원체계, Decision Support System]

MIS보다 한층 더 발전된 것으로, 일상적 관리문제가 아닌 비정형적·비일상적 관리문제의 해결에 사용하도록 고안된 것이다. 즉, 의사결정자가 접하게 되는 다양하고 예측하기 어려운 상황들에 대한 의사결정을 하는 데 필요한 정보·모형 등을 제공하는 대화식 시스템을 말한다. 의사결정지원체계는 문제의 일부분만 해결하여 주고 나머지 부문은 의사결정자의 판단과 경험에 맡긴다. 대표적인 의사결정지원체계로는 SAS 등의 통계패키지, 시뮬레이션 등이 있다. 특히 최고관리자의 의사결정에 도움을 주기 위해 존재한다.
〈 자료출처 : 이종수 외, 새행정학 개론 〉

E-거버넌스

개념 정의: E-거버넌스는 ICTs(Information and Communication Technologies)에 기초한 온라인 시스템으로, 사회문제 해결에 거버넌스적 접근을 강조한다는 점에서 E-정부(E-government)의 진화 형태라고 볼 수 있다. 위키피디아(Wikipedia) 백과사전은 E-거버넌스를 “정부, 비영리조직, 민간부문 단위

(entities)의 네트워크"로 정의한다. 정부 포털사이트(a one-stop portal)가 한 가지 예로 각 부문 간에 경계가 없고, 시민들은 다양한 정보와 서비스에 언제든지 접근할 수 있다고 설명한다. 나아가 시민들이 구직을 원하는 경우, 자신의 프로파일을 작성해 올리고, 기업은 여기서 자신들이 원하는 최적의 구직자 정보를 구할 수 있는 고용 정보교환의 인터넷 공간, 즉 미국 연방, 주, 지방정부, 비영리, 민간부문 등이 참여하는 정부 고용 포털을 E-정부의 이상으로 제시한다. 효과와 특징 : E-거버넌스는 정부 업무 효율성, 생산성, 투명성 개선뿐만 아니라 기업, NGO, 주민들의 참여를 증대시킨다. E-정부와 똑같이 공공서비스의 품질과 생산성 향상을 위한 것이나 몇 가지 점에서 구분된다. 먼저 전산시스템의 발전 형태인 E-정부보다 더 최근에 나타난 새로운 온라인 시스템 개념으로, E-정부가 정부 업무 온라인 처리 중심의 인터넷 시스템이라면, E-거버넌스는 정책결정과 집행, 공공서비스 제공 과정에 관한 기준과 절차 관련 정보공개, 토론, 의견의 제출 기회 제공 등을 통한 이해관계자간의 상호적 커뮤니케이션시스템 중심으로 주민, NGO, 기업 등의 광범위한 참여를 강조한다는 점이다. 한계 : ICTs는 정부기관이 보다 많은 정보공개, 주민들의 접근을 가능하게 만든다. 무엇보다 언제, 어디서든 공공서비스 제공과정에 대한 정보 획득을 보장한다. 또 이로써 주민 참여와 감시를 허용한다. 그러나 많은 정보공개에도 불구하고 포털사이트 접속자는 소수이고, 그 중에서도 NGO 등 극히 일부만 해당 정보에 대한 관심을 보인다. 관료적 절차의 엄격성, 복잡한 규제, 프라이버시와 정부비밀, 의사결정 과정의 복잡성, 업무담당자의 자유재량 등도 ICTs 기반 시스템에 탑재되는 정보의 온전성을 제약한다. 정부기관은 자신들에 유리한 정보를 공개하고자 하고, 지나치게 많은 정보를 동시에 공개해 진실을 그 속에 숨기고 희석하는 등의 행태를 보이기도 한다. 정부 업무담당자의 전문, 기술적 용어 사용 등도 외부의 접근과 감시, 참여를 방해한다. 이러한 요인들은 모두 E-거버넌스의 효과를 감소시키는 방향으로 작용한다.
〈 자료출처 : 1) 위키디피아 백과사전 2) 한국행정학회 용어대사전〉

EDPS [**전자자료처리체제**,electronic data processing system]

전자장치에 의해 실행되는 데이터 처리 시스템을 의미하며, 주로 컴퓨터에 의한 사무 처리 방식을 말한다. 오늘날 예산, 회계, 인사, 병참 업무, 각종 기록·보관

업무 등에 관한 자료를 신속·정확하게 분석·처리하는 데 컴퓨터를 이용한 자동처리 제도의 역할이 매우 증대되고 있다.
〈 자료출처 : Naver 행정학 용어 사전 / 에드민, 김종규, 2010 선행정학개론 〉

ERG이론

머슬로의 욕구단계이론이 갖는 한계성에 대한 대안으로서 알더퍼(Clayton R. Alderfer)는 ERG이론을 제시하였다. ERG이론은 욕구를 충족시키기 위해 취하는 행동이 어떠한가를 기준으로 머슬로의 5단계 욕구이론을 수정해서 개인의 욕구 단계를 3단계로 단순화시켜 생존욕구(existence needs), 관계욕구(relatedness needs), 그리고 성장욕구(growth needs)로 구분한 앨더퍼는 사람들이 실제로 욕구 단계를 어떻게 인지하고 있는지를 경험적으로 연구한 결과를 토대로 하여 좀더 현실적인 관점에서 이론을 정립했다. 일반적으로 생존욕구는 머슬로의 생리적 안전욕구와 일치하고, 관계욕구는 머슬로의 사회적 또는 애정의 욕구와 유사하며, 성장욕구의 의미는 마슬로의 자아실현욕구와 존경욕구를 포함하고 있다. 알더퍼와 머슬로의 욕구이론은 인간의 내면적 동기를 단계로 나누어 고찰한다는 점에서 유사하지만, 알더퍼의 경우에는 머슬로와 달리 인간욕구의 진행과정이 낮은 단계에서 높은 단계로 진전하는 것만 있는 것이 아니라, 역으로 인간욕구가 높은 단계에서 낮은 단계로 좌절-퇴행될 수 있음을 강조하였다. 더불어 인간욕구는 한 가지 이상의 욕구가 동시에 작용할 수 있다는 점에서 머슬로와의 차이를 드러낸다.
〈 자료출처 : 네이버사전 / 행정학의 이해[김시영,김렬,김순양,성도경,이환범,최준호] 〉

ES [전문가체계, Expert System]

전문분야에 있어 문제를 진단하고 해결하도록 도와주는 시스템이다. 여기에서 사용되는 컴퓨터는 지속적으로 학습해 가는 능력을 갖춘 전문가처럼 역할하도록 프로그램된다. DSS에서는 사용자가 컴퓨터에게 질문하나 ES에서는 컴퓨터는 사용자에게 문제에 관한 질문도 하고 그에 따라 스스로 추론하면서 해결방안을 결정한다.
〈 자료출처 : 이종수 외, 새행정학 개론 〉

G4C [government for citizen]

'시민(국민)을 위한 정부'라는 의미다. 행정안전부는 G4C사업으로 인터넷(www.egov.go.kr)상에서 행정기관이 보유한 4,000여 종의 민원사무에 대한 안내, 400여 종의 민원신청, 30여 종의 민원에 대한 열람 서비스를 제공하고 있다. 2003년 10월부터는 토지(임야)대장, 개별공시지가 확인원 등 3종의 민원서류에 대한 인터넷 발급 서비스도 실시하고 있으며, 최근 들어서는 국민들이 가장 많이 발급받는 주민등록등 초본, 건축물대장(서울시 지역에 한함)등 5종의 민원서류에 대해 인터넷 발급 서비스를 확대했다.

〈 자료출처 : http://terms.naver.com/item.nhn?dirId=816&docId=3503 〉

GAO [General Accounting Office]

미국과 영국의 입법부 소속의 회계감사기관을 말한다. 영국의 회계검사원은 1866년 설치되었으며, 미국의 회계검사원은 1921년 설치되었다. 미국의 경우 회계검사원이 설치되기 이전에는 재무부가 연방기관에 대한 회계검사 기능을 수행했다. 미국의 회계검사원은 연방기관에 대해 예산집행에 따르는 회계검사를 하고 그 결과를 의회에 보고할 뿐만 아니라 행정부의 예산집행시에 그 청구권을 확정·조정하는 권한과 지불을 거부하는 권한을 갖고 있으며, 예산과 회계에 관한 법률해석권도 보유하고 있다. 회계검사원장(Comptroller General)은 15년 임기로 상원의 동의를 얻어 대통령이 임명하며, 상·하 양원의 공동 결의에 의해서만 해임될 수 있다.

〈 자료출처 : 김두식 외(2006). 「행정학원론」. 대영문화사 〉

Gate keeper [언론기관, 언론인]

사회적 사건이 매스미디어를 통해 대중에게 전달되기 전에 미디어 기관 내부의 각 부문에서 취사선택하고 검열하는 기능, 또는 그러한 직책의 사람을 일컫는다. 신문 제작의 경우 취재 기자-데스크-편집부 기자를 거치는 동안 각각 독특한 방법·시각으로 사건이나 그 문안에 대해 가필·정정·생략 또는 보류 등의 조작이 이루어진다.

〈 자료출처 : 이해영(2010). 「정책학 신론」. 학현사 〉

IGR [intergovernmental relations] : 정부간 관계

IGR은 inter government relationship의 약자로 정부간 관계를 의미한다. 정부간 관계란 한 나라 내에 있는 각종 정부사이의 관계의 교환과 결합관계를 말한다. 특히 중앙정부와 지방정부간 관계에 중점을 두며 이 경우 개별정부의 이익만 고려해서는 안되며 정부상호간 원만한 협력관계를 유지하는 것이 바람직하다. 정부간 관계론이란 중앙정부와 지방정부간의 권한배분 및 통제관계에 대한 규범적 이론을 말하는 것으로 D.Wright와 P.Dunleavy의 IGR이론이 대표적이다. D.Wright의 정부간 관계론에는 분리권위형과 포괄권위형, 중첩권위형이 있다. P.Dunleavy의 기능배분이론에는 다원주의, 신우파론, 계급정치론, 엘리트론이 있다.

〈 자료출처 : 2010선행정학개론; 도서출판 에드민; 김중규 저 〉

Lipsky의 연구: 일선관료제론

일선관료제란 정책의 최종적 과정에서 고객과 접촉하며 상당한 재량권을 행사하는 하위직 관료(교사, 경찰, 하급판사, 복지요원)로 구성된 공공서비스집단을 말한다. 일선관료는 단순 집행업무만을 기계적으로 수행하는 것으로 보기 쉬우나, Lipsky(1976)에 따르면 일선관료는 상당한 재량권을 가지고 매우 복잡한 업무를 수행하며, 고객과 접촉하는 일선관료가 실질적으로 공공정책을 결정한다는 상향적 정책집행접근법을 수용한다. 그러나 지금껏 일선관료에 대한 관심과 연구가 부족했다고 비판하였다.

〈 자료출처 : 2010선행정학, 저자 김중규 〉

MBO

MBO는 기업이 적자사업이나 한계기업을 팔 때 그곳의 경영진 이 인수해신설법인으로 독립하는 사업구조 조정 방법을 말한다. MBO는 사업 구조조정과 고용조정, 경영자와 종업원의 고용안정, 경영능력 극대화를 동시에 이룰 수 있다. 대기업은 한계기업을 매각해 자산이 축소되고, 현금이 유입돼 수익성과 기업가치가 높아지게 된다. 적자기업은 기업의 소유권과 경영권을 갖고 책임 경영을 하게 된다.종업원들도 일자리를 지키기 위해 노력한다. 기업인수는 투자은행이나 벤처캐피털로부터 자금을 대출받아 한다. 경영자도 지분참여를 한다. 그러나 경영자가 투자하는 금액이 투자은행이나 벤처캐피털보다 훨씬작기 때문 에 기업의 부채비율은 높게 된다. 하지만 기업의 지분은 현경영진이 50%이상을 보유하고 나머지 지분은 벤처 캐피털이나 종업원이 보유하는 경우가 많다. 한편 우리사주조합이 중심이 되어 회사를 인수하는 것은 EBO(Employee Buyout·종업원에 의한 회사분할)라고 한다.
〈 자료출처 : 행정학 과제 용어정리 〉

MIS [관리정보체계, Management Information System]

정보처리체계를 경영관리의 효율화를 위하여 도입·활용하기 시작한 시스템이다. MIS가 제공하는 관리정보는 일상, 보편화된 관리적 의사결정에 필요한 것으로 본다. 즉, 경영의 단순 업무를 처리하는 데에 필요한 정보들을 제공한다. 주로 경영 효율성을 높이기 위한 연구 등에 사용되고, 중간관리자가 주된 역할을 담당한다.
〈 자료출처 : 이종수 외, 새행정학 개론 〉

OPEN 시스템 [Online Procedures ENhancement for civil applications]

OPEN 시스템은 서울시가 1999년 4월 15일부터 시행하고 있는 민원처리 온라인 공개시스템이다. 이는 민원인과 공무원 사이의 대면접촉이 각종 부정부패의 원인이 되고 있으므로 이를 차단하여 On-line상을 통하여 민원업무를 처리함으로써 부패소지를 없애고자 개발된 프로그램이다. 서울시는 1999년 처음으로 교통, 주택·건축, 환경, 도시계획, 건설공사, 산업, 위생·복지, 소방, 회계 등 10개 분야에 대하여 OPEN시스템을 도입하였다. 민원인은 서울시와 각 자치구 홈페이지에 구축된 온라인 민원처리 공개시스템을 통해서 각종 인·허가를 비롯한 민원을 접수하고 그 진행과정을 공무원과의 직접 대면함이 없이 On-line상으로 처리할 수 있도록 설계되어 있다. 즉 On-line을 통하여 민원의 처리상황 확인은 물론이고, 서류가 미비한 경우 미비한 사항의 보완내역을 알려주도록 하고 있다. 만약 민원이 수용불가능 할 경우 거부사유 등도 On-line상에 분명하게 그 사유를 공개하도록 되어 있다. 서울시의 OPEN시스템은 실시초기 10개분야 27개 업무를 대상으로 시행하여 왔으나 2001년에는 총 54개 분야의 업무에 적용하고 있으며 향후 그 대상을 확대될 예정이다. OPEN시스템은 많은 평가에서 부패문제 해결을 위한 우수한 사례로 평가받고 있다. 1999년 4월 15일 시민에게 공개하여 운영을 시작한 후로 공개 5개월만에 20만명이 이용하였고, 이용자 설문조사에서 80%가 투명성 확보와 궁금증 해소에 도움이 되었다고 답하였다. 각종 조사에서도 우수한 행정사례로 평가됨은 물론이고 공무원들도 전화문의나 방문민원이 종전보다 감소하여 업무능률향상에 도움이 된다고 환영하고 있다. 국내적으로는 중앙부처는 물론이고 각 지방자치단체도 서둘러 도입하고 있는 것은 물론이고, 국제적으로도 OPEN시스템의 우수성은 널리 인정받고 있다. 먼저 1999년 남아프리카 공화국에서 열린 UN부패방지회의에서 우수사례로 선정되었다. 이후 전세계에 이를 확산·보급하기 위하여 UN과 서울시간 공동선언을 체결하였다. 또한 2001년 8월 서울에서 개최된 '서울반부패 심포지움'을 계기로 영어 · 불어 · 스페인어 · 중국어 · 아랍어 · 일어의 6개 국어로 만들어진 매뉴얼을 전세계 UN회원국에 배포하는 등 부패방지를 위한 프로그램으로 전세계의 벤치마킹 대상이 되고 있다.
〈 자료출처 : 「http://www.epadic.com/index.php」 〉

PERT [Program Evaluation and Review Technique]

업무의 효율적 관리를 위해서는 일반적으로 세 가지의 측면, 즉 1.가치면 2.물량면 3.시간, 기간면의 고찰이 필요하다. 이 가운데 시간, 기간면의 고찰에 유력한 수단이 되고 있는 것이 PERT이다. 즉, 하나의 세부사업(project)을 분해하여 개개의 작업 사이에 시간적 관계, 즉 순서관계를 조사하여 사업책임자에게 유리한 결과를 가져오도록 그 해답을 구하는 기법을 PERT라고 한다.
〈 자료출처 : 야후코리아용어사전 〉

POSDCORB

1937년에 출판된 Gulick 과 Urwick의 〈행정과학논집〉에서 나온 용어로 이는 최고관리층의 기능을 두문자(頭文字)로 조립한 것이다. (정치,행정이원론의 견해) 1.기획(Planning) : 효율적, 합리적, 목표달성과 정책집행을 위한 계획수립의 과정 2.조직화(Organizing) : 인적, 물적 정보를 편제하는 과정 3.인사충원(Staffing) : 조직내 구성원을 배치하는 과정 4.지휘(Directing) : 목표달성을 위한 지휘, 지시를 내리는 과정 5.조정(Coordianting) : 행정통일을 이룩하도록 집단적 노력을 통제, 조정하는 과정 6.보고(Reporting) : 보고하고 받는 과정

7. 예산(Budgeting) : 제반 예산적 조치를 취하는 과정자료
〈 자료출처 : 네이버용어사전 〉

ROO [Rehabilitate-Own-Operate 시설 정비 후 소유권 인정방식]

기존시설을 정비한 사업시행자에게 당해시설의 소유권을 인정.
〈 자료출처 : 네이버 백과사전 〉

ROT [Rehabilitate-Operate-Transfer 시설 정비 후 운영권 위탁 방식]

국가 또는 지방자치단체 소유의 기존시설을 정비한 사업시행자에게 일정기간 동시설에 대한 운영권을 인정.
〈 자료출처 : 네이버 백과사전 〉

SES [고위공무원단 : Senior Executive Service]

전문성과 행정관리에 대한 폭넓은 시야를 가진 고위전문가를 제도적으로 확보하기 위해, 실·국장급들의 고위공무원을 중·하위직 공무원과 분리해 성과와 능력 중심으로 관리·육성하는 인사 시스템을 말한다. 우리나라에서는 2006년 7월 1일부터 도입했으며, 미국은 1979년 이 제도를 도입했다. 미국의 고위공무원은 행정부 내의 일반직 보수표(GS)의 적용을 받는 GS 16·17·18등급에 해당되는 공무원과, 고위관리직 보수표의 적용을 받는 IV·V 등급의 공무원 중에서 고위공무원단의 구성원이 되기를 원하며, 인사관리처(OPM)의 심사에 합격한 공무원으로 그 수는 약 7,000명이다. 이들 다섯 개 등급의 구성원은 등급의 변동이 없이 기관 내 및 기관 간 이동을 자유로이 할 수 있다. 이들 공무원들은 영구직이 아니며, 능력이 현저히 부족한 경우 해임되거나 탈락될 수 있다. 경력직 공무원으로 고위공무원단에서 탈락된 경우에는 고위공무원단 이외의 직위에 임용되나 신분상의 지위는 유지된다. 고위공무원들의 기본 보수는 GS 16등급의 최저액과 ES IV 등급의 최고액 사이에서 책정된다. 영국·오스트레일리아·말타 등에서도 이와 유사한 제도를 도입하고 있다.
〈 자료출처 : Naver 행정학 용어 사전 / 에드민, 김종규, 2010 선행정학개론 〉

SWOT 분석

어떤 기업의 내부환경을 분석하여 강점과 약점을 발견하고, 외부환경을 분석하여 기회와 위협을 찾아내어 이를 토대로 강점은 살리고 약점은 죽이고, 기회는 활용하고 위협은 억제하는 마케팅 전략을 수립하는 것을 말한다.
〈 자료출처 : 네이버 용어사전 〉

XY 이론

인간 본성에 대한 가정을 XY 두 가지로 대별해 각기 특성에 따른 관리전략을 처방한 맥그리거(D. M. McGregor)의 동기부여 이론을 말한다. 그는 인간의 하급 욕구에 착안해 권위적 통제에 입각한 관리전략을 처방하는 전통적 관점을 X 이론이라 하고, 인간의 고급 욕구·성장적 측면에 착안한 새로운 관리 체제를 Y 이론이라 불렀다. X이론은 인간이 본래 게으르고 일을 싫어하며, 야망과 책임감이 없고, 변화를 싫어하며, 본래 자기 중심적이고, 금전적 보상이나 제재 등 외재적 유인에 반응한다고 가정한다. 이에 따라 조직구성원들에게 동기를 부여하기 위해서는 금전적 보상이나 제재를 유인으로 사용하고 강제와 위협, 철저한 감독과 통제를 강화하는 관리전략을 채택해야 한다는 것이다. 맥그리거는 이러한 X이론은 고급 욕구의 충족을 원하는 현대인에게 동기 유인을 제공하지 못할 것이라고 비판했다. 한편 Y이론은 인간이 본성적으로 일을 즐기고 책임 있는 일을 맡기를 원하며, 문제 해결에 창의력을 발휘하고, 자율적 규제를 할 수 있으며, 자아실현 욕구 등 고급 욕구의 충족에 의해 동기가 유발된다고 가정한다. Y이론은 따라서 인간의 잠재력이 능동적으로 발휘될 수 있는 관리전략을 처방한다. 맥그리거는 고급 욕구를 중시하는 Y이론에 역점을 두고 있다. 한편 맥그리거의 XY이론에 대비해 Z이론(theory Z)을 주창하는 일단의 사람들이 있다. Z이론에는 각기 내용이 다른 세 가지 종류가 있다. 룬트스테트(Sven Lundstedt)의 Z이론은 권위주의적 관리를 대변하는 X이론과 민주적 관리를 대변하는 Y이론에 대비해 자유방임형의 관리를 지칭한다. 롤리스(David Lawless)의 Z이론은 변동하는 환경 속에서 살아가는 조직을 관리할 때 상황을 객관적으로 파악해 이에 상응하는 관리전략을 세우고 변화시켜 나아가야 한다는 상황적 접근방법을 말한다. 그리고 오우치(William G. Ouchi)의 Z이론은 미국 내의 일본식 경영관리를 지칭하는 개념이다.
〈 자료출처 : http://terms.naver.com/list.nhn?dirId=801 (2010-11-15) 〉

X-비효율성 [X-inefficiency]

경영효율성을 추구하기 위한 노력이나 유인의 감소로 조직구성원의 활동이 나태해지거나 방만해짐으로써 발생하는 비효율성을 말한다. 다른 말로 하면, X-비효율성은 생산이 생산가능곡선상에서 이루어지지 않고 있는 상태, 즉 기술적으로 최대한 효율적인 생산이 이루어지고 있지 않은 상태를 의미한다. X-비효율성은 경쟁 압력이 없는 독점기업의 경영진이나 노동자들이 경쟁 압력과 인센티브의 부족으로 자원배분의 효율화 노력을 게을리함으로써 발생하는 원가 상승 및 생산성 저하와 관련된 개념으로, 이러한 X-비효율성은 사조직보다는 공공조직에서 더 크게 나타난다. X-비효율성은 경쟁 압력의 제고 및 인센티브 부여 등의 수단에 의해 제거가 가능하다. 이에 반해 X-효율성(X-efficiency)은 X-비효율성에 대칭되는 용어로, 시장경쟁에 노출된 기업들이 생존과 발전을 위해 관리혁신 등을 추진함으로써 초래되는 효율성이라 할 수 있다.

〈 자료출처 : 김중규,2009, 선행정학개론 에드민 〉

Z 이론 [theory Z, Z理論]

Z이론에는 각기 다른 세 가지 종류가 있다. (1) 런드스테트(Sven Lundstedt)의 Z이론은 맥그리거(Douglas M. McGregor)의 XY이론과 대비해 설정한 자유방임형 관리 방식을 말한다. 즉 X이론이 권위주의적 관리를 대변하고 Y이론이 민주적 관리를 대변하는 데 비해, Z이론은 자유방임형의 관리 방식을 지칭하는 개념이다.(2)롤리스(David Lawless)의 Z이론은 고정적·획일적 관리전략에 대응하는 상황적 접근방법을 말한다. 즉 변동하는 환경 속에서 살아가는 조직을 관리할 때 상황을 객관적으로 파악해 이에 상응하는 관리전략을 세우고 변화시켜 나아가야 한다는 상황적 접근방법을 그는 Z이론으로 명명했다.(3)한편 오우치(William G. Ouchi)는 미국 속의 일본식경영방식을 지칭하는 개념으로 Z이론을 사용한다. 이는 영·미의 개인주의적 문화와 대비되는 동양의 집단문화, 구체적으로 일본문화의 배경 속에 구축된 조직관리를 묘사하고 있다. 미국에서 운영되고 있는 일본조직(Z형)의 특징으로는 종신 고용제, 조직구성원에 대한 느린 평가, 비전문성에 기초한 모집과 배치, 비공식적 통제, 집단적 의사결정과 집단적 책임, 직원에 대한 전인격적 관심 등을 들 수 있다.

〈 자료출처 : 한영 행정용어사전 〉

■ 저 자 소 개

신영균(申英均): 영남대학교에서 행정학박사 학위를 취득하고 현재 영남대학교 강의교수로 재직하고 있다. 최근의 주요 연구문헌으로, '범학제적 정책이론의 정향에 관한 연구(2009),' '중국과 일본의 정책학 비교연구(2009)' 등이 있다. 〈E-mail: visionshin@hanmail.net〉

최인규(崔仁圭) : 영남대학교 행정학박사 학위를 취득하고 현재 대구과학대학교 경찰행정과 조교수로 재직중이다. 관심분야는 치안정책, 노인복지서비스, 보건의료정책 분야이며, 논문으로는 "교정복지정책의 결정과정에 있어서 정책갈등에 관한 연구: 민영교도소 설치사례를 중심으로"(2012), "An Analysis of the Priorities in Senior Industry by Using Fuzzy AHP"(2011), "DEA를 이용한 여성복지서비스의 효율성 평가: 여성인력개발센터를 중심으로"(2009), 등이 있다(vov6651@yahoo.co.kr).